21 世纪第十一届现代汉语语法国际研讨会论文集

现代汉语语法国际研讨会

汉语语法
研究的新拓展
（十一）

邵敬敏　　殷树林 ／ 主编

上海教育出版社
SHANGHAI EDUCATIONAL
PUBLISHING HOUSE

主　编　邵敬敏　殷树林

编　委　曹秀玲　陈振宇　郭　锐　雷冬平

　　　　潘海华　施春宏　石定栩　汪国胜

　　　　徐　杰　赵春利

主办单位：
黑龙江大学
合办单位：
北京大学
复旦大学
暨南大学
华中师范大学
上海师范大学
北京语言大学
香港中文大学
广东外语外贸大学
澳门大学
重庆师范大学

目　　录

开幕词与闭幕词

继往开来，再创辉煌

　　——第十一届现代汉语语法国际研讨会开幕词············ 邵敬敏 / 3

第十一届现代汉语语法国际研讨会闭幕词················· 王世凯 / 6

话语分析

哈里斯的话语分析法和中式主谓句 ················· 沈家煊 / 11

从感官动词到推断元话语标记 ················· 曹秀玲　魏　雪 / 29

论"语用价值" ················· 陈振宇　吴术燕 / 49

小句复合体中话题的后置与前置 ················· 徐晶凝 / 70

人称代词"你"的移指分析 ················· 张佳玲 / 84

语气问题

汉语疑问范畴研究的再思考················· 邵敬敏 / 105

清末民初北京话语气词的语流音变、合音和连用现象

　　················· 史金生　孔　明 / 118

从生理反应到话语组织：叹词"哎哟"的功能演变

　　················· 匡鹏飞　曹亚敏 / 133

现代汉语附加问句"VP有没有"的浮现与发展 ················· 史维国 / 148

"这/那样"的信疑用法和语法化

　　——兼与"的样子"比较 ················· 王世凯 / 159

虚词分析

从延展组合到递进关联:"甚至于、乃至于"及"甚而至于"的
　　功用及其演化···张谊生 / 177
汉语"递进关系"的语义属性··吕明臣 / 196
酌情介词"鉴于"的句法语义与话语情态················杨　娟　赵春利 / 204
汉语欧化的历时考察
　　——以《天路历程》跨越一个多世纪的两个译本为例
　　···马永草 / 222

副词研究

"确实、真的、实在"的多维度辨析
　　——语义、句法、语篇和汉语语法分析·····························石定栩 / 239
禁止副词"别"的来源新论···································殷树林　杨　帅 / 251
渐变义频率副词的语体分化··朱庆洪 / 268
增信副词"反正"的话语关联与语义情态···王艺文 / 284

构式探讨

全面认识套语的二重性与套语化、去套语化机制
　　···陈　一　左乃文 / 299
论构式用变和构式演变·······································蔡淑美　施春宏 / 312
词法构式"X手"的生成过程与生成机制
　　——兼论词法构式网络中的空位和占位·················颜　刚 / 326
亲属称谓语"姐"的语义泛化趋向··························吴立红　和　敏 / 342

动词短语

动词后时量成分的句法多功能性探究··税昌锡 / 357
数量宾语的去黏着功能及教学建议··················朴珍玉　张钦钦 / 372

头部动词的语义角色考察 ⋯⋯⋯⋯⋯⋯⋯⋯⋯⋯⋯ 王　珊 / 386

会议信息

第十一届现代汉语语法国际研讨会会务报告 ⋯⋯⋯⋯⋯ 赵春利 / 397

第十一届现代汉语语法国际研讨会在哈尔滨召开

　　　　⋯⋯⋯⋯⋯⋯⋯⋯⋯⋯⋯⋯ 殷树林　吴立红 / 403

第十一届现代汉语语法国际研讨会论文目录 ⋯⋯⋯⋯⋯⋯ / 405

Contents

Opening and Closing Speech

Inherit the Past and Open up the Future to Create Brilliance
Again: Opening Speech of the 11th International
Conference on Contemporary Chinese Grammar
·· Shao Jingmin / 3

Closing Speech of the 11th International Conference
on Contemporary Chinese Grammar ················ Wang Shikai / 6

Discourse Analysis

Zellig Harris' Discourse Analysis and the Chinese
Subject-Predicate Sentence ···························· Shen Jiaxuan / 11

From Sensory Verbs to Inferential Meta-discourse
Markers ···································· Cao Xiuling, Wei Xue / 29

On Pragmatic Value ························· Chen Zhenyu, Wu Shuyan / 49

Pre-or post-location of Topics in Clause Complex ········· Xu Jingning / 70

A Study on Person Shift of Personal Pronoun *ni* ········· Zhang Jialing / 84

Mood Problem

Rethinking on the Study of Chinese Interrogative
Category ··· Shao Jingmin / 105

The Phenomenon of Phonetic Change, Tone Combination and
Consecutive Use of Modal Particles in the Beijing Dialect
during the Late Qing Dynasty and the Early Republic of
China ······························· Shi Jinsheng, Kong Ming / 118

From Physiological Response to Discourse Organization:

    The Functional Evolution of Interjection *"aiyo"*

    ·· Kuang Pengfei, Cao Yamin / 133

The Emergence and Development of the Modern

    Chinese Taquestions "VP 有没有" ················· Shi Weiguo / 148

The Uncertain Usage and Grammaticalization of

    zheyang/nayang and the Comparison with

    deyangzi ·· Wang Shikai / 159

Function Word Analysis

From Extended Combination to Progressive Association:

    The Function and Evolution of "甚至于""乃至于"

    and "甚而至于" ································· Zhang Yisheng / 177

The Semantic Attributes of Progressive Relationship

    in Chinese ··· Lü Mingchen / 196

On Syntax Semantic and Discourse Modality of Discretion

    Preposition of *"jianyu"*·············· Yang Juan, Zhao Chunli / 204

Diachronic Study on the Europeanization of Chinese —

    Take Two Translations of *The Pilgrim's Progress*

    Spanning More Than a Century as an Example ··· Ma Yongcao / 222

Adverb Research

Multidimensional Analysis on *queshi* (确实), *zhende* (真的) and

    shizai (实在): Semantics, Syntax, Discourse and

    the Analysis of Chinese Grammar ················ Shi Dingxu / 239

A New Argument on the Source of Prohibited Adverd

    "bie" (别) ··························· Yin Shulin, Yang Shuai / 251

Register Differentiation of the Frequency Adverbs of

    Gradient Meaning ······························· Zhu Qinghong / 268

The Discourse Relevance and Modal Meaning of
　　Adverb "*fanzheng*" ···································· Wang Yiwen / 284

Construction Analysis

A Comprehensive Understanding of the Duality of Formulaic
　　Utterances and the Mechanism of Formulaization and
　　De-formulaization ···················· Chen Yi, Zuo Naiwen / 299
On Constructional Change and Constructional Evolution
　　···································· Cai Shumei, Shi Chunhong / 312
Formation Process and Mechanism of the Morphological
　　Construction "X *shou*" ································ Yan Gang / 326
Semantic Generalization Trend of Kinship Appellation
　　"*jie*" (elder sister) ···················· Wu Lihong, He Min / 342

Verb Phrase

A Study of Syntactic Versatilityof the Temporal Component after
　　a Verb ··· Shui Changxi / 357
The Debonding Effect of Numeral-Classifier Object in Perspective
　　of Chinese-teaching ··············· Piao Zhenyu, Zhang Qinqin / 372
Semantic Roles of Head Verbs ···························· Wang Shan / 386

Conference Information

Report on the 11th International Conference on Contemporary
　　Chinese Grammar ································ Zhao Chunli / 397
The 11th International Conference on Contemporary Chinese
　　Grammar was Held at Harbin ······ Yin Shulin, Wu Lihong / 403
Thesis Catalogue of The 11th International Conference
　　on Contemporary Chinese Grammar ··························· / 405

开幕词与闭幕词

继往开来，再创辉煌
——第十一届现代汉语语法国际研讨会开幕词

暨南大学　邵敬敏

同志们，朋友们：

第十一届现代汉语语法国际研讨会在魅力四射的哈尔滨如期召开了，为此我们感到非常欣慰。因为自第十届语法国际研讨会于 2019 年在日本举办以来，我们就盼着两年后再次举办这一盛会。原来的计划是去法国巴黎，齐冲教授也做好了充分的准备。但是 2019 年年底我们就遭遇了新冠疫情的突然来袭，而且更为可怕的是全球各国都遭遇了这场疫情的侵袭。我们原以为，这一波疫情很快就会过去，现在看来可能要打一场持久战。我们必须要有这个心理准备，因为这不仅仅是中国的事情，还涉及全世界共同的命运！尽管这次巴黎我们无法成行，很是遗憾，但是，汉语走向世界的步伐决不会停止！我们的汉语语法国际研讨会将继续开到世界各地去！开到欧洲去，开到美洲去！齐冲教授委托我向全体参会者转达他诚挚的问候！

去年年底，我们就预判，这一届研讨会不大可能去巴黎了，我们环顾全球，最后发现还是中国国内最为安全，当时第一时间就想到了黑龙江大学。为什么呢？因为 2017 年第九届语法国际研讨会由于韩国发生"萨德"事件，产生了很大的危机，当时就考虑到，万一不能去首尔开会怎么办？当时，我们征求黑龙江大学文学院的意见，殷树林教授临危受命，表示愿意做后备队。为此，我们对黑龙江大学和文学院的领导，特别是殷树林副院长，始终心怀感激之情。现在又碰到新问题了，我们马上就想到了我们的老朋友,这届研讨会我们一定要在黑龙江大学举办。

我们向往哈尔滨,不仅仅是哈尔滨的迷人魅力,更为重要的是,黑龙江大学一直是现代汉语语法研究的重镇之一。当年有著名学者吕冀平先生坐镇,名扬天下。必须特别指出,整整四十年前,也就是1981年的7月,王力、吕叔湘、张志公先生主持的"全国汉语语法和语法教学讨论会"就是在黑龙江大学举办!后来,以邹韶华教授、尹世超教授为代表的新一代汉语语法学家崛起,在全国产生了很大的影响。现在,第三代学者以殷树林教授为代表的更年轻一代也开始崭露头角。可见,我们选择在黑龙江大学举办研讨会是很有意义的,是继承,更是开拓。

我国语言学界中,汉语语法研究历来都是最活跃的。1978年以来,我们学界取得了显著的成就,这是大家有目共睹的,但是我们也不必讳言,问题也是存在的。坦率地说,经过四十多年研究的积累,我们在具体问题上的研究已经积累了不少的经验,也涌现了不少优秀的成果。现在的问题,我个人认为主要还是缺乏理论追求,缺乏突破现有理论框架的勇气和智慧。我们现在依据的语法理论基本上都是"舶来品",从传统语法到描写语法,不论是配价语法还是生成语法,乃至于功能语法或认知语法,就是缺少建立在汉藏语系研究基础上总结出来的,具有中国特色的语法研究理论。我们年轻一代应该有这个胆略,有这个智慧,完成这一历史交给我们的艰巨而光荣的使命!

这次研讨会盛况空前,报名人数达到360人左右,为历史之最,鉴于接待的条件有限,我们反复斟酌筛选,最后批准了170余人参加,仅仅是报名人数的一半!确实遗憾,也是无奈。希望大家能够谅解。这次会议,陆俭明先生和马真先生一直都答应参加的,但是,由于最近陆老师身体欠安,医生关照必须卧床静养,为此特地请假。此外,著名学者王宁先生也早就应承参会,但是不巧扭伤了腰。他们几位对我们的研讨会一贯支持,我们衷心祝愿陆老师和王老师身体健康,万事如意!

这次,马庆株先生和沈家煊先生也来了,记得上次我们三个相聚一堂还是2007年在青海西宁召开的"第四届现代汉语语法国际研讨会"上,一晃就是14年了!我们三位各相差两岁,都是年过七十的老头儿了,希望还能继续追随大家。本来石定栩教授、张伯江教授也要来的,由于工作原因，不能亲临现场。我们欣喜地看到，老一辈宝刀未老，六七十岁的还活跃在第一线，四五十岁的中坚力量正在成为主力部队，二三十岁的年轻一代也迅速成长。总之，我们的队伍越来越兴旺，我们的成果越来越出彩。我们完全有信心和能力，实现自己的汉语梦！

汉语必将走向世界，汉语研究必将登上国际舞台，汉语应用必将服务于全人类！

由于疫情，境外许多朋友不能前来参会，非常遗憾。为此，我们采用线上腾讯会议模式，开幕式以及大会学术报告将向不能与会的国内外学界朋友开放。下一届我们的现代汉语语法国际研讨会将于 2023 年金秋在中国澳门大学举办，热烈欢迎诸位参加！

谢谢大家！

第十一届现代汉语语法
国际研讨会闭幕词

天津师范大学　王世凯

尊敬的各位前辈、同行，各位同学：

　　第十一届现代汉语语法国际研讨会历经两天的热烈交流，即将完美落下帷幕。邵敬敏先生指派我做闭幕发言，他说可以总结，也可以谈谈我对当前语法研究的看法，随便谈，5—10 分钟的时间。非常感谢先生对我这个后生的认可，尤其还给了这么宽松、自由、不设边界的发言环境。但接到这个任务，我还是诚惶诚恐，苦思冥想，邵先生为什么就相中我了呢？后来我想明白了，因为这次会议的论文提纲我是第一个提交的。所以我建议各位代表，参加学术会议的论文提纲一定要抓紧提交，一方面这可以方便会议筹备组做好各项准备工作，另一方面也有可能为自己争取到机会。当然，今天的闭幕词您不要对我抱有什么期望，鄙人学浅才疏，只是勇气可嘉而已，而且我还不会演"二人转"，不会演小品，不会说脱口秀，虽然这些都是东北，当然也是黑龙江这片土地上的语言艺术强项和难得的语言资源。

　　现代汉语语法国际研讨会是一个很好的线下平台。自 2001 年第一届国际研讨会召开至今，恰好 20 周年，所以，今天也是非常值得庆贺的日子。研讨会自上世纪六次会议后，刀刃向内、自我转型，进一步跟国际接轨，加强境内外的联系与沟通，加速研究的科学化和现代化进程，影响力逐渐扩大，不断吸引越来越多的追梦汉语的人加入这个大团队。本次大会，就吸引了来自内地不同省市和香港、澳门特区的专家学者与会，会议论文数量多、质量高、涉及面广，总体来看，充分体现了吸收外来、不忘本来、立足汉语实际、着意现代化和科学化的特点。

近年来,中国语言学人建设了汉语语法界、副词研究沙龙、国际中文教育学者交流群、中国修辞学人等线上交流群,这是借助现代技术搭建的很好的线上平台,为不同地域、不同年龄、不同旨趣的同行架设了一座无边界的沟通桥梁,对促进合作、推动研究、提升水平都起到了实实在在的作用。

线上和线下的平台都是我们推动汉语研究不断进步的很好的交流平台,极大地方便了我们的学习、交流和互动。我觉得我们应该一起共同维护好这些平台,推动它们更好地发展,使之成为交流而不是交战、结友而不是结怨、竞争而不是斗争的学术研究净土。

我读博士期间,导师马庆株先生跟我们讲,做语法研究要有爱国心、使命感、历史责任感和紧迫感,要保持竞技状态。"追梦汉语"公众号的创始人、现代汉语语法国际研讨会的组织者、青年才俊赵春利教授建议,要实事求是深耕汉语语法规律,独立自主建设中国特色语法理论体系,研以致用切实解决汉语教学问题,高瞻远瞩积极搭建学术平台,这里既有汉语语法研究的初心,也包含汉语语法研究的使命,也应该是本次大会的愿景和全体语法学人的共同目标。

再次祝贺第十一届现代汉语语法国际研讨会圆满闭幕,恭喜获奖的各位语法新秀!

感谢各位专家精彩的学术报告、无私的学术奉献!

感谢小组讨论的各位同行贡献的学术大餐和所做的精心准备!

感谢各位前辈对晚辈的扶持、帮助、鼓励与提携!

感谢黑龙江大学语言学团队的辛苦付出和精细接待!

感谢哈尔滨国宾馆——友谊宫提供的良好会议场所!

恭祝各位前辈身体康健,学术青春永驻;恭祝各位同行成果丰硕,永葆学术青春。

2023,愿没有洪水肆虐,没有疫情横行,我们澳门见!

谢谢!

话 语 分 析

哈里斯的话语分析法和中式主谓句*

中国社会科学院语言研究所　沈家煊

1. 哈里斯的话语分析法

1.1　两个分析步骤

步骤一，收集句内有相同分布环境的语言成分（语素或语素序列），把它们看作是互相对等的（equivalent to each other）成分。比如，发现两个句子 AF 和 BF，A 和 B 有相同的分布环境"__F"，则记录为 A＝B，表示 A 对等于 B(A is equivalent to B)，A 和 B 属于一个对等类（equivalent class）。此等式的含义是：A 和 B 至少有一个分布环境相同。A 和 B 在相同的分布环境里可以互相替代，所以对等类又叫替代类（substitution class）。又发现两个句子 AF 和 BE，因为已有等式 A＝B，则可以推导 F 对等于 E，记录为 F＝E，F 和 E 属于一个对等类。

之所以可以这样推导归类，是因为在句子 AF 中，F 是 A 的分布环境，A 也是 F 的分布环境，二者互为分布环境。"互为分布环境"这个概念很重要，语词不仅在上下文中得以理解，而且本身"制造"上下文：A 不仅在语境"__F"中存在和理解，而且一经说出就成为 F 存在的语境"A__"。这正是 Sperber ＆ Wilson(1986) 在 *Relevance*（《相关论》）一书中所要传递的核心思想，[①] 也是"互文说"（克里斯蒂娃 2016）的要义：语言的本性是互文性（intertextuality），对任何一个 AF 组合而言，A 和 F 之间都是互文关系。中国传统所说的"互文"或"互文见义"局限于"阴阳""来往""高下"这样的并列组合，按照现代的互文说，"老骥"和"伏枥"这样的非并列

---

*　本文曾在第十一届现代汉语语法国际研讨会(2021 年 7 月 23 日—27 日,哈尔滨)上报告。

组合也是互文和互文见义,关于这种广义的互文观,参看沈家煊(2020)一文的详细说明。

哈里斯早就有了广义互文的观念,他说有了这样的观念就可以将某一语篇的许多或全部成分归并为数量有限的对等类。比如,假设一个语篇包含九个句子 AF:BE:CG:BF:ME:AG:NE:NG:MH(符号":"表示句子与句子不必紧挨着),用以上方法可以建立两个对等类:

对等类 1:A 和 B(因为有 AF 和 BF)

   C(因为有 AG 和 CG)

   M 和 N(因为有 BE、ME、NE)

对等类 2:F 和 E(因为有 BF 和 BE)

   G(因为有 AF 和 AG)

   H(因为有 ME 和 MH)

步骤二,用这些对等类来表示语篇的结构,即表明这些对等类的成员以何种方式出现在语篇里,语篇的结构是如何由这些对等类排列组成的。如果说步骤一好比编一部标词类的词典(或一张清单),那么步骤二就好比写一部语法(同一词类的词出现在对等的分布环境中)。在上面假设的语篇中,每个句子由对等类 1 的一个成员和对等类 2 的一个成员组成。当对等类不止两个时,比如说,语篇中又出现了句子 PQ,情形变得复杂,但是基本的分析原理和分析步骤不变。

在说明两个分析步骤后,哈里斯假设一个具体的语篇作为分析对象,它只包含三个句子:

(1) His attitudes arose out of his social position:He was influenced by his social position:His attitudes arose out of a restricted world-view.(他的态度出自他的社会地位:他受制于他的社会地位:他的态度出自他狭窄的世界观。)

这个语篇可以用上述方法建立两个对等类(替代类):

X 类:包含两个成员 his attitudes arose out of 和 he was influenced by(两者都出现在 his social position 之前)

Y 类:包含两个成员 his social position 和 a restricted world-view(两者都出现在 his attitudes arose out of 之后)

同一语类的成员互相对等是指分布环境对等,意义不一定对等。分布环境对等也不是指分布环境相同,his social position 出现在 he was influenced by 之后,而 a restricted world-view 不是。分布环境相同的情形是很少的,要在语篇中找出分布环境完全相同的成分几乎不可能。那么找出至少有一个分布环境相同的成分并把它们归为一类,这么做的意义何在? 意义在于,建立这样的对等类能使我们获得有关语篇结构的知识。就上面那个简单语篇而言,建立 X 和 Y 两个对等类之后,就可以对它的结构作这样的描述:其中所有句子由 XY 构成,虽然一个可能有的 XY 句(He was influenced by a restricted world-view)没有出现。

1.2　超越主谓结构

哈里斯运用于语篇的话语分析法是他学术生涯第二阶段的特色(Matthews 1999),但跟他第一阶段的句子分析一样,避免先行对句子做直接成分(IC)的分析。注意上面 X 类的成员 his attitudes arose out of 和 he was influenced by,在以主谓结构为主干的句法结构里二者都不属于句子的直接成分,句子的切分如果第一刀切在主语 his attitudes 和 he 之后,那是先认定了一个主谓结构,而哈里斯一以贯之的做法是不先做这样的认定,一切取决于替代法的分析结果,所以第一刀就可以切在介词和介词宾语之间:

(2) His attitudes arose out of | his social position.

(3) He was influenced by | his social position.

(4) His attitudes arose out of | a restricted world-view.

哈里斯说,语篇的分析必须允许这样切分,不然怎么发现语篇是靠什么连贯成一体的呢。换言之,这种切分已经超越传统的英语句法结构(以主谓结构为主干),进入信息结构的范畴,用“|”切分的是两个信息单位。对英语而言,句法结构和信息结构有很大的差别,句法结构是不允许上面这种切分的。语篇的分析如果不依靠信息结构就无法揭示语篇的结构规律。

1.3　句子变形和对等结构

为了在语篇中建立语词序列之间更多的对等关系,哈里斯进一步提出句子变形(transformation)的想法,把句子变形看作超越句子界限、进入语篇分析的一种手段。后来乔姆斯基提出"变形语法"理论，其目的不是语篇分析，而是句法分析，变形规则是在句子底层运作的句法规则，而对哈里斯来说，变形首先是一种可以在两个形式序列之间建立的（表层）联系。乔姆斯基提出变形的目的是解释而不是描写语言，但是变形的概念显然是从哈里斯那儿传承而来。

　　哈里斯举例来说明为什么要提出变形关系。假设一个语篇包含句子（5）和（6）：

　　（5）He played the cello.（他演奏大提琴。）

　　（6）The cello was played by Casals.（大提琴是凯塞尔演奏的。）

但没有包含（7）和（8）：

　　（7）Casals played the cello.（凯塞尔演奏大提琴。）

　　（8）The cello was played by him.（大提琴是他演奏的。）

那就没有任何分布环境显示 Casals 和 he/him 在语法上对等（属于同一语类），但是如果假设主动句和被动句之间存在变形关系：

　　（9）He plays the guitar.（他演奏吉他。）

　　（10）The guitar was played by him.（吉他是他演奏的。）

将这种变形关系抽象为：

　　（11）Nx V Ny ↔ Ny was Ved by Nx

那就能显示 Casals 的分布环境和 he/him 的分布环境对等，尽管两者在句中出现的位置不同。这样一来就能在语篇中发现更多的对等类，而对等这个概念也就从语素和语素序列的对等扩展到句子结构的对等，主动句和被动句成为对等结构（equivalent structure），表示为：

　　（12）Nx V Ny ＝ Ny was Ved by Nx

　　也请注意，将句子变形和对等结构引入话语分析，这样做的前提是，被动句的切分第一刀可以切在介词和宾语之间：

　　（13）The guitar was played by ｜ him.

　　上面指出，这样的切分实际是从语篇分析的要求出发来看英语句子的信息结构。除了主动句和被动句有变形关系，哈里斯还认为 the cold weather 是从 the weather is cold 变形而来的，即 the N is A → the A N。

　　哈里斯最后拿一个真实语篇做样本来分析它的结构和连贯性，虽然比较复杂，但是基本的分析方法如上所述，也就是避免直接应用名词、动词、主语、谓语这些现成的句法范畴，而是用发现程序建立语素和语素序列的对等类。建立的对等类的数目是有限的，那个英语样本语篇的分析结果只有 5 个，这 5 个对等类排列组合的方式也是有限的。哈里斯最后说，方法有不足之处，结果也可商榷，但多少可以让我们知道采用这种方法来分析语篇的结构可以做到什么程度。

2. 分析汉语的话语结构

2.1　必然得出的分析结果

作为一种分析方法，哈里斯的话语分析法具有普遍意义，应该同样适用于汉语的分析。本文的目的不在于用这种方法来分析具体的汉语语篇，而是想说明，用这种方法来分析汉语必然得出什么样的结果，反过来对我们认识汉语的"主谓句"有什么重要的启示。我们先假设一个汉语语篇包含 AF：AE 两个句子：

　　(14) 他的社会地位决定什么样的立场态度。(AF)

　　(15) 他的社会地位决定什么样的思想方式。(AE)

按照哈里斯的方法先建立对等类 F＝E，即：

　　(16) 什么样的立场态度＝什么样的思想方式

这个分析结果在意料之中。为了建立更多的对等类，我们也可以将 (17) 和 (18) 看作类似英语主动句和被动句之间的变形关系：

　　(17) 他的社会地位决定什么样的立场态度。(AF)

　　(18) 什么样的立场态度他的社会地位决定。(FA)

把 AF 和 FA 视为对等结构，AF＝FA，尽管两个 F 出现的位置不同，但属于同一对等类。

下面我们会发现，在汉语里如果贯彻哈里斯的分析方法，最终会得出什么样的结果。假设一个语篇除了包含上面 (14)(15)(18) 三个句子〔(17) 同 (14)〕，还包含下面两个句子：

　　(19) 什么样的立场态度，什么样的思想方式。(FE)

　　(20) 什么样的思想方式，什么样的立场态度。(EF)

这两句也属于有变形关系的对等结构，而且可以在同一语篇中出现。要知道这样的句子在汉语中是很常见的，经常听到的就有：

> (21) 什么样的老子，什么样的儿子。　　(22) 什么样的儿子，什么样的老子。

两个名词短语并列组合，这样的"主谓句"在汉语里种类很多，"什么样的……什么样的……"只是其中的一种，请看：

> (23) 什么牌什么打法。｜哪里地震哪里水灾。｜谁长发谁小资。｜哪个天价哪个极品。

> (24) 一分钱一分货。｜一路风雨一路情。｜随处清波随处桥。

> (25) 理由千条原则一条。｜一日夫妻百日恩。｜三个女人一台戏。｜一个篱笆三个桩，一个好汉三个帮。｜一顶博士帽，十年苦功夫。｜山中方一日，世上已千年。｜道路千万条，安全第一条。

> (26) 你的所爱，我的所恨。｜短暂的分别，长久的思念。｜平定中原之日，家祭告翁之时。

这类句子的共同特点是，前后两个 NP 互相呼应，属于最典型的互文见义。汉语句子的谓语，结构类型不受限制，可以由名词短语充当（赵元任 1968），甚至不乏动词短语做主语、名词短语做谓语的句子（沈家煊 2021）。

回到正题，有了(19)FE，就可以建立对等类 F＝A（因为有 AE），即：

> (27) 什么样的立场态度＝什么样的社会地位决定

有了(20)EF，就可以建立对等类 E＝A（因为有 AF），即：

> (28) 什么样的思想方式＝什么样的社会地位决定

这就是说，在汉语里，如果贯彻哈里斯的分析方法，必然得出的结果是：在话语里不仅句子成分"什么样的立场态度"和"什么样的社会地位"二者是对等成分，属于一个对等类，而且句子成分"什么样的社会地位决定"和"什么样的立场态度"也是对等项，属于同一个对等语类。这个结果有点出乎意料，因为一个是动词短语，一个是名词短语。虽然看似违背句法常识，但是只要你贯彻这个方法就不能不接受。要是转而从信息结构着眼，这个结果就没有什么不好接受的，具体下面再说。

有人也许会质疑说，这种"什么……什么……"类型的句子毕竟是特殊的句子，不能以偏概全。好，那我们就假设一个语篇，它包含三个一般的句子：

（29）我们先读，论语孟子。（AE）：论语孟子，儒家经典。（EF）：儒家
　　　经典，我们先读。（FA）

这三个句子不一定紧挨着，但可以紧挨着，依次接着说的时候就是汉语常见的递系句（顶真句）。上面提到，语词不仅在上下文中得以理解，而且本身"制造"上下文，语词一经说出就成为新的上下文。这种递系句完全符合语言的这一运作原理。由于存在下面的对等结构：

（30）我们先读，论语孟子。（AE）　　（31）论语孟子，我们先读。（EA）

以及：

（32）论语孟子，儒家经典。（EF）　　（33）儒家经典，论语孟子。（FE）

即 AE＝EA 和 EF＝FE，由此我们不仅可以推导得出：

（34）论语孟子＝儒家经典（E＝F）

而且可以推导得出：

（35）我们先读＝论语孟子（A＝E）　　（36）儒家经典＝我们先读（F＝A）

2.2　中式主谓句

陆志韦（1963）早就指出，汉语"我们先读论语孟子"一句，第一刀不必切在"我们"之后，也可以按中国传统的句读法切在"我们先读"之后，先切在"我们"之后那是先肯定了一个欧式的主谓结构。现在我们进一步发现，"我们先读"和"论语孟子"可以视为一个对等类的成员。沈家煊（2016a，2019，2021）相继论证，"我们先读"和"论语孟子"都属于语用上的指称语，一个是"起指"，一个是"续指"。

如果说起指是主语、续指是谓语，那么这种中式主谓句，凡是复杂一点的，主谓切分的方式都不止一种。就"梅瑞买了一对玉镯"这一句而言，至少有三种切分主谓的方式：[②]

（37）a. 梅瑞买了|一对玉镯。b. 梅瑞|买了一对玉镯。c. 梅瑞买了一对|玉镯。

这是因为，按照哈里斯分析法，"一对"和"一对玉镯"属于一个替代类，"买了"和"买了一对"属于一个替代类。[③]

2.3　汉语的句法结构就是信息结构

英语中也偶见两个名词短语并列的句子，例如"One world, one

dream.”。上面说过,从信息结构着眼也不排除 His attitudes arose out of 和 his social position 属于一个对等类。但是英语的句法结构已经被主谓结构的形式锁定(见沈家煊 2019:6-10),句法结构和信息结构不一致成为常态,以 Mary bought a pair of jade bracelets 一句为例,句法结构的切分一定是:

(38) Mary | bought a pair of jade bracelets. (梅瑞买了一对玉镯。)
而信息结构的切分可以是:

(39) Mary bought | a pair of jade bracelets. (因为有结构对等的被动句)

汉语的句子并没有被主谓结构锁定,"梅瑞买了一对玉镯"一句,上文提到句法上不一定非得切分为"梅瑞|买了一对玉镯",而是可以有多种切分方式。这里要指出,这多种切分方式是来自信息传递、对话交流的多种方式,就(37)三例而言:

(40) a. 问:梅瑞买了吗? 答:一对玉镯。➡梅瑞买了,一对玉镯。
     问:一对玉镯呢? 答:梅瑞买了。➡一对玉镯,梅瑞买了。
   b. 问:梅瑞呢? 答:买了一对玉镯。➡梅瑞,买了一对玉镯。
     问:买了一对玉镯,谁? 答:梅瑞。➡买了一对玉镯,梅瑞。
   c. 问:梅瑞买了一对,什么? 答:玉镯。➡梅瑞买了一对,玉镯。
     问:玉镯呢/吗? 答:梅瑞买了一对。➡玉镯,梅瑞买了一对。

语序相反的一对句子,谈不上谁是顺装谁是倒装,语序完全取决于信息传递的顺序。赵元任(1968)早就用敏锐的眼光指出,汉语句子的主语"其实就是话题",整句是由一问一答组合而成的。这已经从对话的角度说明,汉语的句法结构其实就是信息结构、对话结构,或者说,在汉语里句法结构和信息结构、对话结构是"构成关系"而不是"实现关系"(沈家煊 2016a:124-132),句法结构就是由信息结构、对话结构"构成"的。

2.4　正对和偏对

中式主谓句由对等项"起指"和"续指"组成,而且注重表达的平衡对称,遵循"半逗律"(逗号隔开的两部分字数大致相等)。讲究平衡对称的是"正对",不讲究的是"偏对"。正对和偏对的"对"既指对话(dialogue),也指对偶(parallel expression),是意义和形式(包括韵律)一体的概念:

正对	偏对
(41) 梅瑞买了，一对玉镯。	梅瑞，买了一对玉镯。
	梅瑞买了一对，玉镯。
(42) 我们先读，论语孟子。	我们，先读论语孟子。
	我们先读论语，（还有）孟子。
(43) 什么样的社会地位，什么 样的立场态度。	什么样的社会地位，决定什么 样的立场态度。
	什么样的社会地位决定，什么 样的立场态度。

正与偏是相对而言的，不是绝对二分。"我们先读，论语孟子"相对于"我们，先读论语孟子"是正对，相对于"儒家经典，论语孟子"是偏对。

正对和偏对都是"对言结构"，对言结构就是中式主谓结构，它超越欧式主谓结构，后者只是对言结构的一个特例，见沈家煊（2019：147－148）和下文第 4 节。

3. 贴近对话的汉语流水句

为什么汉语的句法结构就是信息结构、对话结构？语言植根于对话，对话是语言存在的基本形态，汉语"流水句"的组织贴近对话的组织。④流水句具有断连性、并置性、指称性，详见沈家煊（2012，2019：31－50）。断和连是汉语的一种重要语法手段，不同的断连方式代表不同的对话方式，传递不同的信息。"梅瑞买了一对玉镯"最多可以断成四截，因为对话就可以断成四截：

(44) 梅瑞，买了，一对，玉镯。

　　问：梅瑞呢？

　　答：买了。

　　问：买了？

　　答：一对。

　　问：一对？

　　答：玉镯。

四截连起来是一个句子,断开就是一个语篇。比邻的断连成分,即起指和续指,在形式上就是对等项的并置(juxtaposition),不分主从,没有中心。起指和续指都是语用上的指称语,动词短语也是指称语,是指称事态或状态的指称语。以上三性决定了汉语的结构具有对称性和"可回文性",起指和续指可以易位,不分顺装倒装,如(40)—(43)诸例所示。回文不是文字游戏,它是意义重组的手段。英语在口语中也有回文,例如:

(45) a. He is still healthy. (他还很健康。) b. Still healthy, he is.
    (很健康,他还。)

但是种类很有限,因为主谓结构在形式上锁定,不能随便回文(可与汉译句比较):

(46) a. How healthy he is. (他是多健康啊。)

　　b. * He is how healthy. (多健康啊,他是。)

(47) a. His attitudes arose out of his social position. (他的态度出自他的社会地位。)

　　b. * Out of his social position his attitudes arose. /要说:Out of his social position arose his attitudes. (出自他的社会地位,他的态度。)

(48) a. The guitar was played by him. (吉他是他演奏的。)

　　b. * Him the guitar was played by. (是他演奏吉他的。)

英语只有在使用系词的认同句中,系词连接的两个成分才可以视为对等项,采用 Halliday(2008:69,227)的名称,一个是对象(identified),一个是识象(identifier),二者都为名词组(nominal group),例如:

(49) Alice is the clever one. (艾丽丝是那个聪明的。)
　　　对象　　　识象

(50) Which is the clever one? (啥人是那个聪明的?)
　　　识象　　　对象

看英语如何将一般的主谓句(51)变为分裂句形式,从而将系词的前后项视为对等项,注意与汉译句比较:

(51) The duke gave that teapot to my aunt.

　　公爵(是)把那把茶壶给了我姑妈(的)。

(52) What the duke gave to my aunt was that teapot.

公爵给了我姑妈（的），（是）那把茶壶。

(53) The one who gave my aunt that teapot was the duke.

给了我姑妈那把茶壶（的），（是）公爵。

(54) The one the duke gave that teapot to was my aunt.

公爵把那把茶壶给了（的），（是）我姑妈。

(55) What the duke did with that teapot was give it to my aunt.

公爵把那把茶壶（是），给了我姑妈（的）。

(56) How my aunt came by that teapot was she was given it by the duke.

我姑妈那把茶壶（是），公爵给了她（的）。

从对应的汉语译句就可以看出，汉语的陈述句其实都是等式型的认同句，只是系词"是"和助词"的"可以隐而不现。"是"和"的"的作用都是增强指别度（完权 2018），所以逗号断开的前后两项都是指称语，一个指对象，一个指识象。汉语句子本来是可断可连的流水句，也就谈不上什么分裂句。注意(55)里的 give it to my aunt 和(56)里的 she was given it by the duke 都被视为与主语对等的名词组。后者已经被承认是名词组，因为可以前加指代词（关系代词）that，前者还没有被承认是名词组，但是按 Halliday 的说法又必定是名词组。从汉语出发来看英语，这一点不奇怪，因为信息结构、对话结构是语言的根本和原初状态，英语主谓句这样的句法结构是后来才形成的，形成之后仍然带有原初状态的痕迹，像 give 这样的原型动词其实也是指称事态或状态的指称语。按照 den Dikken (2006) 的分析，英语(51)一句的底层结构是(57)：

(57) The duke WAS give that teapot to my aunt.

系词 WAS 连接的是两个名词短语，详见下一节。(51)的汉译句表明，汉语的表层结构就是(57)这个样式的，因此不需要再假设一个底层结构。

4. 从汉语反观英语

上文说，哈里斯将句子变形和对等结构引入话语分析，这样做的前提是,被动句的切分第一刀可以切在介词和介词宾语之间,这实际是从语篇分析的要求出发来看英语句子的信息结构。如果我们不是一味地从英语看汉语,而是反过来从汉语看英语的话,那么可以发现英语的句法结构也具有汉语式主谓结构的性质。den Dikken(2006)从生成语法的"最简方案"出发,论证英语主谓句的句法结构在底层应该是汉语这种表层形式,上面讲了(51)这样的主动句,再看被动句:

(58) a. Imogen kissed Brian.(伊茉莨一吻布莱恩。)

　　　b. Brian was kissed by Imogen.(布莱恩受伊茉莨一吻。)

a 是主动句,b 是对应的被动句,den Dikken 论证 b 句应该分析为:

(59) Kissed Brian WAS-by Imogen.

其中 kissed Brian 是谓语(指称一种事态),Imogen 是主语(指称一个人)。被动句跟主动句一样,其底层主语和谓语是一对名词短语,中间有一个抽象的功能性质的联系词(relator)将二者连接起来,在主动句里这个联系词没有显形(零形式),在被动句里它显形为 BE-介词"be-by"。主谓关系有层次但没有方向性(nondirectionality),主语和谓语可以颠倒次序(这种情形里的联系词改叫 linker)。主谓关系(PR, predication relationship)的树形图如下(原书第 3 页,有所改动):

(60) a.

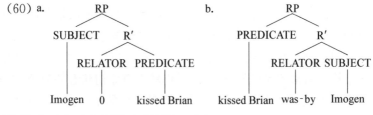

改用线性式子表示分别是(原书第 43 页):

(61) a. $[_{RP}[_{XP}$ SUBJECT] $[_{R'}$ RELATOR $_{YP}$ PREDICATE]]]

　　　b. $[_{RP}[_{XP}$ PREDICATE] $[_{R'}$ RELATOR $_{YP}$ SUBJECT]]]

同样表明 XP 和 YP 无非是由联系词连接的两个名词短语。这不由得让人想起叶斯帕森(Jesperson1924:277-281, 286-289)对英语句子进行时和完成体的分析:

(62) He is hunting.(他是在打猎。)

(63) He has killed a deer. (他捕杀了一只鹿。/他有捕杀一只鹿。)

叶氏说,进行时如例(62)实为"扩展时",动作 hunting 扩展到 is 所表示的时间之前和之后,hunting 是指称一种绵延的状态。完成体如例(63)实为"稳状现在时",过去事件产生的结果 a deer killed 成为现在的稳定状态。沈家煊(2016a:239-246)通过英语和汉语比较后进而指出,英语的谓语 hunting 是准指称语,killed a deer 具有潜在的指称性,按照 den Dikken(2006),系词 is 和助动词 has 都是联系词的显形。

哈里斯在他学术生涯的最后阶段意识到,变形"要保持信息不变"这一条件应该包括语气(陈述和疑问)和表达角度(动态叙述和静态描述)保持不变。根据这一思想,被动式和主动式、疑问式和陈述式之间不再存在变形关系,被动句如(64)不再是从主动句 Mary wrote the paper 变形而来,而是从(65)这样的系词认同句减缩而来的。

(64) The paper was written by Mary. (论文是梅瑞写的。)

(65) The paper was in the state of the writing of the paper by Mary. (论文是处于梅瑞写的状态。)

哈里斯认为这样可以更好地限制变形的范围。读者可以发现,上述 den Dikken 的分析跟哈里斯的这一分析是何等相似。den Dikken 的结论是在生成语法"最简方案"的理论框架里得出的,而最简方案的精神跟哈里斯后来要限制变形范围、简化语法的精神是一致的,甚至可以说,哈里斯的这一思想是生成语法最简方案(取消移位等变形操作)的前奏。遗憾的是,哈里斯最后阶段的贡献多年来一直被主流忽视。(Matthews 1999)

笔者近年来追求语法理论的简单化,从汉语的实际出发,用对言格式超越主谓结构,把英式主谓结构看作对言格式即中式主谓结构的一种特例,参看沈家煊(2016a,2019)。笔者的探索虽然不是在生成语法的框架里进行的,但是追求理论"能简则简"的精神是不论什么理论框架的。

5. 小结

布龙菲尔德是美国结构主义的鼻祖,他在谈主谓结构的时候(Bloomfield 1917),实事求是地指出,虽然盛行的观点是每个句子包含主语和谓语两个部分,人们的语感却经常与此相左,有的主谓句是等式型的(equational type),主语和谓语应当作对等项(equated terms)看待。运用哈里斯的话语分析法来分析汉语,我们不能不得出结论:汉语的句法结构就是信息结构,汉语的"主谓句"是等式型的,有多种切分方式,主语和谓语是对等项,属于一个对等类。

这个结论不仅切合汉语实际,而且具有普遍的理论意义。语言以对话为存在的基本形态,汉语的流水句构造就植根于对话的互动性。我们可以转而以汉语的结构为参照系来反观英语,把英式主谓结构看作中式主谓结构(对言格式)的一个特例。由此可以合理地假设,语言演化不是单一路径。语言的初始结构是等式型的信息结构、对话结构,在演化的道路上出现分叉,英语转而朝主从型的主谓结构这一方向发展,汉语继续沿等式型的方向发展形成对言格式。英语这一转向是通过"名动分裂"实现的,而汉语至今没有实现"名动分裂",而是始终呈名词包含动词的包含格局,汉语的"名动包含"格局也是借助于结构主义的分布原理和分析方法得以论证的,详见沈家煊(2016a:88-92)。

6. 方法论的再思考

笔者曾结合汉语"名动包含"格局的论证思考语法理论"能简则简"的方法论原则(沈家煊 2017),本文通过哈里斯的话语分析法和中式主谓句的论述,对语法研究的方法论又有一番思考。

6.1 结构主义描写法在中国

美国结构主义基于形式和分布的语言分析法引入中国,意义重大,因为这种注重形式而且一以贯之的分析方法正是中国传统所欠缺的。赵元任是结构主义语言学大师,《中国话的文法》(赵元任 1968)主要是运用结构主义的描写方法写成的,并且用分布分析法得出汉语的主语"其实就是话题"的结论。朱德熙先生的汉语语法研究更彻底地贯彻结构主义的方法,坚持用分布原则来划分汉语的词类,得出动词做主宾语的时候没有"名词化"的结论,还根据分布得出"句子不过是独立的词组"的结论,从而建立一个以词组为本位的语法体系(朱德熙 1985:22,74),这个体系更加贴近汉语的实际,也更加简单。总之,结构主义的分类法坚持语言学的自主性和科学性(行为主义意义上的),在语言学的许多领域已经证明是有效的,在田野调查中更是广泛应用。笔者在当研究生的时候曾啃读哈里斯的 *Methods in Structural Linguistics* 一书(《结构语言学的方法》,Harris 1951),获益匪浅。

在"结构主义在中国"这个题目下,还不能不为陆志韦先生书上一笔。陆志韦(1951)使用"同形替代法"来离析和认定北京话句子中的单音词,这种方法得到哈里斯的赞赏,说这也是切分-分类法的一种。然而陆先生自己却说是学的考科举"对对子"的法子,用的是语言学的"民族形式"。⑤值得称道的是,陆先生勇于面对分析结果,他在陆志韦(1955)一文中承认,虽然目的是想离析出北京话里的单音词,但结果表明离析出来的实词往往是词素而不是词,词和词素在汉语里不必有分别,例如从"铁路"里离析出来的"铁"是词还是词素是不确定的。不确定的就是不确定的,"这种一味求真的态度体现了一个科学家的本色"(邵荣芬 2000)。陆先生还将离析出来能单说的单音节称作"句词",即能够独立成句的词,并且指出中国语法学界对"句子"的看法还没有批判过,这很可能是赵元任(1968)提出汉语"以零句为根本"的缘起。至于陆先生在文中对"同形替代法"的自我批评和负面评价,那显然是出于当时国内外的大环境下其他方面的考虑。

6.2 不以先验范畴为基础

有人说哈里斯的方法不可取,因为它排斥意义,然而这种认识是粗疏的,哈里斯实际期望,他的分析法能使意义上的差别外显。Harris(1951:271f.)里举例:

(66) a. She made him a good husband.(她成就他好丈夫。)

　　　b. She made him a good wife.(她成就他好妻子。)

用替代法可以外显两句的意义差别,b 句的 him a good wife 可以用 a good wife for him 来替代,而 a 句的 him a good husband 则不能用 a good husband for him 来替代。对汉语来说,a 句的"成就"是动词的使动用法,"成就他好丈夫"可以用"让他成为好丈夫"替代,b 句的"成就"是非使动用法,"成就他好妻子"可以用"为他成为好妻子"替代。Matthews

(1999)一文重新评价哈里斯的贡献,在澄清这一点后指出,哈里斯的本意其实是:我们要排斥的做法只是,把对语言的说明放在先验性范畴的基础上,把我们力求发现的东西当作发现它的准则。[6]笔者认为,这是在说,名词、动词、主语、谓语等语法范畴不是先验的而是有待发现的东西,我们是在通过一定的方法发现了某一个语类后,才给它起个诸如"名词""主语"的名目,对语言的说明要避免想当然地直接应用这些现成的范畴。这些话对我们当今的语言研究仍然有警示意义。

任何方法都有优劣,都不能包打天下,但是结构主义的发现程序相对而言比较客观和科学,可操作性强,而且可以补我们过去研究方法的不足。甚至可以说,正是这种方法才使得语言学成为一门现代科学意义上的学科。没有经过结构主义洗礼(接受基本训练)的人,不管他追随当今哪种新的主义,恕我直言,他的作为表明,在从事语言研究的基本功方面还需要补课。

Matthews(1999)一文还指出,实际上哈里斯比乔姆斯基更早实践了"生成"的研究方向,他的替代法已经初具后来生成语法短语结构"X-杠"理论的思想。他相信语言是"成模式的事实",并且认为他对语言结构的描写所采用的形式,可以视为"生成一个语言中所有句子的一组指示"。这与乔姆斯基在同时期提出的、后来十分著名的公式表达法具有同等价值。早期的生成语法强烈批评过度依赖分类学(taxonomy)方法,说这种方法的分析结果无助于解释语言的深层结构。但是对分析结果的评价不完全取决于分析的方法,承认某种分析方法的结果和对分析结果的评价并不是一回事,因为评价会受多方面因素的影响。在评价分析结果之前,先得承认分析结果。你不能同意用 DNA 检测法来做亲子鉴定,而当鉴定结果出来后又不予承认,尽管由于某些原因你难以接受鉴定结果。

附　注

　　① 《相关论》的要义是,在起说 A 之后的续说 F,不管 F 说的是什么,总是被认定为与 A 相关,这就意味着,说出 F 这个语言行为就在"制造"上下文。

　　② 其实不止这三种,一共有八种切法方式,见下一小节和沈家煊(2021)。

　　③ 不得不说,正是这种可替代形式成为后来变形语法提出短语结构"X-杠"理论

的事实基础。

④ 对话组织的要素包括话论（turn）、话论转换相关位置（transition relevance place，TRP）、邻接对（adjacency pair）等，参看 Levinson（1983：296 - 326）。

⑤ 哈里斯的分析方法居然跟中国传统的对对子法相通，值得我们深入思考，可参看沈家煊（2016b）。

⑥ 原文是：What we cannot do is base our account of language on *a priori* categories. We cannot take what we are seeking to discover as itself a criterion for its discovery.。译文转引自张和友（2001）。

参考文献

陆志韦 1951《北京话单音节词汇》，人民出版社。

陆志韦 1955 对于单音词的一种错误见解，《中国语文》4 月号。

陆志韦 1963 从"谓语结构"的主语谈起，《中国语文》第 4 期。

邵荣芬 2000《陆志韦集》编者的话，中国社会科学院学者文选《陆志韦集》，中国社会科学出版社。

沈家煊 2012 "零句"和"流水句"——为赵元任先生诞辰 120 周年而作，《中国语文》第 5 期。

沈家煊 2016a《名词和动词》，商务印书馆。

沈家煊 2016b 从唐诗的对偶看汉语的词类和语法，《当代修辞学》第 3 期。

沈家煊 2017 "能简则简"和"分清主次"——语言研究方法论谈，《南开语言学刊》第 2 期。

沈家煊 2019《超越主谓结构——对言语法和对言格式》，商务印书馆。

沈家煊 2020 "互文"和"联语"的当代阐释——兼论"平行处理"和"动态处理"，《当代修辞学》第 1 期。

沈家煊 2021 动主名谓句，《中国语文》第 1 期。

完　权 2018《"的"的性质与功能》（增订版），商务印书馆。

张和友 2001 哈利斯的描写主义语言学研究，《四川大学学报》（哲社版）第 1 期。

赵元任 1968《中国话的文法》，加州大学出版社。

朱德熙 1985《语法答问》，商务印书馆。

茱莉亚·克里斯蒂娃 2016《主体·互文·精神分析——克里斯蒂娃复旦大学演讲集》，祝克懿、黄蓓编译，生活·读书·新知三联书店。

Bloomfield, L 1917 Subject and predicate. *Transactions of the American Philological Association* 47.

den Dikken, M 2006 *Relators and Linkers: the Syntax of Predication, Predicate Inversion and Copulas*. Cambridge: MIT Press.

Halliday, M. A. K 2008 *An Introduction to Functional Grammar* (3rd edn.). Foreign Language Teaching and Research Press.

Harris, Z. S 1951 *Methods in Structural Linguistics*. University of Chicago Press.

Harris, Z. S 1952 Discourse analysis: A sample text. *Language* 28(4).

Levinson, L. C 1983 *Pragmatics*. Cambridge University Press.

Mattews, P 1999 Obituary: Zellig Sabbettai Harris. *Language* 75(1).

Sperber, D. & D. Wilson 1986 *Relevance: Communication and Cognition*. Basil Blackwell.

（本文发表于《现代外语》2022 年第 1 期）

从感官动词到推断元话语标记 *

上海师范大学对外汉语学院　曹秀玲　魏　雪

推断是人们依据一定事实或经验对未知或不确定情况做出某种推测和断定的言语行为。标识推断言语行为的元话语标记称为"推断元话语标记"。①感官动词是汉语推断元话语标记的重要来源，其成员数量多，结构形式丰富，使用频率高，②具体包括"看/见"和"听/说"两个系列。

较早前多位学者对相关现象进行了研究，总体上可以归为两类：一是从语法化和主观化视角切入，对其演变进行探析，如方一新、雷冬平（2006）提出，宋代"观察"义的"看"加上时态助词"来"演变成认知动词"看来"，张谊生（2006）探讨"看起来"和"看上去"的语法化和主观化及其表达功能和个性特点，李宗江（2007）考察"看来""说来""想来"由本义向情态副词的演变；二是对相关近义结构进行辨析，如刘楚群（2009）提出，"看起来""看上去""看来"都可以表示主观判断，制约三者变换的原因在于语义侧重点不同，陈颖（2014）认为"看起来"和"看来"的区别表现在句法功能、观察视角、语篇功能和虚化程度等方面。此外，朴丽华（2011）将汉语推论义成分归纳为"看/见""显然"和"说"等三类加以描写。上述研究对本研究有重要的启示作用。然而，"看"类动词组合只是汉语推断表达来源之一，本文聚焦感官动词来源推断元话语标记（为称说方便，以下称"推断元话语标记"），考察其结构形式、语篇分布、功能格局、形成机制和跨语言表现。

---

* 本研究为国家社科基金项目"汉语语篇连贯的句法机制研究"（项目编号：14BYY120）的阶段性研究成果，发表于《语文研究》2021年2期。

1. 推断元话语标记的结构形式和语篇模式

1.1　推断元话语标记的构成及其结构形式

汉语感官动词中,视觉和听觉动词是构成推断元话语标记的主要动词类型,其结构形式如下:

	看	见	听	说	想③
V 起来	＋	－	＋	－	－
V 上去	＋	－	＋	－	－
V 来	＋	－	－	－	＋
V 样子	＋	－	－	－	－
V 这意思	＋	－	＋	－	－
由此/如此 V 来	＋	＋(可～)	－	＋	？
这么/这样 V 来	＋	－	－	＋	？
这么/这样 V	＋	－	－	＋	－

＊表中"＋"表示组合成立,"－"表示组合不成立或虽成立但不表推断,"?"表示仅见个别用例

上表显示,"看"构成的推断元话语标记包括动趋式"看/来/起来/上去"、动宾式"看样子/这意思"和状中式"由此/如此看来""这么/这样看(来)"三种;"见"构成的推断元话语标记包括状中式"由此/如此可见"(另有"综上可见")、"足见"和复合形式"显而易见"两种;"听"构成的推断元话语标记包括动趋式"听起来/上去"和动宾式"听这意思"两种;"说"构成的推断元话语标记为状中式"由此/如此说来"和"这么/这样说(来)"。此外,"看"还可以组成"我/你看"等主谓形式表推断,但其他感官动词没有这种组合形式或有该组合形式但不表推断。

与"看"系相比,"听"系推断元话语标记数量少,组合形式单一,不存在与"看样子/看来"对应的"＊听样子/＊听来",不存在"＊这么/这样听

（来）"，该类组合由相应的"这么/这样说（来）"补足。因此，大体呈现"听""说"组合形式之和略等于"看"的总体格局："看"与"听""说"分别在动趋、状中组合上呈现平行性，而"听"和"说"在动趋、状中组合上呈互补分布。

1.2 推断元话语标记的语篇模式

推断元话语标记出现在推断依据和推断结果（以下简称"推论"）之间，根据构成成分特点，推断元话语标记可以分为回指型和非回指型两类：前者是指元话语标记中含有指代成分，后者虽不含指代成分，但推断总是以一定客观事实或认知经验为依据，因此，事实上与上文形成隐性的回指关系。如果忽略内部细微差别，推断元话语标记出现的语篇模式可以码化为"A＋X＋B"。④

1.2.1 回指型推断元话语标记

回指型推断元话语标记包括"看"系的"这么/这样看（来）""由此/如此看来""看这意思""由此可见"和"听"系的"这么/这样说（来）""由此/如此说来""听这意思"。例如：⑤

（1）朱兆良：化肥、农药过度施用造成农业面源污染严重，成因是多方面的◇⑥当然，农业技术推广体系不健全，千家万户点多面广，环保知识和农业技术宣传推广起来也就更难；化肥、农药施用量大的蔬菜生产发展很快，等等，也是造成农业面源污染趋重的因素。

记者：<u>这么看来</u>，我们不能一味责怪农民缺乏环境保护意识。（《人民日报》2005-02-02）

（2）王路之：即使云梯消防车，也不是万能的。首先云梯消防车非常昂贵，一台要3 000万元左右，而且喷洒高度有限；其次，它需要很大的场地展开作业，目前很多高层建筑不具备这个条件。而直升机在烟雾下难以发挥作用。

记者：<u>这么说来</u>，平时的"防"是关键性的？（《人民日报》2010-12-20）

（3）目前潍坊还没有具体规定称对停热用户收费，只规定恢复用热需交纳安装手续费，但这并不等同于管道损耗费。<u>这样说来</u>，部分小区要求不供暖用户缴纳30%，甚至50%的损耗费，确实名不正言不顺。（《齐鲁晚报》2013-10-31）

(4) 只要这类生活中最基本的实际利益不被动摇,那么,无论报纸上在批判谁,或在给谁平反,他们都无所谓。由此可见,"浅思维"是他们这一群体的基本素质,并成之有因。(刘心武《钟鼓楼》)

上例中,前两例为对话语体,后一话轮持有者根据前一话轮所说话语进行推断;后两例为独白语体,说写者根据上文所述情况做出推断。对话语体中,推断元话语标记出现在后一话轮的起始处,与后面语段之间用逗号隔开,由听说双方共建推断;独白语体中,推断元话语标记出现在推断依据和推论之间。

1.2.2　非回指型推断元话语标记

非回指型推断元话语标记包括"看"系的"看来""看起来""看上去""足见""可见""显而易见"和"听"系的"听起来""听上去"。其中,"见"构成的推断元话语标记与回指型推断元话语标记语篇分布相同,只出现在"A+X+B"语篇中。例如:

(5) 梁启超在《治国学杂话》中说:"若问读书方法,我想向诸君上一个条陈,这方法是极陈旧的极笨极麻烦的,……这种工作,笨是笨极了,苦是苦极了,但真正做学问的人,总离不了这条路。"足见,读书时认真摘抄一些资料是有百利而无一害的事。(《读者》合订本)

(6) 李占华在剧中塑造的敫桂英,在侧重表演(繁重的舞蹈身段)的场里,颇能胜任,却在以成套唱腔抒发内心情感、塑造音乐形象的地方,令人大失所望。显而易见,唱功是她的弱项。(《作家文摘》1996A)

"看来"也倾向于出现在该类语篇中。例如:

(7) 负债累累的政府是一个权力难以扩张的政府,因为负债后,一方面政府就得面对债券市场,另一方面就得征税,就得面对纳税人。或许,负债、债券市场、征税、纳税人,这都是民主宪政的砖瓦。看来,金融不只是能帮助一个国家平摊一时的支付压力,还能促进制度的良性发展。(当代\CWAC\CFB0150)

"看起来/上去""听起来/上去"有时也出现在"A+X+B"语篇之中,与后面语段之间有停顿("看来""可见"与后面语段之间可以有停顿也可

以没有,但与"由此/如此"组合时,必有停顿,口语中有时还伴有"啊/呢/呀"等语气词)。例如:

(8) 爱因斯坦对玻尔已经两战两败,他现在知道量子论的根基比想象的要牢固得多。<u>看起来</u>,量子论不太可能是错误的,或者自相矛盾的。(曹天元《上帝掷骰子吗》)

(9) 2019 年 3 月,记者采写一篇科普报道,一位研究员在接受采访后坚决不肯署名。问及原因,对方说:"如果让领导和同事们知道了,感觉我好像成了科普达人,不太好。"<u>听起来</u>,"科普达人"的身份在他的工作单位似乎并不怎么受待见。(《人民日报》2019 - 03 - 19)

上两例中的"看起来""听起来"出现在前后语段之间,后面跟有停顿,表达说写者的言者视角和推断立场。

"看起来/上去""听起来/上去"有时也出现在后段话语的主谓之间,形成"A+(S)X VP"语篇模式。例如:

(10) 舞池里有几对男女正在热舞,他们<u>看起来</u>就是标准的台北人,台北人的长相,台北人的穿着打扮,台北人的说话方式,台北人的男生和女生。(电影《盛夏光年》)

(11) 他加快了骑速,还微微地摇摆身子,<u>看上去</u>不大像老克腊,倒像是现代青年,一往无前的姿态。(王安忆《长恨歌》)

(12) 没有自有固定的经营场所,没有秘书、财务、人事职员,你既是老板又是公司唯一的员工,但公司却合法而又规范。这<u>听起来</u>似乎有点不太可能,但在深圳高新技术产业园区内,日前正式运作的深圳首家公共秘书公司让上述做法成为现实。(新华社 2002 年 1 月份新闻报道)

(13) 在入登机口前,我还是给马克打了个电话,他<u>听上去</u>正在忙碌。(卫慧《上海宝贝》)

上四例中,推断元话语标记出现在主谓之间〔有时主语承前省略,如例(11)〕,表示说写者根据视觉获取的热舞〔例(10)〕和骑行状态〔例(11)〕与通过听觉获取的公司运营方式〔例(12)〕和马克的状态〔例(13)〕进行推断。

2. 推断的确信度与推断元话语标记的功能格局

综上可见,推断类元话语标记内部呈现"看"与"听"两个系列和回指与非回指两种类型之间功能既对立中和又具有一定语篇分布倾向的现实格局。推断元话语标记在标识推断言语行为的同时彰显推论的不确定性,具体表现为推断的确信度和正确性两个维度,二者通过推断元话语标记的选用和后续语段语言形式来实现。

2.1　推断的确信度及其句法表现

推断语篇中,后段话语是说写者基于前段话语所述情况或所说话语进行的推测,因此以判断句最为常见。根据推断的确信度和与客观实际的离合情况,后段话语采用不同的话语形式:确信度高的以直陈话语结句,确信度不足的以疑问形式征询对方回应,与客观实际相背离的推论后常伴有逆转句。

2.1.1　高确信度推断

"足见""显而易见""(由此)可见"等多用于高确信度推断。例如:

(14) 后来又做了三大段,大约是见了宣言之后,这才文思泉涌的罢,可是《闲话》付印的时间,大概总该颇有些耽误了。但后做而移在前面,也未可知。那么,<u>足见</u>这是一段要紧的"闲话"。(鲁迅《并非闲话》)

(15) 当他对自己的安全确信无疑之后,他才想到那班在河滩上的师兄弟,那个师弟被打烂的脸使他嚎啕大哭。<u>显而易见</u>,孙有元已经无法继续祖业了,他年方二十五,却要被迫去体会当初父亲告老还乡时的凄凉心情。(余华《在细雨中呼喊》)

(16) 与此同时,网络大学生从原来学校毕业的时间从 1 年到 10 多年不等,而且工作 1 年到 2 年的在职人员比例高达 31.03%,位居首位。<u>由此可见</u>,现代社会的竞争日趋激烈,对于刚踏入工作岗位的年轻人而言,在工作实践中不断加强业务技能的同时,原有的文化水平也面临着不断提升的考验。(当代\CWAC\AET0017)

上例(14)和(15)中的"足见"和"显而易见"分别表示证据充分和"(事情、道理)非常明显",为高确信度推断;例(16)也通过具体数据证明推论的无可置疑。

高确信度推断语篇的后段话语常出现"一定/肯定""就是/正是/真(的)"一类主观情态成分,而且高确信度推断多与正确推论相关。例如:

(17) 觉民激动地说:"真可怕,他们鲜血淋淋的睡在架子上,有的烂手,有的断脚,一路上滴着血,口里不住地呻吟怪叫"。◇他停了一下又解释道:"<u>这样看来</u>,战场<u>一定</u>就在城外不远的地方。要是再打个败仗,巷战<u>一定</u>免不掉了。"(巴金《家》)

(18) 有人把转换企业机制<u>比作</u>"念真经",<u>这么说来</u>,加强企业管理<u>就是</u>"练真功"。(《人民日报》1995-04-02)

(19) 刘胜把他和梁副军长、曹师长谈话的经过情形,扼要地复述一下以后,对陈坚说:"这个敌人还不是好打的家伙哩!每一间屋、每一个碉堡都要拼命争夺!<u>看样子</u>,我们这个预备队还<u>真的</u>要预备上哩!"(吴强《红日》)

2.1.2　低确信度推断

低确信度推断语篇中,后段话语的谓语动词前多出现能愿动词"可能"或"(好/不)像"或"也许/不见得/似乎/仿佛"等表不确定语气的副词。例如:

(20) 我栽倒了又爬起来,然后又栽倒,真恨不得在地上爬!<u>看起来</u>,<u>好像</u>路不远,可是天知道我走了多久!(王小波《黑铁时代》)

(21) 在推动畜牧业科技发展的同时,可大大提升畜牧业升值空间,甚至可以实现优良种马和赛马的出口。<u>看来</u>,马背上<u>可能</u>有很多钱,有很多的钱。(《人民日报》2008-07-07)

(22) 袁经武道:"这个人出家不多久,就修得道德很高了,实在可怪。<u>这样看来</u>,<u>不见得</u>和尚都是坏人。从前我说看见和尚就生气,倒是错了。"(张恨水《春明外史》)

(23) 侵略者描绘焚烧圆明园的情况时说:"火光熊熊的烧着,仿佛一张幔子……蜿蜿蜒蜒到了北京,黑云压城,日光掩没,<u>看起来仿佛像</u>一个长期的日蚀。"(《人民日报》2000-09-29)

对话语体中,低确信度推断常由"这么/样说(来)"标引,当前话轮持有者以疑问形式请对方就个人话语理解正确与否做出回应。例如:

(24) 甲：别逗了,拿来吧,拿来呀,你看你买都买了,来吧,你都弄得人家不好意思了,拿来吧。

乙：大姐,<u>这么说</u>您能接受他?

甲：<u>过关了</u>。哎呦,你看你,傻劲儿。(电视访谈节目《鲁豫有约》2013-11-27)

(25) 肖滨：再好的制度,具体规定不明确,细节设计跟不上,最后还是会流于形式。◇有的甚至把挂职当"度假",经营副业等等,回去也算是"有了基层工作经历"。

记者：<u>这么说来</u>,挂职的制度价值不好评价?

肖滨：<u>不能这么说</u>,在当前的干部选任制度下,挂职制度不可或缺,它非常有利于领导干部对基层社情民意的了解。(《人民日报》2009-08-19)

(26) 冀党生：出租车行业为什么发展就因为价格合理,有钱可赚,有人愿意投资。

记　者：<u>这样看来</u>,理顺价格是必走的一步?

冀党生：这里有群众经济承受能力的问题,只有收入上去了,调整价格才能减轻震荡。(《1994年报刊精选》)

例(24)征询话轮的后一话轮对征询话轮作出肯定回应,例(25)征询话轮的后一话轮对征询话轮给出否定回应;例(26)征询话轮的后一话轮对征询话轮所作回应不是简单的肯定或否定,而是需要听话人对话语进行解读。

值得注意的是,不同推断元话语标记与确信度高低只是一种相对关联表现,常用于高确信度的推断话语标记也有少量用例后续语段出现低确信度情态成分,反之亦然。这是因为,话语标记小类成员之间具有多源性和非排他性特点(曹秀玲2012)。

2.1.3 推断的正确性

推论正确与否同确信度高低不存在必然联系,即高确信度推断可能是错误的,反之,确信度不足的推论也可能是正确的。推论与客观实际不相符,推断行为就成"误判",此时后段话语伴有逆转表达。

相对来说,非回指型推断元话语标记更多用于推论与客观实际不符的情况。例如：

(27) 当然,他可以周游世界,花更多的时间陪伴妻子、孩子和朋友,欣赏他的赛马表演,品尝他最喜欢的红葡萄酒。这的确<u>听起来</u>非常幸福,<u>但</u>这都不可能与足球为他提供的快乐相比。(新华社 2002 年 2 月份新闻报道)

(28) 我们四对夫妻、四个孩子、四条狗,聚集在西门家大院的杏树下,<u>看起来</u>一团和气,<u>但实际上</u>各怀鬼胎。(莫言《生死疲劳》)

(29) 那名学生表演结束下台的时候,观众惊异地发现,<u>看上去</u>精神抖擞的小伙子是在同学搀扶下,缓缓走下来的。<u>谁能想到</u>,这个中文专业硕士研究生,双眼视力接近失明。(新华社 2002 年 11 月份新闻报道)

上例中后段话语分别出现由“但”“但实际上”“谁能想到”等引出的逆转句,表明事实与推论相左。

回指型推断元话语标记构成要素中含有指代成分,凸显推断依据,后面语段出现逆转句的概率要低得多。例如：

(30) 阿丽思有一次还被一只公鸡追过,多危险!(中国人怕外国人,狗同牛马之类,是还懂不到容忍客气的。)<u>这样看来</u>,缺少个保护人,阿丽思一个人出门,真近乎是一件冒险了。<u>但是</u>,到苗地去是不必怕的,苗人的狗也懂得怕汉人三分。(沈从文《阿丽思中国游记》)

(31) 然而,对于现代人来说,尤其是在城市打拼的年轻人来说,30 岁成家立业,结婚生子,确实是难了点:大家多数都还正处于事业的发展期,哪里这么容易就置办起家业。<u>如此说来</u>,年轻一代感叹三十难立,倒也不是无病呻吟。<u>但是</u>且慢,我们对“而立”的理解是否完全正确呢?(《人民日报》2015 - 08 - 11)

上两例后段话语出现逆转表达,先肯定后否定,但两例均非完全否定,而是只排除“苗地”这个个案和对一般“而立”理解的新思考。

2.2　推断元话语标记功能对立的中和与互补分布

作为不参与句子构成,对命题或述题进行主观评价的“高层谓语”,不同动词来源和结构形式的元话语标记有时可以相互替换,同时推断元话语语标记内部也存在相对分工："听/说"系专司话语推断,[⑦]"看"系不仅用于话语推断,同时也可用于非话语推断。也就是说,"看"系有时可替换"听"系,反之则不然。

先看回指型元话语标记用例:

(32)"爱人者,人必从而爱之;利人者,人必从而利之;恶人者,人必从而恶之;害人者,人必从而害之。"这样说来,爱别人就是一种个人保险或投资,它是会得到偿还的。(冯友兰《中国哲学简史》)

(33)上海东方队仍旧是王者无敌,主场更是如虎添翼,以122∶98的比分胜。广东宏远队心服口服。如此看来,上海队很有可能在星期五的比赛中取得进入半决赛的资格。(新华社2002年3月份新闻报道)

上两例中的"这样说来""如此看来"分别是以前述话语和当前比赛成绩为依据进行推断,例(32)可以替换为"这样看来",而例(33)上文如果不是回声提述就不能替换为"如此说来"。

再看非回指型元话语标记的用例:

(34)他接着说:"政府应引导农民寻找'市场需要什么'与'我能种什么'的最佳结合点。◇"听起来,这更像是普遍性的原则,自然每个地方都有自身的特殊性。(《人民日报》2000-04-12)

(35)小茶实在是弄不懂,婆婆这样竭力要表白的到底是个什么意思。听上去倒是更像要洗刷什么似的。(王旭烽《茶人三部曲》)

(36)有的说,如果这运费由她自己掏腰包,她愿意吗?这简直是"官太太搬家"。而且听说这位女同志调到北京去已经升任某单位的处长。看起来,这位共产党员的处长,如果不在这次整党中用《党章》和《准则》对照检查一下自己,人家给她戴上的"官太太"的帽子,恐怕是不容易摘掉的,而她应该明白,"官太太"和一个共产党员的称号相距又实在太远了。(《人民日报》1984-06-12)

上三例文中,同系话语标记可以相互替换:例(34)(35)中"听起来""听上去"同为"听"系话语标记,均以前面话语为依据进行推断,相互之间可以替换,例(36)中的"看起来"可以替换为同为"看"系的"看来";例(34)

(35)也可以替换为"看起来/上去",例(36)所作推断基于话语传递的信息,"看起来"作为推断标记恰好说明"看"系可以用于话语推断。

尽管总体上"看"系推断元话语标记的功能覆盖"听"系,但当前段话语明示信息获取渠道为听觉时,则不宜变换为"看"系,而且同系之间的变换也并非完全自由。例如:

(37) 当时楼主心里就犯嘀咕:这样高成本的地方,这样做生意,他怎么活下来的,所以就经常关注,有一天老板一直不断打电话,<u>听上去</u>好像是有人要一批大货,他给潘家园某老板下单订货,然后让客人直接在他淘宝上拍,楼主多聪明啊,当时就激灵的融会贯通了。(天涯社区《我赚歪门邪道钱的这几年》2017 - 04 - 20)

(38) 最终获得世界第一的笑话是:两个猎人在森林中狩猎,其中一个突然晕倒了。他<u>看上去</u>眼神呆滞,已经停止了呼吸。另一个猎人掏出手机拨打紧急求助电话。(新华社 2002 年 10 月份新闻报道)

(39) 世界真是无比奇妙。谁能想到,2013 年底,我会来到吴堡工作。<u>看来</u>跟吴堡毕竟有缘。对我来说,吴堡虽然是外县,但因为老家与吴堡接壤,语言、饮食、风俗习惯几乎没什么差别,加之以前经常去吴堡,所以我也可以算是半个吴堡人了。(《人民日报》2020 - 12 - 16)

上例(37)和(38)分别明确表示信息来源为听觉和视觉,前者固然不能替换为"看上去",后者也不宜变换为"看起来""看来";⑧例(39)所做推断超越视觉感知,也不宜替换为同系的"看起来""看上去"。

由此可见,两个系列的推断元话语标记介于前后话段之间,表达说写者基于一定理据做出推断言语行为,客观上形成推断依据与推论之间的高层语义关联,两系之间的语义对立得到有限中和。同系标记内部,成员之间的元话语功能也有强弱之别:回指型为"专职标记",只能出现在前后语段之间;非回指型标记内部不同质,"可见""足见""显而易见""看来"也已发展为元话语成分,出现在前后语段之间,而"看起来/上去""听起来/上去"共时层面虚实用法叠加,除了前后语段之间也可以出现在后面语段主谓之间。

2.3 推断元话语标记的内部层次

推断元话语标记内部是一个语法属性多元的功能小类。"看来""看上去""可见""显而易见""足见"等已被《现代汉语词典》(第7版)收录,均注为含"判断、估计"义,但语法属性标注不同:"可见""足见"标注为连词,"显而易见"标注为短语;"看来"标注为动词,"看上去"仍为短语形式。《现代汉语八百词》(1994)收录"看上去""看起来"和"看来""想来",均标注为"插入语",虽收"听起来",但未定性,仅说为"通过听,得到某种印象"。《动词用法词典》(1987)收录"看来、看起来、看上去"组合,注"揣摩、估计"义,同时收录"听上去、听起来",但未释义。此外,《现代汉语虚词词典》收录"看样子"表推测的用法。⑨

"听/说"系以及"看样子""看/听这意思"等口语性较强的推断用法虽未被多数辞书收录,但这三个动宾组合表推断也很常见。例如:

(40) 司令部指示我们到那里去后,主要是先熟悉那里的情况,如有困难,最近就调我们进山去整训一个时期,以便今后再大力开辟那个地区,看样子司令部是下了决心的。(刘知侠《铁道游击队》)

(41) 乙:真有这事儿?

甲:看这意思你是有点儿不大相信。

乙:我不是不大相信,而是根本不信。(冯不异、刘英男《中国传统相声大全》)

(42) 听记者说要去"中国产业园"采访,身为古吉拉特人的印度司机兴奋地说:"你一定要去看看,去了才知道'中国产业园'和印度其他产业园有什么不同。"听这意思,这位印度司机对"中国产业园"很熟。(《人民日报》2014-09-24)

上三例分别表示言说者根据前文所述情况和说话人的"话外音"进行推断。

3. 推断元话语标记的形成机制

感官动词来源的推断元话语标记是汉语推断表达的重要表征形式,而从感官动词到推断元话语标记是语言内外部因素共同作用的结果。

3.1 语言内部机制

感官动词推断元话语标记成员经历相似的演化路径：由最初的视听感知，到既表感知又表认知的临界阶段，再发展为推断元话语标记。这一过程伴随叙述视角言者化、信息属性背景化和核心动词去范畴化等一系列句法语义特征的变化。而感官动词元话语标记用法的形成是与指代成分共现和趋向动词附缀的结果。前者借助指代成分的回指作用实现前后语段的有机衔接，后者则通过趋向动词缀附降低动词及物性使核心动词去范畴化。

3.1.1 指代成分的回指作用

指代成分与感官动词组合，回指前段话语中的推断依据，同时实现前后语段的有机衔接。例如：

（43）我听明白了，曹袁两军对垒的时候，曾为争一头小鹿在此发生激战，最后曹操的人得到那头鹿，因而群情振奋，最终拿下一个以少胜多的结果。这个结果与那头鹿有关吗？<u>这么说</u>，那不是一头简单的鹿，或是上天投下的一个筹码。（《人民日报》2018 - 06 - 25）

（44）在美国工厂开通之时，曹德旺在天津的项目也开通了，还在苏州工业园区拿了一块地。<u>这么看</u>，把曹德旺在美国投资，理解为一个企业家在对国内国际市场进行比较权衡后，在世界范围内进行的产业布局，或许更加合适。（《人民日报》2016 - 12 - 22）

（45）如果商家在售后服务中丢了分，即便在售前花费再多心思和成本，恐怕也难以维护良好的品牌形象。<u>这样看</u>，一些商家从控制成本的角度导致售后服务缩水，还真是打错了算盘。（《人民日报》2019 - 04 - 24）

以上三例指代成分"这"与感官动词"说/看"组合，分别回指前段话语中的推断依据——"曹袁两军争鹿""曹德旺在天津、苏州开展项目""商家售后服务丢分难以维护品牌形象"，通过指代成分的回指作用将前后语段有机衔接，并实现感官推断。

指代成分与感官动词组合既可以是言说动词用法也可以表推断言语行为。例如：

（46）a. 韩淑珍摇着手："大妈，你别<u>这么说</u>，也别这么想，我愿意伺候你，直到养老送终。"（《1994 年报刊精选》）

b."政府发动大家搞的东西,往往容易一哄而上,最后农民吃亏,政府被动。""<u>这么说</u>,调整结构,政府就束手无策了?"记者问。(《人民日报》2000－03－20)

(47) a.伍六一：不许这么看。你看得我背上起鸡皮疙瘩。(电视剧《士兵突击》台词)

b.这汤药还有一个防盗作用,如果沾到人的皮肤上,便无法洗褪。万一哪一天真有盗墓贼沾上了,一下子就能辨认出来。<u>这么看</u>,盗墓贼不是中了赵匡胤的诡计,而是中了赵光义的歪招。(倪方六《中国人盗墓史》)

(48) a.白孝文插言解释说："姑父从来都是言行一致的,没有人<u>这样看</u>。"(陈忠实《白鹿原》)

b.换个角度看,美国一般家庭年收入在3万～5万美元之间,3 000美元的学费只占家庭年收入不到10％；而我国一般双职工家庭年均收入6 000元,1 200元的学费则占一个家庭收入近20％。<u>这样看</u>,我国目前高校收费标准也不算低。(《1994年报刊精选》)

(49) a."一般地震都是在夜晚发生。"王洪生<u>这样说</u>。(冯国超《中华上下五千年》)

b.秀珠笑着说道："我倒茶是一番好意,可没有这种心思。表姐只管怪人,把我的人情也要埋没了。"玉芬道："<u>这样说</u>,他来迟了,是应该的?"(张恨水《金粉世家》)

以上各组例文中,a为"看/说"的实义动词用法,b为表推断的元话语标记用法。

下面是"这样/这么看"和"这样/这么说"用于推断表达的情况:

	<u>这样看</u>⑩	这么看	这样说	<u>这么说</u>	<u>那么说</u>
<u>推断用例/总例</u>	<u>18/1 099</u>	<u>11/401</u>	35/1 000	<u>59/700</u>	<u>142/552</u>
<u>推断用法占比</u>	<u>1.64％</u>	<u>2.74％</u>	3.5％	<u>8.43％</u>	<u>25.7％</u>

上表显示,"这样/这么看""这么/这样说"表推断的比例不高,推断用法最多的"这么说"也仅有 8.43%。可见,除了与指代成分共现,加"来"与否是区分实义动词和元话语标记用法的形式标志。有意思的是,"那么说"用于推断表达的比例远高于"这么说"。⑪

3.1.2 趋向动词的缀附

趋向动词的缀附是感官动词"看/听"发展为推断元话语标记的重要机制。由于动趋式不能带直接宾语,因此支配对象只能出现在动趋组合之前,其后为视觉和听觉感知结果,从而形成连谓结构。由于自然语言的尾焦点法则,感知结果成为全句的表达重点,动趋式句法地位降级,为其语义虚化提供条件,渐被重新分析为副词性成分。⑫相应的,句中的逻辑主语向言者主语发展,表明说写者的主观推断,而动趋结构也由原来的概念表达发展为情态表达,作为元话语标记,标识推断依据和推论之间内在的逻辑关联。

"V来"组合当中,推断用法出现较早的是"看来",宋代起表推断〔见方一新、雷冬平(2006),李宗江(2007)〕,"说来"元代起表认知,表示根据前述话语进行推断,采用"这等/如此/恁地说来"等组合形式,"想来"明代起表推断(见李宗江 2007)。张谊生(2006)指出,"看起来"和"看上去"从表示时体和方向开始,发展到表示观感、感知、近似、比况、对比、逆转等,基本发展趋势是情态化和关联化。

感官动词借助指代成分和动趋组合语法化的两种作用实现功能拓展:从语义上看,动词及物性逐渐弱化而主观化逐渐增强,从感官动作到主观认知再到推断情态表达;从功能上看,由感官动词谓语发展为具有元话语功能的标记性成分。不过,"V来"和"V起来"同时表推断,是殊途同归,并非"V起来"的减缩形式。李宗江(2016)研究表明,近代汉语推论类语用标记为数众多,其中部分留存进入现代汉语。

3.2 认知心理机制

元话语标记是标识说话人元语用意识的一种手段。从感官动词到推断元话语标记,不仅受到语言系统内部的制约,同时受制于人类认知心理规律。我们知道,感觉是人类获取信息的重要方式,但不同感觉获取信息的"贡献度"不同。20世纪60年代德国实验心理学家赤瑞特拉(Treicher)

通过大量实验证实:人类获取的信息83％来自视觉,11％来自听觉。还有3.5％来自嗅觉,1.5％来自触觉,1％来自味觉。推断言语行为是人们通过感官从外部世界接收刺激从而获得相关信息,然后对这些信息进行加工处理,最终指挥大脑作出推断反应。

汉语各感官动词与趋向动词组合形成如下格局:

视觉:	看起来	看上去	看来
听觉:	听起来	听上去	*听来
嗅觉:?	闻起来	? 闻上去	*闻来
味觉:?	尝起来	*尝上去	*尝来
触觉:?	摸起来	? 摸上去	*摸来

注:上面标"*"的表示组合不成立,标"?"的表示组合成立但不表推断

由上可见,汉语感官动词中只有视觉和听觉动词发展出推断用法。这是因为,视觉、听觉在人类认知世界和改造世界的过程中几乎无时无刻不在发挥作用,而嗅觉、味觉和触觉只有在特定感知活动中才会使用。视觉和听觉相比,视觉是人们获取关于世界的客观信息的最主要来源之一,视觉信息通常被人们认为是真实可靠的,所以直接的视觉证据常在法律中作为断案的重要依据之一(邓彦2016)。这也正是人们常说的"耳听为虚,眼见为实"。相应的,视觉动词比听觉动词更容易向推断元话语标记演化。

广义隐喻是虚化最主要的驱动力(沈家煊1998)。从耳朵听、眼睛看到内心感知再到思维推断,其实是从感官动作到主观认知的隐喻过程,是以身喻心。二者认知关联的心理基础是官能相似性和身体体验性,具体表现在从具体概念映射到抽象概念,从熟悉概念映射到陌生概念。

感官推断元话语标记本质上是一种外显的推断心理表征,该推断最显著的特点是通过感官感知,进而激活大脑当中原有的概念图式(conceptual schema),据此给出某种推断结果。不同感官感知发展为推断元话语标记,感官相通是其演化过程中的重要心理通道(mental access),即生物感觉间的"通感"(synesthesia)现象。对于通感的发生,褚孝泉(1997)提出,"人的五官所接受的讯号各有不同的物理性质,但讯号变化的趋向在感觉上表现为类似的走向。事物呈现于观察者的是一集束感觉,故在观察者

的意识中许多感觉之间就具有必然的因果关系了"。

Ullmann(1964：86)曾对文学作品中的通感现象进行调查,提出感觉的移动方向主要是由较低级向较高级、由较简单向较复杂,六种感官依次排列为：触觉、温觉、味觉、嗅觉、听觉、视觉。也就是说,处于感觉移动方向高端的视觉在推断功能上可以覆盖相对低端的听觉,因为虽然人类感官相通,但嗅觉、味觉、触觉较视觉、听觉更为实在具体,感知体验(embodiment)的可靠程度很高,一般较难出现模糊情况或逆转差异,也较难发展出推断功能。我们看到,感官动词推断元话语标记,是以视觉和听觉信息为推断基础,具有一定的客观现实性,而思维动词表达说写者的主观认识,并不一定建构"依据—推论"语篇关联模式。

另一个值得思考的问题是,理论上,推断表达最直接的来源应该是思维动词。实际情况是,无论从成员数量、形成时间还是使用频度上,思维动词来源元话语标记都不及感官动词。以"看来"和"想来"为例,"看来"形成时间早于"想来",表推断的心理凸显程度也高于"想来"。此外,感官动词的上位概念"感觉""感知"等并未发展出元话语标记用法,这是因为,感官动词"看""听"属于基本层次范畴,完型感知功能强,使用频率高,而"感觉""感知"作为上位层次范畴,其使用频率远低于基本层次范畴词语,所以相对较难发展出元话语标记用法。

4. 结语

推断表达是人类最为常见的言语行为之一。汉语感官动词"看"(含"见")和"听"(含"说")均发展出推断元话语标记用法。相比之下,"看"系是推断表达的优选形式,功能可以覆盖"听"系。感官动词来源的推断元话语标记包括回指型和非回指型两类,二者的语篇分布和推断确信度存在内在关联：回指型倾向于出现在前后语段之间,确信度相对较高;非回指型内部不同质,"见"类组合只能出现在前后语段之间,"看来"倾向出现在前后语段之间,其他动趋组合既可以出现在前后语段之间也可以出现在后段话语的主谓之间。推断的确信度和正确性表现为推断元话语标记和后段话语形式选择上。

从感官动词到元话语标记发展过程中,指代成分的回指与趋向动词附缀是感官动词功能拓展的语言内部机制,外部机制是人类获取外界信息的认知心理规律。语言事实显示,感官动词来源推断类元话语标记比思维动词推断标记更为常用。Langacker(1999:198)提出,"有生命的事物比无生命的显著,事物的整体比部分显著,具体的事物比抽象的显著,可见的事物比不可见的显著"。我们认为,"看"类推断标记侧重感官推断,相较于"想"类标记,"看"类推断更为具体可感,"想"类则较为抽象空泛,因此"看来"的心理现实性更强。

跨语言考察显示,感官动词发展为推断元话语标记呈现跨语言的共性特征,英语、韩国语和日本语中都有类似的表现。例如:

英语:seem like, look like(看类)   sound like(听类)

韩国语:보아하니, 보면, 보자면, 보니까, 보면(看类)

　　　　듣자하니, 들어보니, ～처럼들리다(听类)

　　　　말하자면, 말하는게(说类)

日本语:見たところは～のようだ(看类)

　　　　聞いたところは～のようだ(听类)

附 注

① 推断言语行为并非一定使用推断元话语标记(如"我断定/估计这事肯定办不成"由推断动词表达),但元话语标记是推断言语行为重要的明示手段。感官动词来源表推断的语言单位并不同质,本文着眼其相对于基本话语的特点,称为"元话语标记"。

② 感官动词来源的推断元话语标记的数量甚至超过思维动词(后者构成的元话语标记如"想是""想必"和"想来")。言说动词"说"构成的元话语标记本质上是语言符号听觉解码的结果,因此归入"听"系。

③ 表中仅列具有一定平行对照性的组合形式,个别组合随文说明(如"看"构成的"我/你看","见"构成的"综上可见""足见""显而易见","想"组的"想是""想必"等)。根据对北京大学 CCL 语料库穷尽性检索,用于推断表达的"那么看来"有 8 例,"那么说来"有 4 例,"那样看来"有 1 例,"那样说来"有 2 例。鉴于"那"系元话语用法相对有限,表中只列与"这/此"组合的情况,同时为更全面认识感官动词推断元话语标记用法,表中将"想"系列元话语标记作为参照形式列出。

④ 这里 A 表示前段话语,X 表示推断元话语标记,B 表示后段话语。

⑤ 文中语例引自北京大学 CCL 语料库、北京语言大学 BCC 语料库、中国传媒大学媒体语料库,个别语例来自网络,韩国语和日本语相关词例由崔红花老师提供。

⑥ 为节省篇幅,本文在不影响理解的情况下例文中用"◇"表示引用省略的部分。

⑦ "这么/样说""那么/样说"的后面可以出现"的话",也表明该类组合的推断特点,"那么说"也可以省略"说"表推断。

⑧ 相关结构的辨析详见张谊生(2006)和刘楚群(2009)。

⑨ "看来/看起来""可见""显而易见""足见"分别见《现代汉语词典》(第 7 版,2012 年)730 页、738 页、1421 页、1433 页;"看起来/看上去/看来""想来"和"听起来"分别见《现代汉语八百词》(吕叔湘主编,商务印书馆 1994 年)297 页、506 页和 467 页;动趋组合"看来、看起来、看上去""听上去、听起来"见《动词用法词典》(孟琮主编,上海辞书出版社,1987 年)435 页、745 页。"看样子"见《现代汉语虚词词典》(张斌主编,商务印书馆,1994 年)316 页,定性为"短语词"表推论因果关系,指出该结构具有口语色彩。

⑩ 本文对 CCL 语料库进行穷尽性检索得到:"这么看"401 例,"这样看"1 099 例,"那么说"552 例,"这么说"3 818 例,"这样说"6 203 例。为使各推断标记用例大体平衡,后两者分别随机抽取 700 例和 1 000 例进行定量分析。

⑪ 朴丽华(2011)的统计也表明,"那么说"用例是"这么说"的 10 倍之多,前者用于推断的比例为 14.6%,而"那么说"则高达 31.9%。

⑫ 相关研究虽然定性不同,但多数学者认为动趋组合已发展为副词:语气副词(史金生 2003)、评注副词(张谊生 2006)、情态副词(李宗江 2007)。曹宏(2005)则认为"V 起来"是话题套叠结构中的次话题。

参考文献

曹　宏 2005《中动句的语用特点和教学建议》,《汉语学习》第 5 期。

曹秀玲 2000《汉语"这/那"不对称性的语篇考察》,《汉语学习》第 4 期。

曹秀玲 2012《话语标记的多源性与非排他性——以汉语超预期话语标记为例》,《语言科学》第 3 期。

陈　颖 2014《汉语同义词语辨析的范式——以"看起来""看来"为例》,《云南师范大学学报》(对外汉语教学版)第 3 期。

褚孝泉 1997《通感考》,《复旦学报》(社会科学版)第 4 期。

邓　彦 2009《现代汉语传信范畴研究》,中国社会科学出版社。

方一新 雷冬平 2006《近代汉语"看来"的词汇化和主观化》,《周口师范学院学报》第 3 期。

李宗江 2007《说"想来""看来""说来"的虚化和主观化》,《汉语史学报》第 1 期。

李宗江 2016《近代汉语"推论"类语用标记及其演变》,《励耘语言学刊》第 1 期。

刘楚群 2009《"看起来"与"看上去"、"看来"差异浅析》,《江西师范大学学报》(哲学社会科学版)第 4 期。

朴丽华 2011《表"推论义"成分研究》,延边大学硕士学位论文。

沈家煊 1998《实词虚化的机制——〈演化而来的语法〉评介》,《当代语言学》第 3 期。

史金生 2003《语气副词的范围、类别和共现顺序》,《中国语文》第 1 期。

汪少华 2002《通感·联想·认知》,《现代外语》第 2 期。

张秀松 2006《"视觉-非视觉"对立的语言意义》,《延安大学学报》第 1 期。

张谊生 2006《"看起来""看上去"——兼论动趋式短语词汇化的机制与动因》,《世界汉语教学》第 3 期。

Heine, B. , U. Claudi & F. Hunnemeyer 1991 *Grammaticalization: A conceptual framework*. Chicago：The University of Chicago Press.

Langacker R. W. 1999 *Grammar and conceptualization*. Berlin & NewYork：Moutonde Gruyter.

Sweetser, Eve 1990 *From Etymology to Pragmatics: Metaphorical and cultural aspects of semantic structure*. Cambridge：Cambridge University Press.

Ullmann, S. 1964 *Language and Style*. Oxford：Basil Blackwell.

(本文发表于《语文研究》2021 年第 2 期)

论"语用价值"

复旦大学　陈振宇

广西民族大学　吴术燕

1. 定义与类型

"语用价值"(pragmatic value),简单地讲,就是语言材料在实际语言运用中体现出来的对言语行为参与者影响力的大小,它是交际行为的最重要的性质之一。但具体而言,这一术语可以有多种解读。

第一是文章学或语文学的用法,指的是特定的话语、文章或文本在实际语文教学和传播流行等实际应用中的价值,如是否容易接受、是否满足特定的社会效果、是否能达到教学目的等。由此还产生了语言规范方面的要求,即为了达到上述目标,话语、文章或文本必须具有哪些必不可少的要素或风格(当然这样的要求是随使用目的的不同而改变的)。

第二是指语法学语用平面的研究,凡是在主题、述题、焦点、语气、句类、情态、立场、预期等语用方面对母语使用具有重要的制约作用的语词或构式,都具有相当的语用价值。由此还产生了语言形式方面的要求,即为了达到上述目标,在话语、文章或文本,应该或倾向于使用哪些语用语法标记,如关联词、重音、话语标记、特定的构式或词汇等等。

第三是特定的句子或话语,在具体的言语行为中的合适性(即对参与主体和上文语篇来说都是合适的,可以接受的),也就是它在表达说话者的交际意图、信息传递的效果等方面是否满足了一定的要求,足以对听话者产生影响,从而具有完句性。由此产生的是对话语影响力大小的衡量(包括哪些形式具有对听众的强烈的影响)。

本文是在第三种意义上使用"语用价值"这一术语的。我们将该问题分解为两个大的方面:

首先,有哪些方面决定话语影响力的大小,并可以据此分出语用价值的类型? 我们认为主要是三个方面:

(i) 信息的新旧,即"信息语用价值"。

(ii) 信息的相关性,即对听话者来说是否和自身以及自身的社会同盟关系群相关,可以称为"相关语用价值"。

(iii) 信息的表达,即句子或话语是否按照规约的方式,在表达上突出了相关的新信息,从而可以顺利地影响到听话者,可以称为"表达语用价值"。

其次,如果语句的语用价值不足,那么如何通过一定的语法或语篇手段来补足? 语法手段是在该句子或话语上进行调整,语篇手段是把该句子或话语放在特定的上下文中,这样的调节方式可以称为"语用价值增量手段"。

本文讨论第一个方面。其实把第一方面的问题解决了,也就明白了何时或采用什么手段可以获得足够的语用价值,那么第二方面的问题不过是对这些手段的运用。

2. 信息语用价值

2.1　信息语言价值原则的提出

信息语用价值原则:一段有传达命题意义功能的话语/句子,在没有考虑其他因素的情况下,如果不表达新信息,则语用价值低。

信息传递过程又分为以下两种:

(Ⅰ)"告知"行为,命题内容需要对听话者而言是新信息。

(Ⅱ)"询问"行为,命题内容需要对说话者而言是新信息。

2.2　陈述行为的语用价值

我们来看在典型的陈述行为中的例子:

(1) 同事走进来说:

　　a. 我老婆怀孕了!

　　b. ♯我老婆没怀孕![①]

相对而言,在例(1)中,a 句的语用价值比 b 句高,因为 a 句是新信息,b 句则是旧信息。旧信息包括已知的信息,以及可以从已知信息中推导获得的信息;旧信息可以是突显的,也可以是隐藏在意识深处,一般没有注意,但一旦提到就会下意识地觉得没有什么新的内容。根据 Givón(2001),一位妇女绝大多数时间、在一般的场合都是没怀孕的,怀孕是小概率事件,所以一旦怀孕就有很大的(相对)信息价值;而没怀孕的信息价值很小。所以听话者听到 a 句,可以理解,也就是听话者会受到触动,产生影响,而 b 句则有点莫名其妙,听话者还得等着对方继续说下去。当然,如果我们稍加修改,会得到相反的结果,如例(2),因为一般的妇女都具有怀孕的能力。

(2) 同事说:

　　a. ♯我老婆能怀孕!

　　b. 我老婆不能怀孕!

语用价值并不完全由句子的句法语义内容决定,而是具有和语用场景相互融合制约的性质,归根到底,应该说是一个语用和修辞的范畴,虽然句法语义是语用推理的起点之一。例如,如果我现在在妇产科医院看见我的同事,来这儿的妇女有可能怀孕了也有可能没怀孕,此时,不管他对我说"我老婆怀孕了"还是"我老婆没怀孕",都具有充分的信息语用价值。

2.3　询问行为的语用价值

我们来看下面的例子:

(3) a. 你昨天来过学校吗?

　　b. ♯我昨天来过学校吗?

相对而言,一般来说,例(3)中 a 句的语用价值大于 b 句,因为 a 句是关于听话者的信息,这一点说话者并不一定知道,也就是对说话者来说,问题的答案是新信息;而 b 句则有点莫名其妙,听话者还得等着他继续说下去,这是关于说话者自己的问题,而一个人自己过去做没做某事应该是自己知道的,不是新信息,一般不能询问别人。当然,如果把 b 句理解为"反问"(怎么会有人以为我昨天来过学校! 我当然没有来)就没有问题了,因为反问在信息传递功能上更靠近陈述(用疑问形式表达说话者自己的意见),这便转为"听话者新信息",只要对方不知道或不确定我没来过学校就可以了。

2.4 关于"信息语用价值原则"的延伸讨论

"信息语用价值原则"是基于这样的公理：排除其他方面的功能,仅就信息传递功能而言,语用的合适性,或者说对听话者的影响力度,就在于言语行为(会话活动)需要填平"信息差",[②]沿着填平信息差方向构造的话语,具有语用价值；反之则不具有。陈振宇、吴越、张汶静(2016)把这称为"相对信息"(relative information),又称"交际信息"(communicated information),"指主体在与外部世界打交道时,所获得或给予的知识。……语句的信息价值,从本质上讲,是相对信息价值,而不是自信息价值"。他们还讨论了新旧信息的阈值(也就是边界)和判断的依据,并且提出新信息占优势的原则。陈振宇、王梦颖、姜毅宁(2022)进一步厘清了新旧信息与正反预期信息之间的复杂关系。限于篇幅,这里就不多说了。

当然,言语行为(会话活动)并不仅具有信息传递功能,还有其他功能,所以新旧信息还不能完全决定句子或话语的语用价值。"信息语用价值原则"是对没有其他维度的因素而言的,加上其他因素就可能不同：新信息也有可能语用价值低,如果这一信息与听话者无关,就很难吸引他,难以造成影响；反之亦然,旧信息也有可能语用价值高,如果有感叹等对听话者强烈影响的因素的话。下面我们讨论相关性。

3. 相关语用价值

从互动和对话的角度讲,一段有传达命题意义功能的话语/句子,能够使听话者产生兴趣和注意(造成足够的影响),需要是和他相关的信息。当然,我们不能庸俗地来理解"相关",需要从以下多个方面来仔细地解读。

3.1 相关原则及相关语用价值原则的提出

相关语用价值原则：一段有传达命题意义功能的话语/句子,要获得足够的语用价值：

A. 句子或话语的情感和意义是针对听话者本人的,或者是针对与听话者有正同盟关系或反同盟关系的某方的。

B. 句子或话语表达,需诱使听话者推理出以下内容中的至少一项：

（Ⅰ）是说话者对所针对者的某一方面的主观断言（不能违反新信息的原则）；

（Ⅱ）是事件或情状对说话者和所针对者（至少其中之一）或者他们所处的场景的社会意义和价值（可以违反新信息的原则）；

（Ⅲ）是使所针对者产生某种（心理）效果或（外在）行为的语力（force）（可以违反新信息的原则）；

（Ⅳ）是对上文（听话者关注的才算）或所针对者可能存在的信息要求进行回应（不能违反新信息的原则）；

（Ⅴ）是在表明说话者正在卖力地呈现某种特定样式的会话活动，展现说话者的自我形象或者试图构建双方的同盟关系，并希望对方予以回应（可以违反新信息的原则）。

如果句子或话语满足上述 A、B 两条，则其信息与听话者相关；在 B 条中，只要有一项满足就相关。

3.2　同盟及同盟关系

"同盟"（aligns）这一语用范畴，是在"立场"（stance、stancetaking）研究中引入的，Du Bois（2007）的"立场三角"（the stance triangle）模型，明确了"同盟"作为立场范畴的重要子范畴的理论地位。孙佳莹、陈振宇（2021）进一步用"社会群"（social group）来定义各种同盟关系："（社会）群"是在特定的、具体的单一社会/言语活动中自发形成的集合，包括人的集合以及与人相关的物的集合，社会群的建构具有即时性、临时性、简单性（相对于复杂的社会关系而言）、单向性。

同盟关系划分的根据是相关主体（交际双方，有时也包括第三方等）基于社会群的位置：

（i）群内成员的关系是正同盟关系，他们具有相同的观点、信念、利益、属性、价值等，或者分享信息、情感，关系亲密，共同担责或共同从事同样的社会活动；

（ii）群际关系是反同盟关系，他们具有不同观点、信念、利益、属性、价值等，阻碍信息交流，不进行情感分享，关系疏远，推卸责任，反对进行共同的活动；

（iii）散漫个体之间则是非同盟关系，此时群没有受到关注或根本没有建立起来。

同盟关系既包括说话者和其他主体(包括听话者在内)之间的社会关系,也包括其他主体之间的社会关系,本文所讨论的就是各种主体与听话者之间的同盟关系。在会话活动中,至少有两个主体是与听话者可能有同盟关系的(还有其他主体,如旁观者等复杂的情况,暂不讨论)。

3.2.1　说话者

同盟关系有说话者所认为或所建构的,也有其他主体所认为的,一般而言,说话者会认为自己与听话者高度相关,或者是正同盟关系(在一个群中),或者是反同盟关系(在不同的对立的群中),但是在听话者心中,则可能说话者和自己无关,是非同盟关系,说话者有关的信息也与听话者无关。这一差异会导致"错位":当说话者在谈论自己的情况时,一般总是认为与听话者有关,听话者会或应该注意或感兴趣;但实际上听话者很可能无感,也就是听不进去(无法对听话者产生影响),因为听话者并不认为说话者与自己有什么关系。例如:

(4)甲:妈妈明天要去出差。

　　乙:嗯。

　　甲:和你说话呢!嗯是什么意思。

　　乙:没意思……和我有什么关系……

妈妈(甲)发起话题,母子之间,一般会是正同盟关系,她天生认为自己的情况对小孩(乙)来说是有关系的。但是由于母子之间在生活和情感上出现了严重的疏离,小孩觉得没有什么关系,因此妈妈的话不能触动他,对他来说,语用价值就很小甚至没有。

3.2.2　所针对的对象

句子或话语中所针对的对象(当它不是说话者也不是听话者时),这一第三方是否与听话者有同盟关系,很难讲。一般而言,说话者会认为这一对象与自己或听话者高度相关,或者是正同盟关系,或者是反同盟关系,所以听话者应该感兴趣,否则他就不会言说了。但在听话者心中未必如此。例如:

(5)甲:小王明天要去省城……

　　乙:嗯……

　　甲：有什么东西要带的就给他说!

　　乙：哦!

　　甲的前一句话,乙觉得难以体会,因为乙不清楚小王和自己有什么关系,他去省城有什么相关性,所以到此为止,甲的话语用价值还很低;甲补救的方法是在后面的一句话,乙可以推理出,甲的意思是,想要什么可以让小王代买,这就建立起小王与甲、乙双方的正同盟关系,他去省城就成了有社会意义和价值的事,语用价值得以满足。③

3.3　命题内容的问题

　　这一问题,让我们从以下五点来看。

　　第一,表达说话者的主观判断、态度、观点和评价等,是说话者在呈现自己的认知立场,经常被用来实施当前语境下的选择、发现、辩驳、修正、感叹等功能。如果这仅仅是说话者的认识(心理)活动,那与听话者有什么关系很难说。但是,一旦说话者把主观断言,用语言的形式呈现在听话者面前,那就一定和听话者相关了,其他不说,至少这意味着说话者在邀请听话者来共同做出断言,一般而言,他还希望听话者认同自己的观点;特殊的情况下,他可能是对听话者的观点进行回应,或者表示自己的赞同或者表示自己的反对、修正等,也有可能他是在"抛砖引玉",期待听话者证实或证伪,或做出修正;当然也可能是引述第三方的观点,这时有让听话者来选择或评判的意味。因此,句子或话语一定具有很强的认识主体针对性,语用价值很高。例如:

　　(6) a. 甲：小王去了省城……

　　　　　乙：嗯……

　　　　　甲：小王去了省城。

　　　　　乙：嗯,怎么啦?

　　　　b. 甲：小王不应该去省城!

　　　　　乙：是啊! /不是吧!

　　例(6a)中,甲只是在报道一件事,这和乙有什么关系并不清楚;例(6b)中甲是在做出自己的主观断言"不应该去",这就是邀请乙也来讨论,不管乙是赞同还是反对,都和乙高度相关。

　　第二,当说话者在讲述有关命题的同时告知或提醒听话者,这一命题对当下的场景或社会状况具有重要的社会意义和价值时，听话者就很容易受到触动，产生影响。这一点在五个维度中是最为复杂的，因为意义和价值的呈现最为多样化。至少分为三种表达/呈现方式：

（Ⅰ）直接将意义和价值通过句子或话语中的某个意义要素、成分或构式表达出来，或者提供线索，很容易推导出来，这也表明了说话者在进行评价、感叹，会引出情感因素，一般而言，情感因素越强，越能对听话者产生重大的影响，所以语用价值比简单的报道事实要显著提高。这种有关性成分，大多是一些实在意义较强但又具有评注性的成分，如评注副词、评注构式等，例如：

（7）a. 小王<u>幸好</u>去了省城。（表示去省城是好事，否则会产生不好的结果）

没想到他<u>竟然</u>得了第一名！〔表示他得了第一名，出乎大家（说话者）的预期之外〕

b. 很多人都考上了大学，但考上好大学的不多！（可推导出某人考上好大学是一件值得赞扬的事）

谁都会犯错误，圣人也得犯错误，不犯错误就不是人！（可推导出某人犯错误不是什么大不了的事，别大惊小怪）

（Ⅱ）仅仅是暗示有关命题对当下场景有重要的意义和价值，要求对方注意，但因为没有明确说是怎样的意义，所以需要听话人根据语境去搜寻线索。这种有关性成分，大多语法化程度较高，意义虚化，例如：

（8）a. 明天要下雨<u>了₂/啦</u>。（句尾"了₂/啦"暗示事件明天下雨与当前场景有关，或者是安慰旱情即将缓解，或者是提醒对方做好防雨准备，等等，具体的意义和价值只能从场景中推知）

b. 甲：张斌先生还没有到。

乙：我们要等一等吗？（"还"暗示期待张斌先生的到来，他的到来具有重要的意义或价值，因此他没有到，就会对当前的场景产生影响，如会议无法召开等，具体的意义也只能从场景中推知，乙正是试图推出这一意义）

如有人突然对我说"小王去过两次北京"，我可能还不明白他在讲什么，希望他继续讲下去，因为我不知道这是什么意思。但如果他说"小王也去过两次北京!"这时我就明白了,"也"是一个暗示,指出这是针对前面讲的同类的情况来说的,表达了说话人的态度,也可能是对前面信息的修正,语用价值就高了。或者他说"小王去过两次北京了!"这是表达说话者的感叹,或者是对次数感到多,或者是觉得小王是个幸运儿,都容易影响到听话者。这就是为什么越是使用语气成分,语用价值越高的原因,因为语气成分突显说话者的心理状态和意图,从而让听话者明白这一事件必然具有特殊的社会意义价值;而纯粹的描写性成分(包括事件、论元、时间等)主观性没有这么强,没有对事物意义的提示。

(Ⅲ)利用"完形"心理机制,尽可能完整地表述事物的整体面貌,其中最为重要的是呈现事物导致的最终结果,通过对结果的强调,而触发听话者对事物社会意义和价值的联想。这是由"结果"直接导向意义价值,不需要加上什么暗示性的成分,当然加上更好。在过去的研究中,"有界"和"焦点"两个重要的语用性质得到了充分的讨论,而这正是结果性导致的语用价值增量。

例如汉语的述结式或结果补语,都有很强的增强语用价值的功能,如"他看懂了","懂"的结果代表了他的心理状态的极大改变,可以进一步改变他的外在表现或地位,所以触发听话者去联想。"他看得头晕眼花",这是相反的心理状态改变,但同样会触发听话者的心理联想。再如"他看了三本书"的语用价值就比"他看了书"大,因为前者多了一个结果性焦点数值"达到三本的数量",这会触发听话者去联想其他数值,甚至产生主观量的意味,所以对听话者影响就更大。再如汉语菜谱类作品中,最后往往都需要有一句话"就可以吃了"等,就是表示整个制作过程的结果达到,例如:(例引自叶婧婷、陈振宇 2014)

(9)取姜葱少许,下锅爆炒,……,大火煮沸就可以了/就可以吃了/即可。

因为前面的句子并不是典型的祈使句,而是所谓"操作句":典型的祈使句针对具体的、特定的主体,对该主体产生影响,如"坐下、请进"都是针对听话者,所以直接具有很高的语用价值。而操作句是虚拟世界中的事件,并不针对特定的主体,而是泛指的、虚指的、不确定的主体,所以它对听话者的影响力不够;需要在最后加上结果句,也就是这样操作的结果,以达到整个事件的完形,使得听话者去"领悟"这一事件的社会意义和价值,这就是操作语体的功能:表明如果听话者采用这样的正确操作,就一定或一般能够得到理想的结果,这才是操作句语用价值的获得途径。

"完形"心理机制非常强大,从理论上讲,只要有两个或两个以上的小句,在特定的语境(时间顺承关系)中,都有可能被理解为一个整体:后一小句的焦点性被放大,被理解成前一小句的结果,从而触发听话者去想象,去理解,去感受。叶婧婷、陈振宇(2014)引用唐正大的例子,如下:

(10) a. ♯鲁达坐在胡同口上。——鲁达抄过一条板凳,坐在胡同口上。

b. ♯他望着树冠上的万千绿叶。——他眯起眼睛,望着树冠上的万千绿叶。

一个原来语用价值不高的小句,放在一个"小句对子"之中,如上面右边的句子所示,会带来很大的改变,似乎更为合适。这是因为对右边的句子而言,在前面小句的映衬下,后面的小句容易被联想到相关的"意义",例(10a)表明鲁达是抢占了一个位置,把别人(镇关西)堵住,从而防止破坏他的计划。例(10b)则是借描写主角的动作,反映他心中的杂乱和不平静,可以说"借景喻人"。这两例,说话者都希望听话者把自身移情到主角(鲁达、他)身上,去感同身受前后事件所带来的结果,因此比起左边的单独的小句,右边的句子具有更强的语用价值。

与结果性相反,没有其他因素的情况下,简单报道事件的开始、延续和结束的时间性成分,不具有高的语用价值,如果要提高对听话者的影响力,还得加上一些东西,包括加上结果性成分,如:

(11) *他干起工作——他干起工作,就忘了医生的吩咐了。

*他看着看着——他看着看着,眼泪开始往下流。

*张三看看女儿——张三看看女儿,不禁摇了摇头。

*老李去了学校——老李去了学校,也没有找到。

第三,把直接反映说话者的以言行事语力作为最为重要的第一条,已经有不少研究证实祈使句、效果句(表达威胁、警告、批评、赞扬、鼓励、安慰、命名、构建同盟关系等语力)具有非常重要的语篇作用,因为它们语用价值很高,所以完句性极强。这一点,前人的讨论已经很多,限于篇幅,这里就不多说了。

第四，从信息传递的角度讲，在时间中展开的会话活动需要遵循系统连续性原则。话语前的预期提出信息方面的要求，话语回应这些要求，话语后出现新的信息要求。这是一个线性增长模式。话语前的信息要求来自两个方面：前文或前一话轮，或者是在语境中隐藏（一般是在听说双方心里隐藏）。满足这一要求的话语，不论语义再少，结构再简陋，都具有很高的信息价值。这方面的论述很多，其中典型的讨论把会话过程视为"询问——应答"的循环，例如下面乙的话信息价值足够：

（12）甲：你同学什么时候到？

乙：三点。（非常简短，只说了前文所要求的信息）

一些框架性的结构也具有这种信息要求，例如：

（13）甲：下雨了，所以他……

乙：哦，他来晚了。（用来回应"所以"的信息要求）

然而实际上有很多这样的信息要求是隐藏在语境中的，例如下面的会话，从字面上讲，乙的话根本没有满足甲的问题的信息要求：

（14）甲：你同学什么时候到？

乙：我会去接他的。

需要增加这样一些语境信息，我们才能说乙的话具有足够的语用价值，否则就是难以理解的：乙邀请同学来家，并说会去接他（因为同学不太确定乙家的位置）；乙的妈妈（甲）看见乙一直在打游戏，似乎没有动身去接人的打算，所以问"你同学什么时候到"，但这一问题并不真的是妈妈所要求的信息，她其实并不关心究竟是什么时候，而是担心乙忘了或忽略了接人的事，所以她真正信息要求是询问乙怎么还不准备去接人，是否不去接了，等等。乙正是领会了这一点，所以在回答强调自己没有忘记，一定会去的。

第五，有的时候，信息本身的内容并不重要，重要的是交流本身：说话者努力向听话者表示，我在向你表演，我在展示自我，我在要求你的回应，这当然很容易对听话者产生强烈的影响，具有很高的语用价值。叶婧婷、陈振宇（2014）说，会话中有一个重要的表达方式"现场表演/即时表演"，指说话者的语气、身姿、表情、词汇或构式选择等显得十分生动，甚至绘声绘色,不仅仅是传递信息,更重要的是在表演或卖弄自己,这时,自我表演有可能压倒一般的信息功能。如生动形式、超常程度/数量表达、特殊语体风格、铺陈描写的运用等等(当然它们常常同时满足其他方面的语用价值)。下面是生动形象的例子(例引自叶婧婷、陈振宇 2014):

(15) 她笑得像朵花,小脸通红通红的!

　　　这件蓝布大褂染得不好,太阳一晒更显得红不棱登的。

　　　♯那是一袋白的粳米——那是一袋雪白雪白的粳米

非常规的程度/数量的例子如(例引自叶婧婷、陈振宇 2014):

(16) 脏死了!　　你实在太聪明了!　　我想吃他三百六十个汉堡!

　　　田华哭得像个泪人。

　　　我对您的崇拜之情,犹如滔滔江水,绵绵不绝!

　　　他对祖国(那是)百分之二百的忠诚。

使用典雅或其他难以把握的文艺语体风格的例子,显示了说话者的个人风格和水平(例引自叶婧婷、陈振宇 2014):

(17) ♯这孩子聪明——这孩子聪明伶俐、活泼可爱。

　　　……,好一派生机盎然的景象。

　　　夕阳西坠,层林尽染。

铺陈描写的例子(例引自叶婧婷、陈振宇 2014):

(18) 他像个乌龟一样,一摆一摆,一摆一摆地向前爬。

　　　当他两腿叉到最高,江水源用尽全身力气飞起一腿,直奔黑脸连长裆部而去。

最后,还有一些说话者直接用来构建他和听话者之间的同盟关系的话语,其语用价值当然很高,例如"我也/不认为……""我(不)同意""我们都认为……""你说得对"等等。

4. 表达语用价值

好的表达往往不是表达本身特别重要,主要起到辅助其他维度的因素,保障对听话者的影响能够很好地呈现的作用;不好的表达,虽然有可能造成一定的问题,但并不是说句子或话语错误,"硬"说也是可以接受的,只不过会显得"不地道"而已。当语句仅仅具有(简单的、客观地)表达命题意义的功能,对听话者产生影响的因素难以得到充分的体现,也会压低语用价值。

每一种语言都有自己特定的社会环境,其表达上的"地道"与否也是由当前的时间、空间和会话主体决定的,存在特定的地域、阶层、职业、文化等诸多层面的表达要求,都值得专门研究。例如在购买缆车票的场合,如例(19),乙的话就具有充分的语用价值,但是如果换一个场合,会觉得不合适:

(19) 甲:下一位。

　　乙:成人,1 张,单程。

这里主要考察现代汉语通用语在一般场合中的表达要求。如伍雅清(1999)引用了 Kuno & Takami(1997)提出的语用原则:不能问那些征询语用上没有用的答案的否定问句,因为没有语用价值。陈振宇(2010:307)归纳为"疑问基本规则Ⅱ":询问的语义域在当前语境中,一般应该是一个有限的集合,这样被询问的一方才有可能通过全面的扫描来获得所有的答案。例如(引自陈振宇 2010:306 - 307):

(20) 他怕见谁? ——他不怕见谁。

　　你打算去哪儿? ——你不打算去哪儿。

肯定事件,其内容是有限的集合,如一个人一般只会怕特定的人,一个人打算去的地方也是个别地方,因此合乎疑问基本规则Ⅱ;而它们的否定事件则是无限的集合,一个人不怕的人,不打算或尚未打算去的地方,实在是太多了,恐怕谁也无法确定有多少,因此,这些否定形式便不适合进行询问。但是,如果我们改变一下场景,上述困难就不存在了,如果一个人害怕世界上大多数的人,一个人打算去的地方多得要死(好高骛远),那么其否定事件就会变成有限的集合,否定形式就可以合法地进行询问了。

语言表达的维度多样,这里不能穷尽讨论,因此我们选择其中一个维度来集中考察——突显(prominent),指说话者特别希望听话者注意到某一成分,在形式上有标记或特别的韵律表现(如重音),且该成分是最为体现说话者的疑惑、感叹、主观评价、辩驳等言语行为功能的核心成分。突显性的功能是让听话者更好地注意到语用价值高的地方,如果缺乏它,显然会使话语影响力紊乱或被忽视。

4.1　突显性原则

突显性原则一：

(i) 语义内容越具体、详细，越是担任对抽象语义框架进行具体化功能的成分，越为突显。

(ii) 语义内容主观性越强的成分，越是加上主观性标记(如重音、特殊语调、焦点标记，或者受评注性语词管辖，等等)的成分，越为突显。

汉语中这样的例子很多，如光杆谓词谓语句"我看书"语用价值低，最好要加上一些表示突显性的成分，如"我看书呢！""呢"表示主观肯定，从而提示"看书"这一状态对我现在的意义；"我不看杂志，看书""我不看书""不是我看书，是他看"等表示辩驳，具有突显性。当然，如果不独立成句，则突显性限制无效，如"我看书的原因，是为了寻求真理""我看书(的时候)不喜欢听音乐"等，"我看书"不单独成句，而是内嵌在句子当中，就不一定要求必须有足够的突显性。

再如胡明扬、劲松(1989)所说的"我吃过晚饭"，总让人觉得缺了点什么，话还没说完，还应该接着说下去，也是因为这只是客观讲述，看不出说话者的态度。我们改一下，如果说"—您一起吃点儿？—我吃过晚饭""我吃过晚饭了"(强调吃过，不能再吃)"我吃过晚饭就来找你"(突显后面的承诺，"吃过晚饭"不在单独成句的位置)，就很好了。

突显性原则二：一段有传达命题意义功能的话语/句子，分为非嵌套的前后两部分，在现代汉语中，语用价值高的表达，应该使后部的突显性高于或至少不低于前部的突显性。

这也可以归结为"突显成分居后原则"，因为突显的成分是对听话者影响最大的成分，它的出现，意味着语用功能的达成，所以句子或话语可以停止了；如果在后面再出现非突显或突显性低的成分，就会"画蛇添足"，或者说引起听话者的困惑，为什么已经达成还要增加一些东西？

4.2　汉语几类结构突显性的讨论

在韵律语法中，有一个困惑，为什么汉语三字格会存在一个较常见的对立(有反例，但符合规律的占多数)，④而四字格则通常是"2+2"：

(21) 定中(2+1)：煤炭店——♯煤商店。

考试题——♯考题目

动宾(1＋2)：买白菜——♯购买菜

造轮船——♯制造船

(22) 定中：煤炭商店　考试题目

动宾：购买白菜　建造轮船

冯胜利(2005：3－11)等认为，复合词凸显定语(2＋1)，短语凸显中心语(1＋2)，这是基本符合汉语事实的。按照突显性普遍规律，汉语音节数目的多少可以反映突显性的高低，音节数越多越突显。

第一，关于定中结构的讨论，由于定语往往是具体的、主观性的成分，所以比较而言，它比中心语突显。汉语的语序是"定语＋中心语"，是一个左分支结构，构成"突显性强＋突显性弱"的结构，所以定中结构语用价值低。但这没有问题，因为定中结构一般不需要构成完整的句子或话语，不需要对听话者产生大的影响，完全可以由句中其他成分(如谓语等)去完成影响功能。

第二，关于动宾结构、中补结构的讨论，由于宾语、补语往往是具体的、主观性的成分，所以比较而言，它比动词和中心语突显。这是一个右分支结构，构成"突显性弱＋突显性强"的结构，所以它们语用价值高，更容易独立构成句子或话语，并在不借助其他因素的情况下，就对听话者产生足够的影响。四字格则是因为不违反突显性规则，所以更为自由。

王远杰(2019)认为，需解释为什么复合词要凸显定语，短语要凸显中心语。这一说法其实是不妥当的。更为准确地说，其实是因为汉语动宾结构需要完句，所以需要高的语用价值，所以优选突显性由弱到强的配置；反之，定中结构恰恰要防止完句，所以需要低的语用价值，所以优选由强到弱的配置。

请注意，我们这里考察的是通用语使用的一般场合，也就是说，在特殊情况下，上述规则可以违反。例如在汉语中，强感叹会导致语序的"易位"，这时，突显性最强的成分先说，在前部，而非突显或不太突显的成分在后部，这是因为感叹太强烈，就会迫切要求尽可能快地把感叹焦点表达出来。例如"怎么惹你了我?!""了不起啊！老许""死了已经"。但是，突显性原则二依然对这种感叹句有影响，即为了尽可能地不违反这一原则，居于后部的成分"我、老许、已经"等需要非常短小,语音上相当地弱化,语义上可以忽略,以免妨碍前部的影响力作用。这样一来,后部就不是一个相对独立的部分,在语感上仅仅是一个附加的"句尾"。

第三,关于状中结构的突显性问题,从句法功能看,状中可以构成完整的谓语,应该可以完句,但是由于状语才是更具体的、主观性更强的成分,而现代汉语的强势语序是"状语+中心语",所以得到"突显性强+突显性弱"的结构,语用价值低,不具有完句性,这就出现了巨大的矛盾。从世界语言看,SVO语言的(长大)状语几乎都是在谓词之后,就是为了避免这一矛盾,如 He sat at the table,就是这样,我们如果直译为"他在桌边坐",在汉语中就有点别扭,最好译为"他在桌边坐着"或者"他坐在桌边":

(23) He <u>sat</u> <u>at the table</u>

     弱   强

他<u>在桌边</u> 坐   他<u>在桌边</u> 坐着   他坐 <u>在桌边</u>

  强   弱   强   强   弱   强

为什么"他在桌边坐着"比"他在桌边坐"更合适,就是因为这里的"着"能够提高谓语部分的突显性,使之不弱于状语。这一规律解释了为什么汉语状中结构中,中心语部分往往不能是光杆谓词,需要加上一些成分,甚至成大的补语的原因。

第四,主题突显性问题。汉语中还有一个结构深受突显性影响,这就是当主题部分特别突显时,对说明部分带来了一定的限制。根据陈振宇、刘承峰(2019)的讨论,我们可以得出以下结论:

(i) 当"所有、每、任何"在谓语之前时,句子的主题成分获得了极高的突显性,因为量性成分比直接描写性成分突显度高,而全量和全称量化成分又比其他量性成分突显度高。

(ii) 根据前述原则,如果要完句,则说明部分也必须要有突显度极高的成分,这才得到高的语用价值;否则就会前后不和谐,完句性差。不过,如果该小句在背景或其他不需要完句的位置上时,语用价值的大小就不重要了,就可以让说明部分有较弱的突显度。

汉语中让说明部分突显度增高的方法很多,"都"是其中之一,因为

"都"有很强的主观语气功能,在历史上一出现就有。如果句中已经有了极高突显度的成分,就不一定需要"都",当然加"都"可以进一步突显,自然更好;但如果没有其他突显度极高的成分,那就需要加"都"才能完句。

下面句子中的疑问、强烈否定、惯用语、成语、"顿时"、评注副词和"不说……也是"等等,都是有极高突显度的成分,所以就不需要用"都":〔下面例(24)—(26)引自陈振宇、刘承峰(2019)和陈振宇(2020)〕

(24) 所有这些你想过吗? ——疑问

任何人不准沾边儿! ——否定

这鞋对一个人地位的肯定是今天任何一种名牌服装比不了的。——否定

车上的每一个人无不毛骨悚然。——否定

街上黑洞洞的,除了路灯、电影院和一些公用设施,全市住宅、商店都无电,所有车辆停驶。——惯用语

一路晓行夜宿同行同止,只是所有人滴酒不沾。——"滴酒不沾"是成语

桌上的所有人顿时目光灼灼。——有其他前景标记,如"顿时",不一定用"都"

想不让我说,任何人也办不到! ——评注副词"也"、否定

每个地主必须养着几个外国人作保护者。——情态副词"必须"

任何事情总有它规律性的东西可循。——与"都"类似的总括副词"总"

所有这些美好的记忆,不说刻骨铭心,也是恍如昨日啊。——"不说……也是……"特殊句式

再如下面的例句中,语用价值是由后面的语句提供,"所有"等所在的句子是背景信息中,不具有完句性,就没有用"都",因为此时该小句不需要高的语用价值:

(25) 全校同学一哄而出,所有门大开,无数孩子在奔跑,像是礼堂塌了顶。

寝室里<u>所有人</u>在沉睡,阿姨也在自己床上睡着了。

<u>所有人</u>面向镜头,闪光灯交织在一起,形成一片耀眼的光斑。

<u>所有仪器上的指示灯亮了</u>,示波器上出现绿幽幽的莹光,紊乱地波动。

市内街道一片节日后的冷清景象,各建筑物上的彩灯依然亮着,楼顶飘着彩旗,<u>所有街道灯火通明</u>,但空空荡荡,商店都落下铁栅栏。

<u>任何人</u>花上几角钱就可以痛快一番,一点不妨碍个人尊严。

<u>任何人</u>来到这里——树华农场——他必定会感觉到世界上并没有什么战争,和战争所带来的轰炸、屠杀,与死亡。

这残暴,这傲慢,使<u>每个人</u>将要凝结的血由愤怒而奔流,把灰黄的脸色变为通红。

这从<u>每个房间</u>门上挂着的不同花色的门帘可以看出。

当说明部分没有其他突显性成分时,"都"就是需要的了,此时去掉"都",就违反了突显性原则,语用价值低,难以完句,例如:

(26) 任何学校都是最高学府。——＃任何学校是最高学府。

任何一个干过警察的人都有这种可怕的体会。——＃任何一个干过警察的人有这种可怕的体会。

任何词句都可能被赋予新的意义。——＃任何词句可能被赋予新的意义。

每个机关,都有这么两科。——＃每个机关有这么两科。

我们班每一个人都有电脑。——＃我们班每一个人有电脑。

每个人都来了。——＃每个人来了。

4.3　作用机制

最后,需要说一下三大语用价值共同起作用的机制:相关语用价值是最重要的,但是其中有一些条目要受到信息语用价值的约束,也就是不能违反新信息限制,另外一些条目不需要;在相关、信息两个维度的基础上,表达语用价值得以满足可以使句子的语用价值维持在高位或者甚至提升语用价值,反之,就可能极大地降低其语用价值。最终语用价值的计算流程如下图所示:

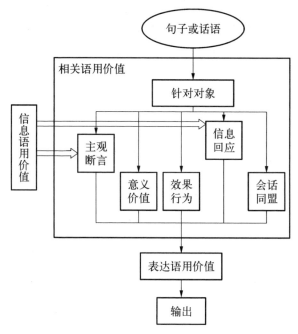

图 1　语用价值的综合计算

5. 结语

本文对"语用价值"理论做了一个较为全面的阐释,试图澄清它的定义和类型。我们认为,句子或话语的语用价值,主要是看它对听话者的影响力的大小,如果影响力大,则它独立使用就可以让听话者受到触动,有助于达到语用目的;如果影响力小,则听话者难以明白说话者在干什么,要达到什么样的语用目的。影响力大小受到三个主要方面的制约:新信息的语用价值大,旧信息小;与听话者或者他的正/反同盟关系者相关的信息语用价值大,反之则小;用恰当的方式表达的句子或话语的语用价值大,反之则小。其中,"相关语用价值"和"表达语用价值"都涉及多个维度,本文重点讨论了五个相关性维度(主观断言、意义价值、效果行为、信息回应和会话同盟),以及一个表达维度(突显性配置)。

最后还需要强调，如果句子或话语的语用价值低，并不是不能说，而是或者用在不需要高的语用价值的地方（不完句的位置），或者通过一些手段来使它的语用价值增高，这就是"语用价值增量手段"。有些句子或话语，单说不行，但是我们给它补充一些成分，或者放在适当的位置上，就可以说了。

附　注

① "♯"表示句子在语用上不合适，即使句法语义都没有问题，下同。此例改编自 Givón（2001：370）的经典例子。

② 交际中存在"信息差"，即交际双方在交际活动的某一特定时间存在的知识差异。参看刘大为（2008、2009）的介绍和论述。

③ 叶婧婷、陈振宇（2014）曾经将汉语的完句规律总结为四个方面。我们认为，这其实讨论的是语用价值的大小：语用价值大的句子或话语，因为已经对听话者产生了足够的影响，所以可以停下来，等待听话者的反应，也就具有了完句性；但是如果语用价值不足，对听话者的影响未能产生，听话者或者漠不关心，或者就期待说话者继续说下去（自我修正），或者听话者自己去补充（他人修正），直到影响足够为止。

④ 反例主要有：前部是一个区别词，如"男厕所、金项链"；或者前部是活用为区别词，具有分类作用，如"大百科、死老虎、狗尾巴"等等。所以突显性不是绝对的规律，并不是绝对能说或不能说，并且可能有一些特殊的领域正好相反，如区别词就是这样一个特殊的领域。

参考文献

陈振宇 2010《疑问系统的认知模型与运算》，学林出版社。

陈振宇、刘承峰 2019 "每"的功能演变以及与"都"的共现——基于修辞语用和语法化的解释，《当代修辞学》第 2 期。

陈振宇、吴越、张汶静 2016 相对信息价值与语言研究，《语法研究与探索》（十八辑），商务印书馆。

陈振宇、王梦颖、姜毅宁 2022 再说"果然"——与（正）预期标记有关的问题，《当代修辞学》第 2 期。

冯胜利 2005《汉语韵律语法研究》，北京大学出版社。

刘大为 2008 制造信息差与无疑而问——修辞性疑问的分析框架之一，《修辞学习》第 6 期。

刘大为 2009 修辞性疑问：动因与类型,《修辞学习》第 1 期。

孙佳莹、陈振宇 2021 "同盟"范畴研究成果与问题,《语言研究集刊》(第二十七辑),上海辞书出版社。

王远杰 2019 英汉定中结构的韵律组配共性,《外语教学与研究》第 6 期。

伍雅清 1999 否定与汉语 WH‑词的语义解释,《现代外语》第 4 期。

叶婧婷、陈振宇 2014 再论汉语完句条件,《语言研究集刊(第十三辑)》,上海辞书出版社。

Du Bois J W. 2007 *The Stance Triangle*. Englebreston, Robert(ed.). *Stancetaking in Discourse: Subjectivity*, *Evaluation*, *Interaction*. John Benjamins Publishing Company.

Givón, T. 2001 *Syntax: An introduction. Vol I*. John Benjamins.

Kuno, Susumu & Ken-ichi Takami 1997 *Remarks on negative islands*. Linguistic Inquiry(4).

小句复合体中话题的后置与前置

北京大学　徐晶凝

1. 引言

汉语语篇中存在如下一种小句复合体：

(1) $\mathbb{C}_i$ 红着脸$_a$，他$_i$ 不由得多看了她几眼。

(2) $\mathbb{C}_i$ 无缘无故地丢了车$_a$，$\mathbb{C}_i$ 无缘无故地又来了这层缠绕，他$_i$ 觉得这一辈子大概就这么完了，……

这种小句复合体的特点是，第一个小句的主语是零形式，且与其后小句主语具有同指关系（co-referential）。在脱离语境的情况下，它们都可以将显性主语提前而变换为：

(1b) 他$_i$ 红着脸，$\mathbb{C}_i$ 不由得多看了她几眼。

(2b) 他$_i$ 无缘无故地丢了车，$\mathbb{C}_i$ 无缘无故地又来了这层缠绕，$\mathbb{C}_i$ 觉得这一辈子大概就这么完了，……

方梅（2008）将例（1）（2）这种现象称为零形主语反指，并且指出其中的零形主语小句（a 小句）是依附性小句，与其后小句构成主次关系复句（co-subordination）。而例（1b）（2b）则属于等立关系复句（coordination）。宋柔（2013）将例（1）（2）这种语言现象命名为后置式话题结构，即小句之间因为共享话题而形成一个内部衔接、连贯的结构体。虽然宋柔（2013）所谓的"话题"与传统意义上的"话题"（topic）含义并不完全一致，但这类小句之间共享的成分，的确就是传统意义上所谓的话题。以上这样的语言片段，究竟是单句、复句还是句群，学界尚无一致意见（郭中平 1957；吕叔湘 1979）。因此，本文借鉴宋柔（2022），使用"话题后置式小句复合体"这一术语指称例（1）（2）这种语言现象。相应的，例（1b）（2b）类语言现象可称之为"话题前置式小句复合体"。

　　方梅(2008)的研究目标是致力于从理论上探讨汉语语篇中小句与小句之间的组配机制,因而只是举例性地论证了话题后置式小句复合体的特点,尚没有基于语料库对之进行全面描写。本文将基于北京语言大学语言信息处理研究所创建的"汉语小句复合体语料库"(Chinese Clause Complex Bank,记作 CCCB)以及 BCC 语料库对此现象加以观察,并拟联系上下文语境探讨话题后置式小句复合体在语篇中的分布条件。

　　要注意的是,零形主语小句除了与后续小句主语同指,还可能与后续小句主语位置上的定语同指,如例(3)。也可能不与其后小句主语具有同指关系。如例(4)(5)。

　　(3) $\mathcal{C}_i$ 深吸了一口气之后,她$_i$的语气由悲伤转为强硬……

　　(4) $\mathcal{C}_i$ 说开了,女人的话$_j$就多起来。

　　(5) 如果$\mathcal{C}_i$任其发展下去,局部性问题$_j$就会演变为全局性问题。

　　例(4)零形主语是"(两个人的)话",与其后小句主语"女人的话"不同指;例(5)零形主语是言者"我们",与其后小句主语"局部性问题"也不同指。CCCB 将上述两类现象也标注为后置式话题结构,但本文暂不将它们包括在研究范围之内。这样,在 CCCB 中共检索到话题后置式小句复合体 104 例。本文的描写即基于这些语料。此外,研究话题后置式小句复合体的语篇分布环境时,我们还将借助 BCC 语料库"多领域"分库。

2. 话题后置式小句复合体的类别

　　本节主要依据零形主语小句所表达的语义信息,对话题后置式小句复合体进行尽可能详尽地描写。根据与后续小句在语义上的关系,零形主语小句主要可以分为六类。

2.1　零形主语小句表达时间信息

　　如:

　　(6) $\mathcal{C}_i$ 去了之后,我$_i$并不触目伤心。

　　(7) $\mathcal{C}_i$ 三杯酒过后,谢兰英$_i$晃晃荡荡地站起来,说:"……。"

　　(8) $\mathcal{C}_i$ 在娘肚子里时,王肝$_i$把营养霸光了,所以王胆长得小。

(9) C_i 晚上收工，他$_i$一进门，女人就不声不响地给他端上碗热腾腾的油汤辣水的面条。

时间信息的表达方式主要有两种：一是使用固化的时点表达式，即"VP 后/以后/之后、VP 时/的时候、VP 的同时"等，如例(6)—(8)。①二是使用"（时点词＋)VP"，如例(9)。

2.2　零形主语小句表达空间信息

如：

(10) 中午，大车回了村。C_i还在庄子外面，邢老汉$_i$就发现他家的屋顶上没有和别的人家一样冒着炊烟。

(11) C_i睡在床上，鸿渐$_i$觉得心里的痛直逼上来，急救地找话来说："……!"

这两例中，零形主语小句都交代了后续动作发生时施事者所在的位置。

2.3　零形主语小句表达序列事件中的先行事件

如：

(12) C_i停了片刻，女人$_i$却嘤嘤地抽泣起来了。

(13) C_i下了车，C_i赶散众人，凤姐$_i$便带了尤氏进了大观园的后门，来到李纨处相见了。

要注意的是，因为先行事件处于事件进程的叙述主线上，总是先于其他事件发生，所以，零形主语小句实际上也往往具有表达时间信息的作用，如例(14)；甚至也可以兼表空间信息，如例(15)。

(14) C_i说完，女人$_i$用膝盖跪立起来，恭恭敬敬地在炕上朝邢老汉磕了一个头。

(15) C_i走到那顶藤条扎的长桥，大家$_i$都下车步行。

2.4　零形主语小句表达伴随状态或动作发生时的方式

如前引例(1)。再如：

(16) 这几年来，C_i遵循三中全会的精神，C_i遵循五届人大和人大常委会的决定，我们$_i$在政治上坚决清除长期存在的所谓无产阶级专政下继续革命理论所造成的种种恶果……

(17) 那个英俊青年推开门，然后迅速地闪到一边，腰微弓着，脸上挂着训练有素的微笑。ℂᵢ 就像名角登台一样,孙大盛ᵢ 光彩夺目地出现在我们的眼前,只见他……

2.5 零形主语小句表达假设、条件、前提、原因、目的等

如前引例(2)。这种零形主语小句可以分为两种情况,一是零形主语小句由连词或介词引导,如:

(18) 这是我的随身法宝。ℂᵢ 只要有它,中国书全烧完了,我ᵢ 还能照样在中国文学系开课程。

(19) ℂᵢ 为免遭纳粹迫害,他ᵢ 于 1933 年流亡到美国,1940 年入美国籍,1933—1945 年任普林斯顿高级研究院教授。

(20) ℂᵢ 鉴于封建时代的审判专以口供为根据,致使刑讯合法化,他ᵢ 宣布:"……。"

二是零形主语小句无连词或介词引导,如:

(21) 在这八个月里,ℂᵢ 连置家带看病,他ᵢ 把几年的积蓄都折腾光了。

(22) ℂᵢ 结合着积累与消费和农轻重这两大比例关系的调整,国务院ᵢ 还采取果断措施,解决了曾经出现的较大财政赤字问题,实现财政收支和信贷收支的基本平衡。

例(18)零形主语小句表达条件,例(19)(22)表达目的,例(20)(21)表达原因。

2.6 零形主语小句表达言者介入

如:

(23) ℂᵢ 总结一年来的工作,我们ᵢ 清醒地看到,……

(24) ℂᵢ 回顾我们党 90 年的发展历程,我们ᵢ 有一个共同的感觉,这就是,……

这两例中零形主语与其后小句主语在形式上同指。不过,严格说来,零形主语实际上是与言者同指的,小句表达的是言者做出断言的依据。之所以这样认为,是因为语料中还存在如下例句:

(25) ℂ 综观世纪之交的形势,我们面临着历史机遇和新的挑战。

该例中后续小句的主语并不能前移到第一个小句中,而且,两个小句之间可以补上"我们发现/我们认为"等,因此,零形主语小句表达的是言

者引出断言时的依据,属于言者介入成分。不过,从句法上来看,例(23)(24)中两个小句的主语的确存在同指关系,且满足可以前移的句法操作,所以,本文也将其纳入研究范围。不过,这种现象仅在政府工作报告中发现3例。

2.7　小结

依据本文的研究语料,话题后置式小句复合体中,零形主语小句的分布情况如下:

零形主语小句的语义类	数　量
表达时间信息	14
表达空间信息	3
表达先行事件	14
表达伴随状态(含方式)	4
表达假设/条件/原因/目的/前提等	66
表达言者介入	3
合　计	104

3. 话题后置式与前置式小句复合体在语篇中的分布

在脱离语境的情况下,话题后置式小句复合体可以变换为话题前置式,且不影响意义表达。那么,在语篇推进过程中,说话人依据什么因素选择使用话题后置的方式来延续话题链呢?前置式与后置式的语篇分布有何不同?本节将基于BCC语料库多领域分库中检索到的语料对此进行分析。鉴于表达言者介入信息的后置式只见于政府工作报告,且带有一定的程式化特点,本节只考察其他五种情况。

3.1　零形主语小句表达时间信息

以"……的时候/之后"为例,在BCC语料库多领域分库中随机抽取前100条语料,去除无效语料,得到"VP之后"52条,"VP的时候"20条。

具体分布情况如下表所示：

		VP 之后	VP 的时候
话题后置式	$\mathbb{C}_i$＋VP 的时候/之后，S_i……	23	10
话题前置式	S_i＋VP 的时候/之后，$\mathbb{C}_i$……	29	10

当小句主语同指，且其中一个小句表达时间信息时，该小句主语是否采用零形式，并无显著的倾向性。零形主语既可以出现在时间从句中，也可以出现在主句中，且分布频率并无显著差异。不过，当邻近小句主语同指时，汉语说话人的确强烈倾向于在某一个小句中采用零形式。语料中仅检索到 17 例邻近小句主语同指且均用显性 NP（含代词）的用例。如：

毕竟自从他$_i$将纽约事务所的业务交给另一位合伙人之后，他$_i$已经清闲了好一阵子了。

3.2　零形主语小句表达先行事件

以"停了片刻"和"停了停"为检索关键词，在 BCC 语料库多领域分库中各随机抽取前 100 条语料，去除无效语料，得到序列事件句中的"停了片刻"87 条，"停了停"97 条。它们在语篇中的分布情况如下表所示：

		停了片刻	停了停
话题后置式	S_i……，$\mathbb{C}_i$ 停了停/停了片刻，S_i……	3	1
话题前置式[②]	S_i……，$\mathbb{C}_i$ 停了停/停了片刻，$\mathbb{C}_i$……	16	15
	$S_{j/i}$……，S_i 停了停/停了片刻，$\mathbb{C}_i$……	42	69
融合式	S_i……，$\mathbb{C}_i$ 停了停/停了片刻，S_i……	26	13

在序列事件句中，话题前置式小句复合体占据绝对优势，共 142 例；而后置式仅 4 例。另外还有 39 例融合式，如：

(26) 他$_i$凝视着父母。"我刚刚也说了,……这样的女孩子,只可能
有白痴会去娶她!"他$_i$用坚定而森冷的目光望望父亲又望望母
亲,停了停,他$_i$才清晰地说:"很不幸,我就是那个白痴!"

前置式"他……又望望母亲,停了停"与后置式"停了停,他……"交叉
融合为一体。话题链模式为"S_i……,C_i……,S_i……"。

3.3 零形主语小句表达空间信息

以"睡在床上"为例在 BCC 语料库多领域分库中进行检索,共检索到
294 条语料,从中得到有效语料 98 例,其中前置式为 78 例,如例(27);后
置式为 20 例,如例(28)。

(27) 孔明前来探病,周瑜$_i$一听"孔明"二字,心中不由一动,他$_i$本来
<u>蒙头睡在床上</u>,连鲁肃进来也不理会,此时却忽地挣扎坐起,命
人扶持,倚在床上。

(28) 一路上像是约好了一样,千姿和母亲都没有谈到泓菲阿姨。
C_i<u>洗完澡睡在床上</u>,虽然很累了,但是千姿$_i$仍旧睡不着,她爬
起来,跑到母亲的房间,……。

不过,虽然"睡在床上"可以表达空间信息,但它是一个动态性很强的
VP,[③]表达静态空间信息的小句在语篇中究竟倾向于出现在前置式还是
后置式中,还有待观察。

3.4 零形主语小句表达伴随状态

以"看着""笑着"为例在 BCC 语料库多领域分库中进行检索,随机抽
取各 100 条语料,去除无效语料,话题前置式和后置式的具体分布情况如
下所示:

		看着	笑着
话题后置式	C_i＋V 着,S_i……	4	0
话题前置式	S_i＋V 着,C_i……	24	17
	S_i……,C_i＋V 着,C_i……	8	3

"看着、笑着"表达伴随状态时,以话题前置式占据绝对优势。不过,以"说着"作为检索关键词在语料库中进行检索,却发现后置式表达伴随状态更占优势,前置式"他说着,……"检索到 1 107 例,而后置式"说着,他……"则为 2 349 例。④因此,小句表达伴随状态时,究竟是采用前置式还是后置式,似乎并无绝对的倾向性规律,可能因具体动作不同而不同。

3.5 零形主语小句表达假设/条件/原因/目的/前提等

以"鉴于、只要、为了、因为、如果"为例在 BCC 语料库多领域分库中进行检索,各随机抽取前 100 条,去除无效语料后,它们在后置式和前置式中的分布情况如下:

	鉴于	只要	为了	因为	如果	合计
话题后置式	21	6	22	5	12	66
话题前置式	2	13	20	6	16	57

连词或介词引导的附属小句,在话题前置式和后置式中的分布规律各有特点。"鉴于"几乎不用于前置式,以"他鉴于"作为关键词对 BCC 多领域分库进行全面检索,也仅检索到 9 例。而"只要"所引导的条件从句,则以前置式居多。"为了、因为、如果"所引导的目的、原因、假设从句在前置式和后置式中的分布并无显著差异。

3.6 小结

方梅(2008)认为汉语与英语一样,语篇中小句彼此之间存在三种关系:等立关系、主次关系、附属关系(subordination)。在主次关系的句群里,如果没有连词出现,依附小句(从句)主语往往缺省。也就是说,主语零形反指是汉语主次关系复句的一种构造机制。不过,这一结论在本文只能得到部分验证。就本文举例性的个案考察结果而言,小句语义上附属与采用零形主语并无显著的倾向性关联。无论小句表达何种附属语义,都可以出现在前置式中,也可以出现在后置式中。总体分布情况如下:

零形主语小句的语义类	在话题前置式、后置式中的分布倾向
表达时间信息	无显著倾向性差异
表达空间信息	"躺在床上"以前置式占绝对优势，但静态空间信息小句的分布还有待考察
表达先行事件	前置式占绝对优势
表达伴随状态	有个体差异，总体上是否有显著倾向性差异还有待扩大语料考察
表达目的/原因/条件/假设等	有个体差异，但总体上并无显著倾向性差异

总之，如果说汉语复句果真存在主次关系与等立关系的对立，我们只能说主次关系复句中可能存在相当比例的零形主语反指现象。但是，在行进中的语篇里，语义上附属的小句却并非总是采用零形主语，主次关系与等立关系复句的区别性句法特征还需继续探讨。

4. 话题后置或前置的影响因素

汉语语篇中，小句主语既可以采用 NP（含代词）形式，也可以采用零形式，小句与小句组合起来，主语间的组合模式主要有五种：

组 合 模 式	说　　　明
A. 前置式	前小句主语采用 NP（含代词）形式，后续小句零形主语，即"S_i……，$\mathcal{C}_i$……"
B. 后置式	前小句零形主语，后续小句主语采用 NP（含代词）形式，即"$\mathcal{C}_i$……，S_i……"
C. 双主语同指式[⑤]	各小句主语皆采用 NP（含代词）形式，且 NP 具有同指关系，即"S_i……，S_i……"

（续表）

组 合 模 式	说　　明
D. 双主语异指式⑥	各小句主语皆采用 NP(含代词)形式,且 NP 不具有同指关系,即"S_j……,S_i……"
E. 零主语式⑦	各小句主语皆采用零形式,即"C……,C……"

CD 两种模式规律清晰,E 则涉及更大的语篇话题省略问题,本文暂不涉及。通过对 AB 两种模式小句复合体的观察,我们发现汉语语篇推进过程中,小句复合体是否采用话题后置式,并非取决于小句之间语义上的依附与否。那么,究竟是什么因素影响着小句复合体中话题的后置与前置呢? 我们尝试性地进行一些解释。

4.1　语篇中的话题链

4.1.1　宏观语篇围绕某个话题铺排展开

当宏观语篇只围绕某一个话题展开时,该话题以名词短语形式引入后,语篇中会有一个清晰的 NP、零形式或代词形成的话题示踪链(tracking chain)。在一个意义单元内,话题前置式或后置式小句复合体皆可出现。如:

(29)【林若辉$_i$当然能体会与了解汤君明矛盾忧闷的心情,C_i便不再烦扰他,C_i劝慰地说:"别想了,顺其自然吧! 来,干杯!"】【C_i说着,他$_i$便举起酒杯,C_i一饮而尽。】汤君明也举杯一饮而尽,但愿烦扰也随之散去。"好久没这么痛快了,让我们不醉不归!"汤君明应和地点点头。林若辉伸手招唤侍者,欲再点酒。

该语篇的推进采用了前置式接续后置式的模式。单独看【】之内的小句复合体,一个是前置式,一个是后置式。接续起来,语篇整体上呈现出的话题链模式为"S_i……(C_i……),C_i……,S_i……C_i……"。也就是说,语篇围绕着某个话题铺排展开时,前置式、后置式往往是交互出现的。前引例(26)则是前置式接续融合式。

4.1.2　宏观语篇中多个话题交叉推进

当语篇中有多个话题交叉推进时,每个话题主体引领一个意义单元。在各意义单元内部,小句复合体多为话题前置式,即"S_j……,C_j……;S_i……,C_i……"。如:

(30)【神雕佛奴$_i$领意,C_i当下轻鸣应声之后,C_i就要起飞。】【齐金蝉$_j$忽又唤住它,C_j将背上那口天雷轰解下。】

偶尔也会出现"S_j……,C_j……;C_i……,S_i……"的模式,如:

(31)【朝晖$_i$憔悴了,几天下来,茶饭不思,整个人萎顿下去。】【C_j看着儿子日见消瘦,劝说又无效,王太太$_j$急得流下了眼泪。】

但这种模式非常少见,除此例外,在"停了片刻、停了停"语料中还发现 4 例。

4.1.3　语篇中出现偶现话题

语篇中出现偶现话题时,只能采用话题前置式。如:

(32)……荒荒$_i$见肖万昌很和蔼,C_i就朝身边的人扮个鬼脸,C_i说:"少说也有一千斤!""多说呢?""两千斤!"肖万昌$_j$笑了。他$_j$把手按到荒荒的肩膀上说:"你还是没有估准——你估得太少!我这里面存有化肥两吨,整整四千斤!"他$_j$说着,不知从哪儿取出一支粉笔头儿,C_j回身在铁门上写了:内存化肥两吨。【人群里发出吸气声。】肖万昌$_j$又说:"……"

在两个话题主体"荒荒"和"肖万昌"所引导的话题链交叉推进的过程中,出现了一个偶现话题"人群里(发出吸气声)",宏观语篇中没有与它相关的话题示踪链。

4.2　其他限制因素

4.2.1　句法限制

有时候因句法因素限制,只能采用话题前置式小句复合体模式。比如:

(33)借着它曾经发过的光和热,让我写出了一些自己也很喜欢的诗句,使我在每次回顾的时候,仍然可以信它、爱它和怀想它。

(34)再说玉娇龙一直昏昏沉沉地睡在床上,直至中午方才渐渐苏醒过来。

(35)"这碗药喝下去,待会儿我会慢慢告诉你。"只见那素妆美人笑

盈盈地看着她,挥手要身后丫环将正冒着热气的药汤端上前。

例(33)出现了兼语句句式,例(34)(35)由"再说、只见"引出话题。这些句法因素都限制了主语 NP 要先于零形主语小句出现。

此外,还有其他一些句法因素也会影响到采用话题前置式还是后置式。如下例,"鉴于"下辖四个小句,所述原因复杂,使用后置式更便于理解。

(36) $\mathbb{C}_i$ 鉴于 1988 年以后一些地方、部门、企事业单位甚至个人自

行发行彩票,导致彩票市场秩序混乱,损害公众利益,败坏政府

形象,国务院$_i$ 发出通知,……

4.2.2 语义限制

有时候,采用后置或前置模式,主要受到语义辖域的影响,如前引例(27)前置式后接前置式,这是因为"他本来蒙头睡在床上,连鲁肃来了也不理会"属于一个穿插进来的补充性背景信息,独立作为一个意义单元。而"忽地挣扎坐起,……"与"周瑜一听……,心中不由一动"接续形成话题前置式,与"孔明前来探病"形成典型的多个话题交叉推进模式"S_j……,$\mathbb{C}_j$……;S_i……,$\mathbb{C}_i$……,$\mathbb{C}_i$……"。

4.2.3 信息加工的容量

信息加工的容量似乎也是影响话题前置或后置的一个因素。因为语料显示,无论语篇是围绕着某个话题铺排展开,还是多个话题交叉推进,具有同指关系的零形式与 NP(含代词)主语之间的距离,一般都在三四个小句以内。

4.3 小结

当然,以上影响因素只是初步的观察结果,还有待深入。陈平(1987)、邹立志(2017)、许余龙(2004)、徐赳赳(2003)、李榕(2020)等探讨过语篇中零形回指和代词回指现象,旨在寻求影响话题链中 NP、代词、零形式之选择的制约因素。卢达威(2021)则专门考察了小句复合体中零形式与其先行词不构成 sbject-subject 衔接的现象。我们认为这种分类细化研究有助于我们更深入地理解语篇中话题的推进模式与小句组配机制的关联。本文也不追求宏观上的整体考察,而是将研究对象限定在小句

复合体中,考察零形主语与具有同指关系的 NP(含代词)主语的交替分布规律,从而发现了语篇话题推进的常见模式,如:"S_i……(C_i……),C_i……,S_i……C_i……""S_j……,C_j……;S_i……,C_i……"等,并发现了一些倾向性的制约因素。依据这一结论,我们可以发现某些翻译作品带有翻译腔,原因之一就是在小句复合体中,话题后置式使用不足。如:

(37) 图茨先生说道,"我身体很好,我很感谢您,董贝小姐,我希望您全家人都好。"<u>图茨先生说这些话的时候,丝毫也不知道他说的是什么</u>;他在一张椅子中坐下来,目不转睛地看着弗洛伦斯,脸上露出了高兴与绝望正在进行激烈斗争的表情。

　　画线部分若改为"说这些话的时候,图茨先生丝毫也不知道自己说的是什么",就可以与前一个小句复合体形成"S……,C……,S……"的语篇推进模式,更符合汉语语篇的表达习惯。

附　注

　　① 例(8)中"三杯酒"不是 VP,而是一个事件 NP(韩蕾 2016),隐含谓语动词,实际语义是"喝了三杯酒",因此,这些语料也纳入研究范围。

　　② 具体来说,话题前置式包括三种情况,分别举例如下:

　　(1) 他$_i$ 走到壁炉前的长靠椅边,C_i 停了片刻,C_i 又补充说道,

　　(2) 陈维如$_i$ 道:"别打岔!"他$_i$ 停了片刻,C_i 又问道:"她是不是她?"

　　(3) 我和小郭$_i$ 仍然不出声。罗定$_i$ 停了片刻,C_i 又道:"……。"

　　③ 比如"睡在床上"可以与其他 VP 形成一个动作序列,还可以后接描写性的伴随状态小句"V 着",如:颜雨峰$_i$ 慢慢地躺了下来,C_i 睡在床上,C_i 仰看着天花板,C_i 自言自语地念道。忽然想起一事,颜雨峰又挺起身子……。

　　④ 其中有一些语料中,"说着"并不表示伴随状态,如"夏娜一边让他说着,一边站了起来"。所以,话题前置式的"说着"实际数量更少一些。此外,也存在小句主语都采用零形式的用例,如"……<u>正说着</u>,忽听隔壁李顾房里有女人沙嗓子的声音……"。这涉及到汉语语篇话题隐含表达的问题,本文暂不讨论。

　　⑤ 如:(1) 毕竟自从他$_i$ 将纽约事务所的业务交给另一位合伙人之后,他$_i$ 已经清闲了好一阵子了。

　　　　(2) 女人$_i$ 在男人出门上班之后,她$_i$ 也开始出门上班。

　　⑥ 如:就在她$_i$ 发愣的时候,小弟$_i$ 送来了一盒阿司匹林药片……

⑦ 如：(1) C_i 接好充电器之后，C_i 先按住魔镜键，然后 C_i 按住卡机键……

(2) C 在觉察弟子送上的是毒药的时候，C 为什么不说？

参考文献

陈　平 1987 汉语零形回指的话语分析，《中国语文》第 6 期。

方　梅 2008 由背景化触发的两种句法结构——主语零形反指和描写性关系从句，《中国语文》第 4 期。

郭中平 1957 单句复句的划界问题，《中国语文》第 4 期。

韩　蕾 2016 汉语事件名词的界定与系统构建，《华东师范大学学报（哲学社会科学版）》第 5 期。

李　榕 2020《现代汉语语篇主题性第三人称回指的多学科研究》，中西书局。

卢达威 2021 新支话题的句法成分和语义角色研究，《中文信息学报》第 35 卷第 10 期。

吕叔湘 1979《汉语语法研究问题》，商务印书馆。

宋　柔 2013 汉语篇章广义话题结构的流水模型，《中国语文》第 6 期。

宋　柔 2022《小句复合体的语法结构》，商务印书馆。

徐赳赳 2003《现代汉语篇章回指研究》，中国社会科学出版社。

许余龙 2004《篇章回指的功能语用探索》，上海外语教育出版社。

邹立志 2017 汉语儿童叙事话语中零形式回指的发展，《首都师范大学学报》第 3 期。

人称代词"你"的移指分析[*]

北京大学中文系　张佳玲

1. 引言

现代汉语中"你"是第二人称单数形式,基本用法是说话人"称对方(一个人)"(朱德熙 1982：81;吕叔湘主编 1999：416)。但是,"你"还可指称说话人自己、说话人和听话人以外的第三方等。人称代词这种有所指且所指对象发生转移的现象被称为"移指"[①](王义娜 2008;张磊 2014;蒋东立 2017;完权 2019;史金生、王璐菲 2021),如例(1)中"你"指说话人魏鹤鸣自己。

(1) 魏鹤鸣说："批评不动！他根本不参加党的会议,你上哪儿批评去？偶尔参加一次,你提意见,他说:'提意见是好的,不过应该掌握分寸……'"(王蒙《组织部新来的青年人》,转引自吕叔湘 1985：22)

学界对"你"的移指现象的研究大致分为三方面：(一) 关于"你"的移指类型的分类描写,如 Chao(1968/2011：659),张炼强(1982),吕叔湘(1985：21 - 22,1999：416 - 417),张爱民(2001),王红梅(2008),李艳(2010),黄寂然(2012),刘礼进、熊绍丽(2012),刘雅妮(2014),张磊(2014),张春平(2015),蒋东立(2017),史金生、王璐菲(2021) 等。(二) 关于"你"移指现象的动因研究,如董秀芳(2005)、姚双云(2012a)分别基于移情理论和"主观视点"理论讨论了其语用功能;刘正光、李雨晨(2012)认为,人称代词的移指反映了叙事者认识和情感的需要与变化;张

　*　本文写作得到导师周韧教授的悉心指导,感谢《语言教学与研究》编辑部和匿名审稿专家。不妥之处由作者负责。

磊(2014)指出,"你"的移指具有诱使移情、强化立场和疏离自我三种话语功能,并认为互动交际需求是促使代词"你"移指和话语功能浮现的根本动因;史金生、王璐菲(2021)认为"你"的移指本质上是发话人与不同人进行虚拟对话,交际目的在于立场构建。(三)关于"你"移指现象的内在机制,王义娜(2008)从认知语法的主观性、视觉关系出发,指出代词移指表达的是主体与客体空间意识相互作用的产物;完权(2019)基于认知语用学的互动理念,指出移指意义是发话人和释话人在各自自然坐标系与话语坐标系的转移和联系中,运用各种直指机制而联合建构的语用解读。

上述研究已有不少发现,但就描写分类而言,忽视了一些歧解现象,形式标准还不够完善,就功能机制解读而言,形式验证还不够充分。本文在对自然语料充分描写、分析的基础上,讨论人称代词"你"的移指分类、移指功能、限制条件、移指机制,试图回答以下几个问题:(一)"你"的移指用法有什么功能?有何形式证据?(二)"你"的移指用法的限制条件是什么?(三)"你"的移指用法的内在机制是什么?在句法分布上有何表现?本文的语料主要来自北京大学 CCL 语料库、中国传媒大学媒体语料库(MLC)、前贤学者的论文著作、笔者生活中搜集到的语料以及笔者自拟的语料。

2. "你"的移指用法及分类

2.1 "你"的移指用法的判定

我们认为,"你"的所指应该根据其所在的最小会话场景来判定。直接引语(DS)、自由直接引语(FDS)[②]和虚拟会话[③]中的"你"如果是指称其所在的最小会话场景中的听话人,那么不能算作移指用法。如例(2)—(3):

(2) 梁朝伟:……就好像我拍电影一样,王家卫的东西我从来不会问的,其他演员来就觉得很奇怪,<u>你$_1$ 不想知道剧本是什么吗,你$_2$ 不想知道他去哪里拍吗,我不想,你$_3$ 不专业,我不是不专业,我是很相信他,然后我希望他给我一个。</u>

陈鲁豫:一个惊喜。(《鲁豫有约》MLC)

例(2)中的画线句都是自由直接引语,没有引号也没有引导句,其中的三个"你"都是指过去其他演员和梁朝伟对话时的听话人"梁朝伟"。

(3) a. 2008 年,裕强成为了父亲。看着眼睛都睁不开的那个小婴儿, 我真想告诉她,<u>你₁ 的父亲值得你₂ 骄傲</u>。(《对话》CCL)

　　b. 宋建平:我这回还就不去请她了,抻吧,看谁抻得过谁。动不 动就往娘家跑,俗不俗啊? ⋯⋯<u>别以为别人离了你₁ 就不能 过,照过,过得更好。想用这一套来要挟我,你₂ 以为你₃ 是 谁? 你₄ 不是美国,我也不是伊拉克,要挟我? 没门儿!</u> ⋯⋯ (《中国式离婚》CCL)

　　c. [同学乙的班主任代号"唐僧",教育同学的时候十分啰嗦] 同学甲:放学以后我们去打游戏吧?

同学乙:不去了,我们班主任你是没领教过啊,要是被他发 现,肯定得"念经",啊<u>你₁ 不好好学习对得起你₂ 父母吗? 对 得起你₃ 自己吗?</u> ⋯⋯(自拟)

　　例(3a)画线句是说话人过去想对裕强的女儿说的,说话人单纯地叙 述当时的心理感受,出现了形式标记"我真想告诉她",其中"你"指虚拟会 话中的听话人"小婴儿",不是移指。例(3b)是宋建平在跟邻居对话时,与 不在现场的第三方"自己的老婆林小枫"进行的虚拟会话,其中的"你"是 虚拟会话中的听话人"林小枫"。例(3c)是说话人同学乙假想自己打游戏 被班主任发现后的一段可能发生的会话,其中"你"是虚拟会话中的听话 人他自己。

2.2　"你"的移指类型④

2.2.1　移指第一人称"我""我们""咱们"

"你"移指第一人称,往往是说话人叙述自己(或自己所在群体,或交 际双方)的经历、感受,或者表明自己的观点。可以相应地替换为"我""我 们""咱们",有的还能替换成"X＋这种人"(X 指"我""我们""咱们")。 请看:

(4) a. 鲁豫:那时候你都演什么角儿?

郭德纲:哪有什么角儿,叫<u>你(→我)</u>演什么就得演什么。 (《鲁豫有约》CCL)

　　b. 郭德纲:⋯⋯可是你想一个道理,拿旧社会在天桥来说,一个人站在街上说相声,旁边有练武术的,光着膀子十冬腊月拿大铁棍子大刀往自己身上剁,就为让你看点东西;还有那唱戏的大姑娘小媳妇擦胭脂抹粉儿的在那儿唱,后台乐队敲鼓拉弦的好几十人,唯独我们,什么都不给你(→我们),就自己一个人。(《鲁豫有约》CCL)

c. 你倒敢想敢说,"补课"都是抬举你(→咱们),实际就是"扫盲",拿咱们当文盲扫。(转引自吕叔湘 1985:21)

d. 甲:现在你一出现就要不断跟人照相签字吧?

乙:是啊,我觉得这些你(→我/我这种人)是没办法拒绝的,观众喜欢你(→我/我们⑤)、认可你(→我/我们),你(→我/我们)不能说这个也不,那个也不。(《鲁豫有约》CCL)

例(4a)中郭德纲讲述了自己未成名时的经历,这里的"你"指郭德纲自己;例(4b)的"你"指包括说话人郭德纲在内的相声表演者;例(4c)通过下文的"咱们"可以判断,"你"指被"扫盲"的对象,是交际双方;例(4d)的"你"可以看作指"我",也可以看作指"我这类人"。

2.2.2　移指第三人称"他/她""他们"

"你"移指第三人称,往往是说话人叙述言谈对象/言谈对象群体的经历、感受,或者评论其行为、想法并表明自己的观点。可以相应地替换为"他/她""他们",有的还能替换成"X+这种人"(X指"他/她""他们")。请看:

(5) a. 陈鲁豫:你会以什么样的方式来反抗呢,比如说故意的,我要气气你。

余男:刚开始有一段就是晚上故意不回家了,⋯⋯然后再就是有意识地,带很多同学到家里来,这样你(→她)当同学的面就不会不给我面子,结果她在同学面前还是会打我⋯⋯(《鲁豫有约》MLC)

b. 没有人关心她们的劳动条件,这大概是自然现象吧,人在这三种威胁下面工作,更加容易疲劳。但是野兽一般的"拿摩温"(工头)和"荡管"(巡回管理的上级女工)监视着你(→她们)。(夏衍《包身工》,转引自张炼强 1982)

c. 陈鲁豫：内心会有成就感，就是说我在你们所有的人认识到
这个人之前，我先于你们先已经看到了这个人的未来，会有成
就感。

小伟：是，有这么专业的一个人，还如此地用心，如果他不是
很用心的人，我也不会去支持他，就说，他，本身音乐学院培养
你(→他/他这种人)这个能力了，然后你(→他/他们⑥)自己还
这么执着……(《鲁豫有约》MLC)

例(5a)中的"你"指言谈对象"余男的妈妈"；例(5b)"你"指的是言谈
对象"包身工"；例(5c)"你"可以看作指"他(汪峰)"，也可以看作指"他(汪
峰)这类人"。

2.2.3　移指话题对象以外的人

这种情况相当于以往学者提到的"旁指"(参见王红梅 2008)。说话
人叙述某一经历、感受或观点，适用于除表述对象以外的人。可以替换为
"别人""大家₂"⑦。请看：

(6) [陈可辛说曾志伟是给他最大影响和帮助的人]

杨澜：他就是很大哥的那种人。

陈可辛：他是很大哥，而且他心很宽的，实际上他是我碰到心最宽
的一个人，他是不计较你(→别人/大家₂)回不回报，也不计较你
(→别人/大家₂)对他好不好，他只是帮你(→别人/大家₂)……
(《对话》CCL)

例(6)中的"你"指除了"曾志伟"以外的其他人。

2.2.4　移指任何人

"你"移指任何人，相当于以往学者提到的"任指""泛指"(如吕叔湘
1985：21；郭风岚 2008；王红梅 2008；刘礼进、熊绍丽 2012 等)。说话人
叙述某一普遍经历、感受或观点，适用于任何人。可以替换为"我们〈指所
有人〉""大家₁""一个人""任何人"。请看：

(7) a. 刘德华：我觉得每一个人都有机会，最重要的是你(→我们〈指
所有人〉/大家₁)能不能够承受那种压力。(《对话》CCL)

b. 柯惠新：我觉得绝对要终身教育，这不是我说的，我是听别人
说的我非常赞同，你(→我们〈指所有人〉/大家₁/一个人/任何

<u>人</u>)大学学的东西,可能能管你(→**我们**〈指所有人〉/**大家**[1]/
他/他⑧)二、三年就完了,知识就陈旧了,硕士的可能管三四
年,博士的可能管五六年,我非常赞同……(《对话》CCL)
例(7)中的"你"都指"所有人",其中例(7a)中还出现了"每一个人"。

3. "你"的移指功能和限制条件

3.1 "你"的移指与立场

人称代词"你"的移指用法与"立场"密切相关。张磊(2014)认为"你"的移指可以"强化立场";方梅、乐耀(2017:43)认为人称代词的非常规用法反映了"说话人态度立场和情感倾向";闫亚平(2018,2019)认为人称代词的变换是一种"立场建构手段";史金生、王璐菲(2021)认为"你"的移指用法可以"构建一致的立场"。我们认为,"你"的移指用法是"说话人在表达非中性立场时诱使听话人主动认同的一种互动手段"。

除了交流命题内容,说话者和作者通常还表达个人感觉、态度、价值判断或者评价,即"立场"(Biber et al. 1999,转引自方梅、乐耀2017)。Du Bois(2007)指出,"我们使用语言做的最重要的一件事情就是表达某种立场",并提出了著名的立场三角(the stance triangle)理论,包括第一主体(subject[1])、第二主体(subject[2])和共享立场客体(object)三个实体。两个主体分别对客体进行评价,从而确定各自立场,主体之间则寻求一致关系(alignment)。

在言语交际中,说话人是第一主体、听话人是第二主体,用"你"移指时,说话人已经明确自己的立场,并诱使听话人主动认同说话人的立场。下面具体阐释。

3.2 "你"的移指功能和限制条件分析

如果把用于移指的代词"你"都替换为移指对象"我""我们""咱们""他/她""他们""别人""任何人"时,说话人仍旧在表达某种具有倾向性的立场,即"非中性立场"。具体可以分为两类:一类是情感立场(affective stance)类,是说话人在叙述经历时通过词汇语法手段表达某种情感、态度,这类移指句常采用具有褒贬义的实词、特定虚词、特殊句式等;一类是

认识立场(epistemic stance)类,是说话人直接表达自己的认识、评价,这类移指句常使用认识立场标记"人称代词＋认识动词/言谈动词"等,在句法上也有独特性。有时候,语境中没有这些语言形式,我们也能补充出来。我们对已收集到的语料进行分类分析,将两类移指句常用的词汇语法手段呈现如下表1和表2:

表1　情感立场类常用的词汇语法手段

词汇语法手段		例　句
实词	褒贬词	a. 让你一个人在那边孤零零地吃饭。(《天天向上》笔者搜集)
虚词	语气副词"都、也、才、竟然"等	b. "补课"都是抬举你,实际就是"扫盲",拿咱们当文盲扫。(转引自吕叔湘1985:21)
特殊结构	"那么多"等	c. 陈铎:我们那时候,想睡,也是睡不够,可是有那么多事儿要等着你干,那就只好少睡一点儿……(《鲁豫有约》MLC)
句式	反问句、假设句、周遍句等	d. 郭德纲:开门你跟人说什么啊?(《鲁豫有约》CCL) e. 唯独我们,什么都不给你,就自己一个人……(《鲁豫有约》CCL)

表2　认识立场类常用的词汇语法手段

词汇语法手段		例　句
特殊结构	"我觉得、(你)不是说、就是说、就好比"等	a. 我觉得让你自己以最舒服的状态出现在世人面前是很重要的……(《鲁豫有约》CCL) b. 就是说你拍爱情片,你当然要有三个人,两个人就 Boy meets girl,……碰上就在一起很开心,没什么好拍的。(《鲁豫有约》MLC)

词汇语法手段		例　　句
句式	条件句、让步句、因果句等	c. 只要能把事情搞定,你是哈佛毕业的还是锦州工业学院毕业的都可以。(《对话》CCL) d. 即使你投降了,敌人也要把你斩尽杀绝。(《沫若剧作选》转引自张炼强1982) e. 避免不了那你只能去面对这个问题。(《鲁豫有约》MLC)

　　上述词汇语法手段既帮助表达了说话人的立场,同时也营造了一个诱发语境,当用"你"移指时,可以诱使听话人主动认同说话人的立场。

　　情感立场类和认识立场类存在两点形式区分标准:第一,可以通过能否添加"人称代词+觉得"来区分,单纯的情感立场类不能添加,而认识立场类可以添加;第二,情感立场类中"你"所移指的是具体的某个人或某群人,而认识立场类中"你"所移指的对象部分已经从具体的某个人或某群人"概指化"为一类人。姚双云(2012b,2012c)指出,主语的概指化是条件句实现立场表达功能的手段之一。我们搜集到的语料中,使用条件句来表达认识立场的比重很大。

　　情感立场类和认识立场类并非完全对立,有时说话人既表达了情感态度,也表达了认识评价。请看:

(8) a. 甲:……比如刚刚出道的时候,作为新人最难的时刻是什么?

　　b. 乙:最难的是你不知道明天的生活,到底会怎么样,你不知道明天的太阳到底会不会那么的明媚,然后你不知道明天到底会不会有工作做,明天会不会有钱赚,那个紧迫感,那个很难受。(《鲁豫有约》MLC)

　　例(8)中,一方面乙在表达自己的认识立场,告诉听话人最难的时刻是什么,可以加上"我觉得""我认为"等,另一方面在描述最难的时刻时,说话人也表达了自己的情感立场,三个"不知道"刻画了说话人对未来的恐慌和无奈。

　　"你"的移指用法在非中性立场语境中可以"诱使听话人主动认同",

但是"你"的人称用法(非移指用法)在非中性立场语境中却不具有这一功能。我们可以通过能否添加"你能理解/认同我吗?"/"我希望你能理解/认同我。"来测试。请看:

(9) a. 陈鲁豫:让你最难忘的是什么?

　　 b. 徐俐:比如,直播的过程当中播着播着,一蚊子到眼睛里去了,眼睛弄得你(➡我)半天睁不开呀,然后就觉得我的天哪,你(➡我)还得对准镜头直接地,不断地这样眨,不断地这样眨,然后跟自个儿说,坚持住坚持住,就这样。你能理解我吗?/我希望你能理解我。

　　 c. 陈鲁豫:电视就是这样,你克服很多现场突发的状况,对吧?……(《鲁豫有约》MLC)

(10) a. 刘德华:我到现在还没有想到一个,我觉得我拍出来会比其他导演好的剧本,因为你(➡我/一个人)还年轻的时候,老是觉得自己很厉害,我还没唱歌,我觉得唱歌比帕瓦罗蒂还厉害。唱歌之后发现,原来那么多人会唱歌。拍戏之后就发现其实有很多很多导演,他们都会比你(➡我)好。你能理解/认同我吗?/我希望你能理解/认同我。

　　 b. 杨澜:是有点怕了。要做一定要做到最好?(《对话》CCL)

(11) a. 刘嘉玲:……我觉得经历过一些事情,反而让我更坚强了,我就面对我将来的路,我不会害怕了。我会觉得我会用一种,很正面的一个态度去,去处理它。然后放下它。因为每个人都会经历过,一些逆境的时候。

　　 b. 陈鲁豫:你这人挺牛的我觉得。＊你能认同我吗?/＊我希望你能认同我。

　　 c. 刘嘉玲:是嘛,反正我走的路不平坦吧。(《鲁豫有约》MLC)

例(9)(10)中画线的"你"是移指用法,可以添加"你能理解/认同我吗?"/"我希望你能理解/认同我。"例(11)中画线的"你"是常规人称用法,指听话人,不能添加"你能理解/认同我吗?"/"我希望你能理解/认同我。"鲁豫只是根据刘嘉玲讲述的个人想法进行评价,并非诱使刘嘉玲理解或认同自己。

"你"的移指用法不能出现在中性立场的语境中。当说话人对所陈述的内容持不确定态度,甚至使用疑问句来询问对方时,不能用"你"来移指。当说话人对对方所提的问题"不知道""不确定""不清楚"时,也不能用"你"移指。例如:

(12) a. 主持人:在许多的公司,有许多的人<u>他们</u>(＊你)需要顾及的是在工作好的同时,如何去扩大自己的帝国。

　　b. 李开复:对。

　　c. 主持人:那<u>他们</u>(＊你)该怎么办呢?

　　d. 李开复:<u>你</u>还是要入境随俗,做一些不喜欢做的事情……

　　　　(转引自张磊 2014)

(13)[某些歌迷因为迷恋刘德华做出了过激行为,这让刘德华感到非常不安和困惑]

　　a. 杨澜:你会问自己说,我是不是真的做错什么?

　　b. 刘德华:<u>我</u>(＊你)不知道,<u>我</u>(? 你)根本没办法,<u>我</u>(＊你)其实也因为这个,<u>我</u>(＊你)也去看心理医生。

　　c. 杨澜:你也去看医生?

　　d. 刘德华:就是有很多很多不同的歌迷,不是她,是另外的人跑出来做几乎同样的事。(《对话》CCL)

例(12d)李开复的回答中,"你"是指"他们",可以换成"他们",指"需要顾及工作好的同时,还扩大自己帝国"的那些人。但主持人提问中的两个"他们"却不能用"你"移指。这是因为,主持人的这一提问不含任何立场倾向,属于中性立场。例(12a)属于客观现状的陈述,不含有任何主观性;例(12c)属于一般疑问句,没有任何预期。例(13b)中,刘德华对杨澜提的疯狂歌迷问题很困惑,于是回答了"不知道"。这里的"我"不能用"你"移指。后面三个小句陈述刘德华过去的行为,并非表达某种倾向性立场,因而也不能换成"你"。

"你"的移指、非移指与非中性立场、中性立场的对应关系如图 1 所示。

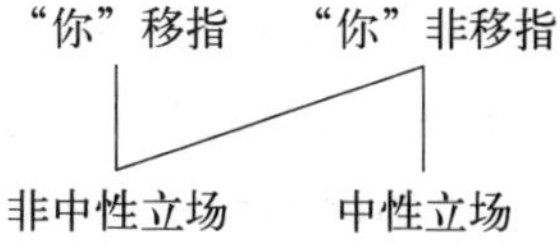

图 1　"你"的移指用法与立场的对应关系

4. "你"的移指机制和句法分布

4.1 "你"的移指机制

4.1.1 "你"的移指与移情

移情(empathy)最初是美学领域的研究术语,Kuno 将其引入语言学研究。根据 Kuno & Kaburaki(1975/1977)、Kuno(1987),移情是说话人的观察角度(a camera angle),是说话人对他在句中所描写的事件或状态中的参与者(人或物)的不同程度的认同(identification),反映了说话人的态度。假设这样一个情境,John 打了他的弟弟 Bill,说话人可以这样描写:

(14) a. John hit Bill.

　　 b. John hit his brother.

　　 c. Bill's brother hit him.

三个句子的命题内容是一致的,不同在于说话人的观察视角。例(14a)中,说话人的观察视角是中立的,使得事件的陈述更加客观化;例(14b)中,说话人是从 John 的视角来陈述的,用"his brother"来指称 Bill,更认同于 John;例(14c)中,说话人是从 Bill 的视角来陈述的,用"Bill's brother"来指称 John,更认同于 Bill。说话人的观察视角不同、对参与者(x)的认同程度不同,意味着说话人对参与者(x)的移情度不同。$E(x) > E(y)$ 表示说话人对 x 的认同程度高于 y,也即说话人对 x 的移情度高于 y,说话人更容易移情于 x。为了进一步刻画参与者之间的移情关系,Kuno 还提出了一些移情原则。其中,与本文密切相关的有两条(Kuno 1987:211、212):"表层结构移情原则"(surface structure empathy hierarchy),主语所指和句中其他名词短语的所指,说话人更易移情于前者:$E(subject) > E(other\ NPs)$;"言语行为移情原则"(speech act empathy hierarchy),说话人更易移情于自己:$E(speaker) > E(others)$。

董秀芳(2005)将移情理论与汉语事实相结合,得出汉语中代词移情度等级:$E(第一人称) > E(第二人称) > E(第三人称)$,并将其作用规律描述如下:当使用移情度等级较高的代词来代替移情度等级较低的代词时,表明说话者有意提高了对该代词所指代的对象的移情度;当使用移情度等级较低的代词来代替移情度等级较高的代词时,表明说话者有意降低了对该代词所指代的对象的移情度。

我们根据"你"的移指现象中所包含的移情度的变化,来讨论"你"的移指机制。涉及两方面:第一,对代词所指对象的移情度发生变化。正如董秀芳(2005)所说,说话人用"你"来代替其他代词确实会对该代词所指代对象的移情度产生影响。第二,对听话人的移情度发生变化。说话人用"你"移指,实则是移情于听话人,提高了对听话人的移情度,是从听话人角度来观察言语事件,实现虚拟现实(virtual reality)的目的。下面具体讨论三种模式下"你"的移指机制。

4.1.2 "你"的移指机制分析

根据移指对象和移情度的差异,我们区分了三种模式:"低高型"("你"移指"我/我们/咱们",降低了对说话人的移情度,提高了对听话人的移情度)、"高高型"("你"移指"他/他们",提高了对言谈对象的移情度,提高了对听话人的移情度)、"平高型"("你"移指"别人/任何人",所有人的移情度同时降低或提高,提高了对听话人的移情度)。具体分析如下:

(一)"低高型"模式:"你"移指"我/我们/咱们"。这是用移情度等级较低的代词替换移情度等级高的代词,降低了对说话人的移情度。同时,选择了听话人作为观察视角,提高了对听话人的移情度。"你"移指"我/我们"时,观察视角是听话人,说话人是被观察的,虚拟的听话人肉身也是被观察的(见图2);当"你"移指"咱们"时,听话人肉身和说话人是被观察的(见图3)。请看例(15)。

图2 "低高型"移指模式图(移指"我/我们")

图3 "低高型"移指模式图(移指"咱们")

(15) a. 陈鲁豫:第一次听到这个是什么感觉啊?

　　 b. 吴小莉:其实我在生出她的时候,因为我是半身麻醉,所以生她的时候,她第一声哇那个哭声的时候,你就被震撼了,你真的知道是一个生命,因为在你肚子里,你只是听到她心跳,当你听到一个生命,在你身体里头出现以后,你就知道那个感觉是,你不能把她塞回去了。(《鲁豫有约》MLC)

例(15b)划线的"你"移指说话人吴小莉,可以换成"我"。这时,说话人吴小莉是从听话人的角度来观察自己,用说话人自己真实的经历、感受、观点等虚拟一个环境(被震撼了,真的知道是一个生命,……),让听话人肉身沉浸在虚拟环境中,从而使听话人鲁豫能够主动认同说话人的立场。

图4 "高高型"移指模式图
(移指"他/他们")

(二)"高高型"模式:"你"移指"他/他们"。这是用移情度等级较高的代词替换移情度等级低的代词,提高了对言谈对象的移情度。同时,选择了听话人作为观察视角,提高了对听话人的移情度。"你"移指"他/他们"时,观察视角是听话人,被观察的是言谈对象和虚拟的听话人肉身(见图4)。请看例(16):

(16)[鲁豫和吴君如在谈论陈可辛和吴君如的交往]

  a. 吴君如:他拍的电影虽然很浪漫,但人一点都不浪漫,他不会,真的从认识开始他不会讲一些甜言蜜语。

  b. 陈鲁豫:但你不觉得女孩在小的时候你会希望别人讲甜言蜜语、送花,长大以后觉得真正的做的事情是浪漫就够了,不用整天说甜言蜜语,你不觉得是这样吗?(《鲁豫有约》MLC)

例(16b)画线的"你"移指言谈对象"女孩",可以换成"她/她们"。这时,说话人陈鲁豫是从听话人吴君如的角度来观察言谈对象,用说话人对言谈对象经历、感受的叙述或行为、想法的评论等来虚拟一个环境(女孩在小的时候会希望别人讲甜言蜜语、送花……),让听话人肉身沉浸在虚拟环境中,从而使听话人吴君如能够主动认同说话人的立场。

(三)"平高型"模式:"你"移指"别人/任何人"。当移指对象是所有人时,所有人的移情度同时降低或提高,因而没有了高低的区别。但听话人作为观察视角,移情度提高了。"你"移指"别人"时,观察视角是听话人,被观察的是除表述对象以外的人;"你"移指"任何人"时,观察视角是听话人,被观察的是所有人(见图5)。请看例(17)。

图5 "平高型"移指模式图(移指"别人/任何人")

(17)〔鲁豫跟刘嘉玲在谈论刘嘉玲的丈夫梁朝伟〕

　　a. 陈鲁豫:他跟你会说吗?

　　b. 刘嘉玲:会会会,他在我面前是,像个小孩子一样的,很放松,其实他跟你熟的话,他会表现他真实的一面,那个一面是非常有魅力的。(《鲁豫有约》MLC)

　　例(17b)画线的"你"移指除梁朝伟以外的所有人,可以换成"别人"。这时,说话人刘嘉玲是从听话人陈鲁豫的角度来观察除梁朝伟以外的所有人,用说话人对所有人(除梁朝伟外)经历、感受的叙述来虚拟一个环境(跟他熟的话,他会表现真实一面……),让听话人肉身沉浸在虚拟环境中,从而使听话人陈鲁豫能够主动认同说话人的立场。

4.2 句法分布

　　移情度的差异会表现为句法分布的差异。我们从中国传媒大学媒体语料库《鲁豫有约》中选择了20个文本,找出用于移指的"你"共计387例,统计各类移指的句法分布如下:

表3 "你"移指用法的句法分布统计表

移指模式及对象 句法分布	低高型(ABC)				高高型(DE)			平高型(FG)		
	A 我	B 我们	C 咱们	总	D 他/她	E 他们	总	F 别人	G 所有人	总
主语	131	15	0	146 62.9%	19	2	21 75.0%	8	76	84 66.1%

(续表)

句法分布 ＼ 移指模式及对象	低高型(ABC)				高高型(DE)			平高型(FG)		
	A 我	B 我们	C 咱们	总	D 他/她	E 他们	总	F 别人	G 所有人	总
宾语	55	8	0	63 27.2%	5	0	5 17.9%	12	18	30 23.6%
定语	16	6	0	22 9.5%	2	0	2 7.1%	1	10	11 8.7%
同位	1	0	0	1 0.4%	0	0	0 0	0	2	2 1.6%
总计	203	29	0	232 100%	26	2	28 100%	21	106	127 100%

根据 Kuno(1987：211)提出的表层结构移情原则,主语所指和句中其他名词短语所指,说话人更易移情于前者：E(subject)＞E(other NPs)。进一步分析表格数据：

第一,纵向看,三种类型(低高型、高高型、平高型)中,"你"的移指用法的句法分布均为：主语＞宾语＞定语＞同位。即"你"的移指用法出现在主语位置最为常见。这一数据印证了上文的推论。三种类型都有意提高了对听话人的移情度,因而更倾向于出现在主语位置。

第二,横向看,就主语占比而言：高高型＞平高型＞低高型；就宾语占比而言：低高型＞平高型＞高高型。这一数据也与我们上文的推论相吻合。高高型移指用法中,说话人有意提高对移指对象的移情度,因而在三种模式中主语位置占比最高,宾语位置占比最低；而低高型移指用法中,说话人有意降低对移指对象的移情度,因而在三种模式中主语位置占比最低,宾语位置占比最高。

5. 结语

本文重点考察了第二人称代词"你"的移指功能、限制条件和移指机制。我们认为,"你"的移指是"说话人在表达非中性立场时诱使听话人主动认同的一种互动手段",其形成机制是通过移情实现虚拟现实。我们在讨论移指功能和限制条件时,认为"你"的移指可以"诱使听话人主动认同",同时发现"你"的移指用法只能用于非中性立场语境。我们在讨论移指机制时,根据移指对象的不同及移情度的变化,将"你"的移指分为三种模式"低高型""高高型""平高型",分别描写了三种模式的移指机制,并统计了句法分布来进一步验证。

　　当然,这一现象比较复杂,还存在一些问题,比如,为什么听话人可以准确识解,识解机制是什么,在语篇分布上有何特点,有待进一步考察。

附　注

　　① 也有学者将这种现象称为"非常规用法""变换""异常用法""活用""转指""交叠""变异"等。

　　② 直接引语(direct speech,简称 DS)是当前说话人一字不差地引用过去说话人的话,其中人称代词所指称的对象仍旧是过去会话场景中的会话参与者,可以看作两个会话的套叠。直接引语中的人称代词"你"如果指称过去会话场景中的听话人,而不指称当前会话中听话人。我们认为,这并不是"你"的移指用法。直接引语的两个形式特征是引号(quotation mark)和引导句(introductory reporting clause),如果去掉这两个形式标记,或者去掉其中任何一个,就形成了自由直接引语(free direct speech,简称 FDS)(Leech & Short 2007:258)。自由直接引语中的"你"是否是移指用法也应该根据过去会话场景来判断。

　　③ 我们讨论的虚拟会话指不是过去真实发生过的会话场景,根据发生时间可分为三种情况:虚拟会话场景在过去(如 3a)、在现在(如 3b)、在未来(如 3c)。这三种情况可以看作是叙述中插入了对话,如果其中的"你"是指虚拟会话中的听话人,那么不能看成"移指"。

　　④ 有的学者还区分出了"'你'移指第二人称复数'你们'"这一类。大概包括两种类型:一,"你＋N",说话人用来称呼听话人群体所在集团,多用于正式场合,如"你校、你部、你军、你党、你市"等;二,说话人陈述听话人群体的经历、感觉,或对此发表某一观点看法,下例中"你"指受话人"许多同志":我们许多同志生活在基层,不能说缺乏生活,那为什么又感到没什么可写,或者写出来的东西比较单调呢? 就是因为你那些生活还没有活动起来,还没有相互之间有机地联系起来……(转引自李艳 2010)。本文不将这样的例子当作"你"的移指用法。类型一结构凝固、用例有限,属于词法层

面的研究,而且"名词限于单音节","只用于书面,口语用'你们'"(吕叔湘主编 1999:417)。类型二用例更少,且可以理解为指听话人。故这里均不考虑。

⑤ 回指"我这种人"。

⑥ 回指"他这种人"。

⑦《现代汉语八百词》(吕叔湘主编 1999:142-143)中将"大家"分为两个义项,大家₁:称一定范围内所有的人。大家₂:称某人或某些人之外的一定范围内的所有人。

⑧ 这里的"他"用来回指前面的"一个人""任何人",因而也是泛指所有人。

参考文献

董秀芳 2005 移情策略与言语交际中代词的非常规使用,载齐沪扬主编《现代汉语虚词研究与对外汉语教学》,复旦大学出版社。

方梅、乐耀 2017《规约化与立场表达》,北京大学出版社。

郭风岚 2008 当代北京口语第二人称代词的用法与功能,《语言教学与研究》第3期。

黄寂然 2012 现代汉语人称代词的非常规用法研究,上海师范大学硕士学位论文。

蒋东立 2017 现代汉语人称代词移指现象研究,广西大学硕士学位论文。

李 艳 2010 现代汉语人称代词变换的认知语用研究,东北师范大学硕士学位论文。

刘礼进、熊绍丽 2012 汉语访谈话语中"你"的非听话人所指用法,《汉语学习》第5期。

刘雅妮 2014 基于认知语用视角的现代汉语人称代词转指研究,天津师范大学硕士学位论文。

刘正光、李雨晨 2012 主观化与人称代词指称游移,《外国语》第6期。

吕叔湘 1985《近代汉语指代词》(江蓝生补),学林出版社。

吕叔湘主编 1999《现代汉语八百词》(增订版),商务印书馆。

史金生、王璐菲 2021 虚拟对话与立场构建——"你"在对话互动中的移指用法,第四届互动语言学与汉语研究国际学术讨论会(线上,2021年4月17—18日)论文。

完 权 2019 人称代词移指的互动与语用机制,《世界汉语教学》第4期。

王红梅 2008 第二人称代词"你"的临时指代功能,《汉语学习》第4期。

王义娜 2008 人称代词移指：主体与客体意识表达，《外语研究》第 2 期。

闫亚平 2018 人称代词的立场建构功能及其"立场化"走向，《世界汉语教学》第 4 期。

闫亚平 2019 人称代词变换的立场导向，《汉语学习》第 5 期。

姚双云 2012a "主观视点"理论与汉语语法研究，《汉语学报》第 2 期。

姚双云 2012b 汉语条件句的会话功能，《汉语学习》第 3 期。

姚双云 2012c《自然口语中的关联标记研究》，中国社会科学出版社。

张爱民 2001 现代汉语第二人称代词人称泛化探讨，《徐州师范大学学报（哲学社会科学版）》第 1 期。

张春平 2015 现代汉语人称代词移情用法研究，陕西师范大学硕士学位论文。

张 磊 2014 口语中"你"的移指用法及其话语功能的浮现，《世界汉语教学》第 1 期。

张炼强 1982 人称代词的变换，《中国语文》第 3 期。

朱德熙 1982《语法讲义》，商务印书馆。

Biber, Douglas, Stig Johansson, Geoffrey Leech, Susan Conrad & Edward Finegan 1999 *Longman Grammar of Spoken and Written English*. Longman.

Chao, Yuen-Ren 1968 *A Grammar of Spoken Chinese*. The University of California Press.

Du Bois, John W. 2007 *The stance triangle*. In Robert Englebretson（ed.）*Stancetaking in Discourse: Subjectivity*, *Evaluation*, *Interaction*, John Benjamins.

Kuno, Susumu & Etsuko Kaburaki 1975 *Empathy and syntax*. In Susumu Kuno（ed.）*Harvard Studies in Syntax and Semantics 1*, Department of Linguistics, Harvard University, Cambridge, Mass. Also in *Linguistic Inquiry* 8(4).

Kuno, Susumu 1987 *Functional Syntax: Anaphora*, *Discourse and Empathy*. The University of Chicago Press.

Leech, Geoffrey N. & Michael H. Short 2007 *Style in Fiction*（2nd edn）. Longman.

（本文发表于《语言教学与研究》2022 年第 6 期）

语 气 问 题

汉语疑问范畴研究的再思考*

暨南大学 邵敬敏

疑问范畴,狭义来看,包括"疑惑"与"询问"两个次范畴;广义来说,则还应该包括"回答"这第三个次范畴。它不仅是个结构范畴,也是个语义范畴,更是个功能范畴,可以看作三类范畴的共载体。有关的研究课题涉及:疑问代词、疑问语气词、疑问句式及其变化、疑问系统、疑惑程度、疑问句的预设与焦点、疑问句的历史演变、方言疑问句的比较、疑问句的类型学、疑问句的主观情态、疑问与语境,乃至疑问语调类型,等等。

1."疑问"的内外构成要素

对人类来讲,这个大千世界充满了形形色色的疑惑,也正是因为有了"疑",进一步就产生了"问",换言之,"疑惑"是动力,"询问"是探求,这一对密切相关的要素构成了人类的"疑问"范畴,推动甚至于指引着我们在解疑的进程中获得新知。

1.1 疑问的三个类型

向外看,有疑问,就要寻找答案。因此,"疑问"与"回答"构成一个相辅相成的组合体。向内看,"疑问"不是一元的,而是二元的,可以分解为"疑惑"与"询问"两大要素。两者匹配,形成关于"疑问范畴"的三种类型:

1)有疑有问:一般疑问句。

2)有疑不问:估测句、怀疑句。

3)无疑而问:反问句、设问句。

---

* 本文为国家社科重大课题"境外汉语语法学史及数据库建设"(16ZDA209)成果之一。本文例句分为两类:一是自编的,用于对比或方言;二是实例佐证,均摘自 CCL 或 BCC 语料库。

1.2　疑惑的两大类型

"疑惑"本身还可以进一步分解为"未知"与"不解"两个次范畴。"未知"是不知道、不清楚某个事实。这是疑问句的主要功能。比如：

（1）他是博士生吗？（问身份选择）

（2）谁来了？（问人物选择）

（3）你去深圳还是去广州？（问地点选择）

（4）'怎么去北京？（问方式选择）

而"不解"就是不理解、不明白,询问的是发生这种情况的原因或道理。例如：

（5）他干吗要帮你？（问目的）

（6）你为什么要借钱？（问原因）

（7）怎么去'北京？（问缘由）

"未知"与"不解",两者都是疑惑,都希望获得信息,但是显然有本质区别。前者目的是获得表层的客观真相;后者目的是获得深层的主观原因。当出现疑惑,就可能导致希望知道答案,自然而然发展为"询问"。同样一句"你怎么去北京?",不同的句子重音,显示了询问的两个方向:重音落在疑问代词"怎么"上,问的是"方式",从"未知"到"求知"。重音落在"北京"上,问的是"缘由",从"不解"到"解惑"。

1.3　疑惑的程度区别

疑惑有深有浅,必然呈现出不同的程度,从不疑（0％）,到小疑（25％）,到中疑（50％）,到大疑（75％）,到极疑（100％）。起码可以区分为五个等级。

1.4　疑惑与否定的转化

疑惑程度发展到极端,那就是否定。因此,疑惑与否定实际上只有一墙之隔。从本质上说,疑惑就是不同程度的否定,是一种委婉的否定。这也就可以理解,高程度的疑问句为什么很容易就演变为反问句了。但是低程度的疑问句就很不容易甚至于无法演变为反问句。比如"吧字疑问句"就绝对不能变为反问句,因为那个句子里,疑惑程度相当低,离开否定太远,缺乏否定的语义基础,因而无法转换。比如：

（8）这么个要求,你会答应他？（语调是非问,倾向于"不解",不必借

助于疑问语气副词"难道",只要语调略微上扬,很容易就变化为
反问句。)

(9) 这么个要求,你会答应他吗?("吗"字是非问,倾向于"未知",有
所知但是基本不清楚,所以需要提问以求知,也可以转化为反问
句,但是必须添加"难道"等语气副词,或语调明显上扬,显然跟
"你会答应他吧?"形成互补格局。)

(10) 今天是星期天?(语调是非问,倾向于"不解"。或者借助于疑
问语气副词"难道",或者语调略微上扬,很容易就变化为反
问句。)

(11) 他们怎么会知道?(重音落在"怎么会"上,意思是说他们不该
知道。只有这样才能构成反问句。关键是往往需要有"会""可
能""可以"等能愿动词的帮助。)

(12) 今天是星期天吧?(由于疑问程度太低,没有任何办法变为反
问句。)

1.5　询问的类型

询问也可以分解为:真性问与假性问。前者希望对方回答,后者则
是假性问,其实发问者心中已有答案,换言之,不是疑惑,而是已知,"问"
只是一种表态的手段或策略。当然,真性问与假性问的内部还可以按照
不同的要求进一步分类。

2. 疑问的本质到底是什么

疑问,是人类求知解惑的主要途径,也是几乎所有的语言都具备的不
可或缺的重要范畴。那么,疑问的本质到底是什么?

不同类型的疑问句配合在一起,就会构成疑问句系统。由于目的不
同,或视角差异,或标准有别,可能形成不同的类型系统。根据我们的观
察,目前现代汉语疑问句系统大致可以归纳为六大类型,分别属于三种
系统。

第一,来源系统。所谓的来源,涉及两个方面,一是生成来源,是横向
的,就是从理论上看,疑问句与陈述句之间是否构成某种渊源关系。比如

吕叔湘的"派生系统"、朱德熙的"转换系统"。二是历史来源，是纵向的，也就是通常所说的语法化。因为疑问句本身必然有个发展演变的过程。比如袁毓林的"泛时系统"。

第二，结构系统。实际上采用的形式标准，因为功能的不同必然会在形式上反映出来，通过某种形式反映出相对应的功能。所以从结构入手，也就是从形式入手，可以以简驭繁。换言之，结构是表征，是外在的东西，比较容易觉察，也比较容易鉴别。例如林裕文、陆俭明主张的"结构系统"。

第三，功能系统。功能跟意义实际上是密不可分的。功能是什么？就是说话人想表达什么想法，或要求别人做什么。疑问句的产生与发展，自然是人们需要求知解惑，需要回答表态。功能的探求，跟疑问句的结构形式密切相关，但是仅仅结构形式的变化是不够的，因为我们还需要结合说话人的情态以及上下文和广义的语境。从这个意义上说，结构形式可以作为功能研究的入口，但是绝对不是终点。从语义和功能切入的，比如范继淹的"功能系统"、邵敬敏的"选择系统"。

各种归类系统，各有自己的特色，都一定程度上揭示了疑问句的特点。我们的问题是：哪种系统最能够揭示疑问范畴的本质？

我们以前一直认为疑问范畴的本质属性，就是"选择"。"选择"是个哲学命题，人除了无法选择出生，一辈子都需要面对各式各样的选择。因而"选择"可以合理解释各类疑问句的本质需求。比如：

(13) 今天是星期天吗？（是非问，实际上是在"是/不是星期天"之间进行选择。）

(14) 今天是不是星期天？（正反问，实际上是在"是星期天/不是星期天"之间进行选择。）

(15) 今天是星期天还是星期六？（选择问，实际上是在"是星期天/是星期六"之间进行选择。）

(16) 今天是星期几？（特指问，实际上是在"星期一、二、……日"七项之间进行选择。）

(17) 今天吃肉吗？（是非问，实际上是在"吃/不吃肉"之间进行选择。）

(18) 今天吃不吃肉？（正反问，实际上是在"吃肉／不吃肉"之间进行选择。）

(19) 今天吃肉还是吃鱼？（正反问，实际上是在"吃肉／吃鱼"之间进行选择。）

(20) 今天吃什么？（正反问，实际上是在"吃肉／鱼／鸡／蛋／菜……"之间进行选择。）

面对万千世界，我们无时无刻不是在选择，"疑问"正是对选择的催化剂，而且主要是促使对方如何进行选择的指引图、信号弹。

对"选择"这一解释，我们一直认为很有解释力。但是，经过近些年的研究和思考，结果发现，这个解释可能是不完整的、不准确的，还需要做进一步的探讨。首先，"选择"是针对被询问的对方而言的，但是从询问者角度来说就不是选择了，因为疑惑实际上包括"未知"与"不解"两个要素。针对前者，我们提问目的是希望"获得新知"，但是后者却无法如此解释。例如：

(21) 你怎么来的？

(22) 你怎么来了？

(23) 谁来了？

(24) 你为什么拒绝了她？

例(21)"怎么"问的是方式，那是不知道，因此问者希望对方告知新的信息。当然，从被询问者角度看，就是在"来"的各种方式中进行选择，例如步行、打的、骑车，等等。例(22)同样的疑问代词"怎么"问的却是原因，那是不理解，询问者目的不是简单地获得新知，而是希望获得对方的解释，从被询问者来说，也很难说是进行选择了，而是表达自己的感情与态度。可见，针对"不解"，疑惑的本质应该是"探究"，即获知真相。例(23)问的是"谁"，也是"求知"。例(24)"为什么"则是"探究"。有趣的是例(21)和(23)都无法成为反问句，而例(22)和(24)却语调稍微加强或加上疑问语气词"呢"就很容易变成了反问。而反问句想表达的正是"否定"。可见"求知"跟"否定"基本上无关，只有"不解"才可以经过"反问"打通"否定"的大门。

更进一步分析，我们发现"求知"需要了解的是事实真相，这是客观存在的、不变的（当然对方"撒谎"又当别论）；而"探究"需要知道的是对方的情感与态度,这在对方而言是主观的、可变的。因此,我们需要进一步细化:疑问的本质,对询问方而言,"求知"是要求对方"选择";对"解惑"来讲则是希望对方"表态"。换言之,疑问的本质不是单打一的,它应该包括两个有机组成方面:"求知/选择"以及"解惑/表态",涉及主客观两个方面,也许这样对"疑问"本质的理解才是比较完整的。

3. 疑问语气词的对立互补

对汉语来说,疑问句的类型以及疑惑程度,主要由四大要素决定:疑问句式、疑问代词、疑问副词、疑问语气词和语调。

疑问语气词在疑问范畴里的重要性是毋庸置疑的,正因为有了形形色色的疑问语气词,我们的疑问句才可能那么丰富多彩、充满情趣。北京话的疑问语气词比较简明,主要有四个:吗、吧、呢、啊。陆俭明(1985)早年认为只有两个半:吗、呢、半个"吧"。我们(邵敬敏 2012)倾向于认同传统的看法,认为应该还是四个,并且专门论证了"啊"其实也应该是疑问语气词,关键是"啊"并不构成结构类型的对立,而是赋予特殊的主观情态,惊讶加上疑惑,简称"惊疑"。根据我们的理解,疑问语气词是彰显疑问信息的主要要素之一,是凸显发问者主观情态的主要载体。因此,疑问语气词必然形成对立互补的格局。当然,在分析疑问语气词之前,应该先是疑问语调跟疑问语气词形成对立互补。

北京话的疑问语气词构成如下系统:

第一层次对立:啊/呢、吗、吧

第二层次对立:呢//吗、吧

第三层次对立:吗///吧

首先是"啊"与其他疑问语气词的对立。功能上是"惊疑"与"非惊疑"的对立。其次是"呢"与"吗/吧"的对立,功能上为"非是非问句"(特指问、正反问、选择问)与"是非问句"的对立。最后是疑问语气词"吗"与"吧"的对立,功能上是"求知"与"求证"的对立(也可以理解为"疑大于信"与"信大于疑"的对立),从而构成一个"逐层对立互补的疑问语气词系统":啊/呢//吗///吧。

其实,这四个语气词都是多功能的,可以出现在全部四种句类里,当然有主次之分。以往之所以认为"啊"不属于疑问语气词,主要是因为主要用于感叹句,其次才是疑问句;至于"吧"主要用于祈使句和疑问句,而"呢"与"吗"主要用于疑问句。除此之外,还有一些口语里的"合音语气词"比较特别,语法意义相对也比较复杂。

"惊叹型合音语气词"两个:哪、啦。这是在语气词"啊"的基础上加上其他语气词构成的,在惊叹基础上加上某些特定的语法意义,不仅可以用于陈述句等,也可以用于疑问句。

1)哪(呢+啊,ne+a=na),这实际上有两类:

一是语气词"呢"加上"啊"的合音,表示深究兼有感叹、激动语气,主要用于非是非问句:

(25)谁生你的气哪?

(26)你去不去哪?

(27)煮米饭还是下面条哪?

二是由于前一个音节的韵尾是-n结尾,跟句尾语气词"啊"合音,表示提醒兼感叹,主要用于是非问句:

(28)烧水做饭哪?

(29)听口音你也是当地人哪?

(30)哦,你不喜欢跟姐在一起,赶我上山哪?

2)啦(了+啊,le+a=la):属于语气词"了"与"啊"的合音,表对新情况或变化的惊奇、兴奋等感情色彩。可用于是非问句和非是非问句:

(31)你不认识我啦?

(32)练得怎么样啦?

(33)明天你老人家送不送鸡来啦?

"合音特色语气词"有三个:呗、喽、哟,往往表示某种复合型更为细腻的语法意义,具有比较特殊的口语特色。

1)呗(吧+呃,ba+e=bei):只能用于是非问,表达一种有点肯定但不十分确定的语气,带有轻松、随意的情态,多在熟人或朋友之间使用。例如:

(34)今天晚上没事呗?

（35）多少年了，还记得我呗？

2）喽（了＋哦，le＋o＝lou）：主要用于是非问，以轻松口吻向对方求证，句前常常包含推断性词语"那/那么/那就/这样说来/这么说/照你这么说/也就是说/听你的意思"等，往往带有一种讽刺或幽默的特殊口吻。例如：

（36）你们这是不想做作业喽？

（37）是活活烧死还是让我们把你五花大绑拉到郊外毙喽？

"喽"通常不能用于非是非问句。例如：

（38）他什么时候回来啦（＊喽）？

（39）他们买没买车票呢（＊喽）？

（40）舍利子究竟是圣物还是结石呢（＊喽）？

3）哟（咦＋哦，yi＋o＝yo）：主要用于非是非问句，表示一种亲切、提醒等特定的口吻。例如：

（41）你还想要什么哟？

（42）这里面是不是有人搞鬼哟？

（43）你说是胡闹哟？嗳！

4. 上海方言疑问语气系统的比较及其启示

汉语方言是汉民族共同语的变体，在研究共同语时，引入方言进行比较应该会有不少启迪意义。上海方言的疑问语气词系统就相当有趣，呈现出不同的特点和层次。其系统分类如下表：

第一层次对立：阿（疑问副词）/疑问语气词

第二层次对立：咯//（呐、哦、嚎）

第三层次对立：呐///（哦、嚎）

第四层次对立：哦////嚎

上海方言疑问语气系统的特殊性（注意："啊、呢"显然是受到普通话影响的疑问语气词，并非土生土长的上海方言）。在剔除疑问语调因素以后，上海方言疑问范畴的显著特点是疑问副词"阿"与疑问语气词对立，这不是简单的正反问跟其他句式的对立，而是历史与现状的对立。例如：

　(44) 侬阿会得跳舞？

　(45) 伊阿是昨日来咯？

我们不主张把这类句式看作"正反问"(朱德熙 1985)，因为缺少这类句式的结构特点，名不副其实。我们也不同意看作"是非问句"(刘丹青1991)，因为已经存在是非问句的情况下，还要把这类"阿"字句也叫作"是非问句"，实际上是抹杀至少削弱了这类疑问句的特色。这两种观点本质上都还是不敢突破现代汉语(北京话)的疑问句系统的框架。我们需要尊重汉语方言句类系统的特殊性与历史发展的差异性。

上海"阿 VP"句应该是受到苏州方言的影响格式，与受到普通话影响的正反疑问句并存，是方言接触交融的结果，也是上海方言疑问范畴显著特点之一。由于这类疑问句既没有是非问也没有正反问的结构特点，但是却有这两种疑问句的语义功能特色，而且承载疑问信息的并非疑问语气词，而是疑问副词，所以，我们主张把它单独命名为"阿字疑问句"，实际上也是来源于近代汉语的"可字疑问句"，以彰显其结构和语义的特色。

作为上海方言疑问语气词来说，首先是"咯"与其他疑问语气词的对立，类似于普通话里的"啊"，功能上是"惊疑"与"非惊疑"的对立。

然后是"呐"与"哦、嚎"的对立，"呐"相当于普通话的"呢"，与"哦、嚎"功能上为非是非问句(特指问、正反问、选择问)的"深究"与是非问句"是否"的对立。

最后是语气词"哦"与"嚎"的对立，相当于普通话的"吗"与"吧"的对立，功能上是"求知"与"求证"的对立(也是"疑大于信"与"信大于疑"的对立)。

上海方言疑问辅助词(包括疑问语气词和疑问副词)的系统应该是：

阿/咯//呐///哦////嚎

逐层对立，构成一个疑问副词与疑问语气词共同组成的"疑问语气系统"。

我们认为，普通话与各种方言疑问系统之间存在某种共性，又有不同的个性。因此，可以为每一种方言的疑问范畴建立起一个由不同层次组成的疑问语气系统，形成对立互补的系统框架，切记不要依样画葫芦，把不同方言的疑问系统硬纳入普通话的系统模式里去。

比较有趣的也最有启迪作用的是上海方言"哦"字问句,我们认为这是在表否定的副词"勿"的基础上加上"啊"构成的,读为[va³⁴],表示对某个问题确有怀疑,基本上不清楚,所以要发问,希望对方给以明确回答,相当于普通话的"吗"字问句,这就属于是非问句了。例如:

(46) 侬是北京人哦?

(47) 伊有迭本书哦?

(48) 夜饭侬吃过勒哦?

(49) 香港伊去过哦?

事实上,上海方言虽然很少使用正反问句,但是却存在正反问的简略格式。例如:

(50) 伊是北京人勿?

(51) 侬去勿?

"勿"后面还可以带上语气词"啦",语气更加强烈,带有不耐烦的主观情态。例如:

(52) 伊是北京人勿啦?

(53) 侬有一千块勿啦?

(54) 伊是北京人勿啦?

(55) 侬交我一道去勿啦?

"勿啦"(v+a)只要说得快一点,就可能合音为"哦"(va)。"勿"问句、"勿啦"问句、"哦"问句的并存,说明这一演变可能还在演变过程中。至于北京话的"吗"字问句,早就证明是从正反问后项主体因为重复而简略演变来的。可见,从更广的视角来观察,我们会发现,北京话、上海话、闽南话、福州话的这类问句,呈现出不同程度语法化的进程。从中也可见,疑问跟否定的关系是何等紧密。

吴方言有两种疑问句形式并存:

1) S嚎?

2) S,+嚎?

类型1表示基本上知道某个信息,但是还不能确认,所以提出来,属于"求证",相当于普通话里的"吧"字问句。例如:

(56) 伊面头老漂亮格嚎?(普通话:那儿很漂亮吧?)

（57）伊是北京人嚎？（普通话：他是北京人吧？）

相对应的还存在类型 2：

（58）伊面头老漂亮格，嚎？（普通话：＊那儿很漂亮，吧？）

（59）伊是北京人，嚎？（普通话：＊他是北京人，吧？）

比较北京话和上海话，我们发现，上海话里，句末的"嚎"与句子主体之间如果没有停顿，当然是语气词；但是，有趣的是"嚎"可以脱离前面句子的主体，出现明显的停顿，并单独发问，这时"嚎"就应该看作叹词，前句 S 为陈述句或感叹句，叹词"嚎"单独构成附加问，表示追问。可见，这里的语气词"嚎"和叹词"嚎"应该有着密切的血缘联系。不仅如此，语气词"啊"和叹词"啊"也有类似的情况：

（60）你明天去深圳，啊？

（61）你明天去深圳啊？

可见，上海方言语气词的演变情况对普通话的语气词分析也是有一定的启迪意义的。

第一，疑问语气词系统并不是规律整齐划一的，可能会有不符合一般规律的地方，这应该是语言发展的不平衡性决定的。

第二，叹词独用疑问句出现在疑问句之后，有一部分可能因停顿消失，发展为句末的疑问语气词。换言之，叹词和语气词显然存在一定的渊源关系，这在方言里可以得到比较充分的验证。

第三，普通话的语音形式相对发展得比较充分，而各地方言则相对比较慢一些。因此疑问语气词可能在方言口语里有几种形式并存，这就为我们研究演变的历史提供了比较有趣的佐证。

5. 普通话语气词"吧"的来源假设

参考方言语气词的演变过程，关于普通话"吧"的来源，我们大胆假设，它会不会是从叹词"哈"，经由语气词"哈"演变而来的。

不论是陈述句、疑问句、祈使句，还是感叹句，句后的叹词独用句"哈"都是疑问句，都可以转换为句末的语气词"哈"，这意味着，这两者存在着一定的演变关系，正如同"啊"以及上海方言里的"嚎"。例如：

（62）是够让人头疼的，哈？（编辑部的故事）——是够让人头疼的哈？

（63）去叫少爷来，哈？（小团圆）——去叫少爷来哈？

"哈"与"吧"都只能够出现在是非问句末，语法意义都表示对上述内容大体认可，并希望对方认同。句末的"哈"全部都可以换为"吧"。例如：

（64）工作时间串门儿，带头破坏劳动纪律哈（吧）？（编辑部的故事）

（65）演员们忽然反应过来：合着咱这戏说的是侠客的前世今生哈（吧）？（武林外传）

反之，疑问语气词"哈"也都可以换成"吧"，而且语法意义不变。例如：

（66）这件事情对当当网是有压力的吧（哈）？（创业者对话创业者）

（67）有不少来自中国的出版商找您合作吧（哈）？（对话美国顶尖杂志总编）

凡是后句是叹词独用问句"哈"，前句也是问句，就绝对不出现疑问语气词"吗"或"呢"，但却可以出现非疑问语气词"吧"。换言之，无论陈述句还是祈使句，句末带了"吧"，后面还能够再用叹词疑问句"哈"，这说明，叹词"哈"跟前句的语气词"吧"所表达的语法意义"揣测"是相容的，只是多了"追问"的功能。例如：

（68）这个有得一等奖的机会吧，哈？（BCC 微博）

（69）给点面子咱们早些就寝吧，哈？（BCC 微博）

崔希亮（2011）曾经对语气词"哈"进行过比较详细的分析，指出其语法意义是"寻求证实或认同、赞同或附和"，我们认为，语气词"哈""吧"与叹词"哈"的语法意义应该是基本一致的，都表示兼有提醒对方注意，并希望对方确认的意味，充分说明三者的一致性，即疑问语气词"吧"与"哈"以及叹词"哈"，在疑问句里的语法意义是基本一致的，都表示有认同倾向的提问，前两者跟"吗"形成对立互补。而且有趣的是，凡疑问句末用语气词"哈"的人，几乎都不用疑问语气词"吧"。

目前关于疑问语气词的来历，有多种猜测。语气词"哈"应该是北方方言的口语词，例如东北、天津等地，但在北京话里尽管也用，但使用概率或频率明显不如"吧"，在普通话里，更是比较少见。鉴于口语总是先于书面语的存在,我们认为,疑问语气词"哈"是从疑问叹词"哈"演变而来,跟"啊"的演变应该属于同一类型。而"吧"的语法意义恰恰跟"哈"是吻合的。从音韵角度看,"哈"与"吧"的韵母都为 a,仅仅声母不同,所以作为语气词附加在句尾时,似乎双唇音应该比舌根音好发得多,发音时的趋易避难,应该是大势所趋。这就比较容易理解,语气词"哈"很容易变为"吧"了。否则很难解释,为什么"哈"有叹词和语气词的区别,而"吧"只有语气词却没有叹词存在。也许假设为疑问语气词"吧"是从疑问叹词"哈"演变为疑问语气词"哈"再音变而来,而并非直接从某个叹词演变而来,这可能是比较合乎情理的。

参考文献

崔希亮 2011 语气词"哈"的情态意义和功能,《语言教学与研究》第 4 期。

黄国营 1986 "吗"字句用法初探,《语言研究》第 2 期。

刘丹青 1991 苏州方言的发问词与"可 VP"句式,《中国语文》第 1 期。

陆俭明 1985 关于现代汉语里的疑问语气词,《语法研究和探索》,北京大学出版社。

邵敬敏 1989 叹词疑问句的语义层面分析,《语文研究》第 2 期。

邵敬敏 2010《汉语方言疑问范畴比较研究》,暨南大学出版社。

邵敬敏 2012 论语气词"啊"在疑问句中的作用暨方法论的反思,《语言科学》第 4 期。

邵敬敏 2014《现代汉语疑问句研究(增订本)》,商务印书馆。

徐烈炯、邵敬敏 1998《上海方言语法研究》,华东师范大学出版社。

朱德熙 1985 汉语方言里的两种反复问句,《中国语文》第 1 期。

（本文发表于《汉语学习》2022 年第 3 期）

清末民初北京话语气词的
语流音变、合音和连用现象[*]

首都师范大学文学院/中国语言智能研究中心　史金生

天津师范大学国际教育交流学院　孔　明

1. 引言

语气词是汉语区别于其他语言的主要特征之一,作为虚词的一个重要类别,语气词对汉语的主观性起着至关重要的作用。可以说,语气词的研究对进一步认识汉语特点具有重要意义。清末民初处于近代汉语的末期,这一时期北京话语气词系统在沿用、调整、规范原有成员的同时,也有新的形式产生,呈现出了鲜明的时代和地域特色。

本文以清末民初北京地区三位代表性作家蔡友梅(损公)、穆儒丐、王冷佛的 8 部京味儿小说[①]为语料,考察这一时期北京话语气词的语流音变、合音和连用现象。在处理语料时,本文关注的主要是位于句末[②]的语气词的情况。根据对所选语料的检索、梳理和分析,本文涉及的语气词包括"啊(呵)""呀""哪(那)""哇""呦""哶""么""吗""了""啦""喽""罢""吧""啵""哩""呢""的""咧""呕""哟""唉""喊"等 22 个。

2. 语气词的语流音变

在现代汉语中,元音开头的语气词在语流中会受前字音节的影响而发生音变,比如语气词"啊"的音变,"呀、哇、哪"往往被认为是"啊"受前一

　＊ 本研究得到国家社科基金重大项目"元明清至民国北京话的语法演变研究与标注语料库建设"(项目编号: 22&ZD307)、国家社科基金项目"基于'行、知、言'三域理论的北京话虚词功能及其演变研究"(项目编号: 18BYY180)的资助。

音节末尾音素影响而产生的语音变体。我们考察语料发现,清末民初北京话中已经存在这样的现象,但也表现出这一时期的特点。

2.1　语气词"啊(呵)"的音变

孙锡信(1999)认为,"呵"是"啊"的前身,③"阿"是"呵"的异体。语气词"呵"最早产生于宋代,④元代时"呵"的声母弱化并逐渐消失,字形上开始出现了"阿"的写法,仅做呼语之用,到了明清时期,⑤出于规范的需要语气词普遍会加上口字旁,就产生了"啊"这一形式。由此看来,"呵""阿""啊"其实是同一语气词的不同写法。本文在检索语料时并没有发现"阿"作为语气词的用例,但是发现了两例使用语气词"呵"的句子,这也说明至少到清末民初时,语气词"呵"还有沿用。

(1)"所以我打算给他找个工读两便而且是个慈善机关才成,把你们娘儿两个都送了去才好呢。"秀卿的娘听到这里,接言道:"是呵!非得有这样地方才好呢。"(《北京》)

(2)钰福道:"常爷,什么事这样呵?"常某转过头来看见钰福在此,叫过伙计来便让茶钱,钰福谦让一回,还是常某给了。(《春阿氏》)

例(1)中的语气词"呵"如果按照"啊"的音变规律,在字形上当写作"呀",例(2)符合现代汉语中"啊"的音变规范。

相比"呵"的用例,语气词"啊"的使用共有 58 例,其中大多数都是遵循音变规律的,但是也有一些例外,比如:

(3)正这儿说着,王亲家太太搭了话啦。说:"你知道不知哇,姑爷在南城打官司哪,你求求魏第老的去(不是奎第老的呀)给想个法子好不好啊?"(《小额》)

(4)您要说是居然让这场官司完啦,您想想,得费多大劲啊。(《小额》)

(5)小文子儿这才来到东屋,额大奶奶刚磕完了头,小文子儿说:"奶奶啊,徐先生明儿个……"(《小额》)

上述例子中的"好啊""多大劲啊""奶奶啊",如果按照音变规律,"啊"应分别写作"哇""哪""呀",也就是说有些地方并没有遵循"啊"音变的规律写成相应的汉字形式。

再来看"呀、哪(那)、哇"的使用情况。

　　语气词"呀"和"哪(那)"的情况比较类似。钟兆华(1997)指出,语气词"呀"较早的用例见于元代,是个历史久远的语气词;曹广顺(2014)认为,从魏晋开始,文献中就能见到"那"用作语气助词的例子,后来为了区别于指示代词"那",语气词"那"开始加上口字旁,就出现了"哪"的形式。也就是说,在近代汉语中,"呀、哪(那)"在被纳入"啊"的音变轨道之前,是作为独立的语气词存在的,我们对语料的观察也支持这一事实,比如:

(6) 他还要往下说,旁边桌儿上直喊,说:"小曹别聊了,来壶酒呀。"(《曹二更》)

(7) 要是本体就昏昏暗暗的,那还照人呢! 他自己怎么回事,他也摸不清呀。(《花甲姻缘》)

(8) 你哪! 咱们是口里口外的街坊,我也是这里的娃娃。我姓德,有名叫德勒额。(《春阿氏》)

(9) 孙四说:"姑娘你是个明白孩子,四叔方才说的话,对与不对? 你还不谢谢四叔哪!"(《花甲姻缘》)

　　可以看到,例(6)到例(9)中的"呀"和"哪"均没有遵照"啊"音变规律,而是作为独立的语气词存在,需要说明的是,例(9)的"哪"其实是作为语气词"呢"的变音,后文会再表述。与此同时,不少"呀"和"哪"已经作为"啊"的语音变体存在,如:

(10) 范氏道:"你把衣裳脱了罢,在这儿怕谁呀?"(《春阿氏》)

(11) 你看你这赖样子,骂着都不出一口气,你是有钱没钱哪?(《北京》)

　　我们在语料中还找到了两例语气词"那"的例子,均是用在以"n"收尾的音节之后,符合"啊"音变规范。

(12) 德树堂道:"你忙什么! 天没到晌午呢。"钰福摇首道:"不成您那。昨天晚上,我就没吃饭"(《春阿氏》)

(13) 铁王三听了真有点上气,说:"大哥,这是我的钱那,我爱带多少带多少,你不能限制我,你跑我家里监督财政来啦,朝你这句话,我要带五百!"(《铁王三》)

　　语气词"哇"的情况就比较简单,目前一般认为"哇"的出现是完全为了适应"啊"音变的,这也与我们考察的语料所反映的事实一致。⑥如:

（14）好容易盼星星，盼月亮，盼到儿女长成人，我好享福哇。（《春阿氏》）

（15）何氏说："这怎么办呢？"岳魁说："总是病好了好哇。"（《忠孝全》）

综上所述，在清末民初北京话中，语气词"啊"音变的规律还没有完全贯彻，正如孙锡信（1999）所说，"'啊'分化出'呀、哇、哪'这几个变体并不是一蹴而就的"，而作为其音变形式的"呀、哪"存在的同时，还有各自作为独立语气词用法的续余。

2.2　语气词"呢"的音变

语气词"呢"的音变不同于"啊"的音变，它主要不是受前一音节末尾因素的影响而产生，而是在句中出于强化语气表现力的需要，出现开口度增大的变韵现象，开口度较小的[ə]韵变成开口度较大的[a]韵，"呢"（ne）说成 na，用"哪（呐）"记音，"哪（呐）"就是"呢"的变韵形式（郭小武，2000）。我们在语料中暂时没有发现"呐"的用例，但作为"呢"语音变体的"哪"的使用还是比较多的，如：

（16）善全说："吃煮饽饽，家里都吃啦，给您留着哪。"（《小额》）

（17）福八聊说："你在哪屋住哪？"岳魁说："在东花厅儿，您就走吧。"
（《忠孝全》）

例（16）（17）中"哪"是"呢"的语音变体。

还有一点需要注意的是，前面我们提到的音变都属于共时层面的。语音的共识分歧会造成语气词的字形分化，语气词的历时音变也应是语气词字形更替的重要原因（任鹰 2017）。一般认为，传信语气词"呢"来源于"里"，在近代汉语以及现代一些方言中也写作"哩"（史金生 2010）。"哩"也是"呢"的语音变体。在本文所调查的语料中，语气词"哩"的使用只有 10 例，如：

（18）我哥哥在家哩。（《春阿氏》）

（19）方才我问他，他说凶死的人不入茔地，春英和你女儿再在两下里埋着哩。你意思是怎么样？（《春阿氏》）

3. 语气词的合音

语音变化是语气词产生的一条重要途径（孙锡信 1999）。关于语气词的语音变异形式,目前提到较多的就是语流音变、合音和变韵。所谓合音,就是两个语气词连用时两个音节连缀而拼读成一个新的音节,这种用法在使用中固定下来就产生了新的语气词,即合音语气词,以这一形式形成的语气词往往带有强烈的感情色彩。

3.1　与"ou"合音产生的语气词

本文在语料中发现了 4 个这样的语气词:"呦""哝""喽""啵",它们分别是语气词"呀""哪""了""吧"的音节加上"ou"音连缀而成的新音节"iou""nou""lou""bou"①的记录形式。

"呦"在本文所调查的语料中共 6 例,可以用于陈述句、疑问句和祈使句中,如:

(20) 库缎眼手拍着棺材,跺脚捶胸大哭之下,说:"亲家呦,你死喽,你真死喽,你怎么说死就死呦,你怎么不等得提督军门你就死喽,你这一死不要紧,我的五品功牌歇了。"(《库缎眼》)

(21) 又听王香头唱道:"大奶奶你起来呦,有话咱们好说呦。"(《小额》)

(22) 又听王香头唱道:"你们家本姓额呦(费话),今天请我瞧疙瘩(音得)呦,是不是呦?"(《小额》)

从上边的例子我们可以发现,正因为语气词"呦"表示强烈的感情,它所使用的环境也经常是说话人以唱或者喊的形式的话语中。例(20)中的第一个"呦"用于呼语之后,表示呼唤;例(21)中的"呦"用在祈使句的末尾,表商量;例(22)中的前两个"呦"用在陈述句的末尾表叙实语气,第三个"呦"用在反复问句的末尾,表达疑问语气。

"哝"在本文所调查的语料中共三例,都出自《小额》,如:

(23) 哈哈,您不知道么,比他爵位大的人,犯这种恶习的很多很多哝。(《小额》)

(24) "徐吉春哝,你这剂药害苦了我喽!"(《小额》)

例(23)中的"哝"在陈述句的末尾表说明;例(24)中的"哝"用在呼语的后面,表示呼唤,语气强烈,往往带有不满的意味。

关于语气词"喽"的拼合方式,存在不同的观点:有的认为"喽"是"了"与"ou"音的直接拼合(胡明扬 1981,朱德熙 1982,等),有的认为"喽"是"啦"与"ou"音的直接拼合(孙锡信 1999)。无论何种拼合方式,大多数人还是比较认同"喽"是合音语气词的。⑧前面我们提到,语料中发现语气词"啦"的功能和"了"基本一致,"喽"的使用同样表现了这种一致性,如:

(25) 那个堂客直给老曹磕头,说:"老爷子您给说句好话啵,我们家就指着这个人挣钱,这个人一死,我们家就饿死喽,先生不是您的少爷吗,您说句话让先生去得了。"(《曹二更》)

例(25)中"喽"用在陈述句的末尾,表事态出现变化或即将出现变化;前文例(24)中"喽"用在感叹句,表达无奈、气愤等。

"啵"主要表祈使语气,同"吧",但比"吧"语气强烈。在本文所调查的语料中共有 16 例"啵"的使用,其中 15 例都出现在祈使句中,表劝解、请求、催促等语气。如:

(26) 小额虽然闹了一夜,心里还明白,嗳哟哼哼的说道:"快去啵,快去啵,我要死喽,我活不了喽。"(《小额》)

(27) 岳魁还直抱抱怨怨,嗔着酱肘子瘦啦:张氏看不过眼啦,说:"少爷,你将就吃啵。"(《忠孝全》)

(28) "这们着吧,先吃他的药看啵,要是见好的话,很好喽,要是作甚么的话,我有一个相好的,姓刘,人称金针刘,世传八倍儿专门的外科(比八倍儿五没根基强的多),就是难请点儿。"(《小额》)

例(26)和例(27)中"啵"都是用在祈使句,分别表催促和劝解;例(28)中"啵"用在复句中分句的末尾,表确定的同时,舒缓句子的语气。

3.2　与"a"合音产生的语气词

即"啦",关于它的来源,大多数学者都认同"合音说",⑨即"啦"是"了+啊"的合音。根据我们对语料的考察,语气词"啦"的功能和"了"基本一致,都是主要表示事态的变化,只是"啦"语气更加强烈,用来表示强烈肯定、强调变化的语气,可以用在陈述句、疑问句、祈使句和感叹句的末尾。例如:

(29) 那天因为遇见曹二,忽然把曹立泉的事情想起来了,赶上这两天没有小说材料,这一遇见曹二,算是得了题目啦。(《曹二更》)

(30) 善金又问伊老者,说:"阿玛您吃饭啦?"伊老者说:"吃啦。"(《小额》)

(31) 库缎眼说:"你别拿姐夫开玩笑啦。"(《库缎眼》)

(32)如今你来了,好极啦!你得多替我帮忙。(《北京》)

例(29)中"啦"用在陈述句的末尾表示事态出现变化;例(30)中"啦"用在是非问句的末尾,本身并不带有疑问语气,主要是表示对事态已经出现的变化或即将出现的变化的一种肯定和强调;例(31)中"啦"用在祈使句的末尾表请求;例(32)中"啦"用在感叹句的末尾表兴奋。

3.3　与"ei"合音产生的语气词

我们在语料中发现了两个这样的语气词:"唉"和"喊"。"唉"是"呀"的音节加上"ei"音连缀而成的新音节"iei"的记音形式,它本身是一个叹词,表示伤感、惋惜以及同情。在本文所调查的语料中,绝大多数"唉"也都是作为叹词出现的,语气词"唉"只在《小额》中有一处使用,表惋惜,带有讽刺的意味,有成句的作用。

(33)胎里坏说:"嘿,这个官司谁弄得了哇?"冯先生说:"可了儿你唉。你还要吃这个呢,你别骂我啦。你听我告诉你。"(《小额》)

"喊"是"哇"的音节加上"ei"音连缀而成的新音节"uei"的记音形式,我们也只在《小额》中发现了1个例子:

(34)唱的是:"今天我来得不算晚呦,皆因我差使刚当完哗。香头⑩喊,"老张赶紧跟额大奶奶说:"您还不给老仙爷磕头呢。"(《小额》)

例(34)中的"香头"其实是王香头假装老仙爷而呼唤自己,是骗人的把戏。在这里"喊"用在唱词中,表示招呼语气。

4. 语气词的连用

我们通过对语料的调查发现,语气词连用在清末民初北京话里运用很普遍,一般发生在对话中,用以加强语气,表达对话者强烈的感情。连用的各个语气词都有自己的语气意义,句子所表达的语气往往是价格语气词之间相互作用的结果。

4.1　与"了"相关的语气词连用

在本文所调查的语料中,与"了"相关的语气词连用主要有"了罢""了吧""了么""了吗""了呢""了哪"6个。

(一)"了罢"。"了""罢"的连用出现在陈述句、祈使句和疑问句当中。如：

(35) 又向钰福道："嘿，怎么样？要是赌东儿的话，管保你输了罢。"（《春阿氏》）

(36) 范氏不待说完，口内咬着头发，呜咽着道："你说什么？八成你的耳朵，也有点软了罢？"（《春阿氏》）

例(35)中"了""罢"连用在陈述句，表示决定、决断的语气，更多是从说话者的角度出发，表明说话者的意志和态度；例(36)中"了""罢"连用在是非疑问句中，表示揣测、探寻的语气，说话者在发问的同时已经有了自己的判断，通过这种是非问的形式向听话者求证。

(二)"了吧"。"了""吧"的连用同"了罢"一样，出现在陈述句、祈使句和疑问句当中。如：

(37) "为什么害的春英？您把实话实说了吧。"（《春阿氏》）

(38) 吓得丽格一跳，惊问道："嗳呀，我的妈呀，你是中了邪了吧！"（《春阿氏》）

例(37)中"了""罢"连用在祈使句表劝告；例(38)中"了""罢"连用在是非疑问句表揣测、探寻的语气。

(三)"了呢"。"了""呢"的连用出现在陈述句、感叹句和疑问句当中。如：

(39) 桂花说："还胖了呢！再这样圈着我，我就要灌了。"（《北京》）

(40) 三位有什么妙法，把这案中原委，调查清楚了呢？（《春阿氏》）

例(39)中"了""呢"连用在感叹句表达出强烈的感情；例(40)中"了""呢"连用在特指问句加强句子的疑问。

(四)"了哪"。语料中"了""哪"的连用只有两例，都出现在陈述句中，表叙事和说明，二者连用，加强肯定的语气。

(41) 听市隐鼓掌道："恪谨真难为了你。年余不见，我以为案过法部，你就不管了哪。"（《春阿氏》）

(42) 头天额大奶奶又给带进一个信来，说已竟托希四跟孙先生啦。今天听见小红这个谣言，自以为是人情响了哪。（《小额》）

(五)"了么"。"了""么"的连用出现在疑问句、感叹句当中。如：

(43) 秀卿的娘道："您此刻不是县太爷了么？"（《北京》）

（44）假如今天来老爷，明天来太太，那零钱不更得的多了么！
　　　　（《北京》）

例（43）中"了""么"连用在是非问句，加强句子的疑问；例（44）中"了"
"么"连用在感叹句，表达了说话者强烈的感情或情绪。

（六）"了吗"。语料中"了""吗"的连用全出现在疑问句之中，包括是
非问句、反诘问句和测度句，加强疑问的语气。如：

（45）福八聊往外相迎，说："大弟你这向好哇，你不是上卫了吗？"
　　　　（《忠孝全》）

（46）到了那时，贫儿的数目，不更多了吗？ 贫儿的教育，不更困难了
　　　　吗？ 到了这时，中下阶级都变成贫民，只有少数上级社会的人。
　　　　（《北京》）

4.2　与"的"相关的语气词连用

在本文所调查的语料中，与"的"相关的语气词连用主要有"的了""的
啦""的么""的吗""的吧""的呢""的呀"7个。

（一）"的了"。语料中"的""了"的连用均出现在陈述句末尾，共17
例，算是一种比较常用的语气词连用。"的"主要用来肯定和确认事实，
"了"主要用来表示事态的发展变化。如：

（47）就这件事上看起来，"家有贤妻"的这两句话，是确有至理的了。
　　　　（《小额》）

（48）望见母亲这样，越加惨切，颤颤巍巍的道："奶奶放心，女儿今生
　　　　今世，不能尽孝的了。"（《春阿氏》）

（二）"的啦"。"的""啦"的连用只在《忠孝全》中发现了两例，都用在
陈述句中，"的"主要用来肯定和确认事实，"啦"主要用来表示事态的发展
变化。

（49）岳魁回家，一进胡同儿就哭起，进了街门，叫了一声苦命的阿
　　　　妈。（跟前这样儿子，命也够甜的啦。）（《忠孝全》）

（50）岳魁磕头道谢，三老爷子长，三老爷子短，叫的震心，说侄儿不
　　　　孝，（也够了孝的啦）罪该万死！（太谦）三叔一切分心，好在你
　　　　们老哥儿俩，患难之交，过的多，谁都救过谁，我也不说什么了。
　　　　（《忠孝全》）

（三）"的呢"。"的""呢"的连用出现在陈述句和疑问句当中，在陈述句中表示确实如此的肯定语气。如：

（51）如今唱戏，又专门讲究行头，也很困难的呢。（《北京》）

（52）男子真是贱骨头！这有什么可热的呢？（《北京》）

（四）"的呀"。语料中"的""呀"连用有 8 例，其中 7 例都出现在陈述句中，指明事实，加强肯定的语气。如：

（53）八哥也是将到的呀。（《忠孝全》）

有 1 例用在选择疑问句之中，表疑问语气：

（54）"是与你儿子春英一齐并葬的呀，还是另一块地呢？"（《春阿氏》）

（五）"的吧"。语料中"的""吧"的连用共有 8 例，都出现在祈使句当中，"吧"承担了主要的语气表达功能，整个句子表达谦让、商量、肯定的语气。如：

（55）楞祥子说："老大爷，我送您家去罢。"伊老者说："不用不用，您几位请您的吧。"（《小额》）

（56）福八聊说："你听好儿的吧，小子！爸爸外号儿叫福八聊，别的不成，聊上咱们成，你这儿吃饭吧。"（《春阿氏》）

（六）"的么"。语料中"的""么"的连用全出现在疑问句之中，包括是非问句和反诘问句，语气词"么"承担主要表达语气的功能。如：

（57）他家有位姑娘，今年也有六十岁啦，听说跟府上是干亲，现在尊处居住，此事可是有的么？（《花甲姻缘》）

（58）他现在虽然有四十多岁，还最初婚，这岂不是很难得的么？（《北京》）

（七）"的吗"。语料中"的""吗"的连用同"的""么"的连用一样，全出现在疑问句之中，包括是非问句和反诘问句，语气词"吗"承担主要表达语气的功能。如：

（59）"这宗避暑丹是我哥哥配的吗？"博氏把藿香正气改丸子的话，向曹三说了一遍，曹三连连的摇头。（《曹二更》）

（60）二位先生贵姓呀，是找我们的吗？（《北京》）

4.3　与"啦"相关的语气词连用

在本文所调查的语料中，与"啦"相关的语气词连用主要有"啦呢""啦吗""啦吧"3个。

(一)"啦呢"。语料中"啦""呢"的连用一共有两例,一例出现在陈述句中,表说明和肯定;一例出现在感叹句中,表惊异的强烈感情。

(61) 后来小脑袋儿春子一瞧善大爷不言语啦,以为是让他们给拍闷(平声)啦呢。(《小额》)

(62) 子玖说:"真找啦呢! 每月五十元,什么事也不做,竟等领干薪。"(《北京》)

(二)"啦吗"。语料中,"啦""吗"的连用一共有10例,9例都出现在是非问句中,如:

(63) 李顺又问,说:"你们不是同着少大爷出城啦吗? 怎么你一个人儿回来啦?"(《小额》)

其中只有一例出现在陈述句中,表肯定和确认的语气:

(64) 正说的这儿,花鞋德子又答了岔儿啦,说:"善哥,这不是荣大兄弟已竟交代啦吗,就是这们着啦。"(《小额》)

(三)"啦吧"。语料中"啦""吧"连用除了在并列结构之间表列举之外,都用在是非疑问句中表疑问语气,如:

(65) 老张说:"这到了时候儿啦吧?"五香头说:"你忙甚么?"(《小额》)

(66) 大家落了坐,楞祥子说:大大您早回来啦吧? (《小额》)

4.4　与"哪"相关的语气词连用

在本文所调查的语料中,与"哪"相关的语气词连用主要有"哪吧""哪吗"2个。

(一)"哪吧"。语料中"哪""吧"的连用一共有两例:

(67) 伊老者本来心里有点儿发闷,听伊太太一提逛万寿寺,赶紧说道:"对啦,这两天正在万寿寺哟,我们三小子还没逛过哪吧。"(《小额》)

(68) 座中有位老者,看着很不过眼,代替玉如难过,当时说道:"二姑少爷得过了服满,才能乡试哪吧。"玉如说:"正是。"(《库缎眼》)

(二)"哪吗"。语料中"哪""吗"的连用一共有10例,只有一例出现在陈述句中,表肯定和确认的语气;其余都出现在疑问句中。如:

(69) 善二爷说:"那不是在果盘里哪吗,刚才你搁的。"(《小额》)

(70) 伊老头儿说:"你够多们糊涂,没告诉你等着堂官过平哪吗? 要是一给你,大家伙儿全这们一要,回头堂官来,平就不用啦。"(《小额》)

(71) 十六也不小了,过年就十七啦(废话)。没有婆家哪吗?(《花甲姻缘》)

4.5　其他语气词连用

(一)"咧呀"。语料中"咧""呀"连用只有一例。

(72) 你给过俺多少钱哪? 俺来一荡,你就往外整俺,俺的儿卖给你咧呀!(《北京》)

"咧呀"所在的句子是反诘问句,用肯定的形式表达否定的意思,"咧"表示事态的变化,"呀"表反诘语气,二者连用,加强了反诘的语气。

(二)"里(哩)呢"。语料中只有一例"里""呢"连用,这里的"里"其实是语气词"哩"的异写形式。

(73) 钰福亦赔笑问道:"天这般早,就这里候着里呢?"(《春阿氏》)

"里"表示叙实语气,肯定"候着"这一状态,"呢"表疑问,同时使句子语气更加委婉。

综上所述,在清末民初的北京话语气词已经表现出与现代汉语语气词很多相一致的面貌,但也有自己的一些特点:一些语气词新旧形式同时存在,即有些语气词在书面上有新的书写形式存在且占据了优势,但旧的书写形式也还有沿用;除了连读音变外,变韵也是重要的音变形式,连读音变产生的一些语音变体在这一时期逐渐规范,在被纳入音变体系的同时,还有一些独立用法的延续;语气词连用时音节连缀产生的合音语气词在这一时期应用更加普遍,语气词的连用现象也很多见。

5. 余论

5.1　语气词变异形式的确定

关于"啦"的性质,有人认为"啦"是"了+啊"的合音形式(赵元任1968;朱德熙 1982;王力 1954),有人认为"啦"是"了"的强语气变韵形式

(郭小武 2000),有人认为"了"是"啦"的弱化形式(金立鑫 1998;远藤光晓 1986/2001)。郭锐等(2017)认为"啦"不是合音,"啦(la)"其实是"了(liao)"的弱化形式,而"了(le)"是"啦(la)"的进一步弱化的形式。读音 la 是"了"从 liao 到 le 语音弱化过程中的过渡形式之一,当代汉语中的"啦"是"了"第三阶段读音的保留。并认为韵母 a 化是早期北京话的语音弱化的普遍现象。

但不可否认的是,当代口语中一些 a 化现象,是有特殊的语用动因的,不应该认为是第三阶段读音的保留。

5.2　语气词变异形式的功能差异

方梅《北京话语气词变异形式的互动功能》(2016)认为北京话语气词"呀、啦、哪"变异形式的大量用例不能从语流音变、形态音变或者合音得到解释,而是具有语气类型、语体分布和言语行为类别的偏好。主要在于显示语句的施为意义。通过本文的考察,我们发现有些语气词的变异形式形成原因是多方面的,必须结合作者的个人偏好及语音的变异规律做深入的分析。

5.3　语气词的一些特殊用法

本文在通过语料考察清末民初北京话语气词的语流音变、合音和连用现象的同时,也发现了一些语气词的特殊用法,比如:

(74) 又拍着胸脯儿道:"嘿,花鼻梁儿,你说怎么着吧?"(《春阿氏》)

(75) 何氏说:"事已如此,老爷也就不必抱怨我啦,你打算怎么办吧?"(《忠孝全》)

(76) 这个说:"练甚么吧,脑油。咱们这样的,还得的了哇。"(《小额》)

一般情况下,语气词"吧"通常被用在是非疑问句中,降低或削弱疑问语气的同时表达出一种不缺的揣测的语气,但在例(70)到例(72)中,"吧"被用在特指疑问句中与疑问词"怎么、甚么"配合使用,询问听话者的意见,体现了当时北京话语气词使用上的一些特点,在后续的研究中可以进一步关注。

附　注

① 8 部小说分别为:蔡友梅的《小额》《忠孝全》《花甲姻缘》《铁王三》《曹二更》《库

缎眼》，穆儒丏的《北京》以及王冷佛的《春阿氏》（又名《春阿氏谋夫案》）。这些小说用地道和通俗的北京话创作而成，口语色彩浓厚，是研究当时北京话的生动语料。

② 这里的句末也包括分句的末尾。有的语气词可能不只用在句末，还可以用在句中句子成分之后或者并列结构之间表示语气，这部分用法一般也都是由位于句末的语气词功能发展而来的，其实大部分语气词主要还是用于句末的。

③ 太田辰夫（1987）认为，"啊"的来源大概未必是单一的。目前关于"啊"的来源，主要还有"也"来源说（黄斌，1996）。

④ 俞光中、植田均（1999）认为语气助词"呵"先秦两汉就有，后来很少见用，宋元以后再度出现，关于"呵"的出现年代，不影响本文研究，故不做进一步探究。

⑤ 孙锡信（1999）认为"啊"是在明代出现的，但据孟繁杰、李焱（2022）复核，孙文所引例句中"啊"实为"呵"，无法说明"啊"在元明就已经产生。经孟、李二人考证，能够证明语气词"啊"最早出现于清代，太田辰夫（1987），蒋绍愚（1994、2005），俞光中、植田均（1999）也都认为"啊"是清代才出现，本文不做进一步探讨，且写作明清时期。

⑥ 例(3)中"你知不知哇"，这里边的"哇"并不符合"啊"音变的规律，但是，在我们所调查的语料中，"哇"的使用也只有这一个特例，这很可能是作者个人使用甚至误用造成的，我们还不能据此就说"哇"之前也可以作为独立的语气词存在，况且目前也没有语气词"哇"来源的新发现。

⑦ 据孙锡信（1999），"啵"有两读，一为"bo"，一为"bou"。

⑧ 郭小武（2000）等持"变韵说"，认为"喽"是"了"的变韵形式；北京大学中文系1955、1957级语言班（1982）主张"喽"是"了"与"啊"合音成的"啦"的变体形式。

⑨ 郭小武（2000）认为"啦"也是"了"为强化语气表现力的变韵形式。

⑩ 指民间看事治病的巫婆神汉。

参考文献

曹广顺 2014《近代汉语助词》，语文出版社。

陈妹金 1995 北京话疑问语气词的分布、功能及成因，《中国语文》第 1 期。

陈　颖 2016 试论语气词的互动等级序列，第二届互动语言学与汉语研究国际学术研讨会，上海

方　梅 2016 北京话语气词变异形式的互动功能——以"呀、哪、啦"为例，《语言教学与研究》第 2 期。

郭锐、陈颖、刘云 2017 从早期北京话材料看虚词"了"的读音变化,《中国语文》第 4 期。

郭小武 2000 "了、呢、的"变韵说——兼论语气助词、叹词、象声词的强弱两套发音类型,《中国语文》第 4 期。

贺　阳 1994 北京话的语气词"哈"字,《方言》第 1 期。

胡明扬 1981 北京话的语气助词和叹词(上),《中国语文》第 5 期。

孟繁杰、李焱 2022 从满汉合璧文献看语气词"啊、吧、吗、呢"的出现时间,《古汉语研究》第 3 期。

任　鹰 2017 语气词"呢"的功能及来源再议,《语言教学与研究》第 5 期。

史金生 2000 传信语气词"的""了""呢"的共现顺序,《汉语学习》第 5 期。

史金生 2010 从持续到申明:传信语气词"呢"的功能及其语法化机制,《语法研究和探索》(十五),商务印书馆。

孙锡信 1999《近代汉语语气词》,语文出版社。

太田辰夫 1987《中国语历史文法》,北京大学出版社。

杨永龙 2003 句尾语气词"吗"的语法化过程,《语言科学》第 1 期。

翟　燕 2011 近代汉语后期语气词"啊"与"呀"、"哇"、"哪"的关系——以《聊斋俚曲》为例,《山东师范大学学报》(人文社会科学版)第 5 期。

翟　燕 2013《清代北方话语气词研究》,山东大学出版社。

赵元任著,丁邦新译 2002《中国话的文法》(增订版),香港中文大学出版社。

俞光中、植田均 1999《近代汉语语法研究》,学林出版社。

钟兆华 1997 论疑问语气词"吗"的形成与发展,《语文研究》第 1 期。

朱德熙 1982《语法讲义》,商务印书馆。

从生理反应到话语组织：
叹词"哎哟"的功能演变 *

华中师范大学语言与语言教育研究中心　匡鹏飞
解放军信息工程大学洛阳校区　曹亚敏

1. 引言

　　叹词是一种较为特殊的词类，对其的认识可以立足于不同的角度。仅从对叹词的分类来看，一般着眼于语义功能，认为叹词主要表示情感和呼唤、应答（如邵敬敏主编 2016：179；郭锐 2018：278）。表示呼唤应答的数量相对较少、意义相对单纯。表示情感的则较为复杂，不仅成员数量较多，不同成员表义多寡不完全一致，所表情感的涉及面也比较广泛，各家的归纳都不尽相同。Ameka（1992）把叹词分为原生叹词（primary interjection）和次生叹词（secondary interjection）两类。原生叹词一般由拟音成分构成，传达一个由外界刺激导致的生理反应或心理反应；次生叹词则是由原本具有词汇意义的非叹词经过语法化或语用化转变而来的叹词，比如汉语中的"阿弥陀佛""好家伙"等。马清华（2011）、刘丹青（2012）等则注意到有些叹词具有生理理据，马清华（2011）从这个角度将叹词分为表情的、表态的和表意的三类，前两类大致对应于传统的"情感类"，后一类大致对应于传统的"呼唤应答"类，其中第一类是最原始的叹词，其理据为直接的本能反射。国内外学界从不同角度对叹词所做的各种探讨，无疑都极具启发性。这些研究也引发我们进一步思考：叹词在情感表达、原生次生、生理理据等不同方面的特点和类别之间有没有联系？有什

　　* 本研究得到国家社科基金一般项目"汉语'超词形式'关联词语的体系建构与理论探讨"（19BYY010）的资助。

么样的联系？本文拟以叹词"哎哟"的功能演变作为切入点,一方面丰富对叹词个案的认识,另一方面尝试对叹词各种分类体系之间的关系进行梳理整合。叹词在书面上的写法不太固定(刘月华等 2001：440),"哎哟"具有不定型性,可以叠用,存在"哎呦""哎唷""唉呦""唉哟""哎哟哟""哎呦呦"等多种变体形式,本文对它们将不做区分,以"哎哟"为主要代表形式。文中语料,凡是没注明出处的,均来自北京大学中国语言学研究中心(CCL)现代汉语语料库。

2. "哎哟"的初始功能：表达生理反应

马清华(2011)曾指出,叹词的发展,其理据性经历了从直接的本能反射到间接的本能反射的过程,大致来说,前者属于原始的生理层次,后者则是与前者有关的心理层次。这是就所有叹词的发展而言。若就单个叹词来看,有些叹词实际上也遵循类似的发展路径,即最初是表达生理反应的,然后逐渐扩展至传达各种情感。"哎哟"就属于这种情况。

2.1 "哎哟"表达生理反应的意义及用法

《现代汉语词典(第 7 版)》对"哎哟"的释义是"表示惊讶、痛苦、惋惜等"。我们认为,这些意义中,表示"痛苦"属于更为原始的层次。不过,由于痛苦有生理性的也有情感性的,后者来源于前者(舒敏等 2010),严格来说,前者称为"疼痛"更合适。人受到某个作用于人体的刺激感到疼痛时,发出"哎哟"的喊叫,是一种无意识的生理性行为反射,同时也是出于宣泄和缓解疼痛的自我保护需要。这种表达直接生理本能的意义,当是"哎哟"的初始功能。"哎哟"的这一功能属于马清华(2011)指出的"最原始的叹词"中的"疼痛叹词"。"哎哟"所关联的言语行为,一方面是发出"哎哟"的喊叫,有时喊叫之后还会有解释说明的话语,表示喊叫的原因或造成疼痛的原因;另一方面,常常还伴随着其他本能的自我保护性生理反应,比如用手捂住或按揉痛处。例如：

(1) "哎哟",随着一声惨叫,一个持刮刀的歹徒被撞倒。

(2) 我们笑得喘不过气来,恨恨地捏了她一把,"哎哟沸(哎哟)!"她挠挠痛处,继续眉飞色舞地煲电话粥。

（3）"哎哟，我的脚被夹住了！"

（4）哎哟！我肚子好疼！（《现代汉语词典（第7版）》）

上述4例中，"哎哟"表达的都是某一主体因受到刺激引起疼痛之后发出的本能喊叫。刺激一般来自人体外部，但也可以来自人体内部，如例（4）。"哎哟"既可以自成一个表义完整的句子，形成独词句，如例（1）、例（2）；也可以有后续说明性语句，如例（3）"我的脚被夹住了"、例（4）"我肚子好疼"。"哎哟"及后续说明语句出自第一人称视角或者是直接引语。例（2）中，在直接引语"唉哟沸"之后还出现了其他本能反应"挠挠痛处"，但视角有所转换，改为第三人称进行间接描述。

可见，"哎哟"表达生理性疼痛时，其完整的语义模板可由"生理刺激→喊叫反应（＋其他本能反应）→解释说明"几个部分构成。产生刺激的方式是生理的，且多为意外的。所产生的反应诉诸语言行为，就是发出"哎哟"的喊叫声。喊叫是一种自我保护，为了引起他人注意或进一步寻求他人救护。喊叫之后常有解释说明的话语。"喊叫反应"和"解释说明"是第一人称视角或采用直接引语方式，至于与喊叫几乎同时发生的其他自我保护性生理反应行为，在语言中如果要进行描述，就会转为第三人称的叙述视角。

除了疼痛，"哎哟"有时也可以表达由外界刺激导致的身体其他不适感的生理反应，但相对较为少见。例如：

（5）"哎哟……水这么凉！"

2.2　"哎哟"表达生理反应与拟声词之间的关系

从用法的角度，"哎哟"表达生理反应时，一般是用作独词句或句子中的独立成分，这些都是立足于第一人称视角。这符合马清华（2011）指出的直接的本能反射是"直抒胸臆的本能发声"。除了这种用法外，如果转换为第三人称视角，它还可以做定语（如："哎哟"一声）和状语（如："哎哟"直叫）。这些用法与拟声词的用法一致。郭锐（2018：264）指出，"'哎哟'一声"中的"哎哟"，实际是用作拟声词。我们认为，除了"'哎哟'一声"，"'哎哟'直叫"中的"哎哟"也是用作了拟声词。叹词的基本用法，无论是独立成句还是用作独立成分，都是第一人称或直接引语，当它出现于第三人称描述性语言中时，实际上是叙述者对他人发出的声音进行描述和模拟,从这个意义上来说,其性质与拟声词一致。马清华(2011)也认为,叹词处于组合关系中,如"他哈哈地笑了","表被叙说人情绪,属对象语言(严格地说,须加引号),是拟声词"。

此外,在描述他人的疼痛时,"哎哟"还具有动词用法,如"'哎哟'了一声"。郭锐(2018:265)指出,模拟人或动物嘴中发出的声音的拟声词大多可以临时用作动词,表示发出拟声词所代表的声音。周国光(2016)则认为这是叹词固有的功能。我们认为,"'哎哟'了一声"仍属于第三人称视角,是叙述者对他人发声行为的描述,而非第一人称性质的自然发声,因此并非"哎哟"的固有用法,与它充当定语和状语一样,仍属于临时性充当拟声词。[①]

3. "哎哟"初始功能的扩展:表达心理感受

人受到的刺激,既有生理性的,即直接作用于人体部位的物理接触,也有心理性的,即作用于人脑的非物理性接触。对两者的反应也因此可分为生理反应和心理反应。前者是更为原始的本能性反应,后者则是相对间接的意识、情感性反应。从"哎哟"来看,在生理反应层次,它主要表达因受到意外性刺激产生疼痛而发出的本能的喊叫声;当意外刺激由生理刺激变为心理刺激时,"哎哟"的表达功能就转变为心理层面,转而表达一种对意外状况或事件的心理感受,也就是"惊讶"。例如:

(6) 第一位医生这么想的:哎哟,他吃了这么多东西,一定是肚里有积滞啊,我给他用泻下之法给他泻下吧。于是就用的泻下之法。

(7) "哎哟,冲到606点了,好像跌不下去了。还是买点股票吧。"老宁波回到正题。

例(6)和例(7)中,"哎哟"分别表达对出乎意料的状况"他吃了这么多东西"和"股市大盘持续走高"的惊讶感受。

意外状况或事件所造成的惊讶感受,往往会引发各种与之相关的情感态度,在具体语境中可表现为中性、积极、消极等多种形式。中性方面的,就是一般的惊奇、诧异,如例(6)和例(7)。积极方面的,主要是惊喜、高兴。例如:

（8）"哎哟，从哪里搞来的?"大家掩不住惊喜。

（9）都旅长见小菲替他解军装纽扣，哈哈大笑，说："哎哟，我这贤惠妹子也!"

消极方面的相对多样化，包括惊慌、惊恐、惋惜、糟心、悔恨、厌恶、不满、痛苦等。例如：

（10）"哎哟! 床上有虫子!"她一惊一乍地大呼小叫起来。

（11）朱丹溪说："哎哟，这油进去了，油太多了，进去恐怕要不好了。"

（12）说着说着，忽然身后传来一位"女高音"叫唤："哎哟，又没票了，今天都是第 4 天排队了，这到什么时候才能走得了?"

（13）低头一瞧这匹马七窍流血，"哎呦!"可真心疼了，为大将者最爱的无非是战马、兵刃。

例（10）—（13）中，"哎哟"分别表示惊慌、糟心、不满和痛苦。

值得注意的是，上述各种积极和消极的情感态度，往往由叙述者以第三人称通过前言后语予以进一步指明，如例（8）中"大家掩不住惊喜"、例（9）中"哈哈大笑"、例（10）中"一惊一乍大呼小叫"、例（13）中"可真心疼了"。当然，少数情况下也可以由感受主体的后续话语直接指明，如例（11）中"恐怕要不好了"。这一方面再次体现了"哎哟"所关联的语言行为常常是"第一人称直接表达＋第三人称叙述说明"的模式；另一方面说明"哎哟"所表达的这些情感态度比较依赖语境的提示作用，是"惊讶"感受在具体语境中的不同体现形式。

可见，在心理层面，"哎哟"主要表达惊讶，在具体语境中，其情感态度可表现为中性、积极、消极等多种形式。"哎哟"表达的各种情感态度，都来源于意外事件的引发，[意外性]是叹词"哎哟"最重要的语义特征。"哎哟"从表达生理反应到表达心理感受，可以通过[意外性]这一特征得到合理解释。[2]

需要指出的是，在表达意外和惊讶的心理感受时，与表达生理反应一样，"哎哟"一般都是以第一人称的视角由心理感受的主体直接说出，在形式上体现为直接引语；不过，有时也存在介于第一人称和第三人称的特殊形式。例如：

（14）小鬼一看，哎哟，这里还有一个人，就说："喂喂喂，不要怕，出来,你替我们说一句公道话,这个尸体是哪一个的?"

(15) 忽一日,一群猕猴打从羊桃树下经过,小心翼翼地拣起几个无人问津的羊桃尝了起来。<u>哎哟</u>,肉质绵软,味道酸甜,还有缕缕芳香清凉之气沁入肺腑,不知比平常吃的桃杏梅李要好多少!

两例在形式上并没有使用直接引语,"哎哟"既可以看作没有打引号的直接引语(后一例是拟人用法),也可看作是叙述者处于全知全能视角模拟或代替被叙述者说出,还可以看作叙述者在叙述中穿插评论的话语标记。总之,这种用法具有一定特殊性,介于常规用法和修辞用法之间,同时,也是"哎哟"由句内表达功能向句际话语功能拓展的一种临界形式。

4. "哎哟"的话语功能

"哎哟"无论是表达生理反应还是心理感受,都是着眼于传统的句子层面,只以说话人的视角来看待的。如果把"哎哟"置于语篇或会话中来进行观察,其主要功能就体现为组织话语的程序性功能。Potts(2007:165)指出 *damn* 之类的叹词表达方式并不是对概念进行编码,它们一旦说出,就会对语境产生直接而有力的影响,它们是表达性的,揭示了话语产生的角度,并对人们如何感知当前和未来的话语产生巨大影响。"哎哟"所表达的"惊讶"感受,常会引发相关的情感态度,在此基础上,当它在语篇或会话中出现时,能起到衔接话语、引导听者理解话语的作用,从而具有多种话语功能,包括语篇功能和人际功能。

从语篇功能来看,"哎哟"具有开启、延续、转接话轮和话语修正③等功能。其话轮延续功能来自类似上述例(14)(15)的用法,如果"哎哟"明确由叙述者说出,就成为延续话轮、穿插表达叙述者惊讶态度的话语标记。例如:

(16) 我觉得关键是,这个喻嘉言太难做到这点了,一般人难做到,就是说患者不信任我,可是我知道这家人要出问题,然后他宁可要一张椅子在人家坐一晚上,他都去这么做。<u>哎哟</u>,我看到这时候我非常感动,说喻嘉言这个人既可爱,然后他又可敬,非常不容易。

话轮转接功能主要体现为应答回应和话题转换，后者来自"哎哟"的恍悟用法，例如：

(17)"为啥要这么个条件？""这地方我太寒心了，只要出去我决不再回来……"老徐听了很同情，马上答应了她的条件。说到这里老徐忽然笑道："哎哟，说了半天话我还不知你叫啥名字，这手续咋办法？"

例(17)中，"哎哟"表达对应该想到却没有想到之事的恍悟，同时标志转换新的话题。

从人际功能来看，"哎哟"首先表现为表明说话人的情感态度，从而对后续话语的理解具有指示作用。人际功能与语篇功能密切相关。比如，和认识的人意外相遇时常用"哎哟"表达惊讶，多位于始发话轮的起始位置以开启话轮，就逐渐语用化为程式较为固化的寒暄标记，具有拉近与听话人距离的语用效果。例如：

(18)"哎呦，您好，这是去哪儿啊？"身后的顾客碰到了熟人。"过年了，全家想到江南大饭店吃一顿团圆年饭，您这是要去哪儿啊？""带孩子去迎泽公园海底世界转转，让他们看看大鲨鱼，听说还有'美人鱼'呢。"

当位于答话话轮的起始位置以转接话轮时，"哎哟"具有回应功能，回应内容一般都是由"惊讶"而引发，根据不同语境，可以表达感谢、道歉、同情、附和等态度，并对后续话语的内容具有暗示性。例如：

(19)"我想不开？！""哎哟得罪二大了，打嘴打嘴！"

(20)"真不知道最近我儿媳妇怎么啦！她个矮，身材瘦小，可却赶起了时髦，穿什么长裙！难看死了，好像一条大长裙子在走来走去一样！"

"哎哟，太太，我儿媳妇也是这样！你看她那身材，横着比竖着还宽呢，还穿长裙，看起来好像没腿似的！"

例(19)"哎哟"表道歉，例(20)"哎哟"表附和。

其次，"哎哟"还可以表达说话人的评价立场，包括肯定性评价和否定性评价，多位于答话话轮的起始位置，既是回应，同时引导后续评价结论。否定性评价的形式和内涵相对丰富，从而形成专门的话语否定功能。肯

定性评价则相对单一,主要是表示"赞同""称赞"等,例如:

> (21) 此时,三妹亲自掌勺做的花溪河鲤鱼端了上来。就见三妹先夹了一块放在二姐的碗里,"二姐,尝尝我的手艺。""哎哟!"二姐连声赞道:"有滋味,有滋味!"

下面将重点讨论"哎哟"的话语否定和话语修正功能。

4.1　话语否定

据李先银(2016：2),话语否定是话语或语篇中言者基于价值和情感系统对特定语境中输入的刺激做出的否定性反应或评价。"哎哟"所表达的话语否定多因会话中另一参与者的意外性事件或言语刺激而引发,是针对对方言语内容的一种否定性反应或评价。它具有以下几个方面的特点。话语结构上,一般体现为"哎哟+否定性话语","哎哟"是引导性成分,它主要表达因惊讶而产生的否定态度,并标志其后即将出现否定性话语,否定意义主要由其后的否定性话语予以明确。否定方式上,"哎哟"之后的否定性话语既可以是否认、反对等直接性否定,也可以通过嘲讽、抱怨、责怪、呵斥等方式间接表示否定。情感态度上,"哎哟"常表达说话人的负面情绪,如不屑、烦躁、厌恶、不满、愤怒等,尤其是间接否定时更为明显。例如:

> (22) 鲁豫:我刚拿到一张写有藏头诗的纸,是你的"钢丝"写给你的:赞人民艺术家郭德纲。
>
> 郭德纲:哎哟,这我可不敢当。

> (23) 主持人:你是班长或者学习委员什么的吗?
>
> 受访者:哎哟,这种事情老师哪敢给我做啊?

> (24) "停,停。你看,我遇到谁了?"陈君竟像个孩子般,兴奋地嚷嚷着。"哎哟,我还当是什么呢,不就是一个林青霞嘛!"朋友在一边不屑一顾。

> (25) 拿铁:米兰朵,你不要以为我们两个之间有婚约,你这样玩火自焚,我是不会救你的。
>
> 老板娘:玩火自焚? 拿铁,我只是教训他。
>
> 拿铁:教训,你不要以为所有的男人都在你的掌握之中,话中有话啊。(下场)

　　老板娘：<u>哎呦</u>，真是的，这个人太情绪化了，没关系，过两天，我把这只熏鸭料理给他吃，他就会没事了。

（26）祝枝山：小姐，你是？

　　石榴姐：<u>哎呦</u>！吃干抹净了想不认账了？啊?!

前2例是直接否定，例（22）用否定词"不"否定，例（23）以反问形式表否定。后3例是以间接形式表达负面评价，例（24）是嘲讽，例（25）是抱怨，例（26）是呵斥，分别伴随着不屑、不满、愤怒等情绪。

4.2　话语修正

话语修正是"哎哟"因意外性言语行为而引发的另一话语功能。修正一定程度上意味着否定，和话语否定相区别的重要特征是，"哎哟"其后常常出现或能补出具体修正内容，以表达正面态度。Schegloff 等（1977：363）依据修正执行者的不同，将其分为自我修正（self-repair）和他人修正（other-repair），把需要修正的对象称之为可修源（repairable）或故障源（trouble source）。"哎哟"可以是自我修正的标记语，也可以是他人修正的标记语，以他人修正为主。国内一些学者对汉语"话语修正"现象进行了专门研究，如邵敬敏（1993）、匡小荣（1997）、郑贵友（2016）等。以下我们结合相关研究成果，探讨"哎哟"的话语修正功能。

4.2.1　他人修正

从交互性的角度看，"哎哟"是其后话语修正内容的修正标记语，标志其后的话语内容是交际的重点。"哎哟"引导的他人修正的基本框架为"〔说话人甲：（被修正的话轮）＋说话人乙：（哎哟＋否定＋修正＋修正后的评论或解释）〕"，其中，"否定＋修正"形成了先破后立的话语表达，这种话语修正建立在修正者主观认知的基础之上，有时在一定程度上具有面子威胁性。例如：

（27）戈　玲：诶，咱们是不是不能太软弱。咱们既有妥协，还得有斗争。否则他太狂了，这越来越……

　　牛大姐：<u>哎唷</u>，我们不是攻一个山头，夺一个碉堡，我们是争取一个人，只宜智取不便强攻。我们这么多人、这么多脑子，只要大家开动起来准有办法。三个臭皮匠……（《编辑部的故事》）

例（27）中，针对戈玲的观点，牛大姐用"哎唷"引导话语修正，先否定

"不是攻一个山头,夺一个碉堡",然后进行具体的修正"争取一个人,只宜智取不便强攻",其后的话语是修正后的解释评论。牛大姐的修正行为对戈玲产生了一定的面子威胁。

有时,话语修正是话语交际中的一种会话技术,可以成为维护礼貌原则和合作原则的交际策略。例如:

(28)卫国不好意思地说:"真对不起!给您们丢脸了,这些天越想越悲惨。"龙老爷老伴端详着黄金花头也没回地说:"哎呦!不是说公安局审查后不是你的问题嘛,自责啥啊?我看你这是大难不死必有后福啊!你看看这媳妇贤惠得让人眼馋啊!"(杨志毅《根的沧桑》)

例(28)中,卫国进行道歉,龙老爷老伴用"哎呦"引导的话语进行修正,指出不是卫国的问题,不需要自责,从而维护了卫国的面子。

修正他人区别于修正自我的一个重要方面是,它还涉及修正是否成功的问题,即修正内容是否被对方接受。衡量修正成功的特征之一是话语互动者继续对话而没有产生进一步的问题(Egbert 2002:97)。话语修正失败则表现为会话双方围绕修正内容展开持续对话,或者对方使用反问、否定、转折等形式直接或间接拒绝修正内容,有时,拒绝不仅体现在言语上,在行为举止上也有一定表现。例如:

(29)"噢,原来你们的女排都这么训练出来的。""唉哟,这可不是,你可别瞎说。我们的女排女篮女乒都是正经八百的娘儿们,我那是小说,说笑话儿。……""你这个小说一定通不过审查。"洋人斜着眼儿看我,"反动。"

(30)"我们这个农场一方面搞科学试验,一方面还要搞劳、资合作。……这样子,大家都是劳工,——大家又都是资本家,那阶级什么的就不存在了,谁也不剥削谁了。"陈文娣听了,把舌头伸了出来道"哎哟,我的上帝!你这就不只是一个事业家,还是一个不折不扣的政治家了。……依我看来,上、下之间,还是恩、威并用,刚、柔兼施为好。你虽然一番美意,难保他们不给你搞个稀巴烂,还说是阶级斗争。——你犯得着么?"陈文婕听了,默然不语。又低头想了一会儿,才缓缓说道:"我总是相信,人到底还是有良心的。人不能恩将仇报。如果是那样，还有什么话可说呢！"陈文娣起身走了出去。

例(29)中，话语修正的主要内容为"我那是小说"，根据后续回应"你这个小说一定通不过审查"，说明认可了"是小说不是事实"，表明修正成功。例(30)是买办资产阶级家庭中两位姐妹之间的会话，陈文婕不相信有阶级差异，试图办一个劳资合作的农场，陈文娣通过"哎哟"引导的话轮对妹妹的话语内容进行了修正，认为劳资双方的对立关系是不可调和的，她这种幻想只会以失败告终，陈文婕一系列的动作神态"默然不语""低头想""缓缓说道"暗示其对陈文娣话语修正不接受的态度，其后的新一话轮也间接表达了自己不赞同的观点。

4.2.2　自我修正

自我修正是由说话人主动发起的针对自我的言行或认知进行的修正，其话语框架一般为"〔说话人：（哎哟＋否定＋修正＋修正后的评论或解释）〕"。"哎哟"后多紧跟显性的否定其前话语的标记语，如"不对""不是""错了"等，起到既承接修正标记语"哎哟"，又引导其后具体修正话语的过渡作用。在这类会话中，说话人修正的目的一般是为了实现一定的交际意图，比如迎合另一话语参与者。因此，自我修正多属于策略性修正。例如：

(31) 周攀诡异地看着我说："真是郭鑫的徒弟啊？那郭鑫不会早下手了吧？""想什么呢？郭鑫压根儿就看不上这号的。"我大大咧咧地说。周攀有点儿不高兴了，不吱声儿地低下了头。我自知失言，赶紧拍着胸脯向周攀保证："说哪去了，哥们不是这意思。我意思是说郭鑫丫只喜欢皮肤白的。哎哟，不是，反正不管怎么着吧，这事儿啊，包在哥们我身上了。"这周攀才笑嘻嘻地跟着我瞎乐了。（李超《校园侏罗记》）

例(31)中，周攀看上了郭鑫的女徒弟，但担心被郭鑫下手了，"我"说"郭鑫压根儿就看不上这号的"，但随即意识到失言并立即改口"郭鑫只喜欢皮肤白的"，之后再次意识到不妥，并用"哎哟"来引导自我修正，"不是"否定了其前话语，由于情急之中没有想到特别合适的修正内容，修正话语部分省略了，其后的解释"反正不管怎么着吧，这事儿啊，包在哥们我身上了"进一步明确了自我修正的态度,既保全了周攀的面子,也为自己不当的言行进行了策略性补救。

无论他人修正还是自我修正,"哎哟"都具有否定功能,但是,修正工作并不一定意味着被修正的故障源表达的内容是错误的(Schegloff et al. 1977)。有时,修正的故障源并非是话语内容命题的真实性而是其合适性,即,并非语义否定而是语用否定。例如:

(32) 林总决定带我去深圳实习一段时间。他的助理问,让李主任住哪里啊?我说:住集体宿舍就好啊,正好有机会和员工交流交流。助理说:你是理级干部啊。我说:哎哟,什么理级干部不理级干部的,晚上有个地方睡觉就行了。(《春路:仕途观风景》)

例(32)中,"哎哟"引导的话语修正并不是针对"我是理级干部"这一事实,而是"理级干部可以享受更好待遇"这一隐含义,其否定属于语用否定。

5. 结语和余论

叹词"哎哟"作为一个独用或独立成分,在句子中的功能经历了从表达对疼痛的生理反应到表达对意外事件的"惊讶"感受及各种与之相关的情感态度的过程。在语篇和话语中,"哎哟"丰富的情感态度表达功能,能发挥衔接话语、引导听者理解话语的作用,从而进一步发展出开启、延续、转接话轮及话语修正等语篇功能,以及表明态度、表达评价等人际功能。[意外性]是叹词"哎哟"最重要的语义特征,"哎哟"从表达生理反应到表达心理感受再到成为话语标记,各种具体功能的发展演变都可以通过[意外性]这一特征得到解释。

通过对"哎哟"功能演变和拓展的研究,我们对与叹词有关的问题有了一些新的思考。

第一,叹词一般只出现于句子层面而不出现在短语层面,或者独立成句,或者作为句子中的独立成分。同时,当它出现于语篇和话语中,就会演变为话语标记,具有组织话语的功能。刘丽艳(2011:32)、陈家隽(2019:48-49)等认为,只有表示呼唤和应答的叹词才能充当话语标记,而表情叹词则不能充当话语标记。李先银(2016：46)指出话语否定标记是话语标记，其研究的话语否定标记很多都是表情叹词。殷树林(2012：73)更是明确指出叹词都可以充当话语标记。结合"哎哟"的话语功能，我们认为，表情叹词表达说话人的情感态度，具有较强的主观性和交互主观性，可以提示后续话语的内容，引导听话人的理解，当它们从单句范畴拓展至语篇或话语中，常常就演变为话语标记，从而具有组织话语的功能。

第二，从发生学的角度，学界已将叹词分为原生叹词和次生叹词，我们认为，还可以分为生理理据叹词和心理理据叹词。原生和次生的划分，主要立足于是否经历了词类范畴的转变，即一开始就是叹词还是由其他词类转变而来的叹词。生理理据和心理理据的区分，则主要着眼于叹词产生时的理据是生理性的还是心理性的，总体来看，生理理据叹词出现在前，心理理据叹词产生稍晚。上述两种分类之间既有差别也有联系。一般来说，生理理据叹词都是原生叹词，次生叹词都是心理理据叹词，但原生叹词并不一定都是生理理据叹词。原生叹词产生时，既有主要体现生理属性的，也有与心理反应或社会属性相关的，前者为生理理据叹词，后者为心理理据叹词。

第三，目前最常见的将叹词分为表示情感和呼唤应答的分类法，主要是着眼于叹词的语义功能，它们都是就典型的叹词即原生叹词而言的。表呼唤应答的如"喂""嗯"等只用于人际互动的场合，相对更为虚化，其理据并不来自生理反应，当属叹词中比较后起的心理理据叹词。表情感的叹词，一部分属于生理理据叹词，一部分也是心理理据叹词。其中，起源于因生理反应而引起的喊叫声的叹词是生理理据叹词，比如表示疼痛声的"啊"、表示笑声的"哈"、表示呕吐声的"哇"、表示吐痰声的"呸"、表示咋舌声的"啧"，等等，这些叹词都经历了从表达生理反应到表达心理反应的过程，因此既是表情叹词，也是原生叹词，还是生理理据叹词。本文所研究的"哎哟"也属于这一类。其他的表情叹词，一开始就只表达心理反应，比如"哼""嗨""唉""哟""咦"等，因此，它们虽是原生叹词，但不是生理理据叹词而是心理理据叹词。

叹词中原生和次生、生理理据和心理理据、表情和呼应三种分类的关系可图示如下：

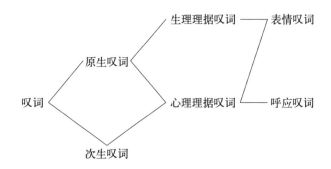

"哎哟"处于原生叹词、生理理据叹词和表情叹词的交集之中，又具有多元性话语功能，在叹词中非常具有代表性，因而具有较高的个案研究价值。

附 注

① "哎哟"用于表达下文要讨论的心理感受时，也可以做定语、状语和谓语，只是不太常见，本部分结论同样适用。需要注意的是，"哎哟"做状语修饰"叫"类动词时，一般表达的只能是生理反应。

② 近年来，学界对汉语的意外范畴较为关注。陈振宇、杜克华(2015)，强星娜(2017)，李强(2021)等均提及了感叹与意外范畴之间的关系，但已有相关研究似未关注叹词问题。我们认为，对于叹词"哎哟"，可以从意外范畴的角度进行更深入的研究。

③ 关于话语标记的功能，目前学界的分类不太一致，本文采用语篇功能和人际功能的两分系统。话语修正包括自我修正和他人修正两种情况，两者都兼具上述两种功能：若着眼于话语标记对说话人自身话语的衔接连贯作用，标记其后话语为话语修正的内容，可视为语篇功能；若着眼于与另一会话参与者之间的互动关系，为方便对方理解或照顾其面子进行自我修正、对对方话语内容持否定态度进行他人修正，可归入人际功能。相对而言，自我修正更多体现为语篇功能，他人修正更多体现为人际功能。本文依据陈家隽(2019：68-69)，暂将话语标记的话语修正(陈著称作"语篇修正")功能归为语篇功能。对"哎哟"话语修正功能的讨论，详见下文 4.2 部分。

参考文献

陈家隽 2019《汉语话语标记的语用功能与历时演变》，复旦大学出版社。

陈振宇、杜克华 2015 意外范畴：关于感叹、疑问、否定之间的语用迁移的研究，《当代修辞学》第 5 期。

郭　锐 2018《现代汉语词类研究（修订本）》，商务印书馆。

匡小荣 1997 试析日常交谈语体中的话语修正现象，《修辞学习》第 6 期。

李　强 2021 "怎么"表达意外：疑问、反问和感叹，《汉语学报》第 1 期。

李先银 2016《现代汉语话语否定标记研究》，世界图书出版有限公司北京分公司。

刘丹青 2012 实词的叹词化和叹词的去叹词化，《汉语学习》第 3 期。

刘丽艳 2011《汉语话语标记研究》，北京语言大学出版社。

刘月华、潘文娱、故韡 2001《实用现代汉语语法（增订本）》，商务印书馆。

马清华 2011 论叹词形义关系的原始性，《语言科学》第 5 期。

强星娜 2017 意外范畴研究述评，《语言教学与研究》第 6 期。

邵敬敏 1993 汉语口语失误研究，《语言文字应用》第 4 期。

邵敬敏主编 2016《现代汉语通论》，上海教育出版社。

舒敏、刘盼、吴艳红 2010 社会性疼痛的存在：来源于生理性疼痛的证据，《北京大学学报（自然科学版）》第 5 期。

殷树林 2012《现代汉语话语标记研究》，中国社会科学出版社。

郑贵友 2016 汉语"话语修正"过程内部项目的构成，《汉语学习》第 3 期。

周国光 2016 叹词的语法功能、语义功能及其定位，《语言科学》第 3 期。

Ameka, Felix 1992 *Interjections: the universal yet neglected part of speech.* Journal of Pragmatics 18(2 - 3).

Egbert, Maria 2002 *Der Reparatur-Mechanismus in deutschen und interkulturellen Gesprächen.* Ph.D. dissertation, Universität Oldenburg.

Potts, Christopher 2007 *The expressive dimension.* Theoretical Linguistics 33(2).

Schegloff, Emanuel A, Gail Jefferson & Harvey Sacks 1977 *The preference for self-correction in the organization of repair in conversation.* Language 53(2).

（本文发表于《语言教学与研究》2022 年第 2 期）

现代汉语附加问句"VP 有没有"的浮现与发展

黑龙江大学文学院　史维国

1. 引言

　　附加问句是一种特殊形式的疑问句。邵敬敏(1990：86-90)最早提出"附加问"(tagquestion)这一概念,是指附加在某个句子后面的一种有特殊交际功能的疑问句,表示就始发句的内容征求对方的意见或希望对方予以证实。闫亚平(2017：59)认为,"附加问句"是在陈述性小句或句子、祈使性小句或句子、感叹句和反问句后面附加上一定的"表疑成分",而具有特定语用功能的疑问句,它由两个基本的语块构成——前面的小句或句子(S)和后面附加的"表疑部分"。表疑部分以"X 不 X"形式最为常见,如"是不是""行不行""对不对""好不好"等,此外还包括"X 吗(么)""不 X 吗(么)""X 吧""怎(么)样"以及叹词"啊""嗯"等形式。根据考察,"有没有"也可附加在小句或句子后面构成附加问句,却未见相关研究。本文通过对北京大学 CCL 语料库、北京语言大学 BCC 语料库、中国传媒大学媒体语言语料库、汉籍全文检索系统(第四版)的全面定量考察,尝试探究现代汉语附加问句"VP 有没有"的类型及其产生与发展的过程。

2. 现代汉语附加问句"VP 有没有"的类型

　　根据附加问句"VP 有没有"中前面小句或句子的句类,即 VP 的表达功能,可将其分为陈述性、感叹性和反问性。根据附加问句"VP 有没有"所表示的疑问程度,可将其分为信疑参半而问和无疑而问。

2.1　VP表达功能的类别

闫亚平(2017：59)认为，附加问句的前一组成部分必须是非疑问形式，包括陈述句、祈使句和感叹句，此外也可以是反问句，因为虽然反问句在形式上是疑问句，但在语义上说话者已有明确态度了。"有没有"可以附加在陈述句、感叹句及反问句之后，分别构成陈述性附加问句、感叹性附加问句以及反问性附加问句。

2.1.1　陈述性附加问句

陈述性附加问句最为常见，在所收集的366个语例中，陈述性附加问句有347个，占94.81％。根据前一组成部分所表达意思的肯定与否，可将其再细分为以下两种形式。

第一，"肯定式＋有没有"。

(1) "你是民航驾驶员协会的人，是管驾驶员的。你和女乘务员毫无关系。""也许没有直接的关系。""弗农，你从前出过这种事⋯⋯让一个女乘务员得了身孕⋯⋯弗农，<u>有没有</u>？"他勉强地点点头。"有过。"(阿瑟·黑利《航空港》)

(2) "是的。他说要播种了。""还提到桶子，<u>有没有</u>？"他紧盯着她的面孔追问说。(莱蒙特《农民们(下)》)

第二，"否定式＋有没有"。

(3) "老天爷！可你还照样开了保险单。你们这些人是疯了吧？""我以为⋯⋯"勃妮正要开口。"你以为！可是你没有采取任何措施，<u>有没有</u>？"勃妮·伏洛皮沃夫脸上一点血色也没有。她摇了摇头。(阿瑟·黑利《航空港》)

2.1.2　感叹性附加问句

感叹性附加问的使用频率较低，共有14例，占3.83％。如：

(4) 当柠檬树长出新叶的时候，我的心醉了！总要老的！要老得美，老得有资本！真可爱！<u>有没有</u>？(BCC语料库·微博)

(5) 如果大家稀饭我本人在博里唠嗑的话，就关注周大厨每周三周六会出新鲜甜品！各位想要第一时间出炉的甜品，赶紧掐好时间杀过去吧！一杯咖啡一大盘甜品，人生足矣啊！<u>有没有</u>？<u>有没有</u>？<u>有没有</u>？(BCC语料库·微博)

2.1.3　反问性附加问句

邵敬敏(1996：12)认为,"反诘问虽然采用问句形式,但问话人心目中已经有了明确的看法,答案就在问句之中,没有什么疑惑的因素"。因此"有没有"也可构成反问句性附加问句。反问性附加问句仅有 5 例,使用频率最低,占 1.37%。如:

(6) 金老二额角上已经绽出汗来,连连躬身道:"小的真的没说什么!"鄢飞琼嗯了一声道:"你方才不是说我害人不浅,还在背后骂我臭丫头,<u>有没有</u>?"金老二浑身汗出如浆,还没开口。鄢飞琼续道:"我还记得你说:让我听到了又怎样? 因为我违抗金令,通敌潜逃,犯了本门死罪,就是遇上了也用不着留情,这话是不是都是你说的?"(上官鼎《金令情潮》)

(7) 云飞抓住他,沉痛地摇了摇:"一个城里,有好人,有坏人! 一个家里,也有不同的人呀! 你想想看,我对你们做过一件坏事吗? <u>有没有</u>? <u>有没有</u>?"(琼瑶《苍天有泪》)

表示疑问的"有没有"也可以出现在疑问形式之后,但此时的"有没有"与其构成追加问句而非附加问句。如:

(8) "他是不是也一样? 我在想……你有没有想过那个女人,他的家人,他从他们那里偷时间来陪你,你有没有为她设身处地想过? <u>有没有</u>?"那张支票仍然在桌上。(潘妮·乔登《六月玫瑰》)

2.2　疑问程度的类别

作为疑问句的一种,学界普遍认同附加问句的疑问程度较低。张伯江(1997：104 - 110)指出,附加问句是轻微的征询口气,倾向于相信命题的真实性,质疑色彩不强烈,疑问强度较弱。附加问句"VP 有没有"的"有没有"单独出现在句末,自成独立的语调单位,疑问的功能相对较弱,然而就其自身内部而言,也存在疑问程度上的差异,功能也相应有所不同。

2.2.1　信疑参半而问

附加问句"VP 有没有"可以表示信疑参半而问,是说话人对已经发生的事实的真实性的确认或核实,希望得到受话人的回答。此时说话人和受话人双方都认为受话人一方对某一信息或情况有更高的拥有权和决定权,因此说话人有必要也有理由向受话人求得确认,受话人也有能力做出相应的回应。这种用法的"VP有没有"共出现338次,占92.35%。如:

(9)"他和外国女人拥抱,还接吻,<u>有没有</u>?""不是女人,是女孩,几岁,喊爷爷,向他献花,要他抱,吻他……"(BCC语料库·科技文献)

(10)"是我母亲那边的人,是不是,她要来要回我,是不是?""你几时知道的?"祖母惊讶地抬起头来问。"我猜的,祖母。"我说:"那个人叫你把我还给他,<u>有没有</u>?""你真的知道了?"祖母哭了起来,抱住了我。(亦舒《祖母》)

例(9)中说话人可能是通过其他途径知晓命题中所述的事件,然而自身不能确定其真实性,因此通过附加问句的方式向对方进行确认,经受话人证实命题为假。例(10)中的命题是说话人基于一定的事实对已发生事件进行的有根据的推测,因此通过附加问句的方式向祖母进行确认。

2.2.2　无疑而问

附加问句"VP有没有"可以表示无疑而问,共出现28次,占7.65%。表无疑而问的"VP有没有",其命题不限于已经发生的某一事件,说话人也可以针对日常生活中的某种状态或现象进行提问,其目的在于激活共有的认识,寻求受话人的共识或认同,此时说话人和受话人双方对某一信息或情况具有同等的拥有权和决定权。表无疑而问的"VP有没有"也允许说话人单方面是某一信息或情况的拥有者和决定者,说话人对于命题并不存在疑问,不具有求解欲望,因此没有必要也没有理由向受话人发出询问,而是重在把背景知识调动到当前交际的状态,引导受话人对其所说话题的认同。如:

(11)这时候锦儿出来,她倚在大沙发的扶手上,闲闲地说:"珉哥,我希望你觉得惭愧,在我们这里骗了多少弹子与香烟牌子去,然后再与我们讲条件,与姐姐打电话时不骚扰就还三张……<u>有没有</u>?"绵绵说:"算什么旧账?""呵,这叫作旧账?"锦儿笑道。(亦舒《重逢》)

(12)其他三人在失笑之余倒也见怪不怪:"你忘了?你云大小姐向来有莫名其妙的幸运,每次抽签找你去准没错,一定会抽到最轻松的差事,<u>有没有</u>? 去年我爸的公司办尾牙摸彩,拖了你一起去吃,让你代替我爸上台摸彩,喝! 随便一捞,就是小轿车的特奖咧,害得他们董事长的脸都绿了,因为那辆车内定要给他女儿抽到,怎么知道败事多多的人事部门忘了把特奖的号码拿起来。"(席绢《轻搁你心》)

(13) 黄小琥:没有,可能我妈就是一边煮菜然后一边掉眼泪吧。因为你知道,以前的女性都是非常隐忍的,她有什么苦难,她都是往肚子里面吞,所以我现在碰到有一些,比如说一些年轻的这些工作人员,比如说现在,二十五六岁这些,二十三岁,他们有时候讲电话,对他们父母亲都很,都很不礼貌,<u>有没有</u>,喂,啊,干吗啦,在忙啦,好啦。类似像这样子的态度,我都说,你不可以这样子对自己的爸爸妈妈。

陈鲁豫:嗯。(凤凰卫视《鲁豫有约》2012-05-18)

(14) 窦文涛:我这个皇室里的爱情都是瞎掰,<u>有没有</u>,甚至有人说爱情是比较晚近出现的这么一种情绪。(凤凰卫视《锵锵三人行》2012-03-13)

例(11)和例(12)是说话人针对已发生的事实对受话人进行提示,激活双方共有认识,把背景知识调动到当前言谈的状态;例(13)和例(14)是说话人针对日常生活中的某种状态或现象寻求受话人的认同。需要注意的是,例(11)—(13)是说话人和受话人双方对信息具有同等的拥有权和决定权。而例(14)则为说话人单方面是信息的拥有者和决定者。

表无疑而问的附加问句"VP 有没有"多出现于对话语体中,然而有时非对话语体,即叙述语体中也可以存在此种用法,目的在于向受话人寻求共鸣。如:

(15) 同时,车胎数据也能够用于训练骑手的技术。很实用,<u>有没有</u>? 要实用,更要酷! (《人民日报》(海外版)2014-09-25)

3. 现代汉语附加问句"VP 有没有"的形成与发展

根据考察,附加问句"VP 有没有"最早出现于清代中期,表示说话人

对已经发生的事实的真实性的确认或核实,希望得到受话人的回答。如:

（16）"芸小子,我先替你讲。你不过说'三爷你年纪也大了,也是老爷的亲生,怎么不管事,倒让着琏二爷',又是'三爷你不是太太生的',又是'林婶子霸定了,他霸定了,咱们偏闹',是不是? 有没有?"这贾芸吓得魂也掉了,只管碰头。（逍遥子《后红楼梦》第二十七回）

（17）只听得蓉官说道:"二老爷,昨日有人很感你的情。"那胖子道:"是谁?"蓉官道:"联锦班的二喜,说你很疼他,给他好些东西,在你家住了一夜,有没有?"那胖子道:"我倒不认识他。"（陈森《品花宝鉴》第十二回）

我们认为附加问句"VP有没有"最早由"NP有没有"形式发展而来,后者最早出现于清代早期,其中的"有没有"是实义动词"有"的正反重叠,宾语NP提前。如:

（18）吕通听了大怒,喝骂道:"你这瞎眼贼! 若是要钱。只问我手中刀可有没有!"（青莲室主人《后水浒传》第六回）

（19）达卿就跪下来道:"这等,弟子的后嗣毕竟有没有,倒求菩萨说个明白,省得弟子痴心妄想。"菩萨道:"……后嗣是没有的,不要哄你。"（李渔《无声戏》第九回）

后来,NP逐渐也可为VP所取代,其中的VP均为过去已经发生的动作行为或事件,在一定程度上可视为自指性的指称,指代动作行为或事件本身,与NP具有一定的相通性。此时从形式上来看,便与附加问句有相同之处,因此具有了重新分析的可能性,经过重新分析,"VP有没有"式附加问句产生。

此外,我们认为"是不是"式附加问句的类推也促进该句式的产生。所谓类推,"是一种规则的泛化,指已经存在的结构对现存形式产生的吸引同化"。闫亚平、王晓童（2020:65－69）指出,"是不是"式附加问句最早出现于南唐《祖堂集》。通过语料可知,直至清代该种用法一直稳步发展。如:

（20）充天布纳到韶山,韶山勘曰:"闻你有充天之气,是不是?"对曰:"不敢。"（静筠二禅师《祖堂集》卷九）

(21) 金桂也觉得脸飞红了，因说道："你这个丫头就不是个好货！想来你心里看上了，却拿我作筷子，<u>是不是</u>呢?"宝蟾道："只是奶奶那么想罢咧，我倒是替奶奶难受……"（曹雪芹《红楼梦》第九十一回）

以上两例中的"是不是"表示说话人对已发生事实真实性的确认或核实，要求对方进行回答。"有没有"与"是不是"均为动词的正反重叠，在形式和用法上有相似之处，在"有没有"自身语义发展的基础上，同时受到"是不是"类推作用的影响，附加问句"VP 有没有"便产生了。上文例(16)中"是不是"和"有没有"并列出现，也可证实我们的观点。

董秀芳(2004:1—8)在论及"有没有＋VP"的产生过程时提出本文所述的"VP 有没有"格式是由"这回事""这个话"等具有一定指代性的名词性成分充当"有没有"的前置宾语逐渐发展而来的，当此类指代性成分不出现时，"有没有"便独立成句。问题是，董秀芳提到的"这回事""这个话"作"有没有"前置宾语的用法最早出现于晚清小说《官场现形记》，时间上晚于"VP 有没有"的出现。如：

(22) "不是你昨儿说的，在你手下当差的人统通不能钱买，只要上头有面子，或者是朋友相好的交情荐来的都可以派得。这个话可<u>有没有</u>?"（李伯元《官场现形记》第三十二回）

方梅(2018:299)指出，"VP，是不是"不是"是不是 VP"移位的结果。我们认为"VP 有没有"也不是"有没有 VP"移位的结果。根据我们的考察，"有没有 VP"最早出现于清嘉庆十三年的《万花楼演义》中，晚于"VP有没有"的出现。如：

(23) 不知狄青<u>有没有</u>被搜查捕捉，且看下回分解。（李雨堂《万花楼演义》第十三回）

马建忠(1912:55)认为，"一则有疑而用以设问者；一则无疑而用以拟议者；一则不疑而用以咏叹者"。吕叔湘(2014:392)认为，"疑问语气是一个总名，'疑'和'问'的范围不完全一致"。邵敬敏(1996:12)认为，"信与疑，是两种互为消长的因素，信增一分，疑就减一分；反之，疑增一分，信就减一分"。附加问句"VP 有没有"自产生之初直至民国时期，均表示信疑参半而问，后随着发话人主观上的"自我"倾向以及态度上"信"

的程度逐步增强,同时由于交互主观化的作用,"疑"的程度随之减弱直至消失,最终发展出无疑而问的用法。

4. 现代汉语附加问句"VP有没有"的理论解释

附加问句"VP有没有"的浮现与发展可以从动态浮现语法、语法化、主观性和交互主观性等理论中得到阐释。

4.1 动态浮现语法

动态浮现语法观主张任何一种语言的语法都具有不确定性,语法系统从来就不是最优化的,永远处于演化状态,"用法先于语法"。浮现语法较多地关注共时系统中的变异,由共时差异透视历时演变的规律。附加问句"VP有没有"产生之初表示信疑参半而问,其中的"有没有"是典型的句法成分,之后"VP有没有"发展成为表示无疑而问,其中的"有没有"已不负载疑问信息,而是承担一定的语用功能,可以表示说话人指派受话人接续谈话,"有没有"可视为说话人邀请下一个话轮的信号,由此建立交际双方的互动。附加问句"VP有没有"的产生与发展涉及到从句法范畴到语用范畴的演变,属于动态浮现语法的重要研究领域。

4.2 语法化

语法化(grammaticalization)通常是指语言中意义实在的词转化为无实在意义、表语法功能的成分这样一种过程或现象,中国传统的语言学称之为"实词虚化"(沈家煊 1994:17-24)。附加问句"VP有没有"中的"有没有"语义发生泛化,隐喻作用重大。Cland 和 Hunnemeyer(1991:55)提出,隐喻模式是语法化最主要的动力,他们将人类认知世界的认知域排列成一个"人>物>空间>时间>性质"的等级,该序列由左至右顺序为由具体到抽象,认知主体进行认知域之间的投射遵循此规律。"有没有"的语义泛化,起初仅修饰表示具体事物的名词,后也可修饰表示动作和行为的动词或动词性短语,在这一过程中类推和重新分析的机制也发挥了重要作用。"有没有"起初只能与已经发生的事实进行搭配,后来也可突破此限制而转向日常生活中的某种状态或现象。董秀芳(2004:1-8)认为此种用法的"有没有"已经由实义动词的正反重叠演化为助动词,实际已经发生了语法化。

4.3　主观性和交互主观性

"语言的主观性(subjectivity)是指说话人在说出一段话的同时表明自己对这段话的立场、态度和感情,从而在话语中留下'自我'的印记"(沈家煊 2001:268)。"如果这种主观性在语言中用明确的结构形式加以编码,或者一个语言形式经过演变而获得主观性的表达功能,则称之为主观化"(沈家煊 2001:268)。"有没有"起初用于正反问句,徐杰、张林林(1985:71-79)指出,由于说话人在使用反复问句(即正反问句)时是在其对疑问对象有了一定的了解的基础之上的,因此疑问程度是 80%。比如"你有没有老师说的那本书?",我们认为,说话人的了解仅限于"老师说的那本书"这一对象,至于受话人到底是否拥有那本书,说话人是不知情的,因此正反问句从这一角度来讲应属于全疑而问。由于说话人对疑问对象"信"的程度的增强,主观性逐渐提升,疑问程度随之减弱,成为信疑参半的附加问句,虽仍表示疑问,但说话人倾向于对所述命题持肯定态度,因此含有一定"自我"的成分,带有一定的主观倾向性。

语言也常常表达交互主观性(intersubjectivity),是指说/写者用明确的语言形式表达对听/读者"自我"的关注,这种关注可以体现在认识意义上,即关注听/读者对命题内容的态度;但更多的是体现在社会意义上,即关注听/读者的"面子"或"形象需要"(Traugott 1999:129-130)。主观化更多地聚焦于说话人,交互主观化更多地聚焦于受话人。信疑参半而问的附加问句"VP 有没有"发展成为无疑而问,其中交互主观性与交互主观化发挥了重要的作用,不同于前一阶段中说话人主要是对已发生事实真实性的确认或核实,更多地关注说话人本人,当表示无疑而问时说话人的关注点不再是自我,而是侧重于征询受话人的态度,寻求对方的共识或认同,由此建立交际双方的互动。

5. 余论

除本文所探讨的"VP 有没有"式附加问句外,由于进一步主观化,"有没有"近年来又产生了新的用法,常用于微博、贴吧等网络语言环境中,无实在意义,表示对前文已述内容的强调或表示个人的一种感叹,其凝固性进一步增强,已经类似于一个话语标记,从上升的疑问语调变为降调,书面上其后常用叹号,有时当所表达的情感过于激烈而难以抑制时,甚至会几个叹号连用,也常和语气词"啊""呀"搭配,带有一种夸张的语气。此类"有没有"最早出现于电影《疯狂的赛车》(2009年)。如:

(24) 我们这里高尚社区,上风上水,地下 CBD,人生后花园,按均价仅售人民币三万元整,值得一生典藏! 请看这边,全市的楼价都在涨,有没有? 有没有? 绝对有升值的空间呐我告诉你!

(25) 这就是我们物业公司最新推出的服务项目"十八相送",一水黑衣,看着就像黑社会,有没有? 要的就是这个气氛,绝对庄严肃穆……

从此以后,这种用法的"有没有"在网络语境中流行开来,并成为网络中所谓的"咆哮体"的常用表达方式,后来还产生了"有木有"这一新的形式。如:

(26) 我被这个世界抛弃了想发这条微博已经很久了:所谓泡沫红尘就是把泡好的红茶摇几摇,超恶心的有木有!!!!!!!!!!!! 不能忍了!!!(BCC 语料库—微博)

"有木有"的产生可能存在两方面原因:一方面可能是受到方言的影响,云南、山东、河北、河南、陕西等地的方言均存在与"有木有"语音相近的类似形式,当今社会语言之间的联系与接触日益紧密,方言中的语音也会在一定程度上对普通话造成影响;另一方面也可能是由于"有没有"在连读过程中由于语音的弱化或同化而发生语流音变,从而形成了"有木有"这一形式。需要注意的是,这种用法的"有没(木)有"不再构成附加问句,虽不属于本文的研究范畴,但作为一种新兴用法,其发展前景究竟如何,还有待于进一步的观察,兹不赘述,在以后的研究中将另文以详。

参考文献

董秀芳 2004 现代汉语中的助动词"有没有",《语言教学与研究》第 2 期。
方　梅 2018《浮现语法:基于汉语口语和书面语的研究》,商务印书馆。

吕叔湘 1956/2015《中国文法要略》,商务印书馆。

马建忠 1898/2009《马氏通通》,商务印书馆。

Paul J. Hopper、Elizabeth Closs Trougott 2008《语法化学说(第二版)》,梁银峰译,复旦大学出版社。

邵敬敏 1990 "X 不 X"附加问研究,《徐州师范学院学报(哲学社会科学版)》第 4 期。

邵敬敏 1996《现代汉语疑问句研究》,华东师范大学出版社。

沈家煊 2001 语言的"主观性"和"主观化"《外语教学与研究(外国语文双月刊)》第 4 期。

沈家煊 1994 "语法化"研究综观,《外语教学与研究》(外国语文双月刊)第 4 期。

吴福祥 2004 近年来语法化研究的进展,《外语教学与研究(外国语文双月刊)》第 1 期。

徐杰、张林林 1985 疑问程度和疑问句式,《江西师范大学学报(哲学社会科学版)》第 2 期。

闫亚平 2017《现代汉语附加问句研究》,上海人民出版社。

闫亚平、王晓童 2020 "X 吧"式附加问句的浮现与发展,《贺州学院学报》第 2 期。

张伯江 1997 疑问句功能琐议,《中国语文》第 2 期。

Heine. B. U. Claud, F. Hunnemeyer 1991 *Grammaticalization: A Conceptual Frame-work*. University of Chicago Press.

Traugott, E. C. 1999 *Why must is not moot.* presented at the Fourteenth International Conference on Historical Linguistics, Vancouver, Canada, August.

"这/那样"的信疑用法和语法化
——兼与"的样子"比较

天津师范大学　王世凯

1. 引言

已有研究认为：指别词"这样、那样"可以指示性状、程度、方式，但不能指示数量，代词"这样、那样"代替某种动作或情况（赵元任 1979/2018：289－292；吕叔湘主编 1980：356－361、588－593；杨淑璋 1981；张斌主编 2001：402－403、712－713；刘月华等 2001：89－91；杨安红、蒋华 2003；吴仲华 2006；朱景松主编 2007：317－318,545；蒋华 2008）；列举助词"这样"附着在其他词、短语之后表示列举未尽等意义（童盛强 2002）；篇章用法的"这样"具有篇章连接功能（黄均凤 2014；方迪、张文贤 2020）。前期研究均未论及"这样、那样"及其变体（这样子、这样儿、那样子、那样儿，下文均表述为"这/那样"）的如下用法：

(1) a. 重庆维多利亚游船，6 月份有特价票哦，1050 这样。

　　b. 早上测体温是三十六度七，平常都是三十六度二三那样子。

　　c. 嘿嘿！什么时候回来上班啊？思念你了呢！23 号这样就回去了。

　　d. 我估计三月底四月初这样去吧。

上述用法的"这/那样"显然不用于指别、替代、列举和篇章连接，而是用以表达说话人的主观不确定性，即表达信疑。我们认为，这是"这/那样"的信疑助词用法。本文将以此类用法为研究对象，在前期相关研究基础上，完成如下工作：1) 在对"这/那样"及其变体的用法进行全面描写的基础上为之定性；2) 分析"这/那样"的语法化现象；3) 描写"的样子"的信疑用法，分析其语法化过程，并与"这/那样"进行比较。

　　本文语料均来自北京语言大学 BCC 现代汉语语料库"对话"部分,除对部分例句进行了删节及添补或删减标点符号外均保留原样,文中不再逐一注明出处。

2. "这/那样"的信疑用法及其与概数词、表示概数的词语比较

2.1　信疑助词"这/那样"及其分类

　　"这/那样"可后置于表示度量衡及时间等表数意义的成分,构成"数+这/那样""数量+这/那样""数名+这/那样""数量名+这/那样"等格式,表数成分可以是确数、概数,以及序点和序列。例如:

　　(2) 5C 港行三千三这样子,行货三千六。

　　(3) 你自己查一下当地温度? 我去的时候 26 度这样。

　　(4) 我下周回厦门,然后月底可能还要回来一两天这样。

　　(5) 车停了,又上来一个孕妇……好像有七八个月那样的肚子。

　　(6) 没定呢,应该七月初那样吧。

　　(7) 没定呢,应该是 18、19、20 号那样。

　　上述用法说明"这/那样"可与数量连用,但又与"这/那么+数量"表示"强调数量之多或少,或无所强调"(吕叔湘主编 1980:357、590)不同:首先,"这/那样"后置于数量,且既可以是基数也可以是序数;其次,后置的"这/那样"没有强调意义;再次,"数量+这/那样"构成完整的语义单位,且"这/那样"语音均轻化;最后,句法上"这/那样"无法分析为定语、谓语、补语、主语、宾语和状语(刘月华等 2001:89-90),语义不实在但表达上不可或缺。这种用法的"这/那样",黏附于数量短语且不单独使用,只表语法意义,而没有实在的词汇意义,处于附着地位,一般读轻声(刘月华等 2001:354),已经助词化。助词化的"这/那样"用于表达说话人主观上的不确定性,是一个信疑之间表示不确定情态的语气词,是一种缓和话语的助词,其作用是削弱句子的肯定性语气(周士宏 2009),可称为信疑助词。

　　语气有广狭两解,狭义的语气可分为与认识有关的语气、与行动有关的语气和与感情有关的语气(吕叔湘 1956:261-262)。"这/那样"表达的信疑属于与认识有关的语气,涉及说话人对命题的可能性与必然性的

认知(廖秋忠 1989)。从认知对象——命题的角度观测,"这/那样"表达信疑有两种类型,一是表达对点量的不确定,即说话人对数的大小没有十分的把握。例如:

(8) 昨晚很凉快啊,我觉得也就 25 度那样。

(9) 下个月 16 号去,目前拼到三个女生了,一起玩三四天这样。

(10) 上海教育行业,老师工资 7 000~8 000 这样,就是累。

"这/那样"出现于确数后,使之表达概数意义,如例(8);出现在概数后,增强概数的不确定性(蒋跃、于群 2007;刘苹 2016),如例(9)(10)。二是表达对序量的不确定,即说话人对事件、状态处于某种序列上的某个点没有十分的把握。例如:

(11) ——你们学校什么时候取毕业证啊?

　　——没定呢。应该七月初那样吧。

(12) 你这啥时候休息,赶紧吧,15、16、17 号这样我俩就都回家了。

(13) ——21 才大二大三这样吧?

　　——大三。

点量和序量都是数量的表现形式,所以最终都表现为对数量的不确定。需要说明的是,"这样"和"那样"作为信疑助词很多时候已经可以互相替换。例如:

(14) 我估计 24、25 这样回去。➡我估计 24、25 那样回去。

(15) 不记得了,两三百这样。➡不记得了,两三百那样。

这与"这/那"类似,由于"这/那样"的信疑助词用法也是沿着它们本来的近指和远指两个方向进一步虚化的结果(方梅 2002),因而在用法上还存在差异。例如:

(16) 我妹妹 15 岁快十六这样/＊那样。

(17) 你什么态度啊! 好像我欠你十万八千那样/＊这样。

概括地说,强调现场性以及空间、时间和心理上的近指时,更倾向用"这样";强调非现场性以及空间、时间和心理上的远指时,更倾向用"那样"。

2.2　信疑助词"这/那样"与概数词

概数词"来、多、好几"是和系数词、位数词平列的类型,放在复合数和量词之间表示概数,性质上与系数词相近(朱德熙 1982:45)。信疑助词"这/那样"与数量成分连用,也使数量表现出不确定性,很容易被看作概数词。实际上,二者具有明显的差异。

第一,概数词只与复合数词连用,而信疑助词"这/那样"无此限制。例如:

(18) 我现在差不多每天晚饭后散步五公里这样。

(19) 他回来有时候早有时候晚,早就是五点左右晚就是七点这样。

第二,概数词只与确数连用,而信疑助词"这/那样"还可与概数连用。例如:

(20) 你以前很瘦的,最瘦的时候有五六十斤这样吧。

(21) 我们大概只有两三个多小时那样去吃!

第三,概数词不与序数连用,而信疑助词"这/那样"可以。例如:

(22) 10 月初这样去,请问有推荐吃海鲜的好地方吗?

(23) 我算算啊,七八年之后,那你现在应该是初中,大概是初二这样。

第四,概数词放在复合数词和量词之间,而信疑助词"这/那样"只能放在量词后。例如:

(24) 我有时候一天接两到三个这样,也可能好几天接不到一个。

(25) 你买一只 501.8 先玩玩嘛,600 块这样,但是拍人像会好看很多。

可见,信疑助词虽然也能表达数量的不确定,但与概数词是完全不同的类型。

2.3　信疑助词"这/那样"与表示概数的词语

定量后加用"上下、左右、来往、来、把"能够表达不确定的数量,"上下、左右、来往、来、把"是"含有'大约'意思的字"(吕叔湘 1956:139),是"表示概数的词语"(刘月华等 2001:119)。可见,表示概数的词语是指加于定量基数词之后能使数量表现出不确定性的那些词语。在表达数量的不确定性上,信疑助词与表示概数的词语具有功能共性,一般也能互换。例如:

(26) 一个月住 20 天这样/左右,一个月电费一百左右/这样。

(27) 现在学个蛋糕好贵啊,随便教一下裱花都 2 000 上下/这样。

(28) 它的"B"阶段大概是在 1800 年前后/这样从亚洲开始的。

但二者之间也存在明显的差异:第一,表示概数的词语只能加于定量基数词后,而"这/那样"还可以加于序数和非定量基数之后;第二,"这/那样"的适用范围更广。"上下"多用于年龄,"前后"只用于表示时间的概数,"左右"适用于各种量词但只能用于用数量词表示的时间词语后(吕叔湘主编 1980:397、422、627;刘月华等 2001:121-122)。"这/那样"则均无此类限制。尤其是,"这/那样"不仅可以表达说话人对基数、定数的不确定,还可以表达对序数、概数的不确定。这说明,"这/那样"也不是表达概数的词语。

综上可见,"这/那样"不是概数词,不是"表示概述的词语",而是信疑助词,其表达概数或强化数量模糊度的功能,不过是说话人的信疑在数量上的表现而已。

3. "这/那样"的语法化

信疑助词"这/那样"源于表达客观比较义的"有(像)……＋这/那样＋形"结构中指示程度的指别词"这/那样"(吕叔湘主编 1980:356),在句法、语义、韵律等内部条件与互动塑造、语境吸收等外部动因的综合作用下形成。

3.1 "这/那样"语法化的内部条件

"这/那样"的语法化以句法同位、语义复指和语音轻化为前提。

3.1.1 结构上同位

前期认为,"这/那样"不能指示数量,这与语言事实不符。"这/那样"可于数量后出现并复指数量,构成"有(像)……＋这/那样＋形"格式。例如:

(29) 它两个翅膀展开可以达到 12 米,有 12 米这样长,甚至还有更大的。

(30) 5 分钟,300 秒,在她的感觉上竟有 300 年那样长。

(31) 那个由数以千计的六边体支架拼合而成的大圆球,直径 76 米,有 20 层楼那样高。

从"这/那样"的句法功能看,上述用法与"这/那样"做定语、谓语、补语以及主语、宾语、状语的情况均不同。不论依据层次分析法还是主干分析法(陆丙甫 1981、1985),"这/那样"都与其前的数量构成同位结构,①属重指同位(黎锦熙 1992:56-60),且以同位结构后位成分的身份出现。同位结构的后位是个句法敏感位置,往往容易发生语法化。

3.1.2　语义上复指

从语义角度看,同位结构后位成分"这/那样"可以删除,且不影响命题意义的表达。例如:

(32) a. 事实上我每次看到奥特曼都会觉得他们有一百米那样高,不知道为什么?

　　 b. 事实上我每次看到奥特曼都会觉得他们有一百米高,不知道为什么?

(33) a. 一个车盒子有四五间屋那么大,火车能带几十个车盒子,有一二百间屋那样长。

　　 b. 一个车盒子有四五间屋大,火车能带几十个车盒子,有一二百间屋长。

删除变换表明,"这/那样"属于语义上的羡余成分。同位结构后位复指前位的语义羡余是一种结构式语义羡余。语言中的某一成分如果是羡余的,它的语义就容易虚化,如果羡余成分恰好处于汉语句法的某个功能词的位置,它就可能语法化为该相应的虚词(江蓝生 2016)。这就为"这/那样"的语法化准备了语义条件。

3.1.3　语音上轻化

从韵律角度看,"数量-这/那样-度量形容词"中"数量"都重读,而"这/那样"都轻读。这种用法不论从结构还是从语义上看,本质上都与指示程度的"有(像)……+这/那样+形"(吕叔湘主编 1980:356)的用法一致,只是"前面用来比较的事物"这里直接使用了数量而已。试比较:

(34) 那两棵枣树有碗口那样粗。(转引自吕叔湘主编 1980:356)

(35) 一个车盒子有四五间屋那样大。

"用于比较的事物"和数量是说话人强调的重点,是新信息,需要重读,而回指性的"这/那样"居于同位后位,复指前面的成分,语音上都发生轻化。这恰好与"前面没有用来比较的事物……表示比拟的程度、强调说话人的感叹语气"(吕叔湘主编 1980：356)等用法的"这/那样"构成对立。例如(转引自吕叔湘主编 1980：356)：

(36) 既然你那样喜欢它,就送给你吧。

(37) 果然下雪了,下得那样大。

由于表示强调且处于状位,例(36)(37)中的"那样"都重读。这一方面说明表比较和不表比较的结构存在差异,另一方面也印证了前文对"数(量)+这/那样"做同位分析的科学性。

同位后位、语义复指、语音轻化为"这/那样"的语法化准备了句法、语义、韵律方面的条件,在外部力量的推动下就可能最后完成语法化。

3.2 "这/那样"语法化的外部动因

"这/那样"的语法化更多受到说话人和听话人在协商交际情境意义过程中所发挥的作用的影响,主要是互动塑造和语境吸收的推动。

3.2.1 互动塑造

"这/那样"青睐会话中最典型的"对答"(exchange)——一问一答(沈家煊 1989),而且绝大多数均作为应答语出现,从而与其对应的话题形成"话题-说明"邻接对(adjacency pair),对提问中的话题"高、大、重、粗"等进行说明。例如：

(38) 甲1：问下你多高多重? 西裤码偏大吗?

乙1：我 165 那样,94 斤,我穿 S 有点大。

(39) 甲1：你觉得今年分数线是下降还是上升?

乙1：比去年的高,估计二本在 490—500 这样吧。

互动交际中,"数(量)+这/那样"后作为比较项和话题的度量形容词往往会因邻接对明示而发生脱落。例如：

(40) 甲1：男票多重啊?

乙1：120 到 130 这样。

(41) 甲1：这是什么位置?

乙1：就今天的店上来五十米这样。

沈家煊(1989)认为,篇章是一系列"说明"的连续组合,每个说明既是前一个说明引发的结果,本身又能引发下一个说明。这既体现为话语建构中对合作共建者的示好，同时也使应答语为避免话题重复而在经济原则作用下导致其脱落。前文已经指出，"数量＋这/那样＋度量形容词"中的同位结构"数量＋这/那样"依赖其后的度量形容词实现结构和语义的平衡。互动塑造的作用使度量形容词脱落，打破了这种平衡。结构和语义失衡必将诱发对该结构或结构要素进行重新分析，以达到新的平衡。

3.2.2　语境吸收

脱落掉度量形容词、失去比较意义的"数量＋这/那样"表现出新的特征："数量＋这/那样"可与表达估测的"估测、估计、估摸、估算"等动词、表示不确定的"大概、大约、大略、大致、好像"等副词、提示测度的"看起来、看着"等插入成分，以及测度语气词"吧"兼容。例如：

（42）甲1：每次都遇到排长龙。

　　　乙1：6点之前等开门肯定有位，或者等第一批吃完大约7点这样去也有位的呢。

（43）甲1：那你什么时候去景德镇啊？

　　　乙1：估计周末那样。

（44）甲1：女人的年纪是个秘密……你看着她像多少岁就是多少岁。

　　　乙1：原来是这样，那行吧，看着也就是30出头这样子。

（45）甲1：你这学期多少门课啊？

　　　乙1：大概十五这样吧。

Bybee等（1994：253-270）、Traugott和Trousdale（2013）认为，语义可以随词汇项或构式语境的不同而发生改变，即词汇项或构式能够将语境意义吸收。"数量＋这/那样"高频出现于表示估测的口语语境中，就吸收了语境中的估测义。语义的变化导致对结构要素"这/那样"的重新分析，"这/那样"由指示程度转而表示信疑，发生去指示化。证据有二：第一，"这/那样"因指示中心脱落而丧失指示功能。"这/那样"原都具有指示功能，可以指示程度、方式和数量，句法上处于状位，位于所指示的中心之前。表达信疑的"这/那样"因脱落了指示中心，作用于超命题层面，表示说话人认知上的不确定，语义指向其前面的数量。试比较：

（46）除了沈阳金德和云南红塔的比赛没有进球外，其他场次的比赛都有进球,其中不乏 6 比 2 这样大的比分。

(47) 我觉得电影,商业电影,商业电视,其实失败的比例和成功的比例是 9 比 1 这样,甚至更大。

第二,去指示化的"这/那样"不再能进入表达比较的"有(像)＋数量＋这/那样＋度量形容词"结构。例如:

(48) 甲1:什么时候发的?

乙1:今天早上九点二十这样。｜＊今天早上有/像九点二十这样早/晚。

(49) 甲1:多少米?

乙1:1 009 这样。｜＊有/像 1 009 这样多/贵。

发生去指示化的"这/那样"完成语境吸收,从而重新分析为表达信疑的助词,与所在语境达到和谐,实现结构与语义的新平衡,完成语法化。

4. "的样子"的语法化及其与"这/那样"比较

"的样子"(包括其变体"的样儿")也可后置于度量衡及时间等表数成分,用法与信疑助词"这/那样"相同。此外,"的样子"还可以置于非数量之后,用以表达说话人主观上的不确定。

4.1 "的样子"表达主观信疑的三种类型

首先,"的样子"置于确数或概数后,表达说话人对点量的不确定。例如:

(50) ——你好,七天大概开销多少? ——我花了一万三的样子。

(51) ——你这是多高? ——167、168 的样子。

其次,"的样子"置于序点或序列后,表达说话人对序量的不确定。例如:

(52) ——何时到杭? ——23 的样子。

(53) ——过年不回来了?顾扣峰回来了。 ——初六初七的样子回来。

最后,"的样子"可以置于非数量之后,表达说话人的主观不确定。例如:

(54) 四瓶纯果汁 59 的话也不算贵,看起来很好喝的样子。

(55) 感觉你们要泡汤的样子。不会的，还在努力寻找中！

与表达数量不确定不同，"的样子"置于非数量之后，是表达说话人对事态本身的不确定，如例(54)是说话人不能确定果汁是否很好喝，例(55)是说话人不确定是否要泡汤。

4.2　跨层非短语结构"的样子"的语法化

"的样子"的语法化是跨层非短语结构发生结构固化和语义虚化的过程。

4.2.1　"的样子"的结构固化

"样子"，名词，《现代汉语词典》(第7版)注为"形状；人的模样或神情；作为标准或代表，供人看或模仿的事物；〈口〉形势；情势"，其典型用法之一就是受视觉动词("看、看见、瞧、瞧见、端详"等)支配，且视觉动词只能支配"样子"的复杂形式，不能支配简单形式。例如：

(56) 我要看你剪短后的样子。➡

　　a. ？我要看你的样子。

　　b. 我要看剪短后的样子。

　　c. ＊我要看样子。

　　d. 我要看剪短后的。

　　e. 我不看你剪短后的那副样子。

　　f. 我没看你剪短后的那副样子。

上述变换说明：实义视觉动词支配定心结构的名词核心"样子"(据例56e和56f)，多重定语位置上的同位性定语"剪短后的"既是语义上的重心，也是保证结构合法性的核心，"的"后附于同位性定语(据例56a—d)(朱德熙1982：144；江蓝生2004)。"的"与其后的中心语"样子"构成跨层非短语结构。

当视觉动词发生虚化(张谊生2006；廖开敏2006；刘琉2011)，导致其后的定心结构发生相应的变化。例如：

(57) ——罗密欧，不是我打击你，看起来好难吃的样子。

　　　——不给你吃的。

(58) ——摄影师看上去好专业的样子啊！

　　　——那何止是专业啊！

一方面,虚化的视觉动词失去了支配宾语的能力,转而充当高层谓语,表示说话人的判断;另一方面,"样子"不能再接受数量定语、领属定语修饰,原来的同位性定语也成为伪修饰语,失去修饰关系。例如:

(59) a. ＊看起来(一脸/一副)好难吃的(那副)样子

　　　b. ＊看上去(一脸/一副)好专业的(那副)样子啊

(60) a. ＊看起来你好难吃的样子

　　　b. ＊看上去他好专业的样子啊

(61) a. ＊看起来好难吃的

　　　b. ＊看上去好专业的

再一方面,这种用法中的"的样子"即使整体删除也无碍命题意义表达。例如:

(62) ——蛋汤看起来好好喝(的样子)。

　　　——也就看起来……

(63) ——你的手好皴呀,看来维生素很缺乏(的样子)。

　　　——不爱抹油,不注意保养。

视觉动词语义虚化使其语义指向发生了变化:由明确指向中心语"样子"变为侧重指向伪修饰语"好难吃、好专业","样子"在结构上被架空,伪修饰语成为语义重心。结构和语义的变化,引发结构关系的变动,"的"由后附于伪修饰语变为前附于"样子","样子"语音也发生轻读,从而由跨层的非短语结构固化为一个整体,用于表达信疑。

4.2.2 "的样子"的语义虚化

"的样子"语法化的诱因在于其结构内部的语义关系发生了变化,语法化的过程也是语义虚化的过程。

首先,视觉动词虚化后可以表达信疑义,与之同现的"的样子"可以整体删除而不影响命题意义表达,这证明"的样子"不仅结构上发生了固化,而且语义上也发生了虚化。

其次,语法化的"的样子"不仅可以和虚化的视觉动词同现,还可以和听觉动词、味觉动词、嗅觉动词和感觉动词同现。例如:

(64) ——猪腿,听起来很好吃的样子。

　　　——你把脚抬起来啃一口。

(65)——好像吃起来都差不多的样子。

　　——是啊,不过通常早餐吃热些。

(66)——闻起来似乎很好吃的样子。

　　——嗯,芋头排骨汤、粉蒸猪肉、青椒炒牛肉。

(67)——到底是什么嘛,感觉很好玩的样子。

　　——一个游戏啊。

这种移觉现象本质上是一种隐喻(汪少华 2001)。视觉向听觉、味觉、嗅觉及感觉的映射,进一步证明"的样子"用法上的泛化和语义上的虚化。

最后,"的样子"在语境吸收和移觉隐喻作用下语义发生虚化。一方面,因为"的样子"与"看来、看起来、看上去、看着"等表示推测的成分高频同现,便吸收了其中的估测义。估测义表现为说话人对数量和事态的不确定时,就是信疑。另一方面,移觉隐喻决定了"的样子"将独立承担起表达信疑的功能。因为移觉遵循基本的认知原则,即从较易存取的概念映射到较难存取的概念比从较难存取的概念映射到较易存取的概念更为自然(汪少华 2001)。视觉向听觉、味觉、嗅觉及感觉的映射,是简单认识形式内部的"由易到难"的映射。这种移觉隐喻促使"的样子"发生语义虚化。当"的样子"后附于数量时,因为数量表现为一种比较复杂的思维,视觉、听觉、嗅觉、味觉以及感觉等简单认识形式已经不能处理数量,移觉隐喻出现"越域",即从简单的感性认知跨越到了复杂的理性认知。"越域"的句法后果,就是当"的样子"后附于数量时,由于人对数量的感知并非视觉、听觉、嗅觉、触觉的感知,导致对应表达估测的动词性成分也往往脱落。估测成分脱落,促使"的样子"最终独立承担起表达信疑的功能。

4.3　"的样子"与"这/那样"的比较

语义和用法都相近的"的样子"和"这/那样"共存,说明它们之间必然存在差异。首先,"的样子"与"这/那样"虽都有黏附性,但所寄宿主不完全相同。"的样子"可依附数量和非数量两类宿主,"这/那样"只依附数量宿主。例如:

(68) a. 作业好多,觉得永远都做不完的样子。

　　b. ＊作业好多,觉得永远都做不完这/那样。

(69) a. 这个月饼看起来很好吃的样子。

b. ＊这个月饼看起来很好吃这/那样。

其次，"的样子"与"这/那样"虽都表达说话人认知上的不确定和语义上的或然（吕叔湘 1956：253），但指向不同。"的样子"可指向点量、序量和非数量。当其指向非数量时，或使某种属性表现出或然性，或表达说话人对事件能否发生的不确定。例如：

(70) 胖璐，我又胖了好多，瘦不下来的样子。

(71) 今年好像很多人不回家的样子。

"这/那样"可指向点量、序量，但不能指向非数量。这应与二者的来源和语法化路径有关。

最后，"的样子"与"这/那样"的来源、语法化条件和程度不同。"的样子"来源于跨层非短语结构，其语法化主要受语境吸收、移觉隐喻影响；"这/那样"来源于指示程度的指别词，主要在语境吸收、互动塑造作用下完成语法化；"的样子"只是完成了从跨层非短语结构向固化结构的变化，或可将其看作表达信疑的短语词，而"这/那样"已经语法化为信疑助词。

5. 结语

"这/那样"表达说话人对数量的不确定，是信疑助词，源于同位后位上的指别词"这/那样"，因互动塑造、语境吸收而发生语义羡余和语音轻化并完成语法化。"的样子"表达说话人对数量和事态的不确定，源于跨层非短语结构"[的[样子]]"，在重新分析、语境吸收和移觉隐喻影响下而发生结构固化和语义虚化。篇幅所限，本文只分析了指别词"这/那样"的语法化问题，与之对应的指别词"这/那么"未及分析；短语词"的样子"尚处于语法化的进程中，仍需继续观察，均留待后续深入研究。

附　注

　　① 目前对同位结构的界定多限于对体词性成分的分析，即构成成分是体词性的，同位结构也是体词性的。这种分析可能限制了对汉语语法事实的认识。段业辉 (1987)分析"这样"的语义同步现象，认为"这样"的语义指向紧跟在它后面的词语（如"这样一步一步"），二者在语义上互相照应，"这样"同它指向的词语构成同位短语。我

们认为,这种结构分析方法是科学的。就"数量＋这/那样＋AP"来讲,数量成分、"这/那样"均可以和度量形容词构成相同的句法结构关系和语义结构关系,可以看作一种不同于体词性同位的同位结构。当然,汉语"数量＋这/那样＋度量形容词"中的同位结构"数量＋这/那样"具有特殊性。首先,一般同位是指两个或更多的名词同在一个位置而又同指一事物(黎锦熙 1992：56),但"数量＋这/那样"的前位是数(量),后位是指示代词,没有指称功能,但有陈述作用;其次,同位结构"数量＋这/那样"可以归入"重指的同位"(黎锦熙 1992：59)一类,其典型特征是具有黏着性,依附于其后的度量形容词。

参考文献

段业辉 1987 "这样"的语义指向和已知信息的代词化,《汉语学习》第 6 期。

方迪、张文贤 2020 "这样""这样啊""这样吧"的话语功能,《汉语学报》第 4 期。

方　梅 2002 指示词"这"和"那"在北京话中的语法化,《中国语文》第 4 期。

黄均凤 2014 "这样"的非代词用法及其篇章功能,《汉语学报》第 3 期。

江蓝生 2004 跨层非短语结构"的话"的词汇化,《中国语文》第 5 期。

江蓝生 2016 超常组合与语义羡余——汉语语法化诱因新探,《中国语文》第 5 期。

江蓝生 2008 现代汉语语篇中"那样"用法简析,《湖南科技学院学报》第 6 期。

蒋跃、于群 2007 英汉约数的比较与翻译,《解放军外国语学院学报》第 4 期。

黎锦熙 1992《新著国语文法》,商务印书馆。

廖开敏 2006 试析近义词群"看来""看起来""看样子""看上去",《社会科学家》增刊。

廖秋忠 1989《语气与情态》评介,《国外语言学》第 4 期。

刘　琥 2011 从视觉性差异看"看来"、"看似"与"看样子"的异同,《汉语学习》第 1 期。

刘　苹 2016 英汉概数表达形式的结构类型比较,《南华大学学报(社会科学版)》第 1 期。

刘月华、潘文娱、故韡 2001《实用现代汉语语法》,商务印书馆。

陆丙甫 1981 主干成分分析法,《语文研究》第 1 期。

陆丙甫 1985 流程切分和板块组合,《语文研究》第 1 期。

吕叔湘 1956《中国文法要略》,商务印书馆。

吕叔湘主编 1980《现代汉语八百词》,商务印书馆。

沈家煊 1989 不加说明的话题——从"对答"看"话题-说明",《中国语文》第 5 期。

童盛强 2002 列举助词"这样",《西北师大学报(社会科学版)》第 5 期。

汪少华 2001 移觉的认知性阐释,《修辞学习》第 4 期。

吴仲华 2006 指示代词"那样"的比况功能,《咸宁学院学报》第 1 期。

杨安红、蒋华 2003 "那"、"那样"、"那么"的下指用法,《汉语学习》第 5 期。

杨淑璋 1981 浅谈"那样"的一些用法,《汉语学习》第 5 期。

张斌主编 2001《现代汉语虚词词典》,商务印书馆。

张谊生 2006 "看起来"与"看上去"——兼论动趋式短语词汇化的机制和动因,《世界汉语教学》第 3 期。

赵元任 1979《汉语口语语法》,吕叔湘译,商务印书馆,2018 年。

周士宏 2009 "吧"的意义、功能再议,《语言教学与研究》第 2 期。

朱德熙 1982《语法讲义》,商务印书馆。

朱景松主编 2007《现代汉语虚词词典》,语文出版社。

Bybee, Joan, Revere Perkins & William Pagliuca 1994 *The Evolution of Grammar: Tense, Aspect, and Modality in the Languages of the World*. The University of Chicago Press.

Traugott, Elizabeth C. & Graeme Trousdale 2013 *Constructionalization and Constructional Change*. Oxford University Press.

(本文发表于《语言教学与研究》2022 年第 1 期)

虚 词 分 析

从延展组合到递进关联："甚至于、乃至于"及"甚而至于"的功用及其演化[*]

上海师范大学　张谊生

0. 前言

就当前通用的语文词典与虚词词典的立目与解释情况而言,《现代汉语词典》(7 版)、《现代汉语规范词典》(3 版)都收录了连词"乃至于",《现代汉语规范词典》不但收录了"甚至于",还为"甚而至于"立了目。[①]但是,两本词典对"乃至于、甚至于"及"甚而至于"的解释,都是"甚至"与"乃至",没有关注与阐释四者之间的细微区别。就虚词词典而言,《现代汉语八百词》(增订本)、《现代汉语虚词词典》(商务版)都只是为连词"甚至、乃至"立目,称之为"递进连词",也都提到"乃至于";《现代汉语虚词词典》(北大版)只是为"乃至"与"甚而至于"立了目,解释为"甚至";但都没有为"甚至于"立目。当前存在的问题主要有:作为连词,"甚至于、乃至于"跟"甚至、乃至"以及"甚而至于"在连接功用与关联特色等两个方面,到底有哪些细微的区别,尤其是"甚至于、乃至于"具有哪些特定的连接功能;其连词化动因与机制涉及哪几个方面,"甚至于、乃至于"后附的"于",到底属于什么性质成分;这一系列现象与问题,都还有待于进一步深入探究与阐释。

迄今为止,对于连词"甚至"的成因与功用,周静(2004),袁毓林

　＊ 本文曾在第十一届现代汉语语法国际研讨会上报告,修改稿发表于 2022 年第 2 期《世界汉语教学》。本文是国家社科基金"程度副词的生成、演化及其当代功能扩展的新趋势研究"(15BYY131)与国家社科基金"汉语副词再演化的模式与功用、动因与机制的系统性研究"(20BYY153)的阶段性成果。

(2008),方一新、姜兴鲁(2009),刘红妮(2012)等,从不同角度展开过研讨;而且还发表了一系列相关的博、硕士论文。连词"乃至"迄今只有张玉洁(2013)、梁燕(2013)两项成果。不过,有关"甚至于、乃至于"与"甚而至于"的功用特色及其连词化动因与机制等,还未见任何有针对性的研究成果。本文拟讨论三个方面现象与问题:首先,从共时平面描写、揭示"甚至于、乃至于"的连接方式、关联功能与篇章特征。其次,从历时角度探讨、分析"甚至于、乃至于"的连词化历程及其相关的动因与机制。最后,从多个角度比较、辨析"甚至于"与"乃至于"及其跟"甚而至于"在衔接方式、连接功用及其演化基础与特点等方面的差异。

本文例句主要引自于北京大学 CCL 语料库及网络博客(长句略有删节),全部注明出处。

1. 连接方式及其功用与特征

本节描写与分析"甚至于、乃至于"的连接方式、关联功能及其语篇衔接功能。

1.1 延续增加的连接功能

"甚至于、乃至于"延续增加的连接方式,主要体现在位于并列结构中间或后项前的组合连接功能,连接成分可以是体词性的,也可以是谓词性的。例如:

(1) 国际包装技术展览会、中国包装和食品机械总公司每两年举办一次的国际包装和食品机械展览会,准备工作都在几个月甚至于半年、一年以上,展会规模大,观会用户多,国内外新品荟萃,收到了比较理想的展出效果。(1994 年《报刊精选》)

(2) 人们往往对企业的主打方向产生模糊认识,出现盲目放弃主业,转而发展自己并不熟悉的、看似发展良好的一些产业,导致生产经营困难甚至于破产倒闭,这样惨痛的教训发人深省。(新华社 2001 年 8 月份《新闻报道》)

(3) "有趣"是指其短章片句的信息蕴含颇多意趣,嬉笑怒骂,嗔怪怨怼,特别好玩;"有意思"则是说它在"特别好玩"的同时,给人以

语言学、社会学、语言社会学乃至于社会思潮、社会心理等多方面的启迪。(《读书》vol - 156)

(4) 一想到这番"恋情"可能被借书人骚扰、阻隔乃至于剥夺,心灵细腻而又痴情的读书人在有人借书时确有一种<u>委屈、狐疑、担惊受怕</u>乃至于"<u>胆颤心惊</u>"之感。(《读书》vol - 142)

就连接方式而言,"甚至于、乃至于"在表达组合连接时,除了延展各种体词性的概念与情况,也可以拓展各种谓词性的行为、状态;既可以像"和、跟、与、同"那样构成黏合并列式,但由于音节数与形成源不同,更常见的是,在停顿之后再追加各种后项。例如:

(5) 诚然,当时颇有一部分官僚政客,甚至于政府当局,被她笔下捉弄,调侃得哭笑不得,难怪乎《京话》刊布,竟万人争诵。(《读书》vol - 204)

(6) 学生在这样一种片面认识指导下,就必然会养成一种依赖客观条件的心理素质,就必然会压抑自己的主观能动性,这对一个人的成长来说,危害是极大的,甚至于会危害他的一生。(1996 年《人民日报》)

(7) 张老师心里一阵阵发痛,几个小流氓偷书,倒还并不令人心悸,问题是,凭什么把这样一些有价值的、乃至于非但不是毒草,有的还是香花的书籍,统统扔到库房里锁起来,宣布为禁书呢?(刘心武《班主任》)

(8) 从最不起眼的昆虫,到最有力量的世界领袖,乃至于最恶名昭彰的连续杀人犯,所有众生都希望得到快乐,避免不快乐。(马君美等译《佛教的见地与修道》)

以上诸句中,不论中间是否有停顿,由"甚至于、乃至于"连接组合构成的都是联合式短语,整个结构都还在不同类别的单句中的。其实,"甚至于、乃至于"在停顿之后追补延伸后项时,除了追补体词、谓词及其短语外,也还可以追加各种类别的小句。也就是说,现代汉语"甚至于、乃至于"跟连词"以及"一样,既是组合连词又是关联连词。例如:

(9) 当八国联军攻入北平的时候,他正是个青年人,他看惯了连王公大臣,甚至于西太后与皇帝,都是不敢招惹外国人的。(老舍《四世同堂》)

(10) 应该说,我们这个社会还是关心野生动物者多,即使那些吃过野生动物,甚至于参与过偷猎和走私的人,也并不都是顽固分子。(CWAC\CEB0133)

(11) 深入生活,深入群众已经变成了一种高度的、强烈的自觉意识和自觉行为,变成了与生活和创作血肉相连的一个组成部分,乃至于赵树理人在北京,心在潞安;马烽二去北京,都得出了创作离不开家乡沃土的结论。(1994 年第 3 季度《人民日报》)

(12) 确实像刚才这位同学说的,中国文化自古以来,官方皇帝都要祭天、封禅、拜祖、祭孔,进行这些重大的活动,乃至于西方人也觉得,那你这些东西不也就是一种宗教吗?(赵林《中西文化的精神差异》)

从语义上看,两类追补成分基本都具有延伸、拓展、增强的性质与作用;从句法上看,如果"甚至于、乃至于"前项与后补的成分还是各种联合短语,那么,体现的还是句内组合连接功能;如果前项与后补的成分是各种小句,那么,表达的就是复句关联功能了。试比较:

(13) 有时他只带上一个行囊,赶着驴子,载着一些零件,装着粮草、大衣、羊毡、压榨机去搜集植物标本,甚至于晚上在山上过夜,过着野宿生活。(《读书》vol - 004)

(14) 当今太平盛世,城乡狗患频仍,乃至于干警突击,全民动员,打狗除患,岂不悲哉?(《市场报》1994 年)

上面例(13)连接的单位还是单句,而例(14)关联的单位已是复句了。由此可见,这两个连词虽都具有延续增量的连接功用,但连接的成分可以是短语也可以是复句。

1.2　后项递进的关联功能

随着"甚至于、乃至于"连接功能不断拓展增强,进而延伸到另一类相关的情状与现象时,关联的分句也就逐渐从并列关系转向成了递进关系了。例如:

(15) 这一段情缘,是绝对的宿孽,她也曾竭力地抑制、克服、摆脱,甚至于故意更加放荡,想把自己的情欲,转移到许多别的方面。(刘心武《秦可卿之死》)

(16) 我注意地听,受感动地听,焦躁地听,乃至于我听得烦恼,听得全身发热,心房诘问似的颤跳,我的肌肉似乎在我的骨上啮嚼,使我狂跳不安。(杨刚《沸腾的梦》)

"甚至于、乃至于"不但可以关联递进分句,也可以关联递进各种复句形式。^②例如:

(17) 我自己一生感恩佛教受惠良多,甚至于现在 80 岁了,一点都不忧愁老死要来,一点都不忧愁明天怎么过,觉得日子好自在,这个就是信佛的好处。(《传媒大亨与佛教宗师的对话:包容的智慧》)

(18) 所谓文明,就是通过这种反向的作用而不断地发酵、不断地扩展、不断地膨胀,乃至于到了 15 世纪的时候,我们再看这个世界,我们说那个时候的世界,基本上到处都是农耕世界,基本上我们找不着游牧民族的立足之地了。(赵林《中西文化的精神差异》)

据此而言,作为连词,"甚至于、乃至于"不但具有在各种联合短语中连接拓展与并存成分的组合功能,在复句中还分别具有关联并列或递进复句之后项两种分句的关联功能。

1.3 承接延展的语篇功用

再进一步发展,一系列位于语篇后句句首的"甚至于、乃至于"的功能,就拓展到可以关联多个句子,从而构建了具有并列或递进功用的语篇。例如:

(19) 那么,大会期间群众集中上访会不会影响大会的正常秩序? 甚至于影响福建省的对外形象呢? 对这个问题,福建省人大常委会主任袁启彤说:"人民群众之所以从基层来到省人大上访,一是因为他们的利益受到了侵害,或有冤情;二是多处投诉无望,最后找到人大。"(2000 年《人民日报》)

(20) 家里未请全日保姆,孩子的事都是她亲自操持。乃至于电影的拍摄工作得根据孩子学校的课程转,有很多镜头不得不临时改到纽约的住处附近拍。(李学江《苏珊——大器晚成的影后》)

而且,连词"甚至于"在语篇中还可以插入独用,^③但"乃至于"还不能这样用。例如：

(21) 我没有看见母亲发过这么大的火，来不及收拾衣物，匆匆拉着我和小四儿坐上洋车，径直就向家里奔去。坐在洋车上，母亲不停地骂着小的儿，骂声中充满了仇恨。甚至于，我感到母亲的手在剧烈地颤抖，她搂着我的一只手掌，手掌心冰凉冰凉。(林希《"小的儿"》)

(22) 他还可以在贺一骑不断把他召到食堂的屏风后面，工头一般对他的写作蹙眉或欣悦时，捆他一记。甚至于，在贺书记提着十斤白米、两根猪大肠来救济大饥荒中微微浮肿的我们一家三口时，给他一下子。(严歌苓《人寰》)

总之，"甚至于、乃至于"与组合连词"和、跟、与、同"的不同在于：后项成分语义上不但可以是象似并列的，也可以是拓展延伸的；连接方式可以是联合并存构成单句，也可以是追补递进构成复句和语篇。二者间的区别在于："甚至于"的词汇化趋势与标记化功用要比"乃至于"更强，所以，在语篇及复句中经常插入独用，但"乃至于"独用式迄今还没有。

2. 叠加衍推及其动因与机制

本节从历时的角度探讨、分析"甚至于、乃至于"的连词化历程及其动因与机制。

2.1 叠加融合到跨层组合

"甚至"有两个不同来源：副/连兼类词"甚至[1]"是跨层结构词化，[④]形容词"甚至[2]"是由于并列短语固化而成的(刘红妮 2012)。研究发现，与"甚至于"演化相关的是"甚至[1]"。在北宋时期，具有连接功用的"甚至[1]"已基本成熟。例如：

(23) 此圣人教天下之为人子者，不惟平时有愉色、婉容，虽遇谏过之时，亦当如此；甚至劳而不怨，乃是深爱其亲也。(《朱子语类》27 卷)

(24) 而今官员不论大小，尽不见客。敢立定某日见客，某日不见客。甚至月十日不出，不知甚么条贯如此。是礼乎？法乎？可怪！(《朱子语类》33 卷)

就所调查语料来看,大约从清朝中后期开始,连词"甚至"为了进一步凸显连接的后项,就会与主要用来引介另一话题、对另一件事或现象补充说明或处理的介/连兼类词"至于"相叠加(superposition),从而形成了"甚至+至于"的叠加融合形式"甚至于"。⑤正因为"甚至"受到"至于"特定表达功用的影响、感染,从而逐渐形成了在单句、复句、语篇中表示并列、递进叠加融合式的"甚至于",而且更能凸显后项结果的连接功效。试比较:

(25) 自从行出这个法子之后,户部里却多了一单大买卖,甚至有早上填出去的官照,晚上已经缴了的,那要嫖的人不免又要再捐一个,那才是源源而来的生意呢。(《二十年目睹之怪现状》75回)

(26) 翻到末页看时,已经有几个写上愿助的了,有助一千钱的,也有助一元的,甚至于有助五角的,也有助四百文的,不觉发了一声叹。(《二十年目睹之怪现状》14回)

(27) 他却乞儿不得火向,饭饱了,便要弄起箸来,不依大奶奶的规矩,得空就要作贼。甚至大奶奶睡熟之中,悄悄的趴出被来,干那鼠窃狗偷的伎俩,屡次被大奶奶当场捉获。(《醒世姻缘传》91回)

(28) 若是有饭,吃的人家,只有一个女儿,没有儿子的,也不与他论甚么辈数,也不与他论甚么高低,必定硬要把儿子与他做了女婿,好图骗他的家私。甚至于丈人也还有子,只是那舅子有些脓包,丈人死了,把丈人的家事抬个丝毫不剩,连那舅爷的媳妇都明明白白的夺来做了妾的。(《醒世姻缘传》26回)

同样是引导"有X"与充当递进成分的复句,在相同的晚清小说中,既用"甚至",也可以用"甚至于",表明附缀"于"在"甚至于"的叠加中已经融合了。与"甚至于"不同的是,汉语的"乃至+于[1]"早在先秦已出现。但是,这类"乃至+于"并没有凝固词化,其后面的"于X",还只是介词短语以及动词"乃至"的补语而已。⑥例如:

(29) 山之上命之曰悬泉,其地不干,其草如茅与走,其木乃櫄,凿之二尺乃至于泉。(《管子·地员》)

(30) 不知温公与刘道原、范淳父辈当日何所见,而好恶拂人之性乃至于此,使非新安《纲目》、琼山《世史正纲》改书"讨",君臣大义将渐灭于天下矣。(王士禛《古夫于亭杂录》)

同样,并列、递进叠加式"乃至于^2"的出现,也是发话人为了强化(reinforcement)连词"乃至"的后附连接效果,从而再叠加介/连兼类词"至于",进而逐渐融合发展形成的。只是叠加与融合时间比"甚至于"更早一些,宋元已形成,到明清一直在沿用。试比较:

(31) 身生诸苦受,逼迫乃至死。忧悲不息忍,号呼发狂乱。心自生障碍,招集众苦增。永沦生死海,莫知休息处。(《大藏经》第2卷)

(32) 我今有此阎浮地。人民炽盛。多诸珍宝。亦雨七宝。乃至于膝。亦有瞿耶尼。亦复有弗于逮。(《大藏经》第2卷)

(33) 凡人为天子民,当寻正路,一耕一读,乃至正至大之途。不读则勤耕,以求菽粟有余,俯仰无忧事畜;不耕则苦读,以期功名显达,上下均受荣封。(魏文中《绣云阁》上)

(34) 场中,可以禁道不行,乃至于人禁道之功尚未克成,七窍、珠莲反拜三缄为师,习道于万星台内。尔我遭此蹂躏,未必甘心受之乎?(魏文中《绣云阁》下)

同样是引导各种谓词及其短语,在相同的文献中既还用"乃至",也可以用"乃至于",表明由介词"于"分界转移后形成的附缀"于"在"乃至于"的叠加构成中,业已基本融合了。由此可见,"甚至于、乃至于"与"甚至、乃至"追加后项的连接功能基本相同,但更凸显后附项。发展到近代后期与现代,随着叠加跨层附缀式"甚至于、乃至于"连词化的逐渐成熟,原介/连词"至于"后面的"于",在"甚至于、乃至于"后面也逐渐从后附缀(enclitic)演化为后词缀(suffix)了。而且,在高频类推(analogy)作用下,跨层式连词的连接与关联功能也逐渐定型了。在语篇中还可以分别与"甚至"与"乃至"共现、配合。例如:

(35) 那班行买办,他们向来都是羡慕外国人的,无论甚么,都说是外国人好,甚至于外国人放个屁也是香的。说起中国来,是没有一样好的,甚至连孔夫子也是个迂儒。(《二十年目睹之怪现

状》24 回）

（36）五阴自空。乃至于道道亦自空。是空为是菩萨摩诃萨之等。
　　　于是等空成阿耨多罗三耶三菩。须菩提言。菩萨学消五阴为
　　　学萨云然。五阴不染为学萨云然。学灭五阴为学萨云然。不
　　　生五阴为学萨云然。乃至四无碍学为学萨云然。（《大藏经》第
　　　8 卷）

总之，"甚至于"与"乃至于²"的形成，都是副/连与动连兼类词"甚至、
乃至"在使用中，为了强化凸显后项的表达效果，分别叠加了介词"至于"，
在感染（contagion）与融合（syncretism）以及类推等机制的作用下，形成
了有别于"甚至、乃至"的三音节连词。⑦

2.2　衍推连贯到递进终端

"甚至于、乃至于"的连接功能可以是连接词语与小句，并具有并列与
递进两种关联功能，与"而且"不同的是其追补项往往是延展的终端项。
例如：

（37）如果无法在交货期限内交货，从业人员就必须连日加班到深夜
　　　以制造产品。由于每天晚上工作到很晚，所以白天精神无法集
　　　中，甚至于精疲力竭。（《哈佛管理培训系列全集》第 13 单元）

（38）其初是消极的让，就是让人先夹菜，比人多吃好东西；后来又加
　　　上积极的让，就是把好东西夹到了别人的碟子里，饭碗里，甚至
　　　于嘴里。（王了一《劝菜》）

（39）过去我们习惯于认为，无产阶级一旦夺取了政权，公有制代替了
　　　私有制，异化现象就会趋于式微乃至于消除。（《读书》vol - 024）

（40）我以一种空前的荣幸感凭票进入了那所礼堂。从下公共汽车
　　　起直到进入礼堂大门，我穿过了稠密的等票、求票乃至于试图
　　　抢票的人群。（刘心武《曹叔》）

正因为具有凸显追补功用，与"甚至、乃至"不同的是："甚至于、乃至
于"连接的短语经常用在破折号后面，甚至两个破折号之间，充当特定的
解释性后附或插入成分。例如：

（41）一阵幸运的感觉，以及为了未来的幸运而意识到的责任感，使
　　　他惊喜若狂，以致浑身上下有些抖抖索索——甚至于头昏目眩

了。（潘庆舲翻译《美国悲剧》）

(42) 我们所向往的生活方式。想象中，当我们用这样一种方式去叩开一扇门，从里面走出来的就算是克林顿、史瓦辛格或是莫奈、毕加索——乃至于那类号称自己与作家协会所有驻会作家都熟得一塌糊涂的"国际熟人"，我们也不作出委屈自己人格化脖子的任何举动，与他们握手。（《读书》vol-188）

(43) [这类现象]也还不仅在我国国内，西昌的花卉已经飞向域外，只不过是多半没有人知道这些美丽的花朵——甚至于他或者她拥有了它、亲吻它，脸庞被花儿映照或由于惊喜而绯红的时候——与中国的西昌有什么关系。（1998年《人民日报》）

(44) 她对他倾心相爱，她给他的那种爱，乃是人类智慧和人类心灵中至高无上的奥秘，不管它坚强也好，还是软弱也好，它对羞耻——乃至于天罚——的恐惧，都可以置之度外。（潘庆舲翻译《美国悲剧》）

"甚至于、乃至于"后面还经常出现强调同类顶级现象的"连X都/也"固化强调构式。例如：

(45) 日本人当然拿第一份儿，我们，连我们的姑姑老姨，都须拿到第二份儿！我们要齐心努力的造成一个势力，教一切的人，甚至于连日本人，都得听我们的话，把最好的东西献给我们！（老舍《四世同堂》）

(46) 有人觉得，支队领导多次拒绝送上门来的"发财"机会，至今"八个常委一台旧车"，甚至于连酒宴都不参加，是"思想不开放"，是"傻"。（1995年3月份《人民日报》）

(47) 这样的情景年年继续着，继续了那么多年。但是有一年突然地变了，没有了客人，没有了粽子与雄黄酒，更没有华彩的小丝粽子，乃至于连端午节也没有了，有是有的，是被我忘记了；因为在这一年的春天我的外祖母死去了。（关露《端午节》）

总之，作为后补并且连接各种并列与递进成分的三音节连词，比起同功能的"甚至、乃至"来，"甚至于、乃至于"的连接与关联功能，不但强化后项特色，而且更加多样化了。

2.3 配合关联到多项递进

就连接方式而言,发展演化到现、当代,"甚至于"在表达关联递进过程中,除了独自连接关联之外,还可以与前置连词"不但"构成配合关联。例如:

(48) 两个男人一块来买东西,也许有点触目,不但可能引起司机的注意,甚至于他在阁楼上看见了也犯疑心,俄延着不下来,略一僵持就不对了。(张爱玲《色戒》)

(49) 在上一讲的末尾,我得出这样一个结论,就是秦可卿的出身不但未必寒微,甚至于还高于贾府。(刘心武《帐殿夜警之谜》)

除了递进连词"不但"外,"甚至于"还可以跟前置递进连词"不仅"相互配合。例如:

(50) 不仅如此,韩国人普遍尊敬关羽、诸葛亮等,甚至于发展到类似一种宗教信仰的程度,一些城市和乡村,可以看到当地居民建造的关帝库和武侯祠。(1994年《报刊精选》)

(51) 那东西也不仅维系着他和京京,和秦淑惠,那东西也维系着他和岳父,乃至于更多的人。(刘心武《公共汽车咏叹调》)

而且还能出现"不但/不只是……而且/连……甚至于"等双层并列或递进的表达格式。例如:

(52) 不只是音乐年羹尧学了,甚至于养鸟、养花全学了,而且刻戳子、调印泥,各种的赌博工具全会。(常杰淼《雍正剑侠图》)

(53) 屋中虽然相当整洁,但是还可以看出工作的繁重:不但写字台上有成堆的文件,连小桌上,甚至于椅子上都有刚拆开的或没拆开的函件。(老舍《西望长安》)

"乃至于"配合关联功能不如"甚至于"强,不过也已出现了"不但……而且……甚至于""不但……而且……甚至……乃至于"这样连续两层乃至连续三层的多重递进类复句。例如:

(54) 宗教不再是我们以前所说的人类的文化形态,而成了一种启示,一种上帝所传递给我们的爱心,这样一来,像人类学或心理学之类的研究成果不但无济于事,而且只会坏事,因为上帝是超出科学、事实、文化之外的,甚至于像祈祷,也不再是人的自

主行为或文化现象。(《读书》vol - 120)

(55) 张友士开药方的时候,就说明她的父母兄长是处在困境当中,不但被当今皇帝所排斥,而且进一步夺权的话,又困难重重,障碍重重,很难得逞,甚至有时候不得不牺牲掉一些东西,乃至于牺牲掉自己亲生的女儿。(刘心武《秦可卿原型大揭秘》)

总之,就表达并列与递进、后补延展递进终端项等表达各种独特功效而言,"甚至于、乃至于"现在都已相当成熟了,就配合关联功能而言,"甚至于"要比"乃至于"要更成熟。

3 关联配合及其特色与限制

本节主要比较与辨析"甚至于"与"乃至于"的连接功用细微差异,以及这两个连词与"甚而至于"由于音节差异导致的某些连接方式的搭配限制与用频差异。⑧

3.1 关联配合方式的互同

除了关联配合略有差异之外,"乃至于、甚至于"与"甚至、乃至"的关联互动方式也有所不同,"乃至于"经常与"甚至"配合共现、前后互动。⑨例如:

(56) 人们通过法律、通过道德、通过社会制度的确立、通过一系列明确无误的社会法规乃至于通过宗教来遏制谋略文化的繁衍,甚至要在某些文化领域和社会活动领域不同程度地消灭为谋的可能性。(《读书》vol - 160)

(57) 而地方当局乃至于司法部都没有采取断然措施来处理这类问题,甚至没有将其严重性记录在案。(1998 年《人民日报》)

当然,调查发现,除了"甚至"经常与"乃至于"共现、表互动关联之外,"乃至"与"甚至于"偶尔也有共现、表互动关联的用例,只是这样配合使用的频率比较低。例如:

(58) 偏于基础科学的生态研究并不是"三年桃、四年李,当年的棉花絮棉袄"般的可见性强的学科。研究者要耐得住漫长的、乃至终身的、甚至于几代人的寂寞。(1993 年 12 月份《人民日报》)

(59) 一位平凡的妇女向市政当局提出的一项异常简单的请求,竟使一个乌七八糟的街区和生活在其中备受折磨的市民们受益匪浅,甚至于改变了弗吉尼亚州罗奈克市民与市府乃至整个美国和它的人民之间联结和相互影响的方式。(北库语料《心灵鸡汤》)

区别的原因在于:在表达过程中"甚至"更适合表示延伸递进,而"乃至于"更适合凸显延伸结果⑨,所以,"甚至 X"与"乃至于 X"配合、共现的频率,相对要高得多。再比如:

(60) 在我眼前虽然闪耀着美好的希望之光,但也萦绕着许多未知数,甚至布满了在那时谁也无法预见到的陷阱乃至于深渊!(1994 年《作家文摘》)

正是由于各自成因积淀与连接特色的各种差异,"甚至于"与"乃至"、"乃至于"与"甚至"在相互配合与共现的过程中,存在着一定程度的共现搭配之用频的差异。

3.2　组配连接的音节搭配

就搭配的后附成分差异而言,"甚至于"是三音节的,所以,后面经常出现单音节的成分,而"甚而至于"一个作为四音节的固化短语,虽然从近代到现代,有时也可以后附各种单音节成分,但使用频率还是相对要更低一些。试比较:

(61) 其实还另有作用:两旁的观众原来并没老实着,站在后面的谁也不甘居后列,推,踢,挤,甚至于咬,非达到"空前"的目的不可。(老舍《猫城记》)

(62) 不要的都丢掉,甚至于我(魔尊玄天 2012 - 09 - 22 新浪博客)/打架对水泥建材影响应该很小,甚至于无,对不?(西室王 2019 - 05 - 22 东方财富)/我想问一下,我睡觉后梦话非常多,而且声音非常大,甚至于喊,现在我非常困扰,应该怎么样解决呢?(有问必答 2013 - 01 - 20 寻医问药网)

(63) 但是中人肌肤之后,能生疥疮或疾病,还可以说其中含有毒质之故,仅仅中人的影,可谓与人丝毫没有关系,何以会得生病,甚而至于死?这个理,无论如何总想他不出。(钟毓龙《上古秘史》129 回)

(64) 有些近代哲学家甚而至于说,字永远不应该和事碰面,而是应该住在一个纯净的、自主的世界里,在这个世界里,字只是和一些别的字相对照。(罗素《我的哲学的发展》)

　　至于"乃至于",古汉语尚未词汇化时"乃至＋于＋单音节代词介宾'此、斯、是'"形式相当常见,发展到现代汉语,后接代词"此"的特定用法,也被保留了下来了。例如:

(65) 信中说:"盗印本纸质劣,印刷拙,恶俗封面擅加,而售价昂贵……盗印牟利,无法无耻,胆大脸厚,乃至于此!"(吴海民《面对盗版分子疯狂肆虐　作家们发出愤怒的呼喊》)

(66) 拍摄《弗兰基与约翰尼》前,他曾频繁出入曼哈顿的餐馆,学习如何在空中翻腾煎鸡蛋的烹调技艺,对演戏的痴迷乃至于此,难怪艾尔·帕西诺能够历经挫折,超越自我而走向"天堂"。(1993年4月份《人民日报》)

　　至于后接双音节成分,"甚至于、乃至于"都还是比较普遍的,但"甚而至于"较少见;而且,在统计的语料中,后接的双音节成分,基本上都是用来凸显与强调体词语的。试比较:

(67) 挖根,大挖根,这是满语。另外,他们你看现在曲剧上不是也看得见吗?就那样,就那样,你要让我说,我也没穿过,我也不知道,甚至于在我,在我上一代的时候儿,我父亲的时候儿,这一套就没有了。(1982年《北京话调查资料》)

(68) 一想到这番"恋情"可能被借书人骚扰、阻隔乃至于剥夺,心灵细腻而又痴情的读书人在有人借书时确有一种委屈、狐疑、担惊受怕乃至于"胆颤心惊"之感。(《读书》vol-142)

(69) 过了许久,高照到了,长竹竿揭起一条很长的旗,一个汗流浃背的胖大汉用两手托着;他高兴的时候,就肯将竿头放在头顶或牙齿上,甚而至于鼻尖。其次是所谓"高跷"、"抬阁"、"马头"了;还有扮犯人的,红衣枷锁,内中也有孩子。(鲁迅《朝花夕拾》)

(70) 两月以来,我把什么都忘掉。为了你我情愿把家庭、名誉、地位,甚而至于生命,也可以丢弃,我的爱你,总算是切而且挚了。(章可《我的爱,切而且挚了——郁达夫写给王映霞的情书》)

总之,由于音节差异,"甚而至于"与"甚至于、乃至于"后接成分的不同音节用频,也存在一些差异。

3.3 递进关联的功能侧重

就成因来看,固化短语"甚而至于"的连接功能在清末已成熟;发展到现代,"甚而至于"在性质上已是个具有关联功能与词化倾向的短语词了。例如:

(71) 康中丞公馆里那些大大小小的人,也没一个不知道的,只瞒着康中丞一个。甚而至于康中丞的亲戚里头有一班轻薄少年,故意抄着那几十首《竹枝词》给康中丞看。(《九尾龟》127回)

(72) 所以诗人在冬夜,只合围炉话旧,这就有点近于"蛰伏"了。幸而冬天有雪,给诗人们添了诗料。甚而至于踏雪寻梅,此时的诗人俨然又是活动家。不过梅花开放的时候,其实"冬"已过完,早又是"春"了。(茅盾《冬天》)

无论是后附说明还是独用递进,"甚而至于"体现延展与递进关系时,与"甚至于"也存在一定差异,"甚而在于"作为固化短语,对后项衔接的功用也没有那么强劲。试比较:

(73) 她抬头看看天空,蓦然间觉得,这世界虽大,茫茫天地,竟没有一个真正属于她的"家"! 甚至于,没有一个容身之地! (琼瑶《聚散两依依》)

(74) 那时候我还是二十岁左右的青年,想到将要会见新文化运动的主将,碰巧在名称起得这么"古色古香"——甚而至于还有点"古怪"的菜馆里。(唐弢《第一次会见鲁迅先生》)

由此可见,虽然表达的连接功能相近,但"甚而至于"由于是四个音节的短语词,所以,独用的频率要比"甚至于"高得多;至于"乃至于",前面已经指出,迄今还不能独用。而"甚而至于"与"甚至于、乃至于"一样,在近、现代偶尔也可以与"不但"配合。例如:

(75) 差不多些的客人跑到堂子里头去,要是个漂亮些儿的还好,只要略略的有些土气或有些不合款式的地方,那般倌人看了心上就不高兴起来,不但是暗中奚落,甚而至于还要当面欺凌。(《九尾龟》137回)

(76) 他有十多本金圣叹批评的《三国志》,时常坐着一个字一个字的
　　　读;他不但能说出五虎将姓名,甚而至于还知道黄忠表字汉升
　　　和马超表字孟起。(鲁迅《风波》)

当然,这三个非双音节递进连词语的共性还是远远大于个性的,比如
前文已经提到了在近、现代汉语中"甚至于、乃至于"在语篇和复句中,都
可以连续复用强调递进连接;其实,在近、现代汉语中,"甚而至于"在语篇
与复句中也都可以重复使用表示递进连接。例如:

(77) 这班宝贝也是和我们一般的出来寻个开心,非但一个大钱不
　　　要,并且还要格外拿出钱来赏给这些菜馆的人。甚而至于有男
　　　子和他合式的,只要老着脸皮卑躬屈节的拍他的马屁,一般也
　　　肯整千整万的银子拿出来倒贴男人,也不算什么事情。甚而至
　　　于靠着这条门路升官发财的,也不知多少。若是老老实实的说
　　　穿了,这个顽意儿就叫做女人倒嫖男子。(《九尾龟》154 回)

(78) 无奈我们不甘心如此,老想上天,想上天便不是自然。又如我
　　　只是"想"上天,朝也想,暮也想,甚而至于念咒掏诀召将飞符,
　　　再甚而至于神经错乱,念念有词"玉皇大帝来接我了!"(俞平伯
　　　《教育论》)

总之,从近代一直到现、当代,与连词"甚至、乃至"的表达功用象似的
"甚至于"与"乃至于"以及"甚而至于"之间,由于形成来源与音节构造的
不同,在具体用法上具有各有的一系列表达特点与用法限制的,但主要还
是具有一系列共性及其接近的连接功用。

4. 结语与余论

综上所述,归纳如下:首先,就连接方式及其功用与特征而言,涉及
延续增量的连接功能、后项递进的关联功能、承接延展的语篇功用。其
次,就叠加衍推及其动因与机制而言,涉及叠加融合到跨层组合、衍推连
贯到递进终端、配合关联到多项递进。最后,就关联配合及其特色与限制
而言,涉及关联互动的方式异同、组配连接的音节搭配、递进关联的功能
侧重。"甚至于、乃至于"与"甚而至于"是分别具有追加并列、递进成分功

用,而且可以连接词语、小句、句子构成短语、复句、语篇的具有组合与关联功能的连词与短语词。

通过对"甚至于、乃至于"以及"甚而至于"的连接、关联功能的分析与比较,可以发现:汉语的单词与短语、短语与句子、单句与复句、复句与语篇之间的界限,是柔性而不是刚性的;而且,汉语并列与递进复句之间,也存在一定的模糊与交叉辖域。同时还深深体会到:由于没有形态变化的独特类型学特点,而且汉语的语法体系和理论都是借鉴而来的;所以,研究汉语连词及其相关现象时,既要借鉴普通语言学的经典理论和研究方法,又要突破印欧语语法"conjunction"的规则限制;唯有如此,才能精确描写与辨析汉语连词独特而交叉的连接、关联功能,才能看清汉语连词的连接功能及其演化的动因与机制,才能清晰揭示出汉语连词的发展规律与趋势,才能有效解释清楚汉语连词独特的组合与关联功能。

附 注

① 此外,《现代汉语词典》(7 版)还收录了连词"甚而"和"甚或";《现代汉语规范词典》(3 版)除了列出"甚至"的连词功用外,还专门指出了"甚至"的副词功能。

② 所谓"复句形式"就是指处于更高层次下位的形式复句。比如"她是一个受害的人,就因为人家春红是奴婢,所以主子做下的坏事,反要把罪过扣到人家的头上",就是充当递进分句的因果复句形式。

③ 连词"甚至于"独用充当插入语主要出现在各种语篇中,但有时也可以出现在一些复句中。

④ 方一新、姜兴鲁(2009),刘红妮(2012)都认为有两个不同来源的"甚至",虽然基本观点并不完全相同;但是,学界同仁现在基本上都认为连词"甚至"来源于跨层结构。

⑤ 其实,相关的叠融合的语法化现象在汉语中还有一系列,比如"有关＋关于",叠加融合为"有关于","以便＋便于"叠加融合为"以便于"等等,都是由于相同的演化的动因与机制而形成的。

⑥ 严格地讲,"乃至＋于[1]"还应细分为两种:上古时期的"乃至"还只是一个主谓短语,所以,其结构关系"乃＋至＋于[1+1]";发展到近代汉语的宋元时期,"乃至"已经词汇化,那么,其结构关系"乃至＋于[1+2]"。

⑦ 至于"甚而至于"的词汇化动因与机制,与此完全不同。其中的"甚而至"本来是一个由连词"而"连接的连动短语逐渐固化的,后面的"于"则是介宾补语"于 X"的"于"分界转移而附加为成的。

⑧ 近、现代汉语中,除了"甚而在于"外,其实还有"甚且至于",比如:在女子,是从有了丈夫,有了情人,有了儿女,而后真的爱情才觉醒的;否则,便潜藏着,或者竟会萎落甚且至于变态。(鲁迅《坟》)

⑨ 这方面的差异,主要源自"甚至[2]"与"乃至[2]"各自本身的表达方式与连接功用的侧重。

参考文献

崔应贤 2018 古汉语中述谓性"甚至"的兴衰,《历史语言学研究》第 5 期。

代　晶 2009《"甚至"的篇章功能分析》,上海师范大学硕士学位论文。

杜可风 2020《汉语"V/A＋PP"跨层结构的演化趋势与表达功用研究》,上海师范大学博士学位论文。

范崇峰 2013 线性组合语词在非线性关系中的演变——由"乃至"演化看汉语词汇系统自组织,《语文学刊》第 5 期。

方一新、姜兴鲁 2009"甚至"的词汇化历程,《江南大学学报》第 1 期。

刘红妮 2009《汉语非句法结构的词汇化》,上海师范大学博士学位论文。

刘红妮 2012"甚至"的词汇化与多种功能的形成,《当代语言学》第 3 期。

谭全呈 2019《弱逻辑性偏正复句的变序研究》,上海师范大学硕士学位论文。

田明敏 2014《"甚至"类词语研究》,复旦大学硕士学位论文。

梁　燕 2013 连词"乃至"的词汇化及其相关问题研究,《现代语文》第 6 期。

谢晓明、赵丽丽 2016"无论 P,甚至 Q,都 T"句式辨察,《语文研究》第 4 期。

杨宏业 2013《"连"字句与"甚至"句的对比研究》,北京大学硕士学位论文。

袁毓林 2008 反预期、递进关系和语用尺度的类型——"甚至"和"反而"的语义功能比较,《当代语言》第 2 期。

张东赞 2015 位移属性在"至于"功能扩展中的作用,《鲁东大学学报》第 3 期。

张谊生 2006"以至"与"以致"——兼论"以至于"及"以致(于)",《对外汉语研究》第 2 期。

张谊生 2010 从错配到脱落:附缀"于"的零形化后果与形容词、动词的及物化,《中国语文》第 2 期。

张谊生 2019 汉语介词及介词短语再演化的模式、动因与功用,《语言教学与研究》第 5 期。

张玉洁 2013《组合连词"乃至""以至""甚至"的语义分析与替换条件研究》,暨南大学硕士学位论文。

（本文发表于《世界汉语教学》2022 年第 2 期）

汉语"递进关系"的语义属性

吉林大学　吕明臣

0. 问题的提出

"递进关系"是汉语交际中常见的现象,汉语语法研究经常将其归入"递进关系复句"中,解释前后分句的意义,即后一分句比前一分句在意义上进了一层;指明常用的关联词语,如"不但(不仅,不光)……而且(也,还)";归纳递进复句类型等。相关研究文献很多,如赵淑端(1985)、吕叔湘(2007)、张斌(1987)、张谊生(2000)、邢福义(2001)、邵敬敏(2020)等,不再赘述。

以往对"递进关系"意义的概括虽然不失准确,但是并没有解决"递进关系"语义上的几个重要问题:递进关系的两个部分的语义关系是什么?"进了一层"是什么性质的语义关系?递进关系的语义本质是什么?本文尝试对上述问题做出解释。

1. "递进关系"前后项的语义关系

在汉语复句研究中,已经指出了"递进关系"的意义特征,即后项比前项[1]在意义上进了一步,但并没有涉及前后两项在语义上的关联,而这种关联才是决定"递进关系"存在的语义基础。因此,要深入理解"递进关系",必须能够找出其前后项的语义关系。徐阳春(2001)、周静(2005)从逻辑角度对递进关系的前后项做出了一定的阐释,但前者的解释过于复杂,暗含了推理,并不完全符合"递进关系";后者侧重于连接词。"递进关系"涉及前后两项之间的语义关系,能够更好地从逻辑角度解释这种语义关系存在的基础。

1.1 前后项的蕴含关系

"递进关系"的前后项在语义上具有蕴含关系,如:

(1) 我们<u>不仅</u>要学会这门技术,<u>而且</u>要精通这门技术。(引自吕叔湘,1999)

(2) 这样做<u>不仅</u>不会解决矛盾,<u>反而</u>会增加矛盾。(同上)

上述"递进关系"的例句中,后项和前项是蕴含关系,或者说前项和后项是逆蕴含关系,即:q→p,或 p←q。

在语言表达中,"递进关系"中的两项,后项蕴含前项,如果只说出前项,并不意味着后项必然存在,而只是说出了后项存在的必要条件,只有把前后项都说出来的时候,后项才是基于前项的现实存在,即比前项"进了一步"。如例(1)的后项"要精通这门技术"蕴含前项"学会这门技术",前项只说出了"要精通这门技术"的必要条件,并不必然蕴含后项的"要精通这门技术",只有将两项都说出来,"精通这门技术"才是基于"学会这门技术"的现实存在,比前项更进了一步。无疑,蕴含关系是"递进关系"成立的一种逻辑基础。

1.2 前后项的并列关系

"并列"是汉语复句研究使用的术语,表现逻辑上的一种"联言命题"关系。根据逻辑含义,"并列关系"表明前后两项的"同时存在",如:

(3) 他人长得帅,而且为人也好。

前项"人长得帅"和后项"为人好"是说明"他"具有两方面的特征,也就是逻辑上的联言命题,表现几种情况同时存在。

"递进关系"中有的前后两项也是并列的,是一种逻辑上的联言命题关系,如:

(4) 他<u>不仅</u>人长得帅,<u>而且</u>为人也好。

逻辑上,例(4)中的前项"人长得帅"和后项"为人好"同时存在。不过,"递进关系"是联言命题的一个特例,其并列的两项必须是某种同一范畴的两项:例(4)中的两项都与"对他的评价"有关,否则就不能构成"递进关系"的两项。换句话说,"递进关系"的前后项如果是并列关系,那么就一定是某个范畴中的项,可以表述为:p, q∈x。

某个范畴中有若干项,在"递进关系"中,前项列举一个,后项再列举一个,就是增加了该范畴中列举出的项,即所谓"范围扩大了"。

1.3　前后项的推理关系

汉语"递进关系"复句研究中,还包括较为特殊的一类:

(5) 平时<u>尚且</u>有这么高的上座率,<u>何况</u>节假日呢?(引自邵敬敏,2020)

(6) 老年人热情都这么高,<u>何况</u>我们青年人呢?(引自黄伯荣、廖序东,2020)

(7) 城里<u>尚且</u>买不到,乡下她哪里能得到手呢?(同上)

这类递进关系复句,被称为让步递进(邵敬敏2020),也有学者叫作衬托递进复句(黄伯荣、廖序东2020),称说不同,但都注意到了这类递进复句和前面的不同,有自己的特点。不过,叫让步或者衬托也都没有揭示该类递进关系前后两项的语义关系,从逻辑的角度看,这类递进关系的前后两项是一种推理关系。仔细观察上述例句不难发现,这些递进关系的前后两项是基于逻辑关系命题构成的推理中的一个前提和结论。

逻辑的关系命题通常表述为:aRb,意为 a 和 b 具有关系 R。关系命题有两类:对称关系和传递关系,每类又分为三小类。其中对称关系中的三小类是:关系的对称、关系的反对称、关系的非对称。上述例句均涉及反对称关系,即:如果 a 和 b 具有关系 R,且 b 和 a 一定没有关系 R,那么,a 和 b 的关系是反对称的。比如在身高的论域中,如果"我比你高",并且"你一定不比我高",那么,在此论域中,"我(身高)"和"你(身高)"的关系是反对称的。

对称关系命题构成的推理,其形式是:aRb→b¬Ra。上述递进关系的例句是包含有关系命题和直言命题的混合关系推理。例(5)的推理形式为:

节假日上座率比平时上座率高(前提1 反对称关系命题)

平时上座率高(前提2 直言命题)

节假日上座率更高(结论 直言命题)

语言表达中,用"尚且……何况"说出的是前提2和结论。

例(6)(7)都可以还原成上述的推理形式。这类特殊的递进关系复句,前后两项的语义关系是部分前提和结论的关系,表现的是一种混合关系推理。混合关系推理是演绎推理,前提真实,结论就是必然的,这是这类递进关系成立的逻辑基础。

2. "递进关系"的语义特征

2.1 "递进关系"意义的主体建构

从逻辑角度揭示出的"递进关系"前后项的语义关系,其意义在于指出:具有蕴含、同时存在、推理关系的两项才可能构成"递进关系",逻辑语义关系是递进关系成立的必要条件,缺少这些必要条件,就不能构成递进关系。当然,具备这些逻辑关系的也不必然地构成递进关系,交际经验告诉我们,蕴含关系和同时存在关系、推理关系并非总靠"递进关系"表现,如例(1)(4)(5)可以说成:

(1a) 只有学会这门技术,才能精通这门技术。

逻辑上,(1a)与(1)都是必要条件的假言命题,前后两项是蕴含关系。

(4a) 他人长得帅,为人也好。

逻辑上,(4a)与(4)都是联言命题,表现的是两种情况同时存在。

(5a) 平时上座率都这么高,节假日一定更高。

逻辑上,(5a)与(5)都表达的是混合关系推理。

逻辑语义关系并不能决定其表达的一定是"递进关系",也可以是其他的关系。自然语言可以表达逻辑关系,成为一种逻辑表达式,但其表达的并非只有逻辑关系,而总是在表现逻辑关系之外带有另外的含义,这些含义不是逻辑的,而是在逻辑之上出现的由交际主体的选择带来的。赵淑端(1985)论述递进复句分句关系时提到了"说话人主观心理",这是抓住了问题的关键:决定"递进关系"的除了逻辑关系外,还与说话人密切相关。

前面分析已经指出了汉语"递进关系"的几个逻辑基础,这些逻辑关系并没有任何意义上的"递进"可言,"递进"并不是逻辑的含义,而是交际主体在言语交际中建立起来的"表达者意义",是说话者基于或者借助于逻辑关系表达出的一种"在意义上进了一步"的含义。

2.2 "递进关系"的几种含义

"递进关系"是说话者基于逻辑关系建构起来的,用于表达"在意义上进了一步"的含义。这种含义的建立源于两个重要的条件:一个是逻辑关系,如前所述;另一个是言语交际的时间性,即线性。观察汉语所有的"递进关系"不难发现:关系的两项,总是后项比前项进了一步,而不是相反。换句话说,递进关系遵循着时间先后的原则,说话者先说出的作为递进的某种"比较项",后说出的是基于这个"比较项"更进一步的项。当然,这里说的"比较项"不同于比较关系的"比较",只是说话者为了凸显"意义上进了一步"建构起来的表达式。事实上,"递进关系"的后项比前项在意义上"进了一步"的说法并不准确,后项并非是比前项进了一步。根据递进关系的逻辑基础,可以更好地揭示递进关系的几种含义。

2.2.1 确定逆蕴含关系后件"真"的递进义

汉语"递进关系"的一种逻辑基础是前后项具有蕴含关系,具体说是前项逆蕴含后项,如例(1)(2)。逆蕴含关系的逻辑真值为:

p	←	q
T	(T)	T
T	(T)	F
F	(F)	T
F	(T)	F

根据逆蕴含的逻辑真值,只有前项假,后项真的时候,该蕴含不成立,其余均成立。即汉语"递进关系"的一个逻辑基础是逆蕴含,前项是真的,后项有真、假两种可能。如果确定后项为真,那么后项真必然蕴含前项真。后项蕴含前项,就凸显了比前项进了一步。当然,如果前项真,后项假,虽然在逻辑上逆蕴含关系成立,但却不在汉语"递进关系"之列。

根据上述想法,将前面举的例(1)(2),分析如下:

例(1)的前项"我们要学会这门技术",后项"要精通这门技术",前项真,后项真,后项"精通"蕴含了前项"学会",比"学会"进了一步。

例(2)"这样做不仅不会解决矛盾,反而会增加矛盾"跟例(1)略有不同,前项是否定的,但本质和(1)一样:前件"这样做不会解决矛盾"为真,后件"这样做会增加矛盾"为真,后项蕴含前项,比前项进了一步。

2.2.2 增列范畴项的递进义

1.2节中讨论过,如果"递进关系"的前后项是并列关系,那么就一定是某个范畴中的项,可以表述为:p,q∈x。汉语"递进关系"中,前项如果是已知范畴中的某项,后项是新增列的项,就是进了一步,即范畴项扩大了,如例(4)"他不仅人长得帅,而且为人也好"中的两项"人长得帅""为人好"是有关"他"的评价特征中的项,在表达中,后项是增列的项,"他"的特征范畴扩大了。

汉语复句研究中,有一种被称作"逆向递进"(邵敬敏,2020)的类型,也是这种增列范畴项的递进义,如:

(8)袁裕豪从此<u>不但</u>不再捕猎动物,<u>还</u>不许人随便进山砍树。(引自邵敬敏,2020)

上例中"不再捕猎动物"和"不许人随便进山砍树"都是"袁裕豪"的一种行为范畴(很可能是生态保护的行为),已知的前项是自己不做的,增列的后项是不许别人做的,行为范畴扩大了。

2.2.3 揭示结论必然性的递进义

以逻辑推理为基础构成的递进关系,前项是推理的某个前提,后项是结论。这样的递进关系显示的是作为后项结论的必然性,递进比说出的前提进了一步。前面1.3节中对例(5)的分析可以看出在递进关系中揭示的结论必然性,这里就不赘述了。

2.3 "递进关系"的语义内涵

以上,我们对汉语递进关系语义的分析揭示了两种意义:一种是逻辑关系意义;一种是交际主体基于逻辑关系建构的意义。这两种意义缺一不可,也不可分离。对递进关系来说,其"递进义"离不开逻辑关系的意义,但又不是逻辑关系意义的简单复制,而是在话语的线性系列中,将逻辑关系中的两项放置在递进关系中,造成后项比前项"进一步"的意义。

根据前述分析,我们可以将汉语"递进关系"的语义内涵描述为:"递进关系"是说话人基于某些逻辑关系,将其中的两项置于时间系列上建构起来的"后项较前项进了一步"的意义。

3."递进关系"语义的形式表现

"递进关系"的语义总体上可以概括为"递进义",但具体的递进又有所不同,这些不同主要体现在形式表现方面。从"递进关系"的语义出发,寻找其可能的形式表现，就可以更好地认识汉语的递进关系。

汉语关于递进关系复句的研究主要是从形式入手的，找出了递进关系复句的各种形式。关于这些形式的表述大同小异，以下我们以邵敬敏（2020）概括出的形式为主。邵敬敏（2020）将汉语递进关系复句概括为典型格式和特殊类型，特殊类型里面包括多重递进、逆向递进、反向递进、让步递进，不同的形式使用的表达格式不同。根据我们以上对汉语递进关系语义的分析，这些不同的形式在表现递进关系语义时可以分为三类：表现蕴涵关系的递进义形式、表现增列范畴项的递进义形式、表现推理关系的递进义形式。如下表：

三种递进义	形　式	例　句
确定逆蕴含关系后件"真"的递进义	不但……而且； 不但不……反而	① 我们不仅要学会这门技术，而且要精通这门技术。 ② 在这种火烧眉毛的关头，田福海不但没像往常那样大呼小叫，反而捧着杯龙井细细品尝。
增列范畴项的递进义	不但……而且； 不但不……反而（还）； 不但……而且……甚至	① 不但经济类、计算机类图书价格上涨，而且文艺类、传记类也跟着往上涨。 ② 袁裕豪从此不但不再捕猎动物，还不许人随便进山砍树。 ③ 来这家大型食品超市购物的不仅有当地的家庭主妇，而且有附近街区的居民，甚至京津地区也有驱车前来采购的。
揭示结论必然性的递进义	尚且……何况	平时尚且有这么高的上座率，何况节假日呢？

4. 结语

汉语递进关系是言语交际中常出现的一种语义，将其放在关系语义范畴中，分析其语义属性，有助于深化对汉语这类表达的认识。我们上面讨论的有关递进关系的语义属性只能是初步的，尚有一些问题没有涉及，尤其是语义表现形式方面，并没有做细致的讨论。确立关系语义范畴，并以此为出发点分析汉语关系语义的形式表现，还有大量的工作可做。

附　注

　　① 本文不用"分句"和"基事""递事"，只用"项"指称递进关系的前后两项。

参考文献

黄伯荣、廖序东 2017(2020 年重印)《现代汉语(增订六版)》，高等教育出版社。

吕叔湘 1999(2007 年重印)《现代汉语八百词(增订本)》，商务印书馆。

邵敬敏 2016(2020 年重印)《现代汉语通论(第三版)》，上海教育出版社。

邢福义 2001《汉语复句研究》，商务印书馆。

徐阳春 2001 递进句式的语义、语用考察，《浙江树人大学学报》第 3 期。

张　斌 1987《〈现代汉语〉使用说明》(增订本)(胡裕树主编)，上海教育出版社。

张谊生 2000《现代汉语虚词》，华东师范大学出版社。

赵淑端 1985 递进复句的类型及其分句间的关系，《汉语学习》第 5 期。

周　静 2005 递进的逻辑语义基础及相关问题，《西南民族大学学报(人文社科版)》第 10 期。

酌情介词"鉴于"的
句法语义与话语情态[*]

暨南大学文学院 杨 娟 赵春利

作为典型的虚词,介词一直是语法学界关注的热点,而如何从句法层面精确定位介词的分布并据此提取其语法意义,如何从话语层面锚定其话语关联并据此提取其情态,如何从语义本质层面验证并认知其词性,都是语法学界亟待解决的方法论难题。本文试图以"鉴于"为研究对象刻画其句法语义、勾勒其话语情态并揭示其词类性质。

1. 前人关于"鉴于"的研究

自《现代汉语词典(试用本)》(1973)出版以来,前人主要运用描写语法理论,根据"鉴于"的句法分布,来判定其词类性质并界定其语义内涵和成词年代。

第一,在词类性质上,学者们一致提出连词说和介词说。王自强(1998)是最早根据"鉴于"在句法上的组配成分性质来判定其词性的学者,他认为,"连词'鉴于'一般用在前一分句的头上",而"介词'鉴于'同名词性词组组成介词结构,作句子的状语"。吕叔湘(1999)也认为,连词"鉴于""用在表因果关系的复句中偏句的句首"(《现代汉语词典》2005)。正

* 本研究得到国家社科基金一般项目"现代汉语方式副词的句法语义与分类排序研究"(项目编号:22BYY135)、中央高校基本科研业务费专项资金(暨南领航计划项目编号:19JNLH04)、广东省高等学校珠江学者岗位计划资助项目(2019)、国家社科基金重大项目"境外汉语语法学史及数据库建设"(项目编号:16ZDA209)的资助。邵敬敏、石定栩、张谊生等专家曾对本文提出中肯的建议,《汉语学习》匿名审稿专家也提出了非常宝贵的意见和建议。在此一并特表谢忱,文中谬误当由作者负责。

如张成进(2018)所言,"鉴于作介词用与作连词用的区别只在于后接名词,而且还据此界定其各自的语义"。

第二,在语义内涵上,主流观点认为:连词"鉴于"表行为原因,介词"鉴于"表情况考虑。如果说《现代汉语词典(试用本)》(1973)最早是通过"用在表示因果关系的偏句里"的句法分布来暗示出其连词表示"原因"而介词表示"觉察到",那么王自强(1998:117)则明确提出连词"鉴于""表示原因,行动的依据",介词"鉴于"则表示"发觉到、注意到、考虑到"。而吕叔湘(1999)则概括为:连词"鉴于"表示"正句行为的依据、原因或理由",而介词"鉴于"表示"以某种情况为前提加以考虑"(参见《现代汉语词典》2005)。

第三,在成词年代上,还存在着争议。张成进(2018)根据"鉴于"后接的句法成分提出介词"鉴于"萌芽于元代,成熟于明代,而连词"鉴于"形成于清代;然而,史文磊(2019)却认为虚词"鉴于"是清末以后才逐渐发展起来的。那么,"鉴于"的虚词用法究竟形成于什么年代的历时追溯必须以现代汉语"鉴于"的句法语义为基准。因此,本文就试图系统挖掘"鉴于"的句法语义、话语情态及其词类性质。

学者们关于"鉴于"的主流观点如表1所示。

表1　前人关于"鉴于"的主流观点

词例	句法分布	词类性质	语义内涵	成词年代
鉴于	后接动词性成分或小句	连词	行为原因	清
	后接名词性成分	介词	情况考虑	元明

值得我们深思的是:是否有必要根据句法上后接成分不同而把"鉴于"分成语义不同的连词和介词呢?是否判定了"鉴于"的词性就等于学会如何使用"鉴于"了呢?绝非如此。连词表示的"行为原因"是就前后句子之间的逻辑关系而言的,而介词表示的"情况考虑"则是就做宾语的名词成分所指称的概念意义而言的,"某种情况"从前后关系来看也可以是

"某种原因",二者并不矛盾而是相通的。因此,方清明(2017)从话语关联角度提出介连语义趋同的解释,即介词"鉴于"表示"总结事件行为的原因、根据等,并据此采取进一步措施";张成进(2018)甚至认为介连兼类词"鉴于"都表示原因。既然语义是相通的,就可以用一个"语义概念"来统摄"鉴于"纷繁复杂的句法分布。

因此,本文试图在前人研究的基础上,以 CCL 语料库为语言事实来源,以语义语法(邵敬敏 2004,赵春利 2014)为理论指导,淡化"鉴于"的后续成分差异及其介词与连词分类,从逻辑顺序和逻辑关系入手,不仅精确定位"鉴于"宾语的句法形式并据此正反验证其语义,而且概括"鉴于"后续主句的语义及其情态内涵,从而概括出"鉴于"的整体话语关联。

2. "鉴于"小句与后续主句的逻辑约束

本文试图在暂时不区分介词和连词的条件下对"鉴于"进行无差别的统一调查,为了便于叙述和揭示语义关系,先暂时把"鉴于"的后续谓词性成分/体词性成分称为"鉴于"宾语,把"鉴于"与宾语的组合结构称为"鉴于"小句(clause)。

根据语料库的调查,可以发现,无论"鉴于"做后接谓词性成分的连词,还是做后接体词性成分的介词,"鉴于"小句与后续主句的关联都受到两个逻辑条件约束:一是逻辑顺序,二是逻辑关系。

第一,从逻辑顺序看,无论做连词(1a),还是做介词(1b),"鉴于"句都必须先于后续主句,不可颠倒顺序,否则不合法。

(1) a$_1$. 鉴于我出版了这本书,我理应得到 50％的折扣的权利。

 ＊a$_2$. 我理应得到 50％的折扣的权利,鉴于我出版了这本书。

 b$_1$. 鉴于目前的紧张局势,印巴两国很难建立联合巡视机制。

 ＊b$_2$. 印巴两国很难建立联合巡视机制,鉴于目前的紧张局势。

"鉴于"句先于后续主句的前置性顺序制约了"鉴于"句的分布,但并非任何两个前后排列的句子,前句都可以不受约束地插入"鉴于",如连贯(2a)和并列(2b)关系的前句就不能插入"鉴于"。可以说,如果是"鉴于"句,则必然先于主句,但并不是说前句一定可以插入"鉴于"。"鉴于"句前置顺序是能否使用"鉴于"句的必要条件而非充分条件,因为"鉴于"句与后续主句的关系还要受到逻辑关系的制约。

（2）a_1. 我脱下了军装,回到了故乡。

　* a_2. 鉴于我脱下了军装,回到了故乡。

　　b_1. 这不是产品问题,也不是资金问题。

　* b_2. 鉴于这不是产品问题,也不是资金问题。

第二,从逻辑关系看,"鉴于"句与后续主句存在着因果关系。根据调查,二者之间不仅事实上都存在着标记因果关系的"所以、因而、因此、为此、故此、故而、于是"等词语,连词"鉴于"如（3a/b）,介词"鉴于"如（3c/d）,而且还可以通过插入因果标记词来验证隐含的因果关系,连词"鉴于"如（4a/b）,介词"鉴于"如（4c/d）;从反面来说,非因果标记词语"但是、可是、然而、不过"等转折标记词和"要么、或者、还是"等选择标记词等都不可以插入到"鉴于"句与后续主句之间,否则不合法,如（5）。

（3）a. 鉴于产权已经属于政府,所以我们将成立一个酒店管理公司。

　　b. 鉴于世界形势发生了变化,因此,有必要重新全面审视美欧关系。

　　c. 鉴于成本方面的考虑,所以不会采取直接降价的方式。

　　d. 鉴于这种广泛性联系,因此,都将"生殖健康"列为全球战略。

（4）a. 鉴于疫情严重,【所以,】警方已对知情不报展开刑事调查。

　　b. 鉴于工资及租金再度放缓,【因此】本地物价在短期内会持续低企。

　　c. 鉴于以上情况,【于是,】总经理决心整顿内部。

　　d. 鉴于午餐的教训,【因而,】晚餐我们决定分头吃。

（5）a. 鉴于计划成效良好,【＊但是】推广至其他城市。

　　b. 鉴于日寇罪行未能及时被揭露,【＊要么】他写成此书。

　　c. 鉴于这一原因,【＊然而】向欧洲逃去了。

　　d. 鉴于这种情况,【＊或者】政府改组了学校体制。

可以说,无论"鉴于"是连词还是介词,"鉴于"句与后续主句之间都存在着逻辑上的因果关系,"鉴于"与后续成分组成的结构（原因小句或介宾短语）都承担原因角色,逻辑关系超越了词性分类。

值得注意的是：并非所有具有因果关系的两个句子都可以把原因句的标记词"因为、由于"等换为"鉴于"，如(6)：

(6) a. 因为他笑，所以她才笑。

　　——＊鉴于他笑，所以她才笑。

　　b. 由于他，使我对父亲产生了深深的依恋。

　　　——＊鉴于他，使我对父亲产生了深深的依恋。

"鉴于"句与后续主句之间的因果关系是使用"鉴于"句的必要条件，而非充分条件。

总的说来，"鉴于"句与后续主句的关联受逻辑上的两个必要条件的约束：先后顺序和因果关系。也就是说，如果前后句子之间不是前因后果，其前句一定不能插入"鉴于"，如果前后句子之间是前因后果，其原因句也未必能插入"鉴于"，还受制于一定的句法形式和语义功能。

3. "鉴于"小句的句法形式与语义功能

根据 CCL 语料库的调查，可以发现"鉴于"所介引的宾语在句法形式上主要有四种：主谓词组、同位词组、定中词组、指称代词"此"。而它们在语义上分别具有直陈情势、复指情势、指称情势、指代情势等四种功能。

第一，直陈情势的主谓词组类。"鉴于"介引的宾语可以是表达一个完整命题的主谓词组，具有直接陈述事物情势的语义功能，其谓语既可以是动词(7a/b)，也可以是形容词(7c/d)；偶尔主谓词组可以是蒙后省略主语而表现为述宾词组，如例(8)。

(7) a. 鉴于她缺乏从政的经验，不妨现实一些去竞选本州议会的议员。

　　b. 鉴于赵兰秀实施了指示他人报警的行为，可酌情从轻处罚。

　　c. 鉴于粤港澳的人流物流日趋频繁，三地将加强防治传染病的合作。

　　d. 鉴于目前全球原油供求关系相当脆弱，任何突发的恐怖袭击事件都将不可避免地推动油价再度上涨。

(8) 鉴于【主教练】遭受了不公正的指责，主教练加尔西亚宣布辞职。

第二,复指情势的同位词组类。"鉴于"的宾语可以是同位词组,但其只能是由陈述事物情势的命题"主谓词组 VP"与具有语义复指功能的"定中词组(指示代词"这一"NP)"构成"VP+这一 NP"式同位关系,如例(9)。从功能角度看,"这一 NP"具有复指主谓词组所述事物情势的语义功能。如果把主谓词组提前,"鉴于"的宾语就变成了定中词组,如例(10)。而若把"主谓词组"换成"体词性成分"则整个句子不合法,如例($11a_1/b_1$);若要合法,就需要把同位词组加"的"后变成定中词组($11a_2/b_2$):

(9) a. 鉴于顾女士已无法继续履约这一实际情况,双方合同已予解除。

　　b. 鉴于乔丹伤了两根肋骨休养数周这个事实,他怀疑乔丹能否重返赛场。

　　c. 鉴于生活中确有一些非常不幸的婚姻存在这一铁的事实,法律规定了离婚条款。

　　d. 鉴于水球还没有世界联赛这一现实,国际泳联决定由顶级球队参加第一届联赛。

(10) a. 鉴于这一实际情况,双方合同已予解除。

　　b. 鉴于这个事实,他怀疑乔丹能否重返赛场。

　　c. 鉴于这一铁的事实,法律制定了离婚条款。

　　d. 鉴于这一现实,国际泳联决定由顶级球队参加第一届世界联赛。

(11) ＊a_1.鉴于顾女士这一实际情况,双方合同已予解除。

　　　a_2.鉴于顾女士的这一实际情况,双方合同已予解除。

　　＊b_1.鉴于乔丹这个事实,他怀疑乔丹能否重返赛场。

　　　b_2.鉴于乔丹的这个事实,他怀疑乔丹能否重返赛场。

第三,指称情势的定中词组类。整个定中词组具有指称前述事物情势的语义功能,其定语可以分成直称事物情势的谓词性定语和简称事物情势的体词性定语。谓词性定语主要是主谓词组,如例(12);可以把定语标记"的"变换为复指标记"这一"形成同位词组而命题意义不变,如例(13);体词性定语主要有"世界、中国、日本、银行、市场"等处所或单位名词(14a),"过去、以往、以前、历史、上次、当时、当前、目前、现在"等时间名词(14b),"以上、上述、前面"等指前方位名词(14c),"这种、这些、这样、我、我们、你、你们、他、她、他们"等指示代词和人称代词(14d)。体词性定语通常都是外指(14a/b)或前指(14c/d)的"陈述命题"而具有了指称功能,前指如(15):

(12) a. 鉴于朝鲜水师已遭严重损失的现实,决计避免与日军正面交战。

　　 b. 鉴于苏联缺乏战略原料的困难状况,中国政府决定帮助苏联政府。

　　 c. 鉴于图书馆业落后的国情,北图把面向社会服务作为自己的任务。

　　 d. 鉴于当前交通事故不断上升的趋势,卫生部呼吁广大司机驾车时不要使用手机。

(13) a. 鉴于朝鲜水师已遭严重损失这一现实,决计避免与日军正面交战。

　　 b. 鉴于苏联缺乏战略原料这一困难状况,中国政府决定帮助苏联。

　　 c. 鉴于图书馆业落后这一国情,北图把面向社会服务作为己任。

　　 d. 鉴于当前交通事故不断上升这一趋势,卫生部呼吁广大司机驾车时不要使用手机。

(14) a. 鉴于世界贸易组织的成立,中国表示希望成为 WTO 的创始成员国。

　　 b. 鉴于目前的形势,我们不得不更换主教练了。

　　 c. 鉴于以上原因,佩戴金首饰应警惕。

　　 d. 鉴于这种情况,美联储再次降低利率。

(15) a. 戒指戴 30 年后手指患了癌症,鉴于以上原因,佩戴金首饰应警惕。

　　 b. 经济可能会持续下滑,鉴于这种情况,美联储再次降低利率。

第四,指代情势的指称代词"此"。单独可以做"鉴于"宾语的代词只有"此",因为只有"此"具有指称前述"事物情势"而代之的语义功能,完整的话语及其语义指向如例(16a/b):

(16) a. 每大赦一次,非法移民的人数就递增一次。鉴于此,希腊政府不得不重新审视和调整其移民政策。

  b. 这些东西对孩子们的成长是十分有害的。鉴于此,有必要再次大声疾呼:爱国要从娃娃抓起!

总体而言,无论是陈情的主谓词组、复情的同位词组,还是指情的定中词组、代情的指称代词,句法形式好像繁杂多样而缺乏统一性,但实质上都可以根据句法之间的关联性及其语义功能还原为统一的句法形式:VP+的这一NP。比如:主谓词组可看作省略了做中心语的复指成分"这一NP",如例(17a);同位词组则是省略了定语标记"的",如例(17b);定中词组可以看作复指中心语NP承前省略VP,如例(17c);指示代词"此"看作是保留了指代成分而省略复指中心语"NP"并承前省略VP,如例(17d):

(17) a. 鉴于她缺乏从政的经验,不妨现实一些去竞选本州议会的议员。

  ——鉴于她缺乏从政的经验【的这一事实】,不妨现实一些去竞选本州议会的议员。

  b. 鉴于顾女士已无法继续履约这一实际情况,双方合同已予解除。

  ——鉴于顾女士已无法继续履约【的】这一实际情况,双方合同已予解除。

  c. 经济可能会持续下滑,鉴于这种情况,美联储再次降低利率。

  ——鉴于经济可能会持续下滑【的】这种情况,美联储再次降低利率。

  d. 证据也有些含糊,鉴于此,警署暂时采取了保留态度。

  ——鉴于证据也有些含糊【的此种情况】,警署暂时采取了保留态度。

所以,"鉴于"的宾语在句法形式上必须能还原为"VP+的这一NP",

在句法关系上,"这一NP"与"VP"必须构成具有语义复指性的定中关系;在语义功能上,必须具有陈述、复指、指称、指代 VP 所表达的事物情势的陈情、复情、指情、代情等功能。如表2所示:

表2　"鉴于"原因宾语的句法与语义功能

句法形式	主谓词组	同位词组	定中词组	指称代词
	VP	VP+这一 NP	这一 NP	此
语义功能	直陈情势	复指情势	指称情势	指代情势
统一句法	VP+的这一 NP			

尽管在自然语料中"鉴于"的宾语呈现出四种句法形式,但可以根据句法关联性及其语义功能而还原为具有语义复指性的定中关系"VP+的这一 NP"。如果不是语义复指性的关系,即使符合统一的句法形式,也不能进入到"鉴于"的宾语位置,如例(18)。因为能否进入"鉴于"宾语位置决定于 VP 所表达的事物情势以及与之构成复指关系的 NP 语义。

(18) a. 开舱的这一时刻,五星红旗正好在北京天安门广场冉冉升起。

　　* b.【鉴于】开舱的这一时刻,五星红旗正好在北京天安门广场冉冉升起。

4. "鉴于"宾语的语义约束与语义特征

根据调查,并非任何一个主谓词组、同位词组、定中词组、指称代词都可以不受限制地进入"鉴于"宾语位置,"鉴于"要求其宾语除了必须符合可还原为复指性定中关系这一句法条件外,还必须在语义上具有指代或陈述事物情况形势的情势义,并表现出倾向性语义特征。

4.1 "鉴于"宾语的语义约束

无论"鉴于"宾语是主谓词组、同位词组,还是定中词组、指称代词,其在语义上必须具有陈述、复指、指称或指代事物情况形式的指述情势义。

　　第一,陈述事物情势的主谓词组。能进入"鉴于"宾语的主谓词组都是提供信息的陈述句(19a),而非索取信息的疑问句(19b)、致使行为的祈使句(19c)和抒发情感的感叹句(19d),否则不合法。因此,从语义功能上说,说话者通过陈述的方式把事物情势传递给听话者。

(19) a. 鉴于<u>俄罗斯选出了新总统</u>,俄将修改其对外政策。

　　 b. 鉴于<u>形势紧迫</u>【＊<u>形势怎么样?</u>】,安南敦促西非采取果断行动。

　　 c. 鉴于<u>你不愿意听</u>【＊<u>你不要听!</u>】,我可以改称胰腺癌。

　　 d. 鉴于<u>情况十分严重</u>【＊<u>情况多么严重啊!</u>】,当天他们回到了上海。

　　有的直接做主谓词组的谓语或定中词组的中心语的动词和形容词可以支持表达事物情势,动词有"出现、发生、变化、发展、进展、竞争、爆发、增长、增加、扩大、结束、下降、升级、需要、希望、决定、让步、谅解、调整、影响、挑战、追踪、部署、失败、制约、抗议、赞许"等,如例(20a/b);形容词有"高、低、大、小、多、少、轻、重、强、弱、严重、严峻、困难、深刻、危急、紧迫、紧张、迅速、缓慢、成熟、虚弱、孱弱、轻微、奇特、特殊、巨大、敏感、良好、重要、复杂、有限、遥远"等,如例(20c/d):

(20) a. 鉴于<u>患者人数急剧增加</u>,防治脑膜炎形势严峻,乍得政府呼吁国际社会向乍得提供紧急援助。

　　 b. 鉴于<u>最近同伊方达成的谅解</u>,飞机没有在巴格达上空飞行。

　　 c. 鉴于<u>时间紧迫</u>,全队可能更多地在集训地点打训练比赛。

　　 d. 鉴于<u>问题的复杂和矛盾的深刻</u>,他们之间的谈判仍将是艰巨的。

　　第二,标识情势范畴的词语。即同位词组复指 VP 的"这一 NP"的 NP(21a/b)和定中词组"VP 的 NP"或"NP 的 NP"中的中心语 NP(21c/d)不仅在语义指向上具有复指或前指 VP 所表事物情势的意义,而且在概念关系上也是 VP 的范畴定类。根据统计,常见的 NP 有"情况、国情、状况、形势、趋势、态势、气势、僵局、时局、局势、局面、事实、实际、现实、现状、现象、前景、困境、原因、结果、表现、教训、优点、特长、贡献、成绩、成就、缺陷、失误、不足、弊端、态度、诚意、身份、角色、名望、性质、关系、因素、潜力"等情势义词语。

(21) a. 鉴于货源主要来自外县半数销往外县<u>这一情况</u>,他们与交警配合,在与外县市东界的主要路口设卡,把住源流两道关口。

b. 鉴于"路线图"计划被搁置<u>这一不争事实</u>,沙龙如果推销成功,将事实上改变未来中东和平进程的轨道。

c. 鉴于村级财会人员业务水平普遍偏低的<u>现状</u>,不少地方开始实行"乡镇管账村管钱"的制度。

d. <u>近两百年来西方的工业化严重地污染地球</u>。鉴于<u>这种严重趋势</u>,理论家们把科学技术视为怪物,主张抑制发展,返回自然。

这些词语之所以指代事物情势,是因为从语篇衔接层面,表示前指和近指的代词与前文已经陈述的事物情势连贯起来,常见的前指代词有"以上、上述、上面、前面、如此、这么、这(种、些、类)、此、该"等;而指称未知信息的后指和远指代词"以下、下列、下述、下面、后面、那(种、些、类)、彼"则不能出现在"鉴于"的宾语位置,否则不合法,如例(22):

(22) a. 棉贩子私自收棉轧花、偷税销售,我国棉花资源受到严重破坏,鉴于<u>以上</u>【﹡以下】情况,希望有关部门尽快制定措施。

b. 一些重要的石油生产国产能接近极限,石油消费国原油库存减少。鉴于<u>上述</u>【﹡下述】原因,墨西哥今年每桶混合油价格可能攀升到36.5美元。

c. 将垃圾堆在家里,让人堵得慌,鉴于<u>这么</u>【﹡那么】多的因素,就激发了我办陕西垃圾网站的信心。

d. 疫情疫病传入我国的危险性也越来越大,鉴于<u>这种</u>【﹡那种】形势,急需建立一种科学有效的机制来应对出现的问题。

最后,指代事物情势的词语。指称代词"此"是唯一可以直接做"鉴于"宾语的代词,但其在话语中所指代的对象都是前面句子所表达的事物情势,如例(23a/b):无论是指而不代的"这、那、这些、这样"(23c),还是代而不指的"你、我、他、她、它、你们、我们、他们、她们、它们"(23d),都不能独立做"鉴于"的宾语。

(23) a. 证据也有些含糊,鉴于此,警署暂时采取了保留态度。

b. 他的学识底蕴是相当丰厚的,鉴于此,我问了一个很难回答的问题。

c. *证据也有些含糊,鉴于这,警署暂时采取了保留态度。

d. *他的学识底蕴是相当丰厚的,鉴于他,我问了一个很难回答的问题。

总之,语义决定句法,语义上能否陈述或指代事物情势决定了何种句法形式能否做"鉴于"的宾语,比如:有的词组其主谓形式表达事物情势就可以做"鉴于"的宾语,但其定中形式只表达了事物而非其情势,就不可以做"鉴于"的宾语,如例(24a/b),有的词组其主谓形式和定中形式都可以表达事物情势,因此都可做"鉴于"宾语,如例(24c/d):

(24) a. 鉴于发言者很多,我希望诸位遵守时间规定,每位不得超过5分钟。

b. 鉴于*很多发言者,我希望诸位遵守时间规定,每位不得超过5分钟。

c. 鉴于形势严峻,降级已经在所难免。

d. 鉴于严峻形势,降级已经在所难免。

综上,主谓词组是表达事物情势的常态句法形式,而定中词组和同位词组则选择一部分指陈情势的名词、动词和形容词,指称代词只有"此"可以独立指代事物情势。

4.2 "鉴于"宾语的语义特征

"鉴于"的宾语在表达事物情势时会表现出倾向性的语义特征:时间的不限性、性质的已知性、模态的严重性。

第一,时间的不限性。

从情势发生的时间看,"鉴于"宾语所指陈的事物情势不受时间限制,既可以是说话人已知的历史事实,也可以是获知的现实情况,还可以是推知的必然趋势和估知的未来态势。因此,"鉴于"宾语中既可以出现"最近、刚刚、以往、过去、当时、已经、曾经、业已"等表过去时的词语(25a/b)，也可出现"目前、当前、现在、如今、当今、今天、今年、正在"等表现在时的词语(25c)，还可出现"未来、将来、明年、以后、今后"等表将来时的词语(25d)。可以说，只要是说话人获知的事物情势信息，无论该信息发生在过去、现在还是将来，都可以作为采取措施的缘由。

(25) a. 鉴于<u>过去</u>的教训，要允许被批评的人进行反批评。

　　 b. 鉴于该公司<u>以往</u>权力过于集中，检察干警协助公司完善了董事会。

　　 c. 鉴于印度与邻国关系<u>正在</u>改善，因此它大幅度增加军费毫无道理。

　　 d. 鉴于德国<u>未来</u>仍将是高工资国家，所以某些行业转到中国去生产"还是值得的"。

第二，性质的已知性。

无论"鉴于"宾语指陈的事物情势是过去的历史、现在的情况还是将来的趋势，其性质都是说话人已知的信息，都是说话人在认知层面所确知的实然信息、推知的必然信息或估知的或然信息。因此，宾语中经常搭配实然副词"确实、实在、毕竟、根本、一直、依然、仍然"等实然副词(26a)、"明显、显然"类副词(26b)、"必然、必须、势必、不可能"等必然副词(26c)、"可能、大约、不一定"等或然副词(26d)，但排斥非知副词，如"竟然、居然、反而、反倒、倒是"等意外副词(27a)、"终于、总算、千万、万万"等意盼副词(27b)、"只好、只得、不得不"等意违副词(27c)和"索性、干脆、偏偏、宁愿、宁可"等意择副词(27d)。

(26) a. 鉴于这位导游的服务<u>确实</u>还不错，我们就又妥协了一次。

　　 b. 鉴于巴方<u>明显</u>缺乏停火谈判的诚意，以方决定取消三方安全会谈。

　　 c. 鉴于战争<u>必然</u>有向东发展的趋势，这项计划看来是极其重要的。

　　 d. 鉴于恐怖分子<u>可能</u>利用车辆实施袭击，警方加强了对停车场的检查。

*(27) a. 鉴于这位导游的服务<u>竟然</u>还不错，我们就又妥协了一次。

　　 b. 鉴于巴方<u>总算</u>缺乏停火谈判的诚意，以方决定取消三方安全会谈。

　　 c. 鉴于战争<u>只好</u>有向东发展的趋势，这项计划看来是极其重要的。

d. 鉴于恐怖分子<u>索性</u>利用车辆实施袭击,警方加强了对停车场的检查。

第三,模态的严重性。

从模态上说,处于评价标尺两端的事物情势容易成为说话人关注的信息,这也符合"标尺两极"(张家骅 2001)规律。从调查结果来看,"鉴于"宾语总体上偏于表达情势的严重性,可通过"鉴于"宾语中高频出现的形容词、动词得到验证。常见的形容词有"紧张、紧迫、危险、危急、困难、匮乏、艰巨、严峻、严重、沉重、繁重、巨大、强烈、沉痛、惨痛、混乱、孱弱、虚弱、落后、不利、频繁、复杂、敏感"等,也有少部分表示情势良好的形容词,如"重要、良好、突出、卓越、丰富"等。动词有"下滑、下降、降低、贬值、匮乏、减少、恶化、倒退、增加、发展、上扬、上升、攀升、升温、扩大"等。副词"大量、无数、高度、急剧、大幅、极度、过于、不断、连续、普遍、非常"等经常出现在以上形容词和动词前面,用以修饰情势的严重程度。分别如例(28):

(28) a. 鉴于伤情<u>紧急复杂</u>,贵医附院立即成立抢救小组,确立抢救方案。

b. 鉴于首都摩加迪沙<u>极度危险</u>,索马里新政府目前暂设在内罗毕。

c. 鉴于这种<u>严峻</u>的形势,秘书长要求安理会采取一切必要措施。

d. 鉴于亚洲货币<u>大幅度贬值</u>,该地区产品在市场上的竞争力将更加明显。

总的说来,在"鉴于"原因小句中,"鉴于"所介引的宾语在语义上必须指陈事物情势,并倾向于具有时间的不限性、性质的已知性、模态的严重性。那么,在"鉴于"原因小句指陈出已知的事物情势后,其后续主句表达什么样的语义和情态呢?"鉴于"原因小句与主句会构成什么样的"话语关联"(吴婷燕、赵春利 2018)呢?

5. 主句的语义与情态

5.1 主句的语义

根据语料库的调查,当"鉴于"与直陈事物情势的宾语组成介宾原因小句时,其后续主句的句子功能主要是提供信息的陈述句,少量是索取信息的疑问句,但排斥祈使句和感叹句。

　　第一,陈述性主句主要是表达决定实施某种对策的"施策义",这一语义可以通过主句的谓语和宾语得到验证。

　　主句的谓语主要分两类:一是决定类,如"决定、建议、提议、提出、指出、主张、认为、命令、警告、要求、呼吁、希望、相信"等施为动词(Austin 1962,束定芳 1989),其宾语往往是某种行为,如例(29);一是实施类,如"实施、实行、采取、解决、举行、举办、制定、解决、发布、修改、调整、建立、中止、加强"等,其宾语常常有"措施、计划、办法、方案、对策、政策、策略、方法、手段、规定、合作"等对策类名词,如例(30)。

(29) a. 鉴于索马里和平前景渺茫,联合国决定从索马里撤军。

　　　b. 他的高血压非常严重。鉴于这一状况,法庭曾建议暂停审判。

　　　c. 鉴于近期旱情严重,江西省要求做好水库蓄水抗旱工作。

　　　d. 环境标志实施国家限制没有环境标志的商品进口,鉴于这种情况,许多企业呼吁我国尽快实行环境标志。

(30) a. 鉴于北京缺电的严重性,华北电管局实施了"9511"工程计划。

　　　b. 鉴于内部管理诸多漏洞,铁道部目前已采取相应措施。

　　　c. 鉴于案情重大,7 月 5 日,广东省公安厅即制定行动方案。

　　　d. 鉴于目前公车私用现象严重,国家应当严格公车的使用制度。

　　第二,疑问性主句的例子极少,主要表达是否实施或如何实施某种对策,如例(31):

(31) a. 鉴于意大利距离太远,你们能否给他们进一步的援助?

　　　b. 鉴于这种情况,中方是否考虑推迟访问?

　　　c. 鉴于中英会谈目前的情况,中方下一步打算怎么做?

　　　d. 鉴于教育证书的通货性质,人们应当采取何种对策呢?

　　无论主句是实施对策的陈述句还是索取是否或如何实施对策的疑问句,其语义都包含实施对策,可概括为"施策义"。

5.2　主句的情态

　　针对"鉴于"原因宾语所斟酌指陈的事物情势,主句主要突出说话者认为采取某种行为或实施对策的必要性、急切性和无奈性,因此其情态结构由三个倾向性特征构成:认知的必要性、态度的急切性和情感的无奈性。

　　第一,认知的必要性。

主句中经常出现的"要、一定、必须、务必、应该、需要、有必要"等能愿动词和副词以及"迫在眉睫、势在必行、当务之急、刻不容缓"等紧迫义谓语表达了说话者在认知上认识到主动行为的必要性,如例(32):

（32）a. 鉴于南非即将废除种族歧视制度,美国人<u>必须</u>承担义务。

　　　 b. 鉴于上半年亏损面较大,因此<u>务必</u>集中精力扭亏增盈。

　　　 c. 鉴于产权模糊问题带来诸多弊端,及时解决这一问题<u>迫在眉睫</u>。

　　　 d. 鉴于黎巴嫩当前的重建形势,整顿新闻秩序<u>势在必行</u>。

第二,态度的急切性。

主句中还经常出现"及时、立刻、立即、马上、赶紧、赶快、紧急、急忙、尽快"等表示行为及时快捷的词语,凸显了行为者态度的急切,如例(33):

（33）a. 鉴于这种形势,李兴跃和他的同事们<u>及时</u>调整营销策略。

　　　 b. 鉴于明朝调将和集兵的缓慢,努尔哈赤<u>立刻</u>进行重大的军事行动。

　　　 c. 鉴于情况万分危急,张学良<u>立即</u>驱车赶至十里铺拦阻游行队伍。

　　　 d. 鉴于渤海受到磷污染的实际情况,<u>尽快</u>实施"禁磷"工作。

第三,情感的无奈性。

主句中也出现"不得不、只好、只能、只得、只有"等无奈义副词,传递说话者或行为者情感的无奈,如例(34):

（34）a. 鉴于我的病况,我<u>不得不</u>严格遵照医嘱。

　　　 b. 鉴于我的反对在提出前已经无效了,所以,我<u>只好</u>退而求其次。

　　　 c. 鉴于目前国际形势,他在莫斯科<u>只能</u>逗留一至两天。

　　　 d. 鉴于以色列在耶路撒冷地位上的强硬立场,巴勒斯坦<u>只得</u>争取在部分东耶路撒冷确定未来巴勒斯坦国的都址。

可见,主句不仅承载了说话者或行为者的施策义,还附加表达施策时的情态,即认知的必要性、态度的急切性和情感的无奈性。

6. 结语

正如邵敬敏（2019）所言,"虚词研究必须引进'语境'（上下文）的概念",这一虚词在话语和句法上的正反分布为提取并正反验证虚词的语法意义奠定了基础,只有精确定位其话语关联和句法分布才能真正解释虚词所关联的语义情态。

　　本文就是以典型的虚词"鉴于"为研究对象,在淡化其词性分类基础上,按照逻辑、句法和语义情态的逻辑顺序,逐层解释"鉴于"的话语关联。首先,从逻辑顺序和逻辑关系上看,二者构成"先因后果";其次,从句法上看,"鉴于"的宾语主要有陈述功能的主谓词组、复指功能的同位词组、指称功能的定中词组和指代功能的指称代词,可以合一为具有语义复指关系的定中词组"VP+的'这一NP'",而主句只能是陈述句和少量疑问句;最后,从语义概念上看,"鉴于"原因宾语表达斟酌指陈的事物情势,具有时间的不限性、性质的已知性、模态的严重性三个语义特征,而主句则表达决定实施的对策和行为,包含由认知的必要性、态度的急切性和情感的无奈性三部分构成的情态结构。"鉴于"原因宾语表达对指陈事物情势的斟酌,简称"酌情",其后续主句则表达决定实施的对策,简称"决策"。前因后果结合语义合成一个完整的话语关联就是:因为对已知事物严重情势的斟酌而必须急切而无奈地决定实施某种行为对策,简称"酌情决策"。

表3　"鉴于"句的话语关联

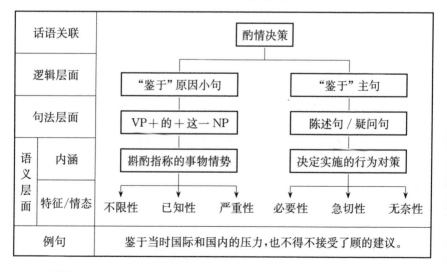

话语关联		酌情决策	
逻辑层面		"鉴于"原因小句	"鉴于"主句
句法层面		VP+的+这一NP	陈述句/疑问句
语义层面	内涵	斟酌指称的事物情势	决定实施的行为对策
	特征/情态	不限性　已知性　严重性	必要性　急切性　无奈性
	例句	鉴于当时国际和国内的压力,也不得不接受了顾的建议。	

　　而就"鉴于"的词性来说,无论根据其宾语是陈述功能的主谓小句而归入连词,还是根据其宾语是指代功能的同位词组、定中词组和指称代词

而归入介词,其宾语语义都是事物情势,只是陈述情势还是指代情势的功能差异。因此,单纯根据其宾语的句法形式来确定"鉴于"是连词还是介词并不能解决"鉴于"的语法意义问题。对于词性分类而言,特别是对于虚词的词性分类而言,我们反对单纯根据句法分布"一分了之"的做法,支持深入到纷繁复杂的句法分布背后,挖掘其是否存在着统一性语义。

如果一定要把"鉴于"归入某个词类,那么,综合考量"鉴于"小句与主句的逻辑顺序固定,"鉴于"介宾状语前较少出现主语、宾语的指代功能频率高于陈述功能,并结合历时发展的动态眼光,我们认为"鉴于"更贴近于介词功能,可称为表达"斟酌情势原因"与"实施决策结果"的"酌情介词"。

参考文献

方清明 2017《现代汉语介词用法词典》,商务印书馆。

吕叔湘 1999《现代汉语八百词》(增订本),商务印书馆。

邵敬敏 2004 "语义语法"说略,《暨南学报》第 1 期。

邵敬敏 2019 关于汉语虚词研究的几点新思考,《华文教学与研究》第 1 期。

史文磊 2019 "鉴""鉴于""有鉴于"异同考辨,《辞书研究》第 5 期。

束定芳 1989 言语行为理论评述,《外语教学》第 2 期。

王自强 1998《现代汉语虚词词典》,上海辞书出版社。

吴婷燕、赵春利 2018 情态副词"怪不得"的话语关联与语义情态,《世界汉语教学》第 3 期。

张成进 2018 介-连兼类词"鉴于"的词汇化与语法化,《语文研究》第 1 期。

张家骅 2001 "两极标尺"规律与词汇语义偏移,《中国俄语教学》第 4 期。

赵春利 2014 关于语义语法的逻辑界定,《外国语》第 2 期。

中国社会科学院语言研究所词典编纂室 1973《现代汉语词典》(试用本),商务印书馆。

中国社会科学院语言研究所词典编纂室 2005《现代汉语词典》(第 5 版),商务印书馆。

中国社会科学院语言研究所词典编纂室 2018《现代汉语词典》(第 7 版),商务印书馆。

J. L. Austin 1962 *How to Do Things With Word*, Clarendon press.

（本文发表于《汉语学习》2022 年第 6 期）

汉语欧化的历时考察
——以《天路历程》跨越一个多世纪的两个译本为例

山东师范大学文学院
山东师范大学国家语言文字推广基地　　马永草

1. 引言

欧化与现代汉语的形成和发展相生相伴,长期以来受到人们较多的关注,由此也产出了不少研究成果。就语言学领域来说,从"时间"的角度看,相关研究主要集中在共时平面,历时平面的考察十分欠缺。就我们目力所及,为数不多的研究都是近年来才出现的。比如,张威(2015)通过对比莎士比亚四部戏剧的梁实秋和朱生豪译本中"N 的 V"等形式的使用情况,指出前者的欧化特征比后者更明显,并认为这是译者的翻译观、翻译目的和成长背景等诸多因素综合作用的结果。再如,邵莉、王克非(2018)以鲁迅 1918—1924 年(前期)和 1930—1936 年(后期)的白话翻译作品为研究对象,考察了"被"字句、修饰语+的+人称代词、是+形容词+的、以"的"为标记的复杂定中结构等四种现象的欧化表现,得出的结论是:一类使用频率上升,三类使用频率下降,去欧化趋势明显,用法上也呈现一定程度的去欧化趋势,但欧化进程并未停止。类似这样的历时考察还不多见,而它本身具有丰富的内涵,同时也具有重要的研究意义和价值,因此有必要花大力气进行专门研究。也正是如此,刁晏斌(2021)才呼吁要在汉语欧化研究中建立历时观,具体包括整体的欧化历时观、局部的欧化历时观和具体现象的欧化历时观三个方面。这给我们带来了诸多启发,其中之一就是汉语欧化的历时考察可以在同一原文不同阶段的译本之间展开,本文做的就是这样的工作。

一般认为,汉语白话欧化始于五四时期。近年来,随着研究的深入,越来越多的人提出了不同于以往的观点,认为它的起点应当前移,可以追溯到早期来华传教士的白话翻译。比如,徐时仪(2008)就此指出,汉语与印欧语言的接触导致了前者的两次欧化,尤其是西学东渐的第二次欧化(按:指五四时期的欧化),在某种程度上可以说是文白转型的一个重要外因,促成了汉语文白消长由量变到质变的飞跃。这次欧化可以追溯至近代西方来华传教士翻译的传教读本,是五四时期欧化的滥觞。

英国传教士宾为霖(William Chalmers Burns)于 19 世纪 60 年代翻译的《天路历程》(官话)和《续天路历程》(官话)被认为是上述早期欧化白话文本的典型代表之一,[①]对此,黎子鹏(2012:188)有明确的表述:"这部作品(按:指官话译本)不仅体现了译者汉语的融会贯通,更能清楚反映以英语为母语的译者使汉语欧化的痕迹,着实是研究晚清官话、汉语的演变,以及二十世纪白话文学源头的极佳范本。"袁进(2013)更是直接指出,《天路历程》的白话译本是中国最早的新文学形态的小说雏形,宾为霖的白话译本有了欧化的语法。已有的实证研究也能很好地说明这一点,比如高路(2017)比较详细地讨论了译本中第三人称代词和"被"字句的欧化现象,谭妮、刘超文(2018)以举例的方式对译本中的欧化现象进行了说明。

《天路历程》的汉译版本众多,除了五四以前的文言、方言和官话译本外(黎子鹏 2007),据不完全统计,五四以来的译本包括但不限于以下这些:1983 年的西海译本,2007 年的王汉川译本,2010 年的黄文伟译本,2016 年的苏欲晓译本等。丰富多样的译本为我们的比较和讨论提供了一定的便利,根据本文的研究定位和目标,我们倾向于从中选择一本作为比较对象。上述译本中,据吴文南(2015:107)考察,西海译本是 1949 年以来最早的中国大陆汉译版本,其译笔流畅雅致,属于"桂冠世界文学名著"系列,是目前最常见的版本,一般图书馆均作为英国小说编目收藏。此外,该译本中的不少欧化语法现象与现当代汉语作品中的表现具有较高的一致性。比如,据贺阳(2008)考察,后者中"和"用于非名词性成分之间的频率为 18.3%,其中用于并列动词之间的占 10.3%,用于并列形容词之间的占 6.9％，用于并列小句之间的占 0.6％；西海译本中以上三种形式的使用频率为 7.7％、6.3％和 1.4％。另外，有些现象的使用频率甚至要超过现当代文本。比如，一般认为，"关于"是五四以后在印欧语影响下新产生的介词，西海译本中每万字有 3.43 例，在前引贺书考察的五种现当代文本中，每万字最高的才只有 2.5 例（贺阳 2008：117）。这与西海译本的文本属性应该有比较大的关系。

总的来说，综合西海译本在《天路历程》汉译版本中的地位及其自身的欧化事实，我们完全可以把该译本看作成熟的欧化白话的代表，这为我们进行官话译本和该译本之间的历时比较提供了较为可靠的保障和前提，据此也能更为清楚地认识不同阶段欧化现象的整体面貌与具体表现。需要说明的是，由于两个译本在所处时代、语体面貌以及翻译策略等方面都存在一定的差异，这难免会对比较结果产生一定的影响。不过，我们认为，这种影响是有限的，因为通过二者的比较，得出的是相对性而不是绝对性的认识，或者说只是倾向性的结论。

在对比两个译本中某种现象的具体表现时，为了讨论的方便，我们以西海译本为参照，[②]考察官话译本的相关情况。为了节省篇幅，文中例句出处均采取"《文本的首字》（第 X 部/卷 X）"这样的记录形式。

总体而言，两种译本的异同可以归纳为三种表现，以下逐一讨论。

2. 欧化表现基本一致

欧化表现基本一致是指两个译本中相关现象的实际表现基本相同、没有明显差异的情况。以西海译本为参照，官话译本中的这些现象都可以称作典型的欧化。比如，根据笔者对两个译本中"我们"使用情况的考察，西海译本中包括式的使用频率为 58.6％，官话译本为 57.3％，后者只比前者低了 1.3 个百分点（Ma Yongcao 2019）。下面要讨论的现象也属于这一类。

2.1 两个译本各个并列连词使用情况的对比

西海译本中，名词性词语并列时使用连词的有 482 例，其中用"和"的有 457 例。其余连词中，"（以）及"用得最多，有 21 例；"与"和"并"用得很

少,前者有 3 例,后者只有 1 例。以下是具体用例:

(1) 他们从他的服装上,从他的手杖和腰带上,知道他是个天路客。（第二部）③

(2) 他们还认为听见一阵好像烈火燃烧的轰隆声,以及受折磨的人的呼号声。（第一部）

(3) 他晓得弃恶择善的时候,他必吃奶油与蜂蜜。（第二部）

(4) 她使统治者和人民之间,父母与子女,邻里之间并夫妇之间发生种种不睦,使一个人内心产生矛盾,使肉体和圣灵不协调。（同上）

例(4)中,"并"的使用很可能是为了避免与前面的"和"以及"与"重复。

官话译本中,名词性词语并列时使用连词的有 212 例,"和"用得最多,有 208 例,既可以连接同类名词性成分,也可以连接异类名词性成分,只不过后者用例相对较少。以下各举一例:

(5) 基督圣徒和亚波沦,在此分出胜败。（《续》卷四）

(6) 这是甚么话,难道叫我抛了众亲友,和一切快乐的事,同你走吗?（《官》卷一）

其余 4 例中,用"并"的有 2 例,它们全部与"和"搭配在一起共同连接多项并列的名词性短语。例如:

(7) 于是两个人回美宫去,女徒和心慈,并四个儿子,马太撒母耳约瑟雅各跟着智仁勇往前去。（《续》卷四）

此例连用两个连词,这与语言表达策略有较为密切的关系,前两项虽然是人名,但如果二者之间不用连词,形同偏正结构,容易造成混淆或歧义。在"四个儿子"之前,译者使用了与"和"意义与用法大体等同的"并",避免了重复。从整体上看,二者的使用达到了更好地区别各部分内容的效果,从而使彼此之间的语法和语义关系更加明确。

剩余 2 例分别用了"同"和"连",以下一并列出:

(8) 我梦见固执回去的时候,基督徒同易迁一块儿,从郊野渐渐儿过去,一面走路,一面谈论。（《官》卷一）

(9) 人若是没信,但凭眼睛所见的,就把家产、连身子灵魂,都卖给魔鬼,换一点儿快活。（《官》卷四）

例(8)中"同"和例(9)中"连"的用法都不太典型,前者也可以分析为介词,处于两可的状态;后者相当于现代汉语中的"连同",它所连接的后项与前项有轻重和主副之别。

名词性词语并列时两个译本不同连词的具体使用情况见下表:

语料|项目	与	同	和(合)	(以)及	并	连	总　计
西海译本	3/0.6%	0	457/94.8%	21/4.4%	1/0.2%	0	482/100%
官话译本	0	1/0.5%	208/98.1%	0	2/0.9%	1/0.5%	212/100%

上表显示,两个译本具有很高的一致性。西海译本中,"和"占绝对优势,其他连词的使用频率都非常低。结合前文的讨论,官话译本中,"并"的使用可能有语用上的动因,"同"与"连"的用法比较特殊,可以说,"和"几乎是该译本中唯一的并列连词。

2.2　对上述现象的认识

我们认为,传统白话中的同类用法为上述现象提供了"模板",而"和"与 and 的优先对应关系是促使其成为绝对优势连词的真正动力。王力(1944/2015:367)指出:"英文'and'字,如果它联结两个以上的名词成为等立仂语,译成中文应该是'和'或'与'(the father and the son)。""和"在前而"与"在后,这样的排列顺序很好地说明了 and 与"和"的上述关系。赵元任(1968/1996:247)更是直接将二者对等起来:"连结词用为并列结构的记号,在外语中译的文章里跟洋化的中文里很多,比如'和'字(或同形异音的同义字)等于 and。"

对于官话译本中的单一化选择,好处是简单明了,且易于操作,但也有一定的损失,最主要的就是并列连词缺乏多样性,容易使一些表达比较"单调",这在由多项词语构成的名词性并列结构且并列项之间使用两个连词连接这一用法上表现得尤为突出。据贺阳(2008:255)考察,上述用法包括两种类型:一是在每两项并列词语之间都加上连词;二是先把并列各项分为若干类,再把连词加在类与类之间。以下通过两个译本的比较进行说明。

西海译本只有前一种类型，共 5 例，如：

(10) 现在女基督徒和她的孩子以及慈悲在天路的开端就受到了神的接纳，而且神还温和地跟他们说话。（第二部）

此例中，前两个并列项之间使用了"和"，后两个之间使用了"以及"，这种情况有 4 例。此外，还有 1 例为"甲和乙并丙"，即：

(11) 箭袋和发亮的枪，并短枪，在它身上铮铮有声。（第一部）

西海译本没有重复使用"和"的，这是因为该译本中与 and 对应的并列连词更多，而官话译本却有不同的表现。例如：

(12) 你就直问他，心里和行为和家里，有这些凭据没有？（《官》卷三）

类似此例这样的形式有 3 例，而"甲和乙并丙"仅有 1 例。

不仅这种类型如此，前引贺书列的第二种类型也有同样的表现。例如：

(13) 我们的好君别西卜，常被他辱骂，并且君的心腹、奢华、淫佚、傲慢、诸位大人，和放利、贪赃各位老爷，和一切头目，他常蹭蹬。（《官》卷三）

像例(13)这样的用法十分普遍，而换用连词的情况只有 2 例，如：

(14) 你们到了天城，可以会见亚伯拉罕以撒、雅各，和诸先知、诸使徒，并一切得救的人。（《官》卷五）

在表达效果上，这种富于变化的语言形式比例(13)那样重复使用同一形式的要好得多。

总之，连接并列的名词性成分时，官话译本的连词表现出较强的"单一性"，几乎全用"和"，并且它的使用频率比西海译本还要略高一些。这种单一性是"和"与原著中 and 绝对优势对应关系的体现，从某种意义上也反映了官话译本的"初期性"。这在一定程度上导致一些表达形式比较单调，是一种"受限"的状态，这样的不足在西海译本中得到了弥补。

除了上述事实以外，我们考察过的"和"用于并列动词性词组之间也属于这一类。据调查，西海译本这种形式有 3 例，官话译本有 6 例，[④]后者比前者的总体使用数量略多一些。

就官话译本而言，以上现象虽然都属于典型的欧化，但该译本与西海译本在差异程度上略有不同。对于官话译本中某种现象的数值高于西海译本的情况，我们认为，虽然前者处于欧化初期，但这种现象已经发展得相当成熟。反之,由于西海译本处于成熟阶段,有些现象自然要更典型一些。从语言的发展规律来看,这样的分布和表现是正常的,即不同现象在具体表现上一般不会是完全相同没有任何差异的。

3. 欧化表现异大于同

欧化表现异大于同是指两个译本相关现象的差异要大于二者的共性,使用情况有一定甚至较大的距离。以西海译本为参照,与上一种类型相对,官话译本中的这类现象可以称为非典型的欧化。该译本中第三人称代词的使用情况就属于这一类,据我们考察,各类指人回指形式中,西海译本第三人称代词回指占 68.6%,官话译本为 49.3%,[⑤]后者比前者低了 19.3 个百分点。这是二者差异比较明显的,此外还有差异更加突出的。比如名词性词语并列时连词的使用情况,西海译本使用连词的占 92.5%,官话译本为 54.1%,前者比后者高了 38.4 个百分点;两个同类名词并列时,西海译本使用连词的为 91.2%,官话译本为 53.2%,前者比后者高了 38 个百分点(马永草 2021)。下面要讨论的现象也属于差异比较明显的情况。

3.1 两个译本积极义"被"字句使用情况的对比

西海译本中,积极义"被"字句的使用频率为 27.9%。例如:

(15) 女基督徒见自己的行期已定,知道自己是一伙人中间头一个被召前去的人。(第二部)

此例是王力(1958/2015:419)所说的"在上者的恩宠"类"被"字句,句中隐含了"在上者"即施事"主"。以下一例中的"邀请"虽然也可以看成"恩宠",但由于施事为普通人"底马",这样一来,就与"在上者的恩宠"类有同有异,可以看作突破不明显的"跨类""被"字句:

(16) 我可以向你保证,当私心来到这儿的时候,如果他也像我们这样被(底马)邀请,他准会上那儿去看的。(第一部)

以上两类之外,还有"类"上有突破的:

(17) 她们很多人在门口迎接他,说,请进来,你这位被主人祝福的人。(第二部)

此例中,"祝福"具有十分浓厚的积极色彩,是"你"所企望的。

官话译本中,积极义"被"字句的使用频率为15.9%,比西海译本低了12个百分点。两个译本除了使用频率有比较明显的差异外,"被"字句的具体类型也有较大的不同。具体表现在以下两个方面:

一是官话译本有由"感化"类动词充当述语中心的"在上者的恩宠"类"被"字句,而西海译本没有这种形式。前者的用例如下:

(18)因为觉得私欲,比从前少,就说我被圣神感化,比从前更大阿。(《续》卷五)

二是西海译本"类"上有突破的情况比官话译本要丰富。例如:

(19)基督徒由于自己在寂寞的旅途中从种种的危险里被救了出来,内心深深地受到了感动。(第二部)

此例中,"被"字句的述语中心是积极色彩程度较弱的"救",官话译本中这样的"被"字句比较少。

以上是数量上的表现,此外还有类型上的。例如:

(20)他们说,那儿是"锡安山,就是天上的耶路撒冷,那里有千万的天使,和被成全之义人的灵魂"。(第一部)

相对于"祝福"等比较典型的具有积极色彩的动词,此例中"成全"的积极色彩要弱一些,但同时又强于"救"等,可以看作非典型的积极义动词。官话译本没有这样的用例。

3.2 对上述现象的认识

以上对比说明,两个译本既有一致的情况,又有不同的表现,这也能在一定程度上说明二者处于不同的欧化阶段,有比较明显的"历时"差异。具体而言则是官话译本处于"欲迎还拒、欲拒还迎"的时期,遇到与传统白话不一致甚至有较大偏离的情况时,既想与原文保持一致,但同时又不能靠得太近,由此就造成了与原文"若即若离"的结果。"即"的表现如:

(21a) Blessed are they that are called to the marriage-supper of the Lamb. (The first stage)

(21b) 于是天使军大声喊说,"凡被请赴羔羊之婚宴的有福了"。(《西》第一部)

(21c) 凡被主请来赴喜筵的,福气顶大。(《官》卷五)

以上例句显示,两个译本与原文都有非常明显的对应关系,这也可以说明原文对二者的直接影响。

"离"的表现如:

(22a) To be, if it shall please you, graciously admitted by this gate into the way that leads unto the Celestial City. (The second stage)

(22b) 那就是,如果承蒙您同意的话,我们得以蒙恩被准许通过这扇门,走上通往天国的路。(《西》第二部)

(22c) 女徒道:"从将亡城来,要到天城去,知道天路从这儿起头,故此求主施恩,准我们进去。"(《续》卷一)

由西海译本中的"得以蒙恩"可知,"被准许"对"我们"来说是企望的事情,这是直接将原文中的"graciously admitted"翻译出来的结果;官话译本与之不同,将原文的被动形式改译成了主动形式。

总的来说,由官话译本到西海译本,积极义"被"字句的使用频率由低而高;从具体表现来看,能进入这些"被"字句的动词的范围越来越大,种类越来越多,由此也体现了从不充分的欧化到比较充分或充分欧化的发展变化。

以上是使用频率方面的,总体使用数量方面也有类似的表现。比如,西海译本"在+处所词语"用于存在句首的有 23 例,而官话译本仅有 11 例。⑥再如,前者句首时间词语前加"在"的有 11 例,而后者仅有 2 例(马永草 2021)。"和"用于并列形容词之间也属于这种类型,以下进行简要论述。

西海译本中,"和"用于并列形容词之间的有 13 例。如:

(23) 在这儿,我看到了稀罕和有益的事情,看到了快乐的和可怕的光景,这些都使我的意志坚定,把任务承当。(第一部)

以上是两项并列的,此外还有三项的:例如

(24) 因此,倘若你要看深奥、隐秘和神妙的东西,就请来到牧人这里。(第一部)

官话译本中,"和"用于并列形容词之间的只有 1 例:

(25) 虽然如此,救主的大恩,到了心里,好像太阳照着,人就觉得光

亮,觉得暖和。那黑暗和寒冷,都消化了,我遇着这个,就不做欠明府的人。(《续》卷四)

由于这种情况是孤例,我们甚至可以说这只是一种"偶然"的使用。再者,"黑暗"与"寒冷"处于主语的位置,而且它们的前面还使用了一般不用于陈述义词语的修饰限定词"那",二者的词类功能在一定程度上发生了游移。因此,这完全可以看作非典型用法。

总的来说,官话译本除了没有像西海译本那样的典型用法外,就是非典型用法也刚刚"露头",即指称化的并列形容词之间能不用就不用"和",以下一组用例能够进一步说明这一问题:

(26a) 他如今住在生命之泉,他不用劳苦和悲伤就可以得到一切,因为在那里没有悲痛。(《西》第二部)

(26b) 他今儿在郇山,和天主同住,福气齐备,没有一点儿劳苦忧愁,掺在里头。(《续》卷一)

4. 欧化表现此无彼有

欧化表现此无彼有是指官话译本没有出现而西海译本有的欧化现象。这在不少方面都有一定的表现,以下通过举例的方式予以说明。

4.1 "和"用于并列动词之间的形式

西海译本中,"和"用于并列动词之间的形式多达 16 例。官话译本没有这种情况,可以或需要使用"和"的地方,往往采取无标记的意合形式,以下我们对照原著进行分析。例如:

(27a) And the rather, for that they well knew that he was a prophet, and could tell them of things that might happen unto them, and also how they might resist and overcome them.(The first stage)

(27b) 两人将来要碰著的事,他能够先晓得,怎样抵挡压制,他也能指示。(《官》卷三)

以上是只将原文中并列的动词翻译出来而没有将 and 对译出来的,以下用例有所不同:

(28a) So they told them, saying, thus it is with the vile person; all means used to get such a one a good name shall, in conclusion, tend but to make him more abominable. Thus it was with the Pharisees; and so it shall be with all hypocrites. (The second stage)

(28b) 牧人道:"大凡人想替恶人遮掩修饰,全是无益的,那人的恶,倒显出来了,我们把恶认真去掉才好。"(《续》卷六)

对比后可知,"遮掩修饰"是译者改译的结果,两个动词之间没有使用连词。这与传统白话具有明显的一致性,也就是说,译者采取了归化的翻译策略。

4.2 "PP 的 V"结构

贺阳(2008:58-59)指出,五四前后,在大量翻译英语等印欧语言作品的过程中,常常遇到由行为名词或动词性名词做中心语、由介词结构做定语的定中结构,人们往往采用仿译的方式翻译它们,即用汉语中的动词对译外语中的行为名词或动词性名词,用由"对于""对"(表对待关系)"关于"等介引的介词结构对译外语的介词结构定语,这样,"PP 的 V"结构便在汉语书面语中出现了。官话译本中虽然有较多用动词或形容词对译原文中行为名词、动词性名词、由形容词派生的名词以及一些抽象名词的形式,但是由于该译本中"关于"等还不能用作介词,因此才没有"PP 的 V"这样的结构。西海译本中的用例如:

(29a) 他们跟发亮的人谈的是关于那个地方的壮丽。(第一部)

这里的"关于"是直接译自 about 的结果,以下是与此例对应的原文:

(29b) The talk that they had with the shining ones was about the glory of the place. (The first stage)

"关于的 V"之外,还有"对的 V",例如:

(30a) It made me greatly ashamed of the vileness of my former life, and confounded me with the sense of mine own ignorance. (The first stage)

(30b) 它使我以过去的生活的卑鄙为莫大的耻辱,使我对自己的无知感到羞愧。(第一部)

4.3 "当……(之)时/的时候/的时节"

贺阳(2008：137-138)指出,按照汉语原来的习惯,要表示甲事进行的过程中,乙事同时发生或进行,通常是在表示甲事的小句或动词性词组后面加上"时""的时候"或者"的时节"等,偶尔也有在前面加上介词"当"的,构成"当……(之)时/的时候/的时节"。通过考察,书中还指出,旧白话中虽然有这样的用例,但很少见,比如《红楼梦》全书中未加任何介词的有561例,加"当"的仅有4例。Kubler(1985：118-119)对这种情况有如下认识：汉语原有的时间成分往往都比较短,这种情况下,用"……(之)时/的时候/的时节"表达是适宜的,英语等印欧语言与汉语不同,其时间状语从句通常都比较长,当译者用汉语传统的表达形式来翻译这些从句时,就会感到为难,这是因为读者要看到末尾的标记词时才知道它是一个时间成分,由此也就容易影响读者对句子的理解。书中提出了解决的办法,即仿照印欧语中的表达形式,在时间成分的前面加上形式标记"当"。贺阳(2008：140)在对五四以来不同时期的文学作品和一部分翻译文本以及当代口语语料进行考察的基础上,指出时间成分前加"当"的现象大约在20世纪30年代以后才逐渐流行开来,这种现象在此之前还比较少见。

西海译本中时间成分前加"当"的有97例,这些成分以"小句+的时候"为主。例如：

(31) 当他上床就寝的时候,他把他所做的事情告诉了她。(第一部)

西海译本这种形式之所以用得比较多,是因为原文较多地使用了由when、while和as等时间连词引导的状语从句,而"当"与它们存在直接的对应关系。与这些形式对应的地方,官话译本都没有将时间连词翻译出来。例如：

(32a) I will warrant you, when Byends comes up, if he hath the same invitation as we, he will turn in thither to see. (The first stage)

(32b) 盼望说：我可以向你保证,当私心来到这儿的时候,如果他也像我们这样被邀请,他准会上那儿去看的。(《西》第一部)

(32c) 美徒说："我猜利徒到这里,底马若请他,他必定去看。"(《官》卷四)

5. 结语

欧化白话文本尤其是不同阶段的文本（包括同一原文不同阶段的译本）之间既有共性表现，又有个性差异，应该从历时的角度来认识和研究。以上我们以《天路历程》跨越一个多世纪的两个译本为例，对二者的欧化状况进行了解剖麻雀式的对比考察，所得结果主要表现在基本一致、异大于同、此无彼有三个方面。这种分布从根本上说是翻译语言或欧化现象发展不平衡的表现，简而言之，每一种现象各有自身的性质和特点，不同现象受传统用法制约的程度深浅不一、范围大小有别，这基本上决定了它们"违离"传统的规模和程度，由此就造成了无和有、多和少、快和慢等方方面面的差异。

根据本文讨论的事实，我们对汉语欧化问题产生了以下一些初步的认识和思考：

首先，汉语欧化历时研究大有可为。汉语欧化已有比较长的历史，即使从五四时期算起，已经 100 年了，而如果向前延伸到本文讨论的《天路历程》，则更是长达近 160 年。从那时到现在，欧化现象从无到有、由少到多，其中有些还经过从有到无或由多到少的变化，而所有这些都与现代汉语的发展相生相伴，是整个现代汉语史的重要内容之一，其中历时的内涵无疑极为丰富。然而，这方面的研究尚未引起人们普遍的重视，更未成为一个"常规性"的研究课题（刁晏斌 2021）。本文做的就是这方面的尝试性工作，希望有更多的人参与到这项研究中来。

其次，早期欧化白话文本中的欧化现象是分层次的，这里的层次除了有无之外，还可以是范围大小、数量多少、频率高低等；如果着眼于其与中国传统语言形式之间的关系，则包括全部摆脱其约束、部分摆脱以及尚未摆脱等。研究和认识这些现象时，不能搞"一刀切"，而要树立层次观。

最后，官话译本可能还不是最早的欧化白话文本，按道理说比较成熟的欧化形式不太可能一下子"突变"产生，也许前边的译文已有一定程度的"铺垫"。这也说明官话译本具有十分重要的研究价值，比如通过研究该译本可以进一步了解和认识欧化的内在规律。具体而言，几乎所有的研究都是针对成熟阶段的欧化现象，这样只能看到"尾"而看不到"头"，只能看到"共时"而看不到"历时",而由官话译本入手,可以看出相关现象在欧化初期的具体表现,从而对这些现象的阶段性面貌和特点有一个较为清晰的认识。

附 注

① 人们一般将《天路历程》(官话)和《续天路历程》(官话)合并简称为官话译本《天路历程》,在不影响表义的情况下,本文统一称为官话译本。

② 官话译本只有 13 万余字,西海译本约 17.5 万字,如果从中抽取与官话译本相同的数量,一定程度上会影响内容的完整性,不便于对两个译本中相互照应的内容进行比较。因此,我们用的是完整的西海译本。

③ 集中讨论某个文本中的某种现象时,例句出处省去"《文本的首字》"。

④ 笔者在《汉语欧化的早期实践——以官话译本〈天路历程〉为例》中讨论了这一问题,该文待刊出。

⑤ 同④。

⑥ 同④。

参考文献

刁晏斌 2021 欧化及其研究的新思考:写在汉语欧化研究百年之际,《北华大学学报》第 3 期。

高 路 2017《官话译本〈天路历程〉欧化语法研究》,北京师范大学硕士学位论文。

贺 阳 2008《现代汉语欧化语法现象研究》,商务印书馆。

黎子鹏 2007《天路历程》汉译版本考察,《外语与翻译》第 1 期。

黎子鹏 2012《经典的转生——晚清〈天路历程〉汉译研究》,香港基督教中国宗教文化研究社。

马永草 2021《"五四"以前的汉语欧化实践——以官话译本〈天路历程〉为例》,《北华大学学报》第 3 期。

邵莉、王克非 2018 鲁迅白话小说译作中句法欧化现象的历时变化——基于语料库的研究方法,《外语与外语教学》第 6 期。

谭妮、刘超文 2018 宾为霖官话版《天路历程》的汉语欧化现象研究,《吉林广播电视大学学报》第 3 期。

王　力 1944/2015《中国语法理论》,中华书局。

王　力 1958/2015《汉语史稿》,中华书局。

吴文南 2015《存在之思：〈天路历程〉研究》,厦门大学出版社。

徐时仪 2008 略论语言接触与文白转型,《上海市社会科学界第六届学术年会文集（2008 年度）》〉（哲学·历史·文学学科卷）。

袁　进 2013 新文学形态的小说雏形——试论晚清西方传教士翻译的《天路历程》白话译本的现代意义,《社会科学》第 10 期。

张　威 2015 莎剧两种译本中的汉语"欧化"现象描写与分析,《外语教育研究》第 1 期。

赵元任 1968/1996《中国话的文法》,刘梦溪主编《中国现代学术经典·赵元任卷》,河北教育出版社。

Kubler, Cornelius C. 1985 *A Study of Europeanized Grammar in Modern Written Chines*. Student Co. Ltd.

Ma Yongcao 2019 Early Practice of Chinese Europeanized Grammar-Take the Plural of the First-Person Pronoun in The Pilgrim's Progress in Mandarin as an Example. *Journal of Literature and Art Studies*（10）.

（本文发表于《辽宁师范大学学报》2021 年第 5 期,有改动）

副词研究

"确实、真的、实在"的多维度辨析
——语义、句法、语篇和汉语语法分析

广东外语外贸大学外国语言学及应用语言学研究中心　石定栩

1. 多维度分析

自然语言是个非常讲究效益的系统,同一个事物在同一语境中用几个完全等同的词语来描述是极为罕见的现象(吕叔湘 1979)。不过,有些词语会从不同的角度、不同的侧面去描述同一个事物或性质,从而形成一组近义词。比如"一连、连续、连连"都描述动作或事件的接连不断,因而构成一组近义词。大部分的近义词只是从特定维度考察时才会显现其相近之处,换一个维度去分析就可能相距甚远了。这就提供了一种多维度分析的思路(罗琼鹏、崔晋 2017),可以从一个维度去寻找近义词的相似之处,再从另一个维度去厘清它们的差别,从而对近义词做出全面的描述分析。

本文采用多维度思路辨析"确实、实在、真的",通过真实语料描述其相似和相异之处,归纳出它们的语义、句法、语篇表现及其规律,并对这些规律做出理论上的解释。

2. "确实、真的、实在"的语义共性

"确实、真的"和"实在"都可以用作形容词或者副词,而且在用作形容词或副词时都是近义词。语法书在分析它们的副词用法时多半归纳为肯定副词(张谊生 2000,2010)。虚词词典为它们的副词用法做释义时,大多采用表示真实性的词语,加上对肯定态度的各种描述。

吕叔湘主编(1999:460,492,668)明确指出,副词"确实"是"对客观

情况的真实性表示肯定";"实在"表示"完全正确;的确。强调事情的真实性";而"真(的)"则相当于"实在、的确","用来加强肯定"。张斌主编(2001：447，493，715)的做法大致相同,认为"确实：表示十分肯定,有'的确'的意思";"实在：表示十分肯定,有'的确'、'确实'的意思";而"真的：表示对事物或情况的确认"。

这些释义和描述都符合汉语的实际情况,说明这几个副词的基本语义十分相近,具有相同的表义功能。这也部分解释了为什么在例(1)(2)(3)这样的句子中,"真的""确实"或"实在"都可以换成另外两个而不影响句子的可接受程度。

(1)"一定要转达我们对打捞人员的感谢,他们**真的**太不容易了。"

(2)老首长在那几年中**确实**是操碎了心。

(3)后来见我**实在**可怜,一位导演才决定给吴强8 000元的补偿。

3."确实、真的、实在"的句法共性

吕叔湘主编(1999)和张斌主编(2001)对这几个词语的描述揭示了它们的语义共性,也提供了句法分析的坚实基础。吕叔湘先生认为"确实""对客观情况的真实性表示肯定",张斌认为"真的""表示对事物或情况的确认",意思都是这些词语表示某种评价。常见的汉语评价成分有两种。一种是像程度状语那样对谓语进行评价,附着在谓语上成为小句的组成部分。还有一种是对小句命题进行评价,例(4)的说话人觉得小句命题"事与料违",就用"偏偏"来表示这一评价,评价和基本命题共同构成一个新的命题(石定栩等2017)。

(4)这些不起眼而又不容易做到的事,文明的张家港人偏偏做好了。

通过语料分析可以发现,"确实、实在、真的"与"偏偏"相似,都表示说话人对小句命题的评价,而不是对小句内部成分的评价。例(5)是说话人的自述,他对用电击治疗"网瘾少年"的家长和医生提出严厉的批评,指责"他们就是魔鬼"。这显然是说话人真实感情的流露,他然后用"确实"表示这是他的真实想法。例(6)的"天文学家"用"真的"来评价假设条件句的基本命题,表示他认为这个理论假设反映了真实情况。例(7)的相关小

句描述说话人的心理活动,因为要照顾邻居的面子,所以他"不想撕破脸去打官司","实在"表示这是他容忍的极限,在原有命题的基础上构建了一个新命题。

(5) 但我必须要用"魔鬼"来形容一些人,他们是父母,他们是医生,同时他们确实就是魔鬼。

(6) 天文学家想到,如果太阳内部真的像理论上所说的进行着热核反应,一定能产生大量的中微子。

(7) "做了三四十年的邻居,实在不想撕破脸去打官司,况且诉讼费用也高。"高博成说。

"确实、实在、真的"的句法地位及句法功能,是这种评价功能的基础。从例(8)可以看到,"真的、确实"和"实在"都可以出现在否定成分的前面,而(8′)则显示否定成分不能出现在它们的前面。

(8) 我真的/确实/实在不想练下去了,我想做一个正常人。

(8′) *我不真的/确实/实在想练下去了,我想做一个正常人。

例(9)和(9′)的对立说明程度状语只能出现在这些词语的后面,而不能出现在它们的前面。例(10)和(10′)的对立说明这些词语只能出现在义务情态动词前面,而不能出现在它们的后面。

(9) 这样繁忙的情况,光靠控制人员确实/实在/真的有点应接不暇。

(9′) *这样繁忙的情况,光靠控制人员有点确实/实在/真的应接不暇。

(10) 这一单的工作量太大,你确实/实在/真的应该再多给一点时间。

(10′) *这一单的工作量太大,你应该确实/实在/真的再多给一点时间。

4. "实在"的语义个性

"实在、确实、真的"都表示确认和肯定,占有同样的结构位置而且有相近的句法表现,在小句中可以互换似乎是理所当然的,但实际情况却并非如此。我们从语料库里搜集了"真的、确实、实在"的所有用例,各抽4 000条不重复的副词用例做样本,再随机各抽400条进行互换测试,看哪些句子不允许互换,然后分析不能互换的原因。测试分两步进行。第一步只考虑单个句子,只要替换之后句子仍然可以说,就算可以互换。第二步将句子放在语篇里考察,如果换了以后意义发生改变,不再符合原来的语篇脉络,就算不能互换。

测试的结果表明,如果只考察单个句子、只考虑是否能说而不考虑意义的改变,"确实"或"真的"大多数情况下都可以互换,就像例(11)和(12)那样,既可以用"真的"也可以用"确实"。

(11) 我们家那时候真的很穷。

(12) 对于北漂的我来说,这确实是一份不薄的收入。

"实在"的情况比较复杂。用"实在"表示说话人态度的句子都可以改用"确实"或"真的",就像例(13)和(14)那样。

(13) 他们实在太累了。

(14) 这些经历对于不甘于平庸现状的年轻人来说,实在是太宝贵了。

在说话人用"确实"表示评价的单个句子中,有些是像例(15)那样可以换"实在"的。

(15) 汶川地震后我去看过,我们确实是水平有限。

大部分用"确实"来表示评价的单个句子,却不能用"实在"去替代"确实":

(16) 地球发展史上,确实/＊实在生存过一种四只脚、长尾巴的巨大动物。

使用"真的"来表示肯定态度的单个句子中,有些可以换用"实在":

(17) 你真的/实在很难接受一个不知名公司的 OFFER。

而"真的"换为"实在"后变得不可接受的单个句子更多:

(18) "无足极乐鸟"并不是真的/＊实在无足。

第一步的分析只考查单个句子,所以句子中"实在"能否与"确实"或"真的"互换,决定因素必然来自小句内部。如果说话人认为小句的命题为真但低估了相关情况,就会用"实在"表示命题内容需要加强。"实在"和当前命题构成一个新命题,内容等级高于当前命题,所以以"实在"评价的命题内容就必须能够分出等级,而"确实、真的"既能评价可分级的命题,又能评价不可分级的(王宏 2013)。

可分级是个语义学概念,用来描述形容词原形、比较级和最高级之间的变化,也用来描述反义词之间的意义差别。绝对反义词之间是非此即彼的互补关系,"生-死、曲-直、完好-破碎"在日常生活中是不可分级的。相对反义词是渐变语义连续统上不相连的两个节点,"大-小、厚-薄、冰冷-火热"之间是渐变连续统,因此是可分级的。如果谓语的意义来自相对反义词,其内容就像例(19)那样可以分级,可以用"实在"去评价。如果谓语核心属于绝对反义词,命题内容就像例(20)那样不可分级,不能改用"实在"评价。

(19) 我们不得不接受这个事实:这座桥实在太旧了。

(20) 洪叔无奈地承认,油管真的弯了。

如果谓语的核心是动词,是否可分级取决于肯定形式和否定形式的关系。例(21)的核心是"起飞",而"起飞了"和"没有起飞"是非此即彼的互补对立,无法分级而不能用"实在"加以评价。例(22)的"喜欢"和"不喜欢"之间可以分出许多等级,所以既能用"真的"或"确实"评价,也能用"实在"评价。能够与"实在"匹配的还有例(23)那种可能补语的否定形式。"受不了"和"受得了"之间还有"有点受不了"之类,所以"受不了"是可分级的。

(21) 他的那个航班真的/ * 实在已经起飞了。

(22) 苏建泽真的/确实/实在喜欢那幅画。

(23) 我冻得实在受不了,就进了个夜市录像厅,趴在座位上睡着了。

说话人判断命题内容是否可分级时,多半依据自己对外部世界的认识。比如同样是"没有",例(24)的"没有兄弟"和"有兄弟"是非此即彼的,而例(25)的"没有钱"和"有钱"之间却是可分成很多级的,所以前者不能用"实在"评价,而后者却可以用"实在"评价。

(24) 晓情真的/确实/ * 实在没有兄弟。

(25) 那几天沈默手头真的/确实/实在没有钱,只好躲起来不出去。

有时候一个词语在不同的场景里会有不完全相同的解读。例(26)的"坏(了)"是说汽车不能开,是个不可分级状况,所以只能用"确实、真的"而不能用"实在"来评价;而例(27)的"(太)坏(了)"描述人的品质,是典型的可分级情况,所以"真的、确实、实在"都可以用在这里。例(28)和(29)的主要动词都是"知道",但"不知道再讲点什么好"和"知道再讲点什好"中间可以有很多种情形,所以例(28)的命题是可分级的,用"实在"评价实属正常;而例(29)里的"噩耗"是个非常单一的概念,"知道"和"不知道"之间几乎是非此即彼,所以用"真的、确实"评价很正常,用"实在"就有点怪怪的了。

(26) 那辆悍马＊实在/确实/真的坏了。

(27) 偷农民蔬菜的那些人实在/确实/真的太坏了。

(28) 先人留传下来的故事都讲完了,妈妈真的/确实/实在不知道再讲点什么好。

(29) 刚刚苏醒的林鹤真的/确实/?? 实在不知道这个噩耗。

5. "真的、确实"的语篇关联

"真的"与"确实"在单个句子中的表现非常相似,例(30)和(31)那种单个句子的互换测试也证实了这一点。

(30) 这一次,他真的有些不自在了。

(31) 雄鸳鸯确实是世界上最美的水禽。

将句子和相关语篇放在一起考察,得到的却是另一种规律。"确实"和"真的"能够互换而不影响可接受程度的情况相对较少。如果将例(32)和(33)的"真的"换成"确实",或者将例(34)和(35)的"确实"换为"真的",整个语篇就会变得十分别扭,甚至无法理解。

例(32)是一个军医的故事。他为了考出国研究生而闹转业,结果挨了处分,但仍不断地做出国梦,直到部队要出国执行任务。讲故事的人用"真的"来评价"这回要出国了",就是因为前面有个出国梦碎的背景命题。如果改用"确实"的话,就失去梦想成真的意思了。例(33)是"她"为了骗家人装吐,结果胃里一放松就"冲着被子吐开了"。只有用"真的"来评价呕吐事件,才能体现这种假吐和真吐的对立。

(32) 营卫生所一名医生,不想在部队干,总想着考出国留学生,坚决闹转业挨了处分。这回真的要出国了,他却政审被审下来留守。

(33) 她坐了起来,装作要呕吐的样子。结果她胃里一切都放松起来,真的冲着被子吐开了。

例（34）来自刑法的早期版本。刑满释放人员必须申报"无家可归"并得到批准才能留在原劳改单位。申报的和批准的是同一个事项，用"确实"来评价就表示申报内容准确无误。如果改用"真的"，就意味着申报有假或者被怀疑作假，再批准就不合情理了。例（35）中齐桓公质疑"会背九九歌也算本领"，背后的意思是"算不上什么大本领"，那个人用"确实"表示他认同齐桓公的看法。如果改用"真的"，就变成他的观点与齐桓公相反，就把故事脉络搞乱了

（34）刑满释放人员原则上送回原籍、捕前所在地或直系亲属所在地，由社会采取多种形式的办法安置，个别确实无家可归而又自愿留下就业的，由原劳改单位收留安置。

（35）有人前来求见，齐桓公说："你有什么本领？"来者说："我会九九歌。"齐桓公嘲笑他："会九九歌也算本领吗？"那人回答："背九九歌确实不是什么大本领，但是如果您对我也能以礼相待，还怕比我高明的贤士不来应聘吗？"

由此可知，如果只考虑单个句子里的"真的"或"确实"，大部分情况下两者是可以互换的，这说明它们的语义和句法功能非常接近。一旦将这种句子放到语篇里考察，大部分的"真的"和"确实"就不能互换，这说明两者牵涉到不同的语篇脉络，或者说它们与背景命题之间的逻辑关系不同。

如果当前命题与背景命题意义相反，包括严格意义上的对立命题 p 和 $\tilde{p}$，以及背景命题为弱化 $\tilde{p}$ 的情况，说话人就可以用"真的"来表示当前命题内容准确无误（方清明 2012）。如果当前相关命题与背景命题相等或相近，而且语篇中有针对背景命题的质疑、迟疑或者顾虑，说话人就可以用"确实"表示当前命题的内容准确无误，值得相信。

有些背景命题可以在语篇中找到。例（36）的当前命题"狼来了"以前句"狼来了的警钟响起"为背景命题。两个命题的内容几乎完全相反，所以作者可以用"真的"来评价当前命题。如果改用"确实"，就会与背景命题发生冲突。有些背景命题在语篇中并不直接出现，需要推导出来。例（37）用"真的"评价的当前命题是"到外面一看"，语篇中并没有与之相反的命题，但相隔四句之外有句"成天在山沟里待着"，可以认为是弱化的 $\tilde{p}$，与当前命题描述的事件相反。

(36) 从申请复关的 1986 年算起,从狼来了的警钟响起到狼真的来了,中间相隔几乎一代人的时间。

(37) 教书的人成天在山沟里待着,教出来的学生也会木头木脑的。以往,外面说界岭的人不是女苕就是男苕,觉得是受了侮辱。真的到外面去一看,才明白我们早已跟不上潮流。

例(38)的背景命题是有人质疑小岗村包产到户事件的细节,说话人用"确实"对当前命题进行确认,认为"小岗村的大包干是顶着天大的压力做出的严峻的选择"准确无误。例(38)不能改用"真的"去评价,因为小岗村的事迹家喻户晓,几乎不可能出现完全否定这一事迹的背景命题。例(39)的当前命题是"他对自己个人离开人世没有挂虑",虽然语篇中没有出现明显的背景命题,但从周恩来的原话中可以推导出背景命题,作者用"确实"来表示背景命题不容置疑,自己坚信周恩来面对死神时的从容心态。

(38) "秘密契约"是真是假现在已经不重要。重要的是,小岗村的大包干确实是顶着天大的压力做出的严峻的选择。

(39) 周恩来始终坚持着革命乐观主义精神。他对亲属讲:"这有什么着急的? 人生的规律都有这么一天。"他确实对自己离开人世没有挂虑,在病痛折磨中同邓颖超吟唱《国际歌》。

有些语篇中有两个或更多的句子可以充当背景命题,甚至同一个背景命题可以有不同的解读。当前命题和不同的背景命题匹配,形成的语义逻辑关系自然也就不同。这就意味着这种语篇中有两个或更多的潜在话语逻辑,因而形成歧义语篇。例(40)的当前命题是"它是否感染了禽流感",背景命题是"一名禽流感患者住所附近的一条狗感染禽流感",如果说话人觉得背景命题为假的可能性很大,就可以像例(40)那样用"真的"来评价当前命题。如果说话人只是对背景命题有些疑虑,就可以改用"确实"来评价。例(41)有一个解读是以"那三本书都是禁止借出去的"为背景命题,那么"我"用"确实"来评价"书背上贴着禁止带出的红色标签"就是合理的;如果将背景命题理解为"我"起初不相信"老人"说的话,那么就应该用"真的"来评价当前命题。

(40) 泰国卫生部负责人说,巴真府一名禽流感患者住所附近的一条狗感染禽流感的消息"尚未得到证实，它是否真的感染了禽流感。"

（41）我拿着三本书往出口走去。"等一下，那三本书都是禁止借出去的。"老人说。我一看，书背上确实贴着禁止带出的红色标签。

需要注意的是，这里说的是语篇的歧义，或者语篇中可以找到多个可以充当背景命题的句子，有些可以与"确实"句匹配，有些可以与"真的"句匹配，但不会出现同一个意思的背景命题与"确实"和"真的"都匹配的情况。

6. "实在"的话语逻辑

如果不考虑语义变化，单个句子里的"实在"都可以改用"真的"或"确实"；而使用"真的"或"确实"评价的单个句子，只要谓语是可分级的，也可以改用"实在"。不过，如果考虑互换之后带来的语义变化，特别是对语篇脉络的影响，语篇中有相当一部分"实在"是不能与"真的"或"确实"互换的。例（42）是一个北漂歌手的自述。他在北京多次碰壁后决定放弃理想，一位唱片公司老总希望他"别放弃对音乐的追求"，用"放弃了太可惜了"来劝告他，并且使用"实在"将当前命题的内容推向了量级的极值。如果改用"真的"，就成了有人觉得不可惜，而老总觉得可惜；如果改为"确实"，就成了有人质疑是否可惜，而老总认为值得可惜。这两种话语逻辑都不符合例（42）的故事情节，所以这里的"实在"不能换为"真的"或"确实"。

（42）他听了我的专辑后，便通过关系找到了我，鼓励我别放弃对音乐的追求，因为在他看来，放弃了实在是太可惜了。

例（43）是一位北京老大爷的故事。他在父亲病危时去求舅舅帮忙但不成功，父亲催他再去，连说两句"我不成了"。第一句充当背景命题，第二句是当前命题，加上"实在"表示已经接近极值了。语篇中没有与"不成了"相反的命题，也没有对此提出质疑的命题，所以无法形成支持"真的"或"确实"的话语逻辑。

（43）这样我就半夜找舅舅去，结果我舅妈说你舅舅没在家。我就回来了。第二天我父亲说:"我不成了,实在不成了。你一定去找你舅舅去,告诉他我不成了。"

"实在"的话语逻辑同样牵涉到当前相关命题和背景命题,但两个命题之间的语义关系不是 p 和 p̃,也不是质疑和肯定,而是相等或近似。说话人用"实在"改变了命题内容的量级地位,提升到一个非常高的地位甚至是量级的极值(王宏 2013)。例(43)的背景命题和当前命题相同,"实在"将后者推向极值,也就是"我"要离世了。例(44)的当前命题是"躲不过去",语篇里没有明显的背景命题,但之前的那句"想尽各种办法来逃避",显然提示逼婚和逃避的戏码在不断上演,直至达到了"实在躲不过去"这个极值。

(44) 马晓军看不上那个胖女孩,为了推掉这门婚事,想尽办法来逃避,最后见实在躲不过去,索性不辞而别来到了北京。

当前命题加上"实在"之后在量级上高出背景命题很多,如果两个命题前后相连就会形成递进复句,可以用来表示特殊的意义。电影《地道战》中,汉奸汤司令的那句"高,实在是高",就是典型的阿谀谄媚用法。正因为"实在"句所在的语篇中,当前命题和背景命题往往极为相似甚至是同义反复,背景命题在大部分情况下是显而易见、不必出现的。从语料库中找到的语料大多像下面的例(45)至(47)那样,只出现当前命题而没有背景命题,例(43)反而是相当少见的例外。

(45) 这副对联写得实在好,不仅对仗工整,而且用词新颖独到。

(46) 父母的牺牲没有给他带来太多悲伤,也许那时候他实在太小,以后又到了爷爷身旁。

(47) 大年三十周练萍和店员们一起吃年夜饭。从年初一到初四,周练萍会一直呆在店里,因为实在舍不得那几天的好生意。

"实在、确实、真的"的句法特性大致相同,这是它们的共性;三个副词的基本语义都是肯定和确认,都表述说话人的主观评价,这同样体现了它们的共性。"实在"的语篇关联及其话语逻辑,以及上一节讨论的"确实"和"真的"之间的话语逻辑差别,则是它们的个性。文献中还讨论过"实在"的另外一些特性,比如主张"实在""强调事情的真实性"(李劲荣 2018)。"实在"将当前命题的量级地位提升到高位甚至极值,当然可以视为具有强调功能,但"强调"是个相对宽泛的概念,"真的、确实、非常、十分、简直"的功能都可以用"强调"来描述(吕叔湘主编 1999)。这实际上是用上位概念取代下位概念,虽然符合汉语事实,但对于近义词辨析的帮助不大。

另一种分析是限定"实在"的功能,主张其强调否定与负面的情形与信息(杨雪梅 2012,李劲荣 2007),这就为区分"实在"与"确实、真的"提供了可能的依据。问题在于否定是句法现象,负面说的是交际双方根据个人情感对命题内容的判断,两者不在同一个层次上。表示负面信息的句子被否定后往往就会变成传达正面信息,说"实在"同时强调否定与负面显然不符合逻辑。事实上"实在"后面可以出现否定成分或负面情形,也可以出现肯定陈述或正面情形。有人做过统计,使用"实在"的句子中,否定句只占 42%(张则顺 2011);出现"实在"的句子中,褒义和贬义的比例则为 37:99(周密 2016)。

还有一个思路是将"实在"的语义格局定为"本来 q̃,因为实在 p,所以 q",并以此作为"实在"的性质(李劲荣 2007,2018)。从搜集到的语料看,像例(48)那样将"实在"用于原因分句的有一定数量,但像例(49)那样在非因果的流水句中使用"实在"的更多。

(48) 我本来已发誓不再和司徒聪拗劲儿(q̃),但此时实在忍不住(p),又不由自主地抬起杠来(q)。

(49) 副秘书长郑文耀致辞时表示,获奖同事默默耕耘达 20 年、30 年甚至 40 年,所作的贡献实在值得肯定和表扬。

"实在"可以改变肯定句或否定句命题的量级,也可以将正面内容或负面内容提高到极值,但这不等于"实在"表示肯定、否定、褒义或贬义;"实在"可以用于因果复句,也不等于"实在"就表示因果。在虚词分析中应该避免"将虚词所在的格式的语法意义归到那虚词身上"(马真 2004:213)。

7. 结论

本文从语义、句法、语篇这三个维度来探讨"确实、真的、实在"的异同。初步结论是它们的句法功能类似,可以分析为具有相同的结构位置。

它们的语义有很多共同点,所以构成一组近义词。它们与语篇的关系差别很大,形成了不同的话语逻辑,这是它们最大的不同之处。

参考文献

方清明 2012 再论"真"与"真的"的语法意义与语用功能,《汉语学习》第 3 期。

李劲荣 2007 "实在"句的语义格局与句法制约,《世界汉语教学》第 2 期。

李劲荣 2018 再论"实在"的语法意义,《通辽师范学院学报(人文社会科学)》第 6 期。

吕叔湘 1979《汉语语法分析问题》,商务印书馆。

吕叔湘主编 1999《现代汉语八百词》,商务印书馆。

罗琼鹏、崔晋 2017 意义的多维性和多维度语义学,《外国语》第 5 期。

马　真 2004《现代汉语虚词研究方法论》,商务印书馆。

石定栩、周蜜、姚瑶 2017 评价副词与背景命题 ——"偏偏"的语义与句法特性,《外语教学与研究》第 6 期。

王　宏 2013《"实在"类情态副词的句法语义研究》,香港理工大学博士论文。

杨雪梅 2012 副词"实在"的语义分析及教学应用,《世界汉语教学》第 1 期。

张斌主编 2001《现代汉语虚词词典》,商务印书馆。

张谊生 2000《现代汉语副词研究》,学林出版社。

张谊生 2010《现代汉语副词分析》,上海三联书店。

张则顺 2011 "实在"句的语义格局和对外教学探讨,《世界汉语教学》第 4 期。

周　密 2016 "实在"与"确实"——基于语料库的比较研究,《长治学院学报》第 4 期。

(本文发表于《中国语文》2022 年第 5 期)

禁止副词"别"的来源新论 *

黑龙江大学文学院　殷树林　杨　帅

1. 引言

对于禁止副词"别"的来源,不少学者进行过研究。所有观点中影响最大的是"不要"合音说,代表学者有吕叔湘(1944：280),高名凯(1986：517),江蓝生(1991),冯春田、王群(2006)等。对此,也有一些学者持反对意见,如王力(1954：315),太田辰夫(2013),卜师霞(2002),李焱、孟繁杰(2007),钟兆华(2011：43),蒋冀骋(2016)等。对于持反对意见的诸家之观点,杨永龙(2017)逐一做过介绍,此处不赘。杨永龙在"不要"合音说的基础上提出了"不要"音变成"别要"又省缩成"别"的观点,可称为"别要"省缩说。对于禁止副词"别"的来源问题,前辈时贤虽不乏精论,但仍有新的角度值得进一步尝试。笔者不揣谫陋,现对这一问题提出我们的认识。

2. 否定副词"别"的产生

《说文》释"别"为"分解也,从冎从刀"。"别"的原始义是剔骨,在此基础上,"别"引申出"分开"义,指的是主体对客体施加影响致使客体分开为不同部分。例如：[①]

(1) 禹别九州,随山濬川,任土作贡。(《尚书·禹贡》)

(2) 桀之力,别觡伸钩,索铁歙金,椎移大牺,水杀鼋鼍,陆捕熊罴。(《淮南子·主术训》)

   * 本研究得到黑龙江省哲学社会科学研究规划项目"现代汉语零句研究"(项目编号：19YYB062)的资助。《语文研究》匿名审稿专家和编辑部给本文提出了宝贵的修改意见,谨致谢忱。

后来,在隐喻机制和转喻机制的作用下,"别"的表义范围开始扩大,广泛用于与分开物体有相似性或相关性的语义表达环境,不但可指分开具体事物,还可指分开("区别""辨别")抽象事物;不但可指主体对客体施加影响致使客体分开为不同部分,还可指主体与客体分开(或"离开")。分开之后,对于主体来讲客体就成了另外的事物,因此,"别"又引申出"另外"义。② 例如:

(3) 项梁前使项羽别攻襄城,襄城坚守不下。(《史记·项羽本纪》)

(4) 若备与彼协心,上下齐同,则宜抚安,与结盟好;如有离违,宜别图之,以济大事。(《资治通鉴·汉纪·献帝建安十三年》)

但是,词义引申似乎很难解释"别"是如何开始用于表达禁止义的。太田辰夫(2013)认为:"恐怕是从'另外'的意思转而表达委婉的禁止。例如'别说'(在别的场合说,在其他时间说→目前不要说)。"对于太田辰夫的观点,其他学者多持怀疑态度。我们认为,虽然这一观点缺乏深入论证,但词义引申和语法化的视角对问题的解决仍有重要价值。

在语义演变问题上,转喻机制起着重要作用。转喻是在心理上通过一个概念实体来处理另一个概念实体的认知过程,两个概念实体之间存在基于特定对应法则的对应关系,这种对应关系可以描述为函数关系:被处理的概念实体为 x,用以处理 x 的概念实体为 y,x 和 y 之间的对应法则为 f。为了更好地匹配转喻机制的映射特点,我们引入一个参数 A,$y=f(x;A)$。其中,函数的定义域记为 D_f,值域记为 R_f。我们以"壶开了"转喻"水开了"为例,来认识转喻的函数映射机制:③

D_f:内容

R_f:容器

x:水

y:壶

A:沸腾

f:通过 y 显现 x 在 A 方面的特征

$y=f(x;A)$➡壶$=f$(水;沸腾)

在转喻机制的函数模型中,A$=\{a \mid a \in$ 认知语义域$\}$。我们可以用 $y=f(x;A)$ 对转喻结果进行检验:在 x、y 不变的情况下,如 $y=f(x;$

A)无法成立,则参数 A 的取值可能是错误的,这时需要变换参数 A 的取值,直至 $y=f(x;A)$ 成立。若无论参数 A 如何取值,$y=f(x;A)$ 始终不能成立,则该函数表达式对 x、y 的取值无效,两个概念之间在任何语义条件下都无法实现转喻。例如,上述例子在 x、y 不变的情况下,当参数 A="变质"时,$y=f(x;A)$ 无法成立,因此参数 A 的取值是错误的,在这一参数下转喻过程无法实现。再如,在 D_f、R_f、A 不变的情况下,当 $x=$ "家具"、$y=$ "房子"时,$y=f(x;A)$ 无法成立;而当参数 A 调整为"燃烧"时,$y=f(x;A)$ 能够成立,因此可以用"房子着火"转喻"家具着火"。所以,在转喻机制中,确定参数 A 的取值是转喻成立的关键。从语言学的角度,我们也可以称参数 A 为转喻的"认知语义纽带",x 和 y 靠参数 A 实现概念域之间的系联。

　　转喻不仅发生在具体概念范畴之间,也会发生在具体概念范畴和抽象概念范畴之间,甚至可以发生在抽象概念范畴之间。吴福祥(2021)总结了语法化的五个基本机制,转喻便是其中之一。我们认为,"别"是从"分开"义逐渐引申到表达否定语义的,与此同时伴随着语法功能的转变,这一过程是转喻机制作用下"别"的语法化。具体来说,"别"的分开义和否定语义之间的转变是发生在具体概念范畴和抽象概念范畴之间的转喻。在使用中,"别"和"不同"有着语义表达上的内在联系。例如:

　　(5) 抱朴子曰:"摩尼不宵朗,则无别于碛砾;化鲲不凌霄,则靡殊于桃虫。"(《抱朴子·外篇·广譬》)

　　(6) 葬于城郭外何? 死生别处,终始异居。(《白虎通义·崩薨·合葬》)

　　例(5)中,"无别于碛砾"意思即"与碛砾没有不同"。例(6)中的"别"与"异"互文同义,意味着"别"也隐含着表达"不同"的语义特征,因此,《古代汉语虚词词典》(1999:29)认为此处的"别"为"不同"义。以上两例都显示出"别"实义特征的消失和否定性虚化义特征的增强,"别"的这种否定性虚化义特征容易与否定范畴的表达功能相匹配,这为其进入否定范畴奠定了语义基础。动词"别"义为"分开",④"分开"则意味着有了"区别"和"不同",而否定范畴也包含表达"不同"的语义功能,或者说"不同"本身就是否定性的表达形式。因此,"分开"和否定义之间通过"不同"(参数 A)实现概念域之间的系联,这也是动词"别"可以通过转喻机制引申为表达否定义的关键。二者实现转喻的函数映射机制如下：

D_f：抽象概念域

R_f：具体概念域

x：否定

y：别

A：不同

f：通过 y 显现 x 在 A 方面的特征

$y = f(x; A) \rightarrow 别 = f(否定; 不同)$

历史语料显示，最晚到宋元时期，"别"相当于否定副词"不"的用法已经出现。例如：

(7) 浩荡今夕风烟，人间天上，别似寻常月。(宋·张元幹《芦川词》之《念奴娇·己卯中秋和陈丈少卿韵》)

(8) 更和尚每，俺有圣旨么道，在前断定底别做呵，不干自己底寺院田地水土争呵，他每不怕那？不有罪过那甚么？(《近代汉语语法资料汇编·元代明代卷》，《一二八〇年虚仙飞泉观碑(二)》)

(9) (唱)别近谤俺夫妻每甚的，止不过发尽儿掏窝不姓李，则今日暗昧神祇。(《元曲选外编》，元·关汉卿《邓夫人苦痛哭存孝》一折)

(10) 问甚鹿道做马，凤唤做鸡，葫芦今后大家提，别辨是和非。(《朝野新声太平乐府》卷七，元·周仲彬，套数[斗鹌鹑·自悟])

例(7)中，"别似"即"不似"。例(8)结合碑文的前文来看，此一句应是站在和尚们的立场上说道士们"以前断定的不照做呵，与自己无关的寺院田地水土继续争呵，他们不怕那"，因此"别"也应相当于否定副词"不"的用法。[⑤]王锳(1980：62)认为例(9)的"别近谤"义为"不照应"，杨永龙(2017)则认为其中的"别"当"别的""另外"讲也说得通。我们认为王锳先生的理解从文意上看更为合理。李焱、孟繁杰(2007)，王进(2014)，杨永龙(2017)都认为例(10)的"别辨"可能是"辨别"义。我们认为，此处将"别辨"理解为"辨别"，文意似乎欠通畅。前一句"葫芦今后大家提"义为"大家今后都稀里糊涂"，因此"别辨是和非"应理解为"不辨是和非"，"别"也应相当于否定副词"不"的用法。

　　否定副词实则是一个上位概念,杨荣祥(1999)将近代汉语的否定副词具体分为表示单纯否定的"不"类,表示禁止否定的"莫"类,表示对过去、已然否定的"未"类和表示对判断的否定的"非"类。我们认为,此处的否定副词"别"当属单纯性否定一类。下文我们将表单纯性否定的"别"继续称作否定副词,而将表禁止性否定的"别"称作禁止副词,以示区别。

　　明代之前否定副词"别"的用例仍比较少,并未形成强势用法,明代开始出现较多否定副词"别"与"要"连用表禁止的用例。例如:

　　(11)月娘分付:"你和他吃了,别要信着又勾引的往那去了,大雪里家里坐着罢！今日孟三姐晚夕上寿哩。"(《金瓶梅词话》二一回)

　　(12)李瓶儿道:"你别要管我。我还要一方银红绫销江牙海水嵌八宝汗巾儿的,又是一方闪色芝麻花销金汗巾儿。"(《金瓶梅词话》五一回)

　　(13)李成名媳妇子要往外走,晁源叫唐氏拉住他,别要放出他去,随即又发落了李成名媳妇子。(《醒世姻缘传》一九回)

　　(14)陈公道:"带到厂里去,别要理他！他是佞嘴,听他做甚么！叫掌案的先儿写个票儿,连那铜杭杭子兑个清数,连人发给理刑周百户,叫他照数替我严限的追！"(《醒世姻缘传》七〇回)

　　有的学者认为,"别"与"要"连用是"别"作为禁止副词之初的常用搭配,但表禁止的"别"已经是"不要"的意思,再加上"要"岂非画蛇添足？江蓝生(1991)对此的解释是,在第一变化"不"和"要"合音为 piɛu 后,第二变化分出了两种情况,一种情况是 u 脱落变成 piɛ,即"别",另一种情况是由 piɛu 重新分解组合为 piɛ＋iɛu,即"别要"。杨永龙(2017)在此基础上推测实际的变化过程应是 pu＋iɛu→piɛ iɛu→piɛ,即"不要"音变成"别要","别要"又省缩成"别"。

　　我们认为,这一时期"别要"中的"别"仍是否定副词,"别要"的意思等同于"不要",并非从"不要"音变而来。从表单纯性否定到表禁止性否定,可以通过在单纯性否定词后加能愿动词的方式实现,如"不＋要/可/能/许"。"别"在历史上已经出现了相当于"不"的否定副词用法,"别"与"要"组合表禁止顺理成章,无需再从音变的角度推拟。虽然从我们掌握的语料来看,宋代以降"别"做否定副词使用的频率并不算高,但这并不妨碍其使用频率在明代开始逐渐变高。汉语史上早有类似案例:"莫"在先秦已出现揣测副词的用法,但只有零星用例,直到中唐之后才开始大量使用〔参见刘坚等(1992:261-262)〕。

上古汉语中,否定副词主要是"不"和"弗"。近代汉语中,除了"靡"偶见用例外,否定副词系统基本上是"不"的天下〔参见杨荣祥(1999)〕,这种情况一直延续到现代汉语。杨荣祥(1999)指出,近代汉语史上,禁止副词"莫""休""勿"都偶有表示单纯性否定的用法,但最终并没有被汉语接受。因此,"别"作为一个新成员,在进入否定副词系统之后,面对地位稳固的否定副词"不",也很难有机会发展壮大起来。这也是否定副词"别"出现后并没有很快被广泛使用的原因。

3. 禁止副词"别"的产生

在"别要"连用表禁止这一用法出现的同时,独立使用的禁止副词"别"也开始出现。⑥例如:

(15) 分付玳安:"且别教他往后边去,先叫他楼上来见我。"(《金瓶梅词话》四二回)

(16) 希大道:"哥,别题。大官儿去迟了一步儿,我不在家了。我刚出大门,可可他就到了。今日平白惹了一肚子气。"(《金瓶梅词话》五二回)

(17) 计老道:"这是晁亲家不知道的事,别提。我再说一件晁亲家知道的事……"(《醒世姻缘传》九回)

(18) 晁夫人道:"……胡师傅,你别管他,你还往东厅里闩上门写去,写完了,拿来我画押。这里你一言,我一语,混的慌。"(《醒世姻缘传》二二回)

钟兆华(2011:48)认为,否定副词"别"是禁止副词"别"产生的前提,我们认同钟先生的观点。否定副词和禁止副词都是否定范畴的内部成员,二者存在语义和用法上的联系是容易理解的,但从整体的否定范畴看,"别"的来源问题仍然没有解决。换言之,"别"是如何进入否定范畴的才是问题的关键。

　　结合前文论述,我们认为,否定副词"别"由动词"别"语法化而来,而禁止副词"别"在否定副词"别"的基础上产生。"别"由否定副词向禁止副词的演变也是由转喻机制促成的,是发生在抽象概念范畴之间的转喻。转喻的发生基于概念之间的相关性,作为否定范畴的内部成员,否定副词和禁止副词之间本身就存在语义上的相关性。在实际使用中,否定副词常用于对动作、行为的否定,表达主语的主观意愿。此外,否定副词也可以表达一定程度的禁止义,这时言说者的主观意愿投射到听话者身上,被包装成听话者(主语)的主观意愿,因此,言说者立场态度较委婉,祈使语气较弱,否定副词的语义特征为[+否定][±祈使];当需要表达更强烈的情感时,祈使语气增强,言说者的立场态度就会得以凸显,这时否定副词的语义特征变为[+否定][+祈使]。因此,否定副词向禁止副词的演变过程是在共有[+否定]语义特征的前提下不断强化[+祈使]语义特征的过程。鉴于"别"在现代汉语普通话中已经彻底演变为一个禁止副词,此处我们以与之相当的"不"为例来说明这一过程:

　　(19) a. 你不去。(看他能怎么样。)

　　　　 b. 你不去! /你别去! (去的话我就跟你绝交!)

　　例(19)中 a、b 两句都传达出言说者阻止听话者"去"的意思,但 a 句祈使语气较弱而 b 句祈使语气增强。因此,表达祈使语气(参数 A)是否定副词"别"通过转喻机制演变为禁止副词"别"的关键。二者实现转喻的函数映射机制如下:

　　D_f:否定概念域

　　R_f:否定概念域

　　x:别(否定)

　　y:别(禁止)

　　A:表达祈使语气

　　f:通过 y 显现 x 在 A 方面的特征

　　$y=f(x;\text{A})$➡别(禁止)$=f$[别(否定);表达祈使语气]

　　此外,从汉语史上看,"别"由否定副词向禁止副词演变还有三个助推性因素:

其一，汉语史上长期存在否定系统内部成员分工不明，混同兼用的现象，"别"的演变也会受到这一现象类推作用的影响。这种现象在上古汉语中就有。比如，上古汉语中，有时候"毋"（无）和"勿"当"不"讲〔参见王力（1989：135）〕。近代汉语中这种现象依然存在。比如，近代汉语中，"不"有表示非单纯性否定的用法，同时，几个表示禁止性否定的副词也有表示单纯性否定的用法〔参见杨荣祥（1999）〕。例如：

(20) 李逵道："我却要和宋公明哥哥争口气了，下山来，不杀得一个人，空着双手怎地回去？你和我去枯树山，说了鲍旭，同去凌州，杀得单、魏二将，便好回山。"（《水浒传》六七回）

(21) 彦章以步军十万人攻杨刘城，李周尽力拒守，每与士卒同甘共苦，故能得军心，效死勿去。（《新编五代史平话·唐史平话（卷下）》）

(22) 身如芭蕉树，莫见坚实处。（《敦煌变文集》卷五）

(23) 兵戈不起，疫疠休生。（同上）

例(20)的"不"相当于表示对过去、已然否定的"未"，例(21)—(23)的"勿""莫""休"都相当于表单纯性否定的"不"。因此，太田辰夫（2003：277)指出："古代汉语的否定词是综合的，这是它和现代汉语的不同点，除此以外，可以认为古代汉语中禁止的概念和一般的否定概念没有很大的距离。""别"的情况正是如此，"别"一开始表示单纯性否定，后又用于禁止性否定，逐渐蜕变成为了一个禁止副词。"别"的这种分工不明、混同兼用的现象甚至在现代汉语中偶尔还能够见到：

(24) 沫若，你别用心焦！你快来亲我的嘴儿，我好替你除却许多烦恼。（《郭沫若选集》一卷，《死的诱惑》）

现代汉语中，"别"已经是禁止副词，但作者在这里仍将"别"用作否定副词"不"。在汉语史上，和"别"情况类似的还有"莫"。"莫"在上古汉语中是一个否定性的无定代词，又偶见相当于"不"的否定副词用法，在此基础上，大约在汉代"莫"发展出禁止副词用法。

为什么同为否定副词，演变为禁止副词的是"别"而不是"不"？这与否定副词系统内部成员的稳定性有关。在汉语史上，"不"也曾出现过表示非单纯性否定的用法，但这种用法是次要的，并没有形成稳定使用的态势。而"不"作为否定副词的身份地位一直比较稳固，有着强大的使用基础,且在否定副词系统内占据着统治地位。这些因素决定了"不"很难演变为一个禁止副词。"别"则没有这样的束缚。作为否定副词系统的新成员,"别"的身份地位尚不稳固,也没有强大的使用基础,因此在兼做否定与禁止副词后很快就丢弃了原来的否定副词身份,彻底演变成为一个禁止副词。

　　其二,"别要"的高频使用容易使人产生语义联想效应,进一步加固"别"与禁止义的联系。从历时角度看,"别要"与"别"的使用呈现的是一个此消彼长的过程。在明代的《训世评话》中,"别要"和"别"都未出现;在《金瓶梅词话》中,开始出现一些"别要"的用例,"别"只零星出现;在《醒世姻缘传》中,"别要"和"别"的用例明显增多,且数量大致相当;到清代的《红楼梦》中,"别"大量使用,"别要"极少;在《儿女英雄传》中,只有"别",没有"别要"。详细数据见表1。

表1　明清时期作品中"不要""别要""别"使用频次统计表⑦

语　料	不要	别要	别
训世评话	8	0	0
金瓶梅词话	84	41	3
醒世姻缘传	129	165	136
红楼梦	96	3	570
儿女英雄传	67	0	153

　　从汉语史上看,否定词间混同兼用的兼职用法一般很难发展成为强势用法,"别"表禁止义之所以能发展成为强势用法,除了与"别"原来的否定副词身份不够稳固有关外,还与"别要"的高频使用分不开。从"别"的单纯性否定义来看,表禁止的"别要"和"不要"同样具有合法性,而且作为新兴用法,"别要"在《醒世姻缘传》中还出现了超过"不要"的使用小高峰。

"别"本身表禁止,但在使用之初身份地位尚不稳固,"别要"表禁止的高频使用加深了"别"与禁止义之间的语义联想,进一步固化了二者的联系。由表1可以看出,"别"与"别要"从出现到高频使用存在着正相关关系。随着"别要"使用频率的增加,"别"的使用频率也在增加,说明正是"别要"的高频使用助推了禁止副词"别"的崛起。否定副词"别"、禁止副词"别"以及"别要"三者的关系如图1:

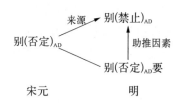

图1　否定副词"别"、禁止副词"别""别要"关系图

其三,汉语史上主要的禁止副词存在单音节偏好。先秦时期,禁止副词主要是"毋"和"勿";"莫"大约在汉代出现,直至唐宋时期仍是主要的禁止副词;"休"大约在唐代出现,元明时期已经反超"莫"成为主要的禁止副词。从历时角度看,汉语词汇系统从单音节向双音节发展是语言学界的共识。但是不同历史时期主要的禁止副词仍然是单音节词。历史上主要的单音节禁止副词都有与"要"组合的用法,"莫"和"休"还可以与"得"组合,例如"莫要""休要""莫得""休得"。但是,"别要"是"别"受"莫要""休要"的影响类推造词的可能性并不大,因为历史上"莫要""休要"的使用频率远低于同一时期的"莫"和"休",而"别要"和"别"在出现早期,前者的使用频率就高于后者,后期"别"又反超并取代了"别要",这种情况下几乎可以确定"别要"并非"别"受"莫要""休要"的影响类推造词的结果。蒋冀骋(2016)认为"勿要"出现在晚唐,远晚于"勿"作为主要禁止副词使用的时期,因此"勿要"倒很有可能是类推造词。"勿、莫、休"与"要"的组合以及"莫、休"与"得"的组合可以看作汉语词汇双音化趋势的表现,但是从使用频率上看,这种双音化的用法是次要的,单音节禁止副词仍占绝对优势。元代"莫(要/得)"和"休(要/得)"的使用情况可以为证。详细数据见表2。

表 2　元代"莫(要/得)""休(要/得)"使用频次统计表⑧

语　　料	莫	莫要	莫得	休	休要	休得
琵琶记	8	0	1	80	3	6
小孙屠	16	0	1	18	3	5
错立身	5	0	0	4	0	1
经筵讲义	0	0	0	3	0	0
直说大学	0	0	0	1	0	0
孝经直解	0	0	0	8	0	0
大学直解	0	0	0	0	0	0
直说通略	1	0	0	24	16	0
元典章	0	0	0	328	2	2
通志条格	0	0	0	142	0	1
白话碑	0	0	0	511	0	4
老乞大	0	0	0	61	1	0
元刊杂剧	24	1	0	173	2	1
元曲选(白)	21	5	1	462	53	29
元曲选(曲)	58	2	6	333	9	20
总　　计	133	8	9	2 148	89	69

　　表 2 的数据从总量上看,"莫"共出现 133 次,"莫要""莫得"各出现 8 次和 9 次;"休"共出现 2 148 次,"休要""休得"各出现 89 次和 69 次。从单部(篇)数量看,"莫"和"休"在每部(篇)文献的数量都多于二者与"要"

"得"组合的双音词的数量,没出现"莫""休"的文献也没出现二者与"要""得"组合的双音词。元代"休"已取代"莫"成为了主要的禁止副词,即便如此,双音化的"休要""休得"仍没有单音节的"莫"用例多。此外,唐宋时期还出现了表禁止的"不要",但不多见,《元曲选》中"不要"的用例渐多〔参见杨永龙(2017)〕,但也同样一直没能超越同时期的主要单音节禁止副词。由此可见,单音节禁止副词的使用始终占绝对优势,即使在汉语词汇双音化的趋势下,主要禁止副词的历史演变方式仍是单音节词之间的替换。在禁止副词"别"出现的早期,"别要"的用例一直多于"别",但很快"别要"就被"别"赶上并反超。大约从晚清开始,在北方话中"别"取代了"休"成为新的主要禁止副词,现代汉语普通话中的禁止副词则只有"别"而不再使用"别要"。

主要禁止副词存在单音节偏好既可看作是对包括"别"在内的禁止副词系统发展演变规律的归纳总结,也可看作这一系统在"休"后选择"别"作为主要禁止副词的一种内在驱动力。这种驱动力的来源尚需另行探讨。杨荣祥(1999)认为禁止副词后加"要"或"得"有两方面原因:一是汉语词汇双音化趋势的影响;二是如此语气可以委婉一些。我们仅据此对主要禁止副词存在单音节偏好的原因做简单的反向推测:一是禁止副词有单音节化的句法或韵律方面的特殊需求;二是禁止副词更多用于表达强硬的态度,单音节有着表达这种情感态度难以替代的优势。究竟是否如此还需进一步研究。

4. "别"语法化的驱动因素

至此,我们可以描写出"别"由动词到禁止副词的演变路径:[⑨]

别$_V$>别$_{AD}$(否定)>别$_{AD}$(禁止)

Heine 和 Kuteva(2012:260)通过跨语言比较得出"离开"(LEAVE)的六条语法化路径,其中一条为"LEAVE(to leave, to abandon, to let)>NEGATION",即"'离开'(离开,抛弃,让)>否定"。两位学者参考 Marchese 等学者的跨语言调查研究结果举出三种语言的例证:

德沃伊语(Dewoin)*se*:"离开",及物动词>否定助动词。例如:

ɔ̄   *séé*   *sāyɛ̀*   *pī*.

他   否定：完成体   肉   煮

他没有煮过肉。

卡格波语（Kagbo）*tá*："离开""放弃"，动词＞否定助动词。例如：

（a） *tá*   *nɔ̀*   *yí*.

  离开   他   眼睛

  离他远点／让他一个人（呆着）。（字面义：离开他的视野）

（b）ɔ   *tá*   *yi*.

  他   否定   来

  他没来。

贝特语（Bété）*tī*："离开""失去"，动词＞否定祈使助动词。例如：

（a）ɔ   *tī-*   ɔ   *mʎ*.

  他   离开（留）-   他   那儿

  他把他留在那儿。

（b）ɔ   *tī-*   U   *síɓá*.

  他   否定-   它   建造

  他不该建造它。

  此外，Heine 和 Kuteva（2012：260）指出，"离开"（LEAVE）还可能由动词发展出"不能"（negative ABILITY）之义，并举出绍纳语（Shona）的例子。由此可见，"别"从"分开"义动词到表达否定语义这条语法化路径有着类型学依据。Heine 和 Kuteva（2012：260）将这条语法化路径概括为：具有某种显著语义特征的动词形成突显这一特征的语法标记。这一概括是从语义条件出发的，并没有说明句法环境对语法化过程的影响，而且遵循这条语法化规则的不仅限于 LEAVE（离开），还包括 DESCEND（下降）、FOLLOW（跟随）、LACK（缺少）、LIVE（住）、SIT（坐）、STAND（站）等。这并不是说语法化过程中句法因素不重要，而是提示我们：在一些语法化过程中，语义因素的重要性可能超出我们的认识。

  在如何看待语法化过程中语义演变和句法演变的关系这一问题上，贝罗贝（Alain Peyraube）、李明（2008）认为应该区分语义驱动的变化和句法驱动的变化。前者句法演变与语义演变同步，语义演变有规律，句法上的重新分析不会改变直接成分的边界;后者句法演变先于语义演变,语义演变无规律,而且重新分析通常改变直接成分的边界。不难看出,这一看法预设了语法化必然有句法上的重新分析,因此所谓语义驱动的变化仍然对句法环境有高度的依赖性。蒋绍愚(2017)分析了语义成分的结构变化和语义成分增加造成的名动转化现象,这其实是在词的句法-语义界面(syntax-semantics interface)强调语义对句法的影响力,凸显了语义作为独立要素在促动词的句法功能演变中的作用。我们认为,语义对句法的作用不仅能够带动实词之间的转化,还能够引发实词虚化。以汉语名词向量词的演变为例,名词"头"始见于战国时期,大约西汉时出现量词用法〔参见王彤伟(2005)〕。《史记·货殖列传》:"塞之斥也,唯桥姚已致马千匹,牛倍之,羊万头,粟以万钟计。"上古汉语中,有量词参与的数量表示法主要是"名+数+量"结构,但量词"头"产生于这一时期并非受这一结构影响的结果,而是部分代整体的转喻认知心理起了关键作用。汉语中的个体量词大多由名词演变而来,演变过程与"头"相似的还有"口""根""条"等〔参见刘世儒(1965:87 - 104)〕。这些名词词性的由实转虚没有经历清晰的重新分析的历时过程,而是语义驱动的词义演变伴随词性转变和句法分布范围的扩大。

类型学的证据表明,"分开>否定范畴"是一条有共性依据的认知通道,但这一认知通道的激活方式可能存在跨语言的差异。汉语的动词"别"演变为否定副词是经"不同"这一认知语义纽带语法化而实现的。其他语言也可能通过其他与否定义相关的认知语义纽带实现语法化,比如"缺乏";[⑩]也可能呈现出语义和句法相互作用的典型的语法化过程。这需要对每种语言的这一语法化过程做具体研究。按照一般的语法化理论,"别"由动词到否定副词的演变过程中,语法化环境并不典型,主要表现为句法面和语义面协同的语法化连续项的缺失。由此,我们倾向于认为:"别"的语法化过程是由语义独立驱动的。

5. 结论

通过考察历史语料,我们认为,禁止副词"别"是由动词"别"演变而来的,在动词"别"和禁止副词"别"之间还有一个否定副词"别"出现的历史阶段,即动词"别"先语法化为否定副词,又从否定副词演变为禁止副词。"别"由动词向否定副词的语法化演变过程缺乏典型的临界环境(critical context)。我们认为"别"的语法化过程不是在连续性环境中完成的,而是由认知语义因素直接驱动的跨词性词义演变,具体而言,是转喻的认知机制在起作用。在本文中,我们仅就"别"的个案对语义独立驱动的语法化现象做了初步探索,此类语法化现象的动因和机制还需要结合更多的例子进一步深入研究。

附 注

① 文中语料来自相应典籍,依据的版本如下(按文中例句出现的先后顺序排列):《十三经注疏·尚书正义》(汉·孔安国传、唐·孔颖达疏,北京大学出版社,1999)、《淮南子》(陈广忠译注,中华书局,2012)、《史记》(汉·司马迁著,中华书局,2006)、《资治通鉴》(宋·司马光编著,元·胡三省音注,中华书局,1956)、《抱朴子外篇》(晋·葛洪著,张松辉、张景译注,中华书局,2013)、《白虎通疏证》(清·陈立撰、吴则虞点校,中华书局,1994)、《芦川词》(宋·张元幹著、曹济平校注,上海古籍出版社,1991)、《近代汉语语法资料汇编·元代明代卷》(刘坚、蒋绍愚主编,商务印书馆,1995)、《元曲选外编》(隋树森编,中华书局,1959)、《朝野新声太平乐府》(元·杨朝英辑,文学古籍刊行社,1955)、《金瓶梅词话》(明·兰陵笑笑生著、戴鸿森校点,人民文学出版社,1985)、《醒世姻缘传》(清·西周生辑著,袁世硕、邹宗良校注,人民文学出版社,2015)、《水浒传》(元末明初·施耐庵著,人民文学出版社,1997)、《新编五代史平话》(宋·佚名著,中国古典文学出版社,1954)、《敦煌变文集》(王重民、王庆菽、向达等编,人民文学出版社,1957)、《郭沫若选集》(郭沫若著,人民文学出版社,1997)。

② "别"从动词演变为表"另外"义的副词,除了具备文中所说的语义条件,我们在语料中还找到了句法条件。由于论述这一演变过程与论文主旨关系不大,因此文中对此没有详述。

③ "壶开了"转喻"水开了"的例子借自沈家煊(1999)。为了更准确地描述转喻的运作机制,我们构建了一个转喻的函数模型,这一函数模型主要是借助函数思想来解析转喻过程,并非标准数学意义上的函数解析式,因为语言现象和认知领域中很难找到精确的函数关系。

④ 此处的"分开"义具体还包括后来引申出的"区别、辨别、离开"等相关词义,为求简洁,此处统称为"分开"义。

⑤ 笔者曾就例(7)(8)请教过江蓝生先生，江先生认为例(7)的"别"是基于"不同"义，可理解为"不是、不"。我们认同江先生的观点。江先生认为例(8)的"别"是基于"另外"义，可释为"再"。我们认为，结合碑文前文来看，此例的"别"做否定副词"不"理解似更切合文意。

⑥ 禁止副词"别"出现的时间，江蓝生(1991)，杨荣祥(1999)，李焱、孟繁杰(2007)，蒋冀骋(2016)等认为是元代；王进(2014)、杨永龙(2017)等认为是明代，具体来说是在《金瓶梅》中才开始出现。诸前辈时贤关于禁止副词"别"出现的年代之争主要围绕元代用例是否存疑，但这不影响我们关于禁止副词"别"从动词"别"发展演变而来的观点。我们从谨慎的角度出发，暂依禁止副词"别"出现于明代《金瓶梅词话》中的观点。

⑦ 表中的数据除《红楼梦》为笔者统计外，皆转引自杨永龙(2017)。其中，《训世评话》的数据为杨永龙统计，《金瓶梅词话》《醒世姻缘传》《儿女英雄传》的数据为杨永龙转引自冯春田、王群(2006)，杨永龙在转引时疑对原数据做了归类合并处理，本文使用了杨永龙处理后的数据。

⑧ 表中数据来源于王进(2014)。

⑨ 这里简化了"别"由动词到否定副词的中间环节。

⑩ 从"分开、离开"很容易引申到"缺乏"，而据 Heine 和 Kuteva(2012：254)，"'缺乏'(缺乏、失去)＞否定"也是一条有着类型学意义的语法化路径。

参考文献

贝罗贝、李明 2008 语义演变理论与语义演变和句法演变研究，《当代语言学理论和汉语研究》，商务印书馆。

卜师霞 2002 关于否定副词"别"是"不要"合音的质疑，《中山大学学报论丛》第6期。

冯春田、王群 2006 副词"别"形成问题补议，《汉语学报》第1期。

高名凯 1986《汉语语法论》，商务印书馆。

江蓝生 1991 禁止词"别"来源，《语文研究》第1期。

蒋冀骋 2016 禁止副词"别"字来源再考，《汉语历史语言学的传承与发展——张永言先生从教六十五周年纪念文集》，复旦大学出版社。

蒋绍愚 2017 词的语义成分与词的句法功能，《语文研究》第4期。

李焱、孟繁杰 2007 禁止副词"别"来源再考，《古汉语研究》第1期。

刘坚、江蓝生、白维国等 1992《近代汉语虚词研究》,语文出版社。

刘世儒 1965《魏晋南北朝量词研究》,中华书局。

吕叔湘 1944《中国文法要略》(中卷),商务印书馆。

沈家煊 1999 转指和转喻,《当代语言学》第 1 期。

太田辰夫 2013 汉语语法的变迁,《境外汉语历史语法研究文选》,上海教育出版社。

太田辰夫 2003《中国语历史文法》(修订译本),北京大学出版社。

王　进 2014 元代禁止副词"勿""莫""休"——兼论禁止副词"别",《汉语学报》第 2 期。

王　力 1989《汉语语法史》,商务印书馆。

王　力 1954《中国语法理论》(上册),中华书局。

王彤伟 2005 量词"头"源流浅探,《语言科学》第 3 期。

王　锳 1980《诗词曲语辞例释》,中华书局。

吴福祥 2021 也谈语法化的机制和动因,《语文研究》第 2 期。

杨荣祥 1999 近代汉语否定副词及相关语法现象略论,《语言研究》第 1 期。

杨永龙 2017 词音变化与构式省缩——禁止词"别"的产生路径补说,《中国语文》第 6 期。

中国社会科学院语言研究所古代汉语研究室 1999《古代汉语虚词词典》,商务印书馆。

钟兆华 2011《近代汉语虚词研究》,中国社会科学出版社。

Bernd Heine、Tania Kuteva 2012《语法化的世界词库》,世界图书出版公司。

（本文发表于《语文研究》2022 年第 3 期）

渐变义频率副词的语体分化

深圳大学人文学院　朱庆洪

1. 引言

"渐、渐渐、逐渐、渐次"是一组渐变义频率副词,《现代汉语八百词》(吕叔湘 2000:299-300、688-689)、《现代汉语虚词词典》(张斌 2001:283-284、753)、《现代汉语虚词例释》(北京大学中文系 1955、1957 级语言班,1982/2010:280-281、656)对其语义、用法的一致性和差异性主要描述如下:(a)"渐渐"表示程度或数量随时间缓慢地增减,限定的动词不能带"着、过"。(b)"逐渐",《现代汉语八百词》解释为表示缓慢而有秩序地进行,《现代汉语虚词词典》区分二义,一是表缓慢的变化,二是表阶段性的变化。《现代汉语虚词例释》认为"逐渐"修饰谓语时多半加助词"地",有时也可不加。(c)"渐"与"渐渐"基本相同,主要修饰单音词,"渐 A 渐 B"表程度、数量愈增或愈减;"渐渐"有一般书面语色彩,"渐"有文言色彩。(d)"渐次"的意思、用法与"渐渐、逐渐"相同。这些结论均以小句或句段为考察范围而获得。

唐贤清(2003)分析了"渐、渐渐、逐渐、渐次"的语法化过程;史金生(2011)考察了与渐变义副词搭配的动词的渐变特征,着重分析渐变义动词的语义特征,发现持续类动词在渐变义副词之后可能带"着"。这些研究未涉及渐变义副词本身的差异。

围绕渐变义副词的历时研究和共时研究总量偏少,对学习者的指导也欠明晰。至于说"逐渐"修饰谓语时多半加助词"地","渐次"的用法与"渐渐"或"逐渐"相同,都不符合言语事实。已有研究仅在小句或短小语篇内部概括同义词的语法分布和语义内涵,模糊度难免提高。有些问题暂被搁置,兹列举一二:

（1）大公下令在此修筑城堡，以城堡为中心<u>渐渐地形成</u>了一座城市，该城以"狼"命名，叫"维尔纽斯"。（《人民日报》1993年）

（2）去的人越来越多，<u>逐渐地形成</u>很多股长长的队伍。（冯德英《迎春花》）

"渐渐"和"逐渐"与状语标记的共现有何差异？为什么？

（3）<u>渐渐地</u>，他发现自己与员工互动沟通比较困难，跟其他部门的整合也越来越乱。（王悦《医药人力资源管理学》）

（4）<u>逐渐地</u>，我们也养成了忍不住去统一别人思想的习惯。（《读书》第152卷）

"渐渐"和"逐渐"做前置式状语[①]的频次有何差异？为什么？

研究同义形式，最好尽量从语体上找原因。陶红印（1999，2000）强调语体分类的语法学意义，并基于语料库语言学方法研究了汉语口语中三组同义副词在语法特点、语义韵律（semantic prosody）、语篇功能上的差异；程雨民（2004）主张语体研究的主要对象是各类同义手段；曾毅平（2008）倡导对语言材料做语体分化研究；姚双云（2015，2017：261-286）就关联标记的语体差异性做了系列研究，不仅关注不同语体中的同义连词或单个连词，还着力研究连词与口语的互动。朱庆洪（2017，2018）研究了同义副词的语体分化，展示了语体分化研究的解释力。概括而言，基于语料库语言学方法的语体分化研究，是从语体视角考察诸项同义形式或某项语言形式，从语法结构、韵律特征、语义搭配或语义韵律、语篇功能等层面分析语体分布差异，通过剖析语体功能寻找动因，也结合语义内涵及使用频率进行解释。

语体分化研究可深化关于汉语本体的认识，辅助国际中文教育。本文基于彻底的语体观，[②]对北京大学CCL语料库作穷尽式统计，[③]主要使用卡方检验的独立性检验与语料分析工具AntConc，考察渐变义频率副词的语体分化差异。

2. 语体分化描写方法定义

2.1　语料处理

CCL语料库语体覆盖面较广，但无语体学意义上的分类标注。综合中外语体分类,④朱庆洪(2017)将第一层次语体调整为六类,对检自 CCL 的语料分别归类,即:1) 日常交谈语体,主要是 CCL 的北京话录音材料;2) 事务交谈语体,含电视谈话节目、讨论、座谈会、会议发言等;3) 正式独白语体,含解说词、演讲、讲坛节目等;4) 艺术正式语体,含小说、诗歌、散文、戏剧、曲艺等;5) 实用正式语体,含应用文书、产品说明书、菜谱、药方、大众读物等;6) 科学典雅语体,主要为法律法规、学术论文等。在语体的正式度阶列上,以上第 1) 类到第 6) 类是递升的连续统。

2.2　语体分布数据

CCL 检出的语料以含 1 个渐变义副词的语段为 1 条,副词重叠按 1 条计。统计指标一是渐变义副词在某一语体中的分布频数(条),二是语体分化率。分化率＝单一语体检出频数/各语体检出总频数。语料统计结果:逐渐(24 097)＞渐渐(12 042)＞渐(4 689)＞渐次(343)(见表1)。

表1　渐变义副词的语体分布

语　体	各语体分布频数				语体分化率%			
	渐	渐渐	逐渐	渐次	渐	渐渐	逐渐	渐次
日常交谈语体	0	1	2	0	0	----⑤	----	0
事务交谈语体	5	18	30	0	0.11	0.15	0.12	0
正式独白语体	16	54	353	3	0.34	0.45	1.46	0.87
艺术正式语体	1 351	7 555	3 596	98	28.81	62.74	14.92	28.57
实用正式语体	2 760	3 519	16 321	172	58.86	29.22	67.73	50.15
科学典雅语体	557	895	3 795	70	11.88	7.43	15.75	20.41
合　计	4 689	12 042	24 097	343	100	99.99⑥	99.98	100

3. 语体分化比较

我们将某词最大频数所分布的语体称为该词的"第一语体",次者为

"第二语体"。渐变义副词的语体属性分明,"渐渐"的第一语体是艺术正式语体,"逐渐、渐、渐次"的第一语体是实用正式语体。本研究使用了卡方检验的独立性检验,对变量"渐"与"渐渐"、"渐"与"逐渐"、"逐渐"与"渐次"、"渐"与"渐次"、"渐渐"与"逐渐"等的独立关系分别进行检验,使用的统计工具是多功能统计分析工具 SPSS。研究的首要目标是找到同义词的语体分布是否存在显著性差异,然后描写分析这种显著性差异的形式表现,分析语体功能动因。

3.1 "渐"与"渐渐"

"渐"与"渐渐"除了第一、第二语体互换,其他分化序列一致。二者在日常交谈语体中的频数为 0 或 1。独立性检验结果显示,二者在艺术正式语体($x^2 = 1\,560.326$;df=1;$p < 0.001$)、实用正式语体($x^2 = 1\,264.508$;df=1;$p < 0.001$)、科学典雅语体($x^2 = 84.195$;df=1;$p < 0.001$)中的分化率有统计意义上的显著差异,"渐渐"更显著用于艺术正式语体,"渐"更显著用于实用正式语体和科学典雅语体。

3.2 "渐"与"逐渐"

"逐渐"语体属性最典型,其实用正式语体分化率为 67.73%。独立性检验结果显示,二者在正式独白语体($x^2 = 39.166$;df=1;$p < 0.001$)、艺术正式语体($x^2 = 532.038$;df=1;$p < 0.001$)、实用正式语体($x^2 = 76.565$;df=1;$p < 0.001$)、科学典雅语体($x^2 = 45.810$;df=1;$p < 0.001$)中的分化率有统计意义上的显著差异,"渐"相对更显著用于艺术正式语体,"逐渐"相对更显著用于实用正式语体、科学典雅语体和正式独白语体。

3.3 "逐渐"与"渐次"

"渐次"不用于低阶列语体。独立性检验结果显示,二者在艺术正式语体($x^2 = 49.101$;df=1;$p < 0.001$)和实用正式语体($x^2 = 47.657$;df=1;$p < 0.001$)中的分化非常显著,在科学典雅语体($x^2 = 5.515$;df=1;$p < 0.019$)中的分化比较显著。"逐渐"相对更显著用于实用正式语体,"渐次"相对更显著用于艺术正式语体和科学典雅语体。

3.4 "渐"与"渐次"

独立性检验结果显示,二者在科学典雅语体($x^2 = 21.317$;df=1;$p <$

0.001)和实用正式语体($x^2=9.984$;df=1;p<0.002)中的分化非常显著。"渐"相对更显著用于实用正式语体,"渐次"相对更显著用于科学典雅语体中的学术著作。

3.5 "逐渐"与"渐渐"

二者语体分化截然有别:一方面,在实用正式语体与艺术正式语体中的分化差异一目了然;另一方面,在科学典雅语体和正式独白语体中的分化差异也非常显著,独立性检验结果分别是:$x^2=491.748$,df=1,p<0.001;$x^2=74.505$,df=1,p<0.001。"逐渐"相对更显著用于科学典雅语体和正式独白语体。

综上,渐变义频率副词均为正式书面语体词,第一语体分化率均高于50%。依第一语体分化率的高低,语体分化典型度连续统为"逐渐>渐渐>渐>渐次"。67.73%的"逐渐"用于实用正式语体,62.74%的"渐渐"用于艺术正式语体。"逐渐、渐、渐次"的第一语体虽均为实用正式语体,但"渐次"还更显著地用于科学典雅语体。[⑦]"渐次"的语体阶列最高,频数极小,彰显出语体对于汉语的意义。渐变义频率副词的语体正式度阶列连续统由高而低为"渐次>逐渐>渐>渐渐"。[⑧]

4. 语体制导的语法表现

4.1 艺术正式语体对"渐渐"的制导

"渐渐"的篇章语法特征深受其第一语体——艺术正式语体的影响。

4.1.1 "渐渐+VP/AP"连用

修饰谓词性结构 VP/AP 时,"渐渐+VP/AP"常在上下文中连续出现两三次,这种连用式在艺术正式语体中尤为突出,频数较大。如:

(5) 水渐渐没膝,渐渐没腿,渐渐齐腰。(杨绛《干校六记》)

(6) 火渐渐熄灭,枪声渐渐停止,唐连长的血,已渐渐流净。(老舍《火葬》)

"渐渐+VP/AP"连用时,或表达某一语义所指对象在事件中依时序而发生的变化,如例(5);或表达不同语义所指对象在逻辑上有关联的发展和变化,如例(6)。这些连用式构成反复或排比,既取得了语义铺陈之效,又映射了艺术正式语体所追求的表达形象化。相比之下,艺术正式语体中，"逐渐"即使同时指向两个 VP/AP 或重复的 VP/AP，一般也不会在有并列关系的复句中连用。如：

(7) 这个想法逐渐坚定、清晰。但要实现这个想法，那真是太难了。
（张炜《柏慧》）

(8) 而天的蓝色又极有层次，从头顶开始，逐渐淡下来，淡下来，……
（张贤亮《绿化树》）

通常，艺术正式语体中，例(7)不会说成"这个想法逐渐坚定，逐渐清晰"；例(8)不会说成"逐渐淡下来，逐渐淡下来"。统计结果也证明艺术正式语体中的"逐渐＋VP/AP"极少构成排比或反复。

4.1.2 "渐渐"重叠

"渐渐"的重叠式不常见，CCL 中仅 16 条，但其形式特征突出，值得关注。除了正式独白语体和科学典雅语体各有 1 条，其余 14 条均出自艺术正式语体。"渐渐"重叠时，韵律上或用顿号、逗号来突显停顿，或无标记。如：

(9) 再棘手，也别去碰它，渐渐，渐渐，就成过眼云烟了。（梁凤仪《豪门惊梦》）

(10) 青烟渐渐渐渐飘散了，鞭炮声渐渐渐渐稀落了。（《读者》合订本）

"渐渐"还带状语标记 de[9] 重叠，韵律上或用顿号、逗号来突显停顿，或无标记。如：

(11) 渐渐地，渐渐地，她清醒了，她由悲恸转为自豪……（李晓明《平原枪声》）

(12) 我的心和身的家都在那里，虽然渐渐的渐渐的寂灭了，可是它们的骨骸也终于埋葬在那里。（缪崇群《北南西东》）

甚至有 1 条语料叠用两次，即：

(13) 男孩，你 20 岁的世界也就渐渐、渐渐、渐渐地丰满起来。你开始感觉有两种东西同时争夺你。（《读者》合订本）

重叠式的制导因素是艺术正式语体，"渐渐(de)"重叠强化了事件的渐变性"样貌"，[10]突显了艺术正式语体所追求的描绘性。

4.1.3 "渐渐"做前置式状语

《现代汉语八百词》与《现代汉语虚词词典》都认为主语前的"渐渐"必

须"带'地',有停顿"。考察 CCL 的 1 040 条"前置式状语",情况并不尽然。

首先,做前置式状语的光杆"渐渐"有 123 条,占总量的 11.83%,其中 104 条出自艺术正式语体。以逗号标示停顿的前置式光杆"渐渐"有 55 条,例(14)以逗号突显韵律独立,强调"渐渐"对其语义所指的并列复句的修饰。无停顿标记的前置式光杆"渐渐"有 68 条,例(15)未突显停顿,"渐渐"直接修饰主谓小句。如:

(14) 渐渐,自行车多起来,汽车多起来,跑步的也多起来……(木青《祖国,你早》)

(15) 起先,这小家伙只在笼子四周活动,……渐渐它胆子大了,就落在我书桌上。(冯骥才《珍珠鸟》)

其次,做前置式状语的"渐渐 de"有 917 条,210 条未带停顿标记,其中又有 144 条出自艺术正式语体,占 68.57%。如:

(16) 回到上海以前的吵架,随吵随好,宛如富人家的饭菜,不留过夜的。渐渐的吵架的余仇,要隔一天才会消释,甚至不了了之,没讲和就讲话。(钱锺书《围城》)

合计起来,艺术正式语体中的前置式状语"渐渐(de)"有 676 条,占 1 040 条的 65%,另有 27.6%分布于实用正式语体。可以推断,第一,艺术正式语体对"渐渐(de)"的语法位置有决定性影响;第二,艺术正式语体会增强语法结构的灵活度,推动篇章语法演变。艺术正式语体主观性强,言者为突出事件发展或状态变化的渐变样貌,可使用主观化手段,将"渐渐(de)"前移,使其语义辖域扩展至句子。

同时,篇章功能对"渐渐(de)"做前置式状语也有影响。当事件通过语言表征为复句时,前置"渐渐(de)"能保证语篇连贯,如:

(17) 我又是个粗疏成性、很不会安排时间的人。渐渐的,创作上日见荒芜,朋友处也多有怠慢。(张锳《心债难忘——记秦瘦鸥先生和我的一段往事》)

(18) 渐渐地,职工不仅理解了,而且适应了。(《报刊精选》1994 年)

例(17)、例(18)中,为了语义连贯,"渐渐 de"只能前置,分别指向其后的并列复句和递进复句。CCL 中,"渐渐(de)"修饰复句的用例不及全部前置式状语的 1/10。篇章功能还可能影响前置副词的语义表达倾向性,⑪"渐渐(de)"前置时,既表事件或状态的渐变样貌,也发展出表时序的衔接功能。与时间词共现时,其衔接作用更清晰。如:

(19) 英国著名思想家罗素把它喻为江河:先是涓涓细流,在狭窄的河床流淌;继而激情奔腾,一泻千里,渐渐地,河床变宽,河岸退远,水流平静;最后,温顺地流归大海,毫无痛楚地消失。(刘桃《心灵的朝气》)

"先、继而、渐渐地、最后"构成了一条前后呼应的事件发展时间链。

4.2 语体对"渐"的制导

4.2.1 高阶列语体对"渐"的制导

4.2.1.1 新闻报道语体对"渐"的制导

因单音节简省且语体阶列高于"渐渐","渐"常与其他单音谓词性成分合成韵律词,用于新闻标题,确保标题凝练,如:

(20) 化肥价格渐涨农民意见纷纷(《人民日报》1995 年)

"逐渐"偶尔用于新闻标题,如:

(21) 美国经济逐渐好转(《人民日报》1994 年)

(22) 男篮八强高低逐渐分明(《人民日报》1995 年)

"逐渐"之所以能进入新闻标题,是因为其后的 VP/AP 无法凝缩为单音节,如"好转、分明"。"渐渐"因其艺术正式语体的属性,不用于新闻标题。

4.2.1.2 "渐"的语义韵律⑫

"渐"的语义韵律映射高阶列语体的功能。AntConc 词簇检索显示,"渐"与"趋、成、入"的共现频数位列前三,即 588、399、353;而排序其后的"远、近、行"的频数分别骤降至 159、134、89。实际上,"渐远、渐近、渐行"更多见于艺术正式语体,常组成"渐 A 渐 B"式。韵律词"渐趋、渐成、渐入"主要用于更高阶列的实用正式语体和科学典雅语体,尤其是新闻报道等报刊语言,实施其表征社会发展渐变貌的功能。如:

(23) 随着南水北调工程的开工,中国工程机械市场也将渐趋活跃。(《新闻报道》2002 年)

(24) 近年来,考私人飞行驾照渐成中国都市时尚,费用仅需 3.5 万元,……(《新闻报道》2002 年)

4.2.2 "渐A渐B"式及其变体

艺术正式语体为"渐"的第二语体(28.81%),对其句法表现也颇有影响。"渐A渐B"在艺术正式语体中常见,为适应艺术正式语体形象描绘及抒情的需要,"渐A"与"渐B"⑬之间有时还有刻意的韵律停顿。

(25) 当他知道我们是同路人时,陌生感很快消除了,两人之间的距离渐缩渐短。(《作家文摘》1996年)

(26) 人去楼空,空楼寂寂,窗外却响起了琴弦般的雨声,渐近,渐响,渐密。(古龙《天涯明月刀》)

(27) 那已是晚饭后,这条路上行人渐稀车辆渐少,……(《作家文摘》1993年)

对举式的"渐A渐B"是原型,其中A和B的论元一样,如例(25)、例(26)。当A和B的论元不同但语义相关时,如例(27),两个论元则分别前置于"渐A"和"渐B",出现变体"X渐A,Y渐B","X渐A"与"Y渐B"形成对举或对偶。"渐A渐B"式的原型及变体能强化审美效果,例(26)的变体为"渐A,渐B,渐C",描摹效果显著。

4.3 语体对"逐渐"的制导

4.3.1 "逐渐+VP/AP"连用

前文提及"逐渐"在艺术正式语体中即使同时指向两个VP/AP或重复的VP/AP,它自身一般不连用,因"逐渐"的语体阶列高于艺术正式语体。在艺术正式语体中,"逐渐"单用的比例已低,连用自然罕见。在科学典雅语体或实用正式语体中,为适应语义表达的需要,"逐渐"常间隔连用,映射事物的渐进发展或逻辑上的递进关系,是对现实世界的客观表征,契合客观性强的科学典雅语体或实用正式语体。如:

(28) 随着人类教育经验的丰富和认识水平的提高,对教育规律的认识,由简单到复杂,由低级到高级,逐渐丰富,逐渐深化。(CWAC)

(29) 就在这长长的厮杀过程中,美丽而单纯的七巧姑娘,心理逐渐变态,人性逐渐泯灭,最终变成一个阴鸷毒辣的老妇人。(《读书》第86卷)

4.3.2 "逐渐"重叠

"逐渐"的重叠式极少见,仅46条,16条出自艺术正式语体,28条出

自正式独白语体,2 条出自科学典雅语体。如:

> (30) 在这样的情况下,我们可以说佛教进入中原以来,就<u>逐渐逐渐</u>开始,把忠孝的东西吸收进来了。(《百家讲坛》)

> (31) 这种性别分工实际上它是在社会化的过程中间被<u>逐渐逐渐地</u>给熏陶和培养起来的,它不是天生的。(《百家讲坛》)

"逐渐逐渐+VP/AP"有 26 条,"逐渐逐渐 de+VP/AP"有 20 条,状语标记只后置于第二个基式。"渐渐"重叠的频数也很小,但它重叠时,两个基式之间可添加停顿标记,可都同时后附 de 或不后附 de,甚至还可能叠用两次,如例(13)。这说明"逐渐"的重叠式变体比"渐渐"少,毕竟 83.48% 的"逐渐"分布于实用正式语体和科学典雅语体,导致其语法形式相对稳定,变化偏少。

4.3.3 "逐渐"做前置式状语

"逐渐"做前置式状语共 75 条,频数小,一般带状语标记。如:

> (32) <u>逐渐地</u>,汽水的种类越来越多,但仍以碳酸饮料为主。(《人民日报》1993 年)

不带 de 的有 15 条,如:

> (33) <u>逐渐</u>,他成了我的"忘年交"。(《人民日报》1993 年)

"逐渐"主要用于高阶列语体,为了实现严谨化的语体功能要求,"逐渐"的句法位置必须保持一定的稳定性,所以即使能做前置式状语,也不如第一语体为艺术正式语体的"渐渐"自由,检验结果也证明它们做前置式状语的频数存在显著差异。[14]

4.4 语体对"渐次"的制导

4.4.1 "渐次"的句法形式

"渐次"修饰谓词性结构时一般不后附 de。状语"渐次 de"仅 11 条,代表性不足。如:

> (34) 在书肆书摊上晃荡久了,阿堵物便<u>渐次</u>落入了书主的腰包,提回的也<u>渐次</u>沉重。(《人民日报》1994 年)

> (35) 随着对冬泳的逐渐适应,再<u>渐次地</u>增加时间。(《新闻报道》2003 年)

《现代汉语描写语法》(张斌 2010:228)认为状语标记的语法功能是

状语化或摹状化。"状语化功能就是'地'的使用使一个本来不能充当状语的成分能够充当状语。摹状化功能就是'地'的使用使一个本来可以充当状语的成分比原来更具有摹状性。"一方面,70.56%的"渐次"分布于实用正式语体和科学典雅语体,无须突显摹状性,不与状语标记共现;另一方面,"渐次"在艺术正式语体中的分化率不算低,有 28.57%,但频数太小,低频导致句法形式单纯。

4.4.2 "渐次"的句法位置

因频数小、语体阶列高,"渐次"句法位置稳定,基本只做内置式状语,前置式状语仅见 1 条。双音渐变义副词做前置式状语时,"渐渐"频数最大,"逐渐"其次,"渐次"基本为零。这种分布与它们的语体阶列形成映射,语体阶列越高,语法形式越受限制。

5. 语体属性与状语标记 de 的关系

5.1 渐变义副词与 de 的共现

渐变义副词与 de 共现主要关涉"渐渐"和"逐渐"。同一语篇中,de 后附与否的形式常前后出现,看似比较自由,如:

（36）枪声渐渐稀,渐渐远,渐渐地沉寂了……（叶紫《行军掉队记》）

（37）我在上海美专毕业后,渐渐地把画技抛荒。年事渐长,尝到了生活的艰辛,也明白了艺术不是"好玩"的事情,而自己也绝非什么"天才"。我的兴趣又渐渐耽于读书和思考。（《读书》第 40 卷）

（38）遇到这种情况,咨询者就要设法使这些模糊的情绪、想法逐渐清晰起来,让来访者逐渐地将自己的问题叙述清楚。（CWAC）

（39）一开始还不会用手使劲,整个身体也不能抬高离开床,逐渐地孩子就学会用手和脚一起协调用力匍匐前进,然后再逐渐学会胸部、腹部悬空,……（《人民日报》2000 年）

例（36）、例（38）中不带 de 的形式在带 de 的形式之前,例（37）、例（39）反之。依距离象似原则,不加 de 能突出整个述题,加 de 能突显状语的语义——事件的发展状况随时间推移而缓慢渐变的样貌。

5.2 语体对状语标记隐现的制导

状语标记的隐现规律研究一直是个难题。吕叔湘（1978：21）认为:

"修饰语和被修饰语之间的'的'字,用和不用,在大多数场合不取决于语法,而取决于修辞。"郑远汉(2005)从话语组织和修辞效用角度考察了状语标记的隐现,他认为"科学体作品追求表达的严谨、语言的简约,可带也可不带'地'的状语成分,只要不影响意义的正确表达,'地'字尽可不用或少用。谈话体,尤其是艺术体作品,在顿歇、节奏和语气表达等方面的需要,重于科学体,'地'字使用的频率自然要高一些",其结论是:"状语成分带不带'地',大多数场合取决于修辞。"沈家煊(2019a, 2019b)也赞成赵元任、吕叔湘等前辈的看法,认为汉语功能词的使用不具有强制性。

本文基于语料库语言学方法研究 de 与"渐渐、逐渐"的共现规律。使用 AntConc 检索词簇的频数,"渐渐 de"在"渐渐"的语料中排序第一,有2 742 条;"逐渐 de"在"逐渐"的语料中排序第三,有 700 条,位列第一和第二的是"逐渐形成"和"逐渐成为",均有 1 000 多条。2 742 条"渐渐 de"占全部"渐渐"语料的 22.77%,其中艺术正式语体中有 1 909 条,占"渐渐de"的 69.62%,统计表明"渐渐 de"是典型的艺术正式语体结构,状语标记 de 确实显著倾向于艺术正式语体。我们认为叙述、描写、抒情及摹状等属于艺术正式语体的功能范畴,而状语标记 de 的语法功能之一为摹状化,"摹状"是状语标记的语法功能与艺术正式语体的语体功能的交点。如无其他特定的阻碍因素,状语标记就能自然地融入艺术正式语体。状语标记在"渐渐"与中心语之间制造空间距离,"渐渐"在形式上得到突显,其词义和语法义均得到强化。"渐渐 de"的语体分化数据见表 2:

表 2 "渐渐 de"的语体分化

	艺术正式语体	实用正式语体	科学典雅语体	正式独白语体	事务交谈语体
语体频数	1 909	624	183	21	5
语体分化率(%)	69.62	22.76	6.67	0.77	0.18

"逐渐"带 de 与否的语体分化数据见表 3:

表 3　"逐渐"是否带 de 的语体分化

	实用正式语体	艺术正式语体	正式独白语体	科学典雅语体	日常交谈语体	事务交谈语体
逐渐 de	136	261	116	182	2	3
逐渐不带 de	16 185	3 335	237	3 613	0	27
逐渐 de/逐渐(%)	0.83	7.26	32.86	4.8	100⑮	10

700 条"逐渐 de"仅为全部"逐渐"语料的 2.9%,这个频数与其第一语体——实用正式语体的功能相照应,实用正式语体重在客观陈述和说明,一般无须突出状语的描摹性。表 3 说明,正式独白语体中,"逐渐 de"使用率为 32.86%,具有统计上的区别意义,⑯如:

(40) 总而言之,就是曹操把皇帝接到他的地盘里面,自己位居三公以后,随着他的实力的强大,随着他敌人逐渐地消亡,他的野心也是开始在膨胀。(百家讲坛《易中天品三国》)

(41) 所以我觉得那个时候开始,我们的科学逐渐逐渐地,朝技术方向去发展,去解决我们面对自然的所有的问题。(百家讲坛《艺术与科学的关系》)

CCL 中正式独白语体的语料主要来自百科类学术演讲"百家讲坛",内容涉及自然、社会和文化的历时渐变,故语义表达需使用正式度阶列高的"逐渐"表征。同时,若后附 de,可强化描摹状并突显"逐渐"的语义,这种形式变化与学术演讲类正式独白语体的功能存在对应关系。学术演讲类正式独白语体具有一定的主观性,感情较强烈,倾向使用摹状化手段以示强调。例(41)中,"逐渐"先重叠再添加 de,言语的主观性更强。AntConc 检索显示,"逐渐 de"频数排序第一,为 116;"逐渐"重叠式频数排序第二,为 29。"逐渐 de"和"逐渐"重叠式见于学术演讲类正式独白语体,不见于纪录片解说词类正式独白语体。

概言之,状语标记首先是为实现艺术正式语体的功能服务,其次可为实现学术演讲类正式独白语体的功能服务。de 后附于"渐渐、逐渐"是为了加强摹状化,艺术正式语体和学术演讲类正式独白语体的语体功能与状语标记的摹状化功能均构成呼应关系。

6. 结语

综上,表示渐变义的副词"渐、渐渐、逐渐、渐次"除语义、组合上的差异外,客观上存在语体分布上的差别,即语体分化。

第一,"渐渐"的第一语体是艺术正式语体,"逐渐、渐、渐次"的第一语体是实用正式语体。

第二,按正式度划分的语体类型阶列由高而低依次为"渐次>逐渐>渐>渐渐"。

第三,"渐渐"在艺术正式语体中的显著表现是:"渐渐+VP/AP"的连用、"渐渐"重叠、"渐渐"做前置式状语、带状语标记等。"渐"因音节简省及语体阶列高而适用于新闻标题,"渐"的语义韵律映射其高阶列语体的功能。"渐"在艺术正式语体中的主要表现有:使用描绘性的"渐 A 渐 B"及其变体,延长停顿以突显描写及抒情。"逐渐"在客观性强的科学典雅语体或实用正式语体中的显著特征有:"逐渐+VP/AP"可连用,"逐渐"重叠不自由、做前置式状语不太自由;"渐次"基本不带状语标记,首先因其主要用于实用正式语体和科学典雅语体,其次因低频使用。

第四,本文主要运用语料库语言学方法证明语体属性确实制导状语标记的隐现。状语标记首先为实现艺术正式语体的功能服务,其次也为实现学术演讲类正式独白语体的功能服务。

附 注

① 本文在此处与后文中主要基于渐变义频率副词在语篇中的位置而引用张谊生的"前置式状语"和"内置式状语"这两个术语。

② "彻底的语体观"为陶红印教授所言,源自他 2022 年 2 月在邮件中给本文作者的指导性意见。

③ 整理文本时剔除了来源标注不明的网络语料,因其语体类型不便界定。

④ 关涉语体分类的文献众多,本研究主要参见陶红印(1999)、程雨民(2004)、冯

胜利(2010)、Joos Martin(1962)、Fromkin Victoria, Rodman Robert & Hyams Nina (2013)。

⑤ 横虚线表示数值无限接近于零或无统计意义。

⑥ 合计不足 100％的,系四舍五入所致。

⑦ 就三者在科学典雅语体中的分化做独立性检验,$x^2 = 53.021$, $df = 2$, $p <$ 0.001,分化差异非常显著。

⑧ 根据前文,“逐渐”与“渐”在实用正式语体和科学典雅语体中的分化差异都非常显著。

⑨ 因语料中状语标记“的”“地”常混用,本文用 de 表示。

⑩ 参见蔡维天(2007)。

⑪ 参见方梅《饰句副词及相关篇章问题》,《汉语学习》,2017 年第 6 期,第 5—6 页。

⑫ 感谢匿名评审专家的建议,这部分补充了“渐”在高阶列语体中的特征描述及其解释。

⑬ 也存在“渐 A”“渐 B”和“渐 C”三个并列项之间的韵律停顿,如例(26)。

⑭ 对“渐渐(de)”和“逐渐(de)”做前置式状语的频数进行独立性检验,结果为:$x^2 = 1861.171$, $df = 1$, $p < 0.001$。

⑮ 日常交谈语体中的“逐渐 de”虽然为“逐渐”语料的 100％,但因语料仅 2 条,数据的说服力尚存疑。

⑯ 排除语料仅为 2 例的日常交谈语体,就“逐渐 de”在其他五类语体中的分化率进行独立性检验,$x^2 = 1670.987$, $df = 4$, $p < 0.001$,说明具有显著性差异。

参考文献

北京大学中文系 1955/1957 级语言班 1982/2010《现代汉语虚词例释》,商务印书馆。

蔡维天 2007 重温“为什么问怎么样,怎么样问为什么”——谈汉语疑问句和反身句中的内、外状语,《中国语文》第 3 期。

程雨民 2004《英语语体学》,上海外语教育出版社。

方　梅 2017 饰句副词及相关篇章问题,《汉语学习》第 6 期。

冯胜利 2010 论语体的机制及其语法属性,《中国语文》第 5 期。

吕叔湘 1978 漫谈语法研究,《中国语文》第 1 期。

吕叔湘 2001《现代汉语八百词(增订本)》,商务印书馆。

沈家煊 2019a 说四言格,《世界汉语教学》第 3 期。

沈家煊 2019b 谈谈功能语言学各流派的融合,《外语教学与研究》第 4 期。

史金生 2011《现代汉语副词连用和同现研究》,商务印书馆。

唐贤清 2003 汉语"渐"类副词演变的规律,《古汉语研究》第 1 期。

陶红印 1999 试论语体分类的语法学意义,《当代语言学》第 3 期。

姚双云 2015 连词与口语语篇的互动性,《中国语文》第 4 期。

姚双云 2017《关联标记的语体差异性研究》,世界图书出版公司。

曾毅平 2008 语言材料的语体分化论析,《福建师范大学学报》第 2 期。

张　斌 2001《现代汉语虚词词典》,商务印书馆。

张　斌 2010《现代汉语描写语法》,商务印书馆。

张谊生 2018 试论不同句法分布对副词状语性质、功用的制约与影响——兼论汉语主宾语内状语的特征与异同,《新疆大学学报》(哲学·人文社会科学版)第 4 期。

郑远汉 2005 从话语结构的制约看状语标记"地"的隐现,《汉语学报》第 3 期。

朱庆洪 2017 恒常义时间副词的语体分化,《当代修辞学》第 4 期。

朱庆洪 2018 "屡屡"与"频频"的语体分化,《新疆大学学报》第 3 期。

Fromkin Victoria, Rodman Robert, Hyams Nina 2013 *An Introduction to Language*(*10e*).Wadsworth Cengage Learning.

Hongyin Tao 2000 *Adverbs of Absolute Time and Assertiveness in Vernacular Chinese: A Corpus-Based Study*. Journal of the Chinese Language Teachers Association 35(2).

Joos, Martin 1962 *The Five Clocks*. Indiana University Research Center in Anthropology, Folklore, and Linguistics.

（本文发表于《当代修辞学》2022 年第 5 期）

增信副词"反正"的话语关联与语义情态

长沙理工大学文学与新闻传播学院　王艺文

1. 引言

"反正"自清代副词性用法占据主导地位后(巴丹 2019),一直作为高频副词活跃在现代汉语中,也在学界引起了广泛讨论并取得了丰硕的研究成果。以往关于"反正"的研究大致可从主客观语义情态、句法分布和话语关联等方面得以体现。

在主客观语义情态上,黎锦熙(1924/1992:134)最早将"反正"归入"表决定"的"性态副词"。而后,赵元任(1968)将其界定为"表示评价的副词",较早关注到该词的主观评价情态。张谊生(2000)的"评注性副词"和史金生(2003)的"性质特点类语气副词"等,都隐含了"表评价"的主观情态,各家观点一脉相承。除主观情态表评价外,还存在对客观语义的细致分析,主要存在两种观点。一是表结果不随条件变化而改变,如"在任何情况下都不改变结论或结果"(吕叔湘 1980),"不因条件而改变"(《现代汉语虚词例释》1982),"结果是确定无疑的"(张谊生 1996)等基本都在"结果不变"上达成共识。二是表总结概括,如"排他性总结"(张谊生 2000),"总结性判断"(崔诚恩 2002)等。那么在两种观点之上,"反正"是否具有一个一致性的语义? 我们期待实现对"反正"语义的进一步统一概括和精确提取。

在句法分布上,前人普遍认同"反正"分布灵活,可以自由分布在句首、句中和句尾,主语的前后位置也较为灵活,常与"不管、无论"等同现〔如吕叔湘(1980)等〕。此外,"反正"主要选择陈述句,排斥真性疑问句,这是由该词的主观评注语义决定的〔如段业辉(1995)、张谊生(2000 等)。

柏阳(2012)比较系统地提取了"反正"与其他词的同现连用情况,然而我们认为,除同现成分提取外,还可采取正反论证的方法观(赵春利、钱坤2018),系统提取"反正"必然排斥的成分,提高其分布规律的系统性和解释力。

在话语关联上,屈承熹(1991)较早提出可从语篇角度研究副词的功能后,胡壮麟(1994)列举了"反正"具有连接强式转折的功能。宗守云、高晓霞(1999)分析了"反正"的语篇功能,尤其注重所衔接语篇的语义关系,认为因果和条件是其衔接的主要关系。李宏(1999)则更为概括性地指出"反正"用于两重复句,广义上连接包括因果在内的条件关系,并否定条件的作用。后来的诸多研究大都受这二者影响〔如于丹(2007)等〕。总体看来,对"反正"句的话语关联逐渐清晰,但话语关联的概括有广有狭,暂未统一。

综上可知,目前学界已针对"反正"进行了较为深入的分析和系统论述,取得了丰硕的研究成果,但在语义的统一性、解释方法的科学系统性及话语关联概括的一致性方面还存在可为空间。本文以语义语法理论(邵敬敏 2004)为指导,通过系统考察 CCL 语料库及 BCC 语料库来源语料,从宏观话语关联和微观句法句类分布等方面入手,试图较为精准地提取"反正"的话语关联,尽可能形成对其语义内涵的一致性概括。

2. 副词"反正"句的话语关联

副词和连词最常充当逻辑联系语,表示句子间的逻辑语义关系(宗守云、高晓霞 1999),"反正"作为副词,常用在复句中充当逻辑联系语。基于逻辑语义关系形成的宏观话语关联可以直接制约某个句子的分布并影响该句中某个副词的分布规律(赵春利、何凡 2020)。"反正"对话语关系的依赖性较强,通过宏观话语层面话语关联的分析有助于更加精细地把握"反正"的情态内涵。

根据语料分析,我们认为前人对"反正"主要出现在条件、转折和因果关系中的整体观点是准确的,但可以看到,对"反正"到底能用于多少种复句关系,各家列举呈现较多,定义也广狭不一,并无定论〔如宗守云、高晓霞(1999)、李宏(1999)等〕。我们发现话语关联的提取往往只关注到了

"反正"句与相关项的单一表层逻辑层次,造成了依据各种复句关系判定其语义而没有统一解释的情况。而对"反正"所在句的多种话语关联尽可能地形成统一解释是最便于对其语义进行释义说明的。我们在前人研究的基础上,结合真实语料,对其所在复句的话语关联进行了分析。李宏(1999)认为从深层语义看,反正项都是结果,相关项都是条件,都表结果不因条件变化而变化。这一点与宗守云、高晓霞(1999)提出的无条件关系中结果的确定性,条件的任意性和选择性基本一致。后续学者的分析也都基本继承了他们的观点。这一观点基本反映了"反正"所在句的语言事实,也能为准确解析"反正"适用的复句逻辑层次以及提取概括其话语关联中的语义功能奠定基础。

可以发现,所谓"不因条件变化而变化"的"结果的确定性"从认知逻辑上来说,本身便包括一定的认知预设,其逻辑前提是"提供了一定的可能条件"作为事件背景信息,并且从条件提供者的心理预设或常识常理来说,该条件可能会影响言者选择或判断(这种条件的提供和心理预设很多时候是隐性的,往往需要通过背景句推断出来,我们称包含可能条件的句子为 A 句)。如例(1)中甲在得到否定回答后追加一个条件"张三会去",并预设该条件会影响乙的选择。

(1)甲:明天你去参加同学聚会吗?

乙:不去。

甲:你的好朋友张三会去参加哎。

乙:不管张三去不去,反正我不去,所以你不用劝我了。(自拟)

可以说,在深层语义功能上,"反正"句体现的不变性或总括性是以提供可能选择的条件背景信息为基础的。"反正"所在句 B 则是违背心理预设或常识常理,言者认为提供的条件对自己而言,在某方面具有同质性或致使同质性结果,并无区别(这种同质性是言者主观看法),一定程度上可以看作对条件的否定,常有弱性转折意味。"反正"所在句 B 的这种对条件的否定和同质性概括是一种反预设情态。而言语在一定程度上是言者心理的外化形式,那么自主选择的信息 B 的产出自然会带有言者目的,会激启或隐含相应的后续表态或行为 C,BC 句之间常蕴含因果关系。例(1)中乙对 A 句"张三去""张三不去"两种可能条件同时进行了同质性否定,指出二者本质上都一样,都不影响 B 句"我不去"的意志决定,并随即给出后续建议"不用劝我"(C 句)。

再如例(2)(3)。

（2）由上述考证可知,王采玉"先适"俞家也好,初嫁竺姓也罢,总之有一点是可以肯定的：王采玉家是师县人,无论初嫁是俞家还是竺家,反正嫁的是曹家田,而不是河南郑家。因此,"郑三发子"说是根本不能成立的讹传。(陈廷一《蒋氏家族全传》)

（3）其实坐电车去会比较省钱,但反正付钱的人是他,所以无所谓。(谷川流《凉宫春日的忧郁》)

例(2)中"反正"前的时间背景信息 A 句用"无论……还是……"提供两种可能条件,这两种可能多有争议,但"反正"后 B 句则搁置争议,指出条件的同质性,即不改变"都是曹家田人,不是河南郑家"这一事实结果,C 句用"因此"凸显了与 B 句的因果关系。例(3)同理。

总的来说,"反正"的复句关联可归纳为只选择广义的条件关系,但条件关系下又有前条件(以转折为主)后因果的逻辑层次,两个逻辑层级共同构成了"反正"句的完整复句关联,整体话语关联可总结为"A＋反正(因为)B＋(所以)C",其中"反正"B 句既是 A 句的结果,又是 C 句的原因。我们可以通过"反正"与常同现关联词的搭配来验证其话语关系。语料显示,A 句常出现"无论、不管"或可供选择的多重选择项"或者……或者……"等表广义条件的关联成分,用以隐含可能的条件或选择,而"反正"B 句前有时会搭配"但是、不过"等转折词,"反正"后也常用"都"来凸显无区别的同质性,而 C 句前常使用或隐含"所以、于是"等关联词,这些关联词的同现选择及常用排列顺序验证了"前条件后因果"的话语关联。

这一逻辑层级反映的整体语义功能大致可总结为"言者通过'反正'句表达可能条件或选择于自己而已的同质性,突出与预设或常理的对比,同时该句又充当情势原因,在此情势下顺应态势引出后续自主态度行为或建议"。整体的话语关联功能可以通过表 1 表示出来,[①]其中逻辑链条、语义功能和交际功能都存在上下对应关系。

表1 "反正"句的话语关联

逻辑链条	条件句 → 结果句 (原因句) → 结果句		
语义功能	选择/条件的可能性 → 态势的确然性 → 顺势的自主表态性		
交际功能	隐含/列出多样可能 → 可能性的同质 → 后续态度行为或建议		
对应例句	不管他去不去,	反正我不去,	所以你不用再说了。
	你欠我,我欠他,	反正都是国家所有,	到头来国家总要出面清理。
	那么所需资金是靠发国债,还是靠征更多的税,哪个更好呢?	我们可能会说"反正羊毛出在羊身上,	与其借债,反倒不如由老百姓先交税"。

值得注意的是,"A+反正(因为)B+(所以)C"话语关联只是"反正"句前后话语关联的典型代表,实际有着许多变体,常会出现省略凝缩形式,如例(4a)只出现 AB 两部分,但可补充为(4b)使其关联更加明晰;(4c)则只有 BC 两部分,省略了背景信息"可以教你,也可以不教你"(如 4d),并不影响理解。例(5)则是更凝缩的单句形式,省略 A 句背景"存在去和不去两种可能"和后续 C 句(可能为"所以随便你/你就别去了"等)。

(4) a. 抱也好,买也罢,反正不掏钱弄不来。(《1994 年报刊精选》)

　　b. 抱也好,买也罢,反正不掏钱弄不来(,钱是一定要花的)。

　　c. 反正闲着没事,我教你这个歌子,好不好? (周而复《上海的早晨》)

　　d. (教也可以,不教也可以,)反正闲着没事,我教你这个歌子,好不好?

(5) 反正去不去都一样。(《现代汉语词典》第 7 版)

另外,话语关联中包含的三部分之间的语序也较灵活。如例(6a)体现的顺序应为"C(后续结果:他是省钱的土葬)+A(多种可能形式:埋葬形式多办或少办)+反正B(形式的本质结果一致:埋了就行)",可以还原为与典型性一致的(6b)而不改变基本语义,即使变换成(6c)和(6d)等形式也同样成立。再如只出现 AB 两部分的凝缩形式例(7a)在交代必要背景信息"运输部船队过去开的是官船"后,AB 语序的变换也不改变基本语义。语序的改变并不影响"反正"话语关联深层语义的一致性(李宏 1999)。

(6) a. 那时民俗就是这样儿,他是土葬,也省钱,省钱。你有了就多办,没有了就少办,反正人埋了就完了。(1982 年北京话调查资料)

　　 b. 你有了就多办,没有了就少办,反正人埋了就完了。那时民俗就是这样儿,他是土葬,也省钱,省钱。

　　 c. 你有了就多办,没有了就少办,那时民俗就是这样儿,他是土葬,也省钱,省钱。反正人埋了就完了。

　　 d. 那时民俗就是这样儿,他是土葬,也省钱,省钱。反正人埋了就完了,你有了就多办,没有了就少办。

(7) a. 运输部船队过去开的是"官船",不管任务急不急,反正是夜里、风里、雨里不开班。(1994 年报刊精选)

　　 b. 运输部船队过去开的是"官船",反正是夜里、风里、雨里不开班,不管任务急不急。

可见,当"反正"可以选择多种复句关系时,这些关系往往是存在有机联系、可以统一解释的。因此,考察副词的分布规律或话语关联时,方法上不应只局限于两个分句,应将其置于更大的逻辑关系层次上考虑,充分观察前景和背景信息,其关联往往更加清晰,一定程度上可以提高结论的可信度。除了"反正"句的整体话语关联外,"反正"在"反正"所在句中的分布规律也对充分认识该词的使用具有重要意义。那么,"反正"一词的实际分布考察也十分必要。

3. 副词"反正"的句法分布规律

对副词分布规律的精准定位,除可以通过考察该成分在句子中处于什么句法位置外,还可以从宏观层面句子功能类型的分布以及微观层面选择哪些句法成分同现、与哪些句法成分存在排斥制约关系上得以窥见(赵春利、钱坤 2018)。语言形式往往是其语义的外化体现,我们将从句子功能分布、句法位置和同现成分三方面系统梳理副词"反正"的句法分布规律,为其语义内涵的精准概括奠定基础。

3.1　副词"反正"的句子功能分布

在句子功能分布上,"不同类型的句子对语气副词有着较强的选择性"(段业辉 1995),"反正"也并非可以不受限制地使用在所有的句子功能类型中。通过前人研究和语料调查可以发现,"反正"最常选择传递信息的陈述句,频次最高,如例(8)。也可以选择主观情态较强祈使句,如例(9);甚至非典型的感叹句,如例(10);乃至无疑而问的反问句、内心已有判断并期盼得到肯定回答或求得确认的假性疑问形式,如例(11)。但不能选择索取信息的真性疑问句,如例(12),也就是说"反正"不可用于索取新信息的有疑而问。

(8) 反正老师已经对我有看法了,做得再好也没有用。(傅维利《论教育中的惩罚》)

(9) 反正你抓紧吧,饭多吃点觉少睡点。(王朔《编辑部的故事:修改后发表》)

(10) 反正一切都糟透了!(菲茨杰拉德《了不起的盖茨比》)

(11) 反正工资也不能给我扣光吧?(《人民日报》1996 年)

(12) a. 你去广州吗?(自拟)　　　　　*b. 你反正去广州吗?

通过对四种句类的选择和排斥分析,可以看到"反正"所在句一般用于已有确定信息并向外传递信息。这也是其"前条件后因果"的话语关联制约的结果,在已有隐含背景信息下,通过"反正"所在句向听者提供对前句背景条件的同质判定,并提供后续态度行为的原因信息。这些都对"反正"句负载可传递性信息有要求,所以不能用于真性疑问句中索取信息。

那么,"反正"是否能够不受任何限制地分布于不索取信息的陈述句、祈使句等任何位置呢?

3.2　句法位置分布

实际语料显示,"反正"在小句中的位置非常灵活,可以位于句首、句中甚至句尾。句法位置上,既可用在主语前又可位于主语后,如例(13)。"反正"通过移位前后,不管是分布于所在小句的句首、句中,还是句尾都不改变小句本身的命题意义,如例(14a/b/c)。但"反正"并非可以无限制选择所在小句的所有位置,如例(14d)中不可置于谓词和宾语之间直接修饰体词性宾语。这些变换的成立与否说明,"反正"在小句中应是内在而无标记的状语成分,这些灵活的句法分布本质上具有一定的一致性。

(13) a. 管它男声女声,反正我要唱!(1994 年报刊精选)

b. 他们反正不是白种人。(西奥多·德莱塞《天才》)

(14) a. 反正羊毛出在羊身上,与其借债,反倒不如由老百姓先交税。(陈志武《金融的逻辑》)

b. 羊毛反正出在羊身上,与其借债,反倒不如由老百姓先交税。

c. 羊毛出在羊身上反正,与其借债,反倒不如由老百姓先交税。

＊d. 羊毛出在反正羊身上,与其借债,反倒不如由老百姓先交税。

另外,"反正"的分布规律还会受同现成分及其语义特征的制约。

3.3　副词"反正"的同现成分制约

从同现成分来看,"反正"能否合法进入到陈述句或一些祈使句和感叹句中,还需要考虑与其他句法成分的同现搭配问题。一般而言,"反正"常会选择表否定(不是、绝非)、表时体(已经、迟早)、表全量的范围(都、完全)、表断定(的确、确实)、表估测(或许、大概)、表恒常(一直)等的副词,如例(15)。另外,这几类副词在排序上都位于"反正"之后,下例(15)中任何一个调换到"反正"前都不合法。可以看出,这类同现都或多或少地传达出言者已获得信息或者可以肯定的事态变化,该类信息往往是准确或基本明确的。若句中存在具有事实、情形或态度的确定性语义成分,则"反正"可以进入该小句。而不确定性越强的小句越会排斥"反正"入句,如例(16)。

(15) a. 也许是正式一刀两断,也许是开小差,反正绝非……(李敖《李敖对话录》)

b. 太监也罢,军机大臣也罢,反正都只算是皇帝的私人秘书,算不得朝廷的大臣。(钱穆《中国历代政治得失》)

c. 随你怎么说,反正她确实是三夫人的女儿。(唐瑄《英雄折腰》)

  d. 即使扭歪了又怎么样呢？反正她大概已没有机会再显露它们了。（米切尔《飘》）

  f. 反正一直就这样生活过来的，从来没觉得要专门去伺候他。（《鲁豫有约·沉浮》）

(16) a. 而事务所就不太担心出错审计报告了，反正对事务所的处罚不重。（金十七《让数字说话》）

  *b. 而事务所就不太担心出错审计报告了，反正对事务所的处罚不知道重不重。

  在精准定位的基础上，从"前条件后因果"的宏观话语关联中"反正"所在句表态势的确然性，到微观句法分布上选择提供信息的句子类型并排斥不确定性高的语义成分，都为我们精确提取"反正"的语义情态提供了有效支撑。

4. 副词"反正"的语义情态内涵

  在总结一个副词尤其是复杂情态副词的语义情态内涵时，必须着眼于提取该词的根本特征，不应"依句辨品"般罗列出一系列语义特征，需要关注话语关联，但也应尽可能剥离复句语境本身具有的意义，不应"将虚词所在的格式的语法意义归到那虚词身上"（马真 2004）。然而正如引言所述，以往研究常根据其所处的复句类型提取"反正"的语义内涵，无论是"表结果不随条件变化而改变"（如吕叔湘 1980 等），还是"总结概括（总之）"（如张谊生 2000 等），抑或"坚决的主观态度"（如董正存 2008），都体现了语义随复句类型而定的思路。这样的方式直接将"反正"确定成逻辑连接词，将"反正"所在句具有的复句或语境的语义当成了副词"反正"本身的语义，未能将句义和词义区分开来，自然就造成了许多研究认为"反正"可以连接多种复句类型多样〔如宗守云、高晓霞（1999）等〕的看法，也导致认为"反正"具有多义性，未对其语义进行统一解释。

  即使我们得出了"反正"所在句的话语关联为"前条件后因果"，具有"表态势确然性"等语义特征，但这并不能得出"反正"的语义就是表示条件关系或因果关系。那么，如何证明前人将"反正"所在句义等同于"反正"本身的语义了呢？我们认为，可以通过增删"反正"及相关连接词，并观察其话语关联是否变化得以实现。

具体如例(17)中，原句(17a)确表因果关系，可删去"反正"后因果关系仍存在(17b)，即使删去典型因果连接成分"所以"也并未改变所在句为因果关系的事实(17c)。同时，若增加"因为……所以……"则因果关系更加明显(17d)。所以，因果关系是前后两分句间的句义关系，并非"反正"一词具有的词义内涵。例(18)同理，其结果的不变性是由所在句子决定的。

(17) a. 反正学成是要回国的，所以学校大小更加无所谓。（中国教育在线 2004-12-14）

　　 b. 学成是要回国的，所以学校大小更加无所谓。

　　 c. 学成是要回国的，学校大小更加无所谓。

　　 d. 因为(反正)学成是要回国的，所以学校大小更加无所谓。

(18) a. 不管输了赢了，反正提高了自己的知名度，目的就达到了。（《人民日报》1994 年）

　　 b. 不管输了赢了，提高了自己的知名度，目的就达到了。

既然删去"反正"并未影响句子表因果等的句义，也未改变后续句结果的不变性，那么这就是句子本身负载的语义，而非"反正"的语义内涵。那么，"反正"的核心语义是什么？通过对"反正"分布规律和"反正"所在句的话语关联解析可以看到，"反正"本身具有极强的主观确定意味，主要用来表主观评价。我们感受到的语气强烈或坚决态度都只是"反正"增加了所在句义本身的确定性。因此，我们认为"反正"最核心的语义应是主观"增信义"，即增强了句子本身的确然性信度，可以增强对"有确定真值的已然事实命题或者是必定要实现的决心或愿望"（孙嘉铭、石定栩2021）等的信度。"增信义"是言者主观态度的外化，可以提高言语交际的说服力。语料显示，"反正"在时体选择上，既能进入已然复句又能进入未然复句，根据"反正"所在小句的时体意义，我们认为这种"增信义"主要还可细分为四个下位类别。

其一，增强已然事件的实然信度。这类用法中，"反正"所在句为已然事件，常常会出现"没有、了"等典型表已然的成分，如例(19)。若删去"反正"，所在小句仍表已然事实，已然性是由典型时体标记词所决定的。但

"反正"的出现凸显了言者对已然事实"确实如此"的确定程度,确然信度明显增强。

(19) 不知道那个案子最后怎么结的,反正律师再也没找过审计师。(阎歌、孙含晖、王苏颖《让数字说话》)

其二,增强未然事件的必然信度。这类用法中,"反正"所在句为未然事件,常常与"会、肯定"等典型标记词同现,表示某事必然发生,是对未来可能趋势的确定性。若删去"反正",其所在小句仍表必然趋势,"反正"凸显了言者对必然发生事件"必然会那样"的确定程度增强,如例(20)。

(20) 这小衣服反正早晚一定叫人剥了去的,……我拿走又有什么不对呢?(黑泽明《罗生门》)

其三,增强心理意志的决然信度。"反正"常会用在表主观态度或看法的小句中,增强语气,表态度坚决。这种态度既可以是言者的,也可以是言者所知的其他人的,如例(21),"反正"增强了表态标记"不喜欢"的坚定性。

(21) 反正我不喜欢它,我心中最爱的是小黑。(《读者》)

其四,增强道理哲思的信然信度。如前例(14)"反正羊毛出在羊身上",当"反正"与熟语谚语等哲思类成分同现时,可以增强言者对该道理理所当然成立的认定确信程度。再如例(22)删去"反正"仍成立,只是对道理确认的语气稍稍减弱。

(22) 这些企业经营者的共同心态是:反正"会哭的孩子有奶吃"。(《人民日报》1994年)

需要指出的是,这种增信的信度是言者主观相信的,如前例(8)"反正老师已经对我有看法了",主观性色彩浓厚,并不代表客观真实性。随着"反正"增信义的使用,所在句的整体主观评注色彩日益增加,肯定义也逐渐明显。尤其在意志的决然性方面,在表笃定的同时,又有着不计后果或者丝毫不介意不利情况的情感色彩,如例(23)。

(23) 反正我是不同意这个决定!(雪克《战斗的青春》)

总之,虽然"反正"常选择因果等多种复句关系,但结果的不变性是复句本身具有的句义,即使删去"反正",该句义仍存在。"反正"本身的核心语义为主观"增信义",用于增加对表已然、未然、心理意志等所在句的确然性信度,这种信度带有较强的主观色彩。

5. 结语

通过前文分析可知,"反正"作为评注性副词,在宏观话语关联层面,只选择广义的条件关系,条件关系下又有"前条件后因果"的逻辑层次,两个逻辑层级相辅相成。实际使用中虽变体多样,但或明或隐地可归纳为"A+反正(因为)B+(所以)C"形式。在微观分布规律层面,"反正"主要分布在传递信息的陈述句中,也可以用于祈使句和感叹句中,一般不用于索取新信息的有疑而问中。"反正"句一般常与表事实、情形或态度的确定性或可能确定性的语义成分同现,排斥丝毫没有确定性的成分。宏观微观的结合帮助我们提取出了"反正"具有主观"增信义"的语义内涵,具体包含可增强已然事件的实然信度、未然事件的必然信度、心理意志的决然信度以及道理哲思的信然信度等四个主要方面。根据语义语法理论,要想精准提取一个情态副词的语义特征,不仅形式上需要对其分布规律进行准确定位,也要考虑宏观层面的话语关联性,并要在方法论上进行正反验证(赵春利、钱坤 2018),这些都是我们提取"反正"语义情态特征的必要手段,也为我们以后对其他副词的语义情态等相关研究提供了思路参考。

附 注

① 表 1 中单箭头表逻辑链条的顺序走向,双箭头表不同层级的对应关系。

参考文献

巴　丹 2019 "反正"的篇章衔接功能及其教学应用,《百色学院学报》第 4 期。

柏　阳 2012《"反正"话语标记的形成及其功能研究》,上海师范大学硕士学位论文。

北京大学中文系 1955/1957 级语言班编 1982《现代汉语虚词例释》,商务印书馆。

崔诚恩 2002《现代汉语情态副词研究》,中国社会科学院研究生院博士学位论文。

董正存 2008 情态副词"反正"的用法及相关问题的研究,《语文研究》第 2 期。

段业辉 1995 语气副词的分布及语用功能,《汉语学习》第 4 期。

胡壮麟 1994《语篇的衔接与连贯》,上海外语教育出版社。

黎锦熙 1924/1992《新著国语文法》,商务印书馆。

李　宏 1999 副词"反正"的语义语用分析,《语言教学与研究》第 4 期。

吕叔湘 1980《现代汉语八百词》,商务印书馆。

马　真 2004《现代汉语虚词研究方法论》,商务印书馆。

屈承熹 1991 汉语副词的篇章功能,《语言教学与研究》第 2 期。

邵敬敏 2004"语义语法"说略,《暨南学报》第 1 期。

史金生 2003 语气副词的范围、类别和共现顺序,《中国语文》第 1 期。

孙嘉铭、石定栩 2021 反素副词的意义构成与句法功能——以"早晚""大小""反正"为例,《华文教学与研究》第 1 期。

于　丹 2007《"反正"的多角度研究》,吉林大学硕士学位论文。

张谊生 1996 副词的篇章连接功能,《语言研究》第 1 期。

张谊生 2000《现代汉语副词研究》,商务印书馆。

张谊生 2000《现代汉语虚词》,华东师范大学出版社。

赵春利、钱坤 2018 副词"几乎"的分布验证与语义提取,《语言教学与研究》第 3 期。

赵元任 1968/2002《中国话的文法(增订版)》,丁邦新译,香港中文大学出版社。

宗守云、高晓霞 1999"反正"的语篇功能,《张家口师专学报》第 3 期。

(本文发表于《汉语学习》2022 年第 6 期)

构 式 探 讨

全面认识套语的二重性与
套语化、去套语化机制[*]

哈尔滨师范大学文学院　陈　一
暨南大学　左乃文

1. 关于套语已有的一些认知

国内外关于套语的评论、研究,已涉及由古到今中西方多种不同语言。根据我们的了解与推断,任何语言社会中都存在套语。套语是语言学、文学、社会学、政治学等研究领域共同关注的问题。学术研究有别于日常语文生活,我们应该对套语与套话两个词做出学理性区分。《现代汉语词典》(第7版)对"套话"的释义有三项:① 指文章、书信中按旧套套写的语句;② 特指套用现成的结论或格式而没有实际内容的话;③ 客套话。对"套语"的释义有两项:① 客套话;② 流行的公式化的言谈。词典释义在一定程度上显示了二者的同异:就指涉范围看,二者都包含"客套话";"套话"的①②所指偏于负面现象,"套语"②或可涵盖"套话"的①②,但不限于负面现象。换个角度也可以说,"套话"是日常语文生活用语,往往含有贬义,"套语"可用作中性的学术性概念,作为各种模式化语句的总称。

早在亚里士多德的《诗学》《修辞学》等著作中就有对套语的论说,指出其作为上层意志象征的社会性、社会影响力。语言学领域较早的重要论述见于Jespersen(1924),首次从存在方式角度区分自由语与套语,认为前者需要大脑临时生成,后者则作为整体直接从记忆中提取。其后半个多世纪,不同领域的研究,在偏重意识形态或偏重语言,持否定态度或

---

* 本研究为教育部人文社科研究项目"国家语言能力建设视阈下话语模式化与去模式化研究"(19YJA740003)的阶段性成果。

肯定态度等方面形成较大反差。进入 21 世纪,对各种套语的具体研究受到更多重视。Wray(2002,2008)通过大量事实和边缘理论力图更好地揭示套语的本质和范围。Amossy 和 Pierrot(2003)从社会科学、文学、语言等不同领域介绍了对俗套和套语的认识。随着观念、研究范围的变化,一些学者开始使用覆盖更广泛的程式语(formulaic language)这一概念。Charlene(2012)较为全面地展示了程式语研究的最新成果。

中国古代对套语的认识主要包含在对一些文学作品及八股式文牍的批评中。20 世纪初的"五四"新文化运动、白话文运动中,胡适(1917)提出"务去滥调套语"的主张,鲁迅一贯反对新旧八股。1942 年,毛泽东发表了著名的《反对党八股》。中华人民共和国成立后,尤其是 20 世纪 80 年代以来,对"套话"现象进行批评的文章,在各类报刊上时有所见,不过多为时事评论,较少学术性分析。近些年,学者们根据不同的研究背景、目的和方法,先后给出不同命名(或译名):套语、套话、公式化语言、程式化语言、惯例化语言、惯用语、克隆语、(预制)语块、固定用语、复现组合等。着眼点、关注范围虽不尽相同,但在论述过程中不同程度谈到套语使用具有负面性,对套语滥用要加以引导〔参看温锁林(2003)、周荐(2008)等〕。

不同领域研究者的认识、态度存在较大差异。社会学将套语当作集体心理、集体信仰的表征,进而考察社会团体和社会成员之间的关系;文学研究更多关注复现用语、修辞在文本解读中呈现的社会审美效果;语言学已开始重视套语在话语意义建构与文本生成中的作用,对套语形式上的复现性、意义上的惯常性、功能上的语境相关性逐渐取得共识。在语言学界,有学者在哲学和语用学的背景下论述"套语体现行为与话语的稳定配合"(钱冠连 2005);有学者利用语用学的相关理论,揭示重复出现的言语事件的程式性倾向,将程式性言语事件看作是人类基本的生存方式(褚修伟 2008);有的研究者对套语的人际语用功能进行了分析(周震、丁文英 2006)。还有部分硕士论文表现出对套语的研究兴趣,分析汉语套语的特征和常见类型,论说套语具有一定的建设意义,指出套语的使用受语用环境、语用心理、语用机制等因素制约。受国际语言教学研究潮流的影响,近十几年,外语教学、对外汉语教学领域与套语相关的讨论(一般称为"语块")逐渐升温,并呈现出由应用语言学、认知语言学扩展到语料库语言学等领域的苗头。李美霞主编的论文集《语言程式与语言使用》(2011、2013)既有对国外程式语研究成果的梳理和评述,也汇集了若干专题研究论文。跨语言的套语对比研究,也取得了部分成果。

总体来看,套语研究经历了由着眼某一领域到观察更多领域的范围扩展过程。研究者态度经历了由否定批评主导到多元评价共存的变化。目前,我们对不同类型套语的形成机制、套语此消彼长的规律,还缺乏深入探究,这限制了对套语认识的深化。本文在国内外已有研究的基础上,从动态角度论证套语的二重性,提出套语化、去套语化概念并加以阐释。

2. 套语的二重性

语言习得的过程中,人们不仅学习词汇、语法,还要学会"什么场合说什么话";在运用语言知识进行言语表达时,既可以按照该语言基本语法结构规则说出临时组织的个人性话语,有时也会整体输出一些非临时组合的完形性或模型性话语。任何一个语言社会,总有一些话语形式被人们长期或阶段性偏爱使用、高频使用,要么是在某些情境下特定语句整体高频复现,要么是形成广泛仿效、填充的模板式话语形式。前一种情况更多体现特定话语形式的语境"习用性",形成情境套语;后一种情况更多体现话语生成的"袭用性",形成模式套语。Coulmas(1994)指出,套语的概念有广义和狭义之分,广义的套语包括具有凝固结构的表达方式和仪式用语,狭义的套语指的是日常套语。实际上,套语是一个家族相似性范畴,其成员不必具有该范畴的所有属性,一些成员与另一些成员至少有一个或多个共同属性;范畴成员的特性不完全一样,它们是靠家族相似性而归属于同一范畴的,是随着社会发展和人类认知能力的提高而不断形成和发展变化的。本文给出一个套语的工作性定义为:"作为形式-功能结合体、在某些情境或语域中高频使用、具有整体储存整体提取特征的惯例性表达式。"

从语言动态观出发,经过广泛考察和多维度思考,我们认识到,套语在不同层面体现出具有辩证统一关系的二重性特征。

2.1　语域性与普遍性

套语往往与特定语域相关联。因为社会生活中的各个领域都有其偏重的认识范畴、认知模式和相应高频使用的表达方式,所以,不同领域普遍存在着各具特色的套语。套语为环境所塑造,同时,在一定程度上也成为人们身份、角色的标志。

新闻类套语如"本台刚刚获悉……""_____会议在_____举行,_____出席会议并做重要讲话""本台记者_____(地名)独家报道"等;外交领域的套语如"对_____表示遗憾,提出抗议,并将持续关注""由此引起的后果将由_____方负责""我们持保留态度""表示极大的愤慨"等;学术领域套语如"基于_____的_____研究""_____视域下的_____研究"等;公文写作套语如"为了_____,根据《_____》,制定《_____》""专此函告""现予公布,自公布之日起施行"等;服务领域套语如"您好! 请问我能帮助您吗?""不好意思,打扰您一下,现在给您_____好吗?"等;营销领域套语如"数量有限,欲购从速""一 X 在手,别无所求"等;广播电视节目套语如"精彩还在继续""广告很短,不要走开"等。人们常说的官话套话,则主要存在于某些媒体文章等场合,语例从略。

学校教育领域及家庭教育环境中,也有常见的套语。教师使用的套语,如"希望你能够更加刻苦学习,能够取得更好的成绩""希望你在新学期里取得更大进步"等;学生使用的套语,如"我会努力的""听了……受益匪浅,今后一定会勤学多思,努力取得更大进步""我不是您最出色的学生,您却是我最尊敬的老师"等;家长常用的套语,如"从小好好学习,长大才能有出息""不听老人言,吃亏在眼前"等。

依托于网络平台的新媒体套语,如"一图/文看懂""有图有真相""转发分享,感恩感德"等。

各行各业都存在套语,且各具特点,单独看体现套语的语域性,合起来则表明套语使用的普遍性。不仅如此,语言中还存在适用范围广泛、使用频率更高的问候套语、寒暄套语、祝福套语等,已深入日常语言生活,出现在大多数人的言语交际中。

2.2　典范性与刻板性

套语形成之初,大多形式精当,内容警譬,表达效果出色,体现出某种典范性。人们在适当场合照用或仿效,便于明示共识,"以简驭繁",利用简洁凝练的话语形式表现丰富内容,也符合语言的经济性原则。然而,套语被使用过多过滥,便逐渐失去新鲜感。作为听读者,总是反复听到、看到同样的话语形式,体验到的典范性就会减弱,心理感受甚至由欣赏逐渐转为厌倦乃至反感。由此,套语也就会体现出俗套性、刻板性。

比如"不要让孩子输在起跑线上",利用认知心理与隐喻思维形象说明人生中学习、发展、竞争的起点的关键性以及家长教育观念的重要性,形式简洁,表意晓畅,语效强烈,最初在众多激励话语中脱颖而出。后来当其被一些幼儿培训机构或幼教商品宣传频频用作营销话语后,话语新鲜度减弱,逐渐带有了套路性、刻板性的特征。

2.3 定型性与能产性

套语在不同程度上体现出定型性特征,形式与内容形成相对固定的匹配关系。人们在头脑中整体存储、整体提取使用,临时组合的特征弱化,几乎成为语言系统中现成的语汇。人们的语言运用中也常常发生解构行为,使定型性结构获得一定能产性。如果说语言成分的凝结更多是多种客观因素促成的,解构以及以此为手段的意义建构,则带有更强的主观能动性。

套语的定型性有强弱之分,在某些情境下整体高频复现的问候语、祝福语、寒暄语等具有情境套语的强定型性,而广泛仿效、填充的模板式话语形式体现模式套语的弱定型性。套语的定型性与能产性呈负相关,强定型性的情境套语,结构成分固定,内部关系不易改变,能产性弱;而弱定型性的模式套语,可在类比语境下保留框架模板,进行成分替换,具有一定能产性。

2.4 传承性与时代性

套语具有历史传承性,突出表现在定型性、稳定性较强的熟语(成语、惯用语、俗语、谚语等)、格言、警句等方面。如"见贤思齐""闻过则喜""小不忍则乱大谋""桃李满天下""一寸光阴一寸金""冰冻三尺,非一日之寒""三个臭皮匠顶个诸葛亮"之类,都是千百年传承下来的。套语的使用通常包含着对传统文化观念的认同传承,广泛流传的典范性套语常以"他人之言"衬托"言者之言",往往是以大众熟知、广泛接受的事理、情理概括为参照,进而提出新认识,提高受众对观点的接受度。

　　套语的产生、发展、消亡都与社会、文化背景紧密相关。满足社会需求的典范性话语形式，在高频使用后形成了具有时代特征的模式性话语。随着社会发展，一些套语逐渐不再能够适应社会生活需要，与社会生活不匹配或出现僵化陈旧等特点，则会被替代甚至消亡。进入新时代的社会生活中，则有一些流行语随着使用范围的扩大成为新的套语，由于形式简单，表意丰富，且满足人们交际的需要而被广泛使用。

2.5　互文性与仿效性

　　如果将文本的意义解读置于更大的话语背景下，引入文本间动态关系的观念，我们可以认识到套语使用涉及原话语层、套用层和当下文本层的交叉互动，文本之间形成了开放的网络，具有互文性，体现为当下话语与既有套用对象在情境、认识乃至情感、立场、风格上的关联，这一点在有明示标记的话语套用文本中体现尤为明显。[①]从言语成品的静态比照角度来看，对套语的使用是对言语行为的仿效、对话语模式的仿效，话语形式上体现突出的仿效性。

　　套语的互文性与仿效性密不可分，因认知语境的不同、篇章伴随话语不同及套语使用频度差异而凸显不同侧面。互文性关注的是互动关联、相互作用，仿效性强调的是后者对前者的仿照。在人们的语用实践中，感受、评价会受到身份、立场、语篇整体水准、语言鉴赏力和特定认知语境等因素影响。

　　综合来看，套语的语域性与普遍性主要体现其概念功能的实现范围；典范性与刻板性更多关乎人际功能；互文性与仿效性侧重在篇章功能，将套语看作是语篇单位，分析套语间的关联特征。定型性与能产性着眼于其结构属性；传承性与时代性着眼于其动态属性，从历时和共时角度，说明套语的演化过程和发展变化。

3. 套语化与去套语化

　　重视语言的动态性，充分认识套语的二重性，意味着我们不仅要探讨套语的属性，还必须研究另外两个问题：一是一种表达式是怎么成为套语的，二是一种套语在使用中逐渐浮现出负面性后人们是怎么弱化套语特征的。为此,我们有必要建立套语化、去套语化两个概念。

3.1 套语化及其动因、机制

我们把"套语化"概念定义为"一个语言组合形式受某些社会、语用因素的驱动,在一些场合或领域使用频率逐渐增高并被广泛仿效,成为趋于定型化或模式化的言语样式的过程"。这个过程由典范性引发,经互文效应助推,演化出定型性和传承性。

上文谈到,根据"整体习用性""模板袭用性"特征,套语分为情境套语和模式套语。根据言语交际的目的,言语交际可以区分信息交流情境、礼仪性情境。前者是非重复性的、传递具体信息的情境;后者则是重复性的、只需按惯例致意的情境。礼仪性情境下的问候、客套、祝愿话语乃至传统道德宣教话语,在民族文化及与其相应的生活方式下形成,属于日常高频交流的内容,随着代际传承,真值语义弱化,程式功能得以凸显,主要承载礼仪或礼貌功能。语言中的情境套语,是社会化过程中生活场景功能性分解而逐渐形成的;而模式套语的形成,其最初样例常常来自具有普适义的情理语句、国家机构/显要人物的典范性语句,或来自其他名人名言等。时代性套语的原型多源于社会重大变革以及由此形成的相关社会思潮。

无论是情境套语或是模式套语,都因人们对典范性言语样例高度认同或被动遵从而被普遍使用,满足了趋同心理和顺应心理。形式简洁、语体典雅、适用范围广泛的模式成为人们仿照的对象,先是反复照搬使用,继而会辗转仿用(格式不变、成分替换);在社会语言生活中,使用经验性、经典性、样板性话语,常常是人生经验、社会归属感、[2]语言能力、文化素养的体现。于是,这也就成为了整体认知、整体存取的套语形成的动因。

情境套语的形成机制受到语频效应的影响。高频使用促使结构的形-义关系固化,便于整体提取、识解。模式套语的形成机制,是最初经典的"例"(token)变为高频复现"型"(type),成为套语模因,而后成为仿照样本。在从"例"到"型"再到"例"的变化过程中,隐喻机制发挥重要作用。在历时材料和共时现象中,我们可以观察到,对言说者 A 的话语(作品)中首先发表的典范性语言样例,其他言说者 B、C、D、E……学用、套用时,由一个概念域用到另一个概念域,通常是基于相似性的关联(套用表达式与原表达式的结构一致,成分属性及其深层语义关系具有某种相似性),即隐喻认知在起作用。提取典范原话语的抽象框架义,便实现由"例"到"型"。基于深层语义逻辑的相似性关联,以"型"为参照,填充具体内容,又实现由"型"到"例"。同时,套用前人话语的过程,也建立了文本间的动态互动关系,在互文机制作用下引入了不同的交际主体,体现了套语使用的交互性功能。成功的隐喻、互文表达,进一步扩散,促使话语模式背后蕴含的认知图式得以激活,模式话语的格式义浮现,便进一步被广泛感知运用。当然,套语本身的结构特征也影响着使用范围,形式精巧、富于韵律感等特点的套语出现频率高,这也说明套语的形成与语言结构系统的特征密切相关。

综合而言,套语化机制,应包含隐喻机制、互文机制、语频效应、模因机制。

3.2　去套语化及其动因、机制

我们把"去套语化"概念定义为"在言语交际中广泛习用的模板性言语形式通过用语替换、结构改造逐渐弱化习用性的过程"。这个过程由对"刻板性""仿效性"的负面感受引发,经自主性语用意识强化,体现出语言系统自组织过程中对能产性和创造性的维护,也是语言资源充分利用、形成新的动态平衡的重要表现。

"去套语化"始于个体表达,其动因包含人们对语言僵化状况的不满和克服语用惯性、语用惰性的求新心理。由于套语过度使用会造成语义磨损,呈现真诚不足、言不由衷等状况,面对套语表现出的这种负面效应,人们会产生厌烦、反感心理。不愿墨守成规的言说者为了避免负面效应,创造积极的表达效果,就会对既有的套语进行变形性使用,包括对套语内部成分进行置换,对套语结构做出扩展、简缩或语序调整等。因为从情境性套语中定型性较强的成员到模式性套语中能产性较强的成员之间存在一个连续统,各种去套语化手段对不同套语适用性应不尽相同,值得进一步研究。

通过成分置换实现去套语化是人们常用的表达策略。例如:

(1) 祝学习进步! ➡祝学习快乐!

例(1)"祝学习进步"是几近定型的情境套语,有人改说"祝学习快乐"

则弱化了套语性,具有了新鲜感。

结构扩展或简缩的去套语化过程,并不改变已有的基本结构,而是在此基础上,添加新的语句成分或简缩为新的表达形式。成分扩展以实现语义新解为主,也有反其意而用之的。如:

(2)推动家长好好学习　孩子天天向上(中国新闻网 2020 年 9 月 8 日)

(3)有图未必有真相(《中国质量报》2016 年 12 月 7 日)

例(2)添加了话语主体,使套语"好好学习,天天向上"默认的同一主体发生改变,突破了人们对套语的常规认识,语义得到升华。例(3)针对新媒体套语"有图有真相"扩展成"有图未必有真相",不光是建立了文本间的互文性关联,还对套语蕴含的认知定势加以审辨,去套语化话语形式既有新意又有深意,实现了文本互动基础上的积极语义增值。

去套语化的形式简缩不改变原意,而是在表达方式上作出改变,使语用特征、语用效果有所调整。如:将"不管白猫黑猫,抓住耗子就是好猫"说成"抓住耗子是好猫",由复合句变成单句;"巧妇难为无米之炊"说成"巧妇难为",变成四字格;"画龙点睛"说成"点睛",成为双音节形式,更能适应简洁凝练风格的表达,也体现了一定程度的个性化。

语音手段在去套语化过程中有时也被使用,对成分的谐音替换,体现出对套语的改造。例如:

(4)《剩者为王·拜登传》(微信公众号"海边的西塞罗")

由"胜者为王"变为"剩者为王",不仅是谐音生趣,更有语义的再生。

调整语序的去套语化过程,是通过改变语序,调整已有的语义结构,增添话语表达的新意。例如:

(5)很高兴认识你!　➡认识你非常高兴!

例(5)"很高兴认识你"作为客套话使用频率高,语义的真值内容磨损,改说成"认识你非常高兴",改变语序兼有成分替换,在一定程度上去除了套语色彩,强化了真诚感。

针对特定套语模式的"去套语化",还有一种对模式准入成分的改变。例如:

(6)不想当老板的医生不是好老师。(央视主持人陈伟鸿说欧阳晨曦的三种身份)

例(6)是由"不想当将军的士兵不是好士兵"("不想当 N1 的 N2 不是好 N1"模式)变形而成("不想当 N1 的 N2 不是好 N3"),是明显的去套语化操作。

去套语化形成的"变形套语",存在可辨认及追踪的原套语形式,并在语义上构成直接关联,体现为基于相关性的转喻机制和基于互文性的创新机制。当"变形套语"的接受度提高,人们出于顺变心理,通过群体响应促成套语变异。依赖于时代环境、传播媒介以及使用群体等多个因素,体现为模因变异机制。在文化多元化、信息渠道多元化、话语主体多元化的新时代,受众自主选择意识增强,新鲜的有吸引力的表达形式更能够引人注意、受到欢迎。多重机制作用下,"去套语化"呈现出丰富多样的形式表现,意义识解需联系交际场景、背景知识等认知语境因素,信息处理相对复杂。从客观引述到主观评论、从袭用性的"原套语"到带有创造性的"变形套语",不仅反映了人们的语用心理,也是言语交际中"经济-创新"两股力量博弈的体现。

3.3　套语化、去套语化的语用效应

套语化、去套语化,往往被作为调控信息结构、进行信息包装的手段,前者多伴随背景化过程,后者多伴随前景化过程。套语化、去套语化,在信息结构调控过程中都体现言者主观性。套语化的主观性体现为认识的趋同性,而去套语化的主观性体现为认识的示异性。套语化以追求和原式的"同"为目的,无论是视角、情感还是认识都为了体现"同"。去套语化以追求和原式的"异"为目的,无论是视角、情感还是认识都是为了出新,体现与原话语之间的差异。某些套语化过程存在局部成分语义磨损,去套语化过程发生成分重组,也就是说,套语化、去套语化有时会伴随出现某些语言结构或成分语用属性、句法语义特征的变异。因此,一些语篇的话语立场分析、互动性分析乃至某些变异的分析,需要将套语化、去套语化考虑为观察、分析的因素。

套语既是动态的存在,也是系统的存在。在分析一种语言中的套语化、去套语化问题时,我们应该看到套语的系统性,这关乎话语形式背后的社会、文化、使用者等多种因素,也关乎套语在整个语言系统中的地位问题。一个社会特定阶段通行或长期存在的套语的系统性,直接体现为

套语的全民性和领域性,形成大小不同的子系统;每个语言社会因其历史及社会结构的影响而形成的套语系统通常是独具特色的,体现了社会文化对套语的影响,如人们常谈到的不同语言中的日常寒暄语便是各有特点的,社会治理话语也是各有特点的;不同语言社会在相同或相似的语境中所使用的套语往往有明显不同,不同语言中语义相近的套语形式的人际功能也并非简单对应(如致谢话语的功能差异)。

4. 结语

套语作为学术性概念,并没有明显的褒贬义。在人们的语言生活中,某些言语行为会涉及一些套语的不当使用,如果把不当使用的套语当作套语的典型代表,把套语的负面特征当作它的全部属性,就会形成对语言中套语性质、范围的片面理解。也就是说,观察对象的范围、对言语与语言是否做出区分,影响人们对套语性质的认知。因为套语具有动态性,具有丰富性,也就具有超出一般所知的复杂性。语言学研究应充分揭示套语的二重性,充分认识套语化与去套语化的并存,始终重视套语的动态系统性。

不同语言都存在着套语化、去套语化现象。比如人们比较熟悉的英文例证就有:莎士比亚戏剧《哈姆雷特》中主人公哈姆雷特那一句著名的独白"To be or not to be, that is a question.",其模式后来被运用于其他场合,如"To smoke or not to smoke, that is a question.";也可在"that is a question"小句添加否定语"not"实现去套语化,如职场激励语"To change or not to change, that is not a question." "To work or not to work, that is not a question."等。这说明,使用套语,以及进一步去套语化,在人类语言中具有共通性。有些影响力较大的名言被广泛传播后还可以在多种语言中均有套语化、去套语化表现。

套语系统反映该语言社会成员的集体语言意识。不同语言里套语系统的异同、套语的翻译理解等问题,都值得开展深入的研究。

以往中国学者的研究中,着眼于社会、文化因素分析套语问题较多,着眼于语言类型特征研究套语的系统,还缺乏丰富、系统的成果。未来的研究中,由特定语言社会的状况、语言类型特征出发来观察套语的系统性,由套语的动态系统入手来扩展分析一种语言发展的特点,都应该是有所作为的。

附 注

① 左乃文、陈一(2020)分析了明标性套用表达"套用 X 话(说)",是言者在与原话语/原话主对话的基础上,针对现有文本内容进行阐发,提示言者介入,明示交际意图。

② Fillmore(1979)认为,一些套话通常蕴含着一定言语群体共有的社会知识和语用知识,是日常交际中不可缺少的言语组成部分,有助于人们在适当的地方、适当的时候说适当的话,使交际得以顺利进行。

参考文献

阿莫西、皮埃罗 2003《俗套与套语——语言、语用及社会的理论研究》,丁小会译,天津人民出版社。

褚修伟 2008《程式性言语事件——人类基本生存方式的语用学研究》,广东外语外贸大学博士论文。

胡　适 1917 文学改良刍议,《新青年》第 2 卷第 5 期。

李美霞主编 2011《语言程式与语言使用》(第一辑),世界图书出版公司。

李美霞主编 2013《语言程式与语言使用》(第二辑),世界图书出版公司。

鲁　迅 1981 伪自由书透底,《鲁迅全集》第 5 卷,人民文学出版社。

钱冠连 2005《语言:人类最后的家园——人类基本生存状态的哲学与语言学研究》,商务印书馆。

温锁林 2003 当代"克隆语"初探,《山西大学学报(哲学社会科学版)》第 4 期。

周　荐 2008 "语模"造语浅说,《语文研究》第 1 期。

周震、丁文英 2006 浅谈套语在语言交际中的语用功能,《外语教育》第 6 期。

左乃文、陈一 2020 明标性套用表达的传信策略与交互功能,《世界汉语教学》第 2 期。

Charlene, P. 2012 *Topics in Formulaic Language. Annual Review of Applied Linguistics gg32.* Cambridge University Press.

Coulmas, F. 1994 "*Formulaic language*". *The Encyclopedia of Language and Linguistics.* Pergamon Press.

Fillmore，W. 1979 *Individual differences in second language acquisition*. Academic Press.

Jespersen，O. 1924 *The Philosophy of Grammar*. London Journal.

Wary，A. 2008 *Formulaic Language: Pushing the Boundaries*. Oxford University Press.

Wray，A. 2002 *Formulaic Language and the Lexicon*. Cambridge University Press.

（本文发表于《北方论丛》2023 年第 1 期）

论构式用变和构式演变[*]

厦门大学中文系　蔡淑美

北京语言大学语言科学院　施春宏

1. 构式用变和构式演变的内涵及其与构式化的关系

　　语言是在社会交际中动态发展的,交际群体、关系、场景等方面的变化投射到语言系统时会带来语言成分及其关系的显隐变化,而成分与关系的不断调节又必然使其在变异中发生交际价值的变化,语言调节和语言变异是语言存在的基本状态(施春宏 1999)。基于用法的研究路径对语言动态过程和机制的分析必然以调节和变异为基本立足点,通过考察语言使用中作为交际单位的成分及其关系的变化和方式来分析语言系统的发展过程。构式语法(construction grammar)是一种基于用法的研究路径。任何层级的形义配对体,只要其形式和意义之间具有规约化的相互依存性,都可视为构式(construction)。作为语言系统中交际的基本单位,构式在使用中不断调节关系、变动形式和转换功能。某个构式从无到有的浮现,构式特征从潜到显的强化或者由显到隐的隐退,形义关系的调整与变动,构式网络中节点与关系的波动等,都是语言系统调节和变异的基本表现,都可放在构式变化这个背景下来考察。

　　本文基于施春宏(1999、2006)对语言调节和语言变异及用变和演变的基本认识,采用"用变"和"演变"这两个相互区别又相互依存的概念,并结合构式及其系统的变化特点,将构式变化分为"构式用变"和"构式演变"两个阶段。构式用变(constructional change)指构式基于特定交际群体、关系、场

---

　　* 本研究得到国家社科基金重大项目"基于汉语特征的多元语法理论探索(多卷本)"(20&ZD297)的支持。

景等方面的变化而发生的形式或意义的变化,处于用变中的构式尚未定型为构式库中的具体构式。如程度副词"很、太"的规约性用法是用于"副＋形"("很快、太伟大"),但有的名词也可以临时出现在这个构式中形成特殊的构例(construct)("很中国、太泡沫"),这些现象在产生之初就是"副＋形"构式的用变。构式演变(constructional evolution)则指基于构式用变的反复进行而产生了形义匹配关系的规约化,并定型为构式库中的具体构式。如"很中国、太泡沫"等表达逐渐定型为一种特殊组合方式"副＋名"。从构式用变到构式演变的过程就是构式化(constructionalization)。本文的构式用变与构式演变虽与 Traugott 和 Trousdale(2013)中"构式的变化、构式化"概念有密切关联,但又有所区别。它们不仅能使相关概念更加明晰,也能有效分析构式变化的各种情形(如临时变用、构式衰退、构式消失等),而且体现了语言现象变"化"的两个阶段,更合乎"基于用法的模型",在实际操作时也比较方便。构式变化及其相关概念的关系如图 1 所示:

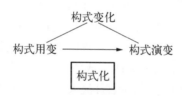

图 1　构式变化、构式用变与演变和构式化之间的关系

为了充分理解构式用变和演变的具体运用及其理论意义,下面先梳理不同类型构式的用变和演变表现及其特点,试图构建具有普遍性意义的用变和演变分析模式。在此基础上,我们从认知、调节和识解三个角度来系统阐释用变和演变的基本机制,对其系统性与层级性作出定位,重点考察它们发挥作用的阶段及其方式。本文尝试用构式用变和演变的新观念调整和改进目前基于具体构式个案研究的碎片化路径,试图建立构式变化研究的理论框架和层级体系,并进一步拓展其发展空间与研究路径。

2. 构式用变和演变的类型及特点

构式语法认为,虽然实体性知识和图式性知识的抽象程度不同,但都是构成语言知识的基本内容。这样一来,具体的语素、词、习语等实体性构式和抽象的图式性构式以及介于二者之间的半图式性构式等,都是构式的交际单位。下面便对不同类型构式的用变和演变表现及其特点做出阐释。

2.1　实体性构式的用变和演变

实体性构式是指语素、词、习语等由实体性构件组成的构式。这里选取结构相对复杂的习语构式来说明。以"七月流火"的形义变化过程为例(参引施春宏 2006)。

"七月流火"在《诗经·豳风·七月》中原本不是一个成语,"七月"指的是夏历七月,"火"指大火星,"流"指向西下行,原义指到了夏历七月,大火星向下西行,天气转凉。但现在人们将"七月"理解成公历七月,"流"指运行、流动,"火"指熊熊烈火,整体用来形容天气炎热,热浪滚滚。"七月流火"的表面形式并未改变,但构件之间的内部结构和语义关系(尤其是对"流"和"火"的理解)发生了变化。在这种借形赋义的用变过程中,每个构件(构式的组构成分)都得到了新的语义诠释并由此带来构体(构式的整体结构)义的变化。随着这样的新理解不断为人们所接受,"七月流火"由松散的句法表达逐渐定型为四字成语,而且被赋予了隐喻性的语义读解,组合性降低,形成了"[[F:[七月流火]$_{成语}$]←→[M:公历七月流动着熊熊烈火,天气炎热]]"这样的形义配对。后来人们又以此为基础类推出如"六月/八月流火、流火的七(7)/六/八月"等表达。构例的仿拟和构型的多样化促进了构式的固化和规约化的过程,同时带来了一定的能产性。

有的习语的用变和演变还牵涉特定语境中的组块性使用。下面以"真是(的)"的形义变化过程为例(参引郑娟曼 2012)。"真是(的)"来源于"真/是+NP",意思是"实在是,确实是","真"为评注性副词,"是"为判断动词,"是"带宾语 NP 时二者不在一个句法层次上。"真是"后的 NP 既可以是褒义的,如例(1a),也可以是贬义的,如例(1b)。当用在表贬抑的语境时,"真是"后的 NP 更容易省略,如例(1c),这是用变的开始。省略后面NP 的"真是"还可后加"的"表示肯定语气,如例(1d)(引自郑娟曼 2012):

(1) a. 四妈称赞道:"画得好,<u>真是</u>巧手!"

　　b. 某尝说,扬雄最无用,<u>真是</u>一腐儒。

c. 你口口声声说爱我，我要你陪我去看医生你都不肯，<u>你也真是</u>……

d. 这孩子，<u>真是（的）</u>！

由于省略形式很好地满足了言语交际的礼貌需要，这种用变形式与贬抑语境十分契合。随着用例的反复出现，省略形式和责怪含义之间的频繁关联就容易规约化，使得"真 adv＋［是 v＋NP］"在 NP 省略时逐渐凝固成具有语块（chunk）性质的习语"真是（的）"，形成了新的形义匹配关系"［［F：真是（的）］←→［M：责怪或负面评价］］"。

总体而言，实体性构式的用变要么通过对构件的重新分析来实现构体形义及其关系的用变，要么通过组块性的整体使用而带来构件成分及其关系的重新认识。由于完全由实体性构件填充，缺少新成员进入的空槽，能产性很低。只有少数像"七月流火"那样，在演变时形成半图式性构式，使得能产性有所增强。

2.2 半图式性构式的用变和演变

半图式性构式是部分由实体成分构成、部分由空槽组成的构式。实体成分具有词汇性意义，形成构式的固定支架，为常项构件；空槽需要被填充，具有一定的开放性，为变项构件。下面以近年来流行于网络的一类新"X 式 Y"为例。

张谊生（2002）对常规"X 式 Y"有过详细研究，这类格式既可描述事物的特征或方式，如"塔式吊车"，也可比况形状，如"鹰爪式的手掌"。本文调查的这类新"X 式 Y"与常规的有很大不同。较早出现的例子可能是"钓鱼式执法"。2009 年一位白领因好心捎了一位自称胃痛的路人，结果遭遇运管部门"倒钩"，此人被扣车、罚款，愤而起诉。执法本该光明正大，但却采取设置圈套的"钓鱼"方式来进行，显然有违其正义初衷。"钓鱼"不是执法应有的典型方式，而是一种反义比况。后来，这类"X 式 Y"呈辐射状扩散，按语义的不同大致分为以下四类：

（2）a. X_{反义比况}式 Y：丧偶式育儿、守寡式婚姻、插刀式问候、嘴炮式恋爱……

b. X_{相反}式 Y：造谣式辟谣、污染式环保、通胀式紧缩、盈利式亏损……

c. X_{标榜}式 Y：维修式拆除、保护式销毁、合约式宰客……

　　d. X_{不相干}式 Y：临时工式大火、休假式治疗、排遣式进食……

　　与常规相比，新"X 式 Y"的 X 都以背离或超乎常规的方式来描述或比况 Y。随着这类表达的不断涌现，组合性也远低于常规"X 式 Y"（常需联系特定事件来理解），可认为已经分化出一类新"X 式 Y"来，即"[[F：X式 Y]←→[M：X 以背离或超常的方式描述或比况 Y 的特征或状态]]"，其构式化进程如下：

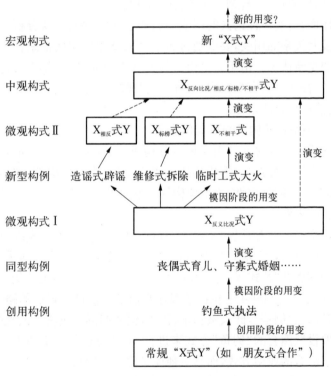

图 2　新"X 式 Y"的用变和演变过程

　　新"X 式 Y"的用变和演变具有鲜明的层阶性和交叠性。"钓鱼式执法"是常规"X 式 Y"在创造性使用过程中出现的创用构例，是用变的起点。以此例为模仿与复制的模因（meme）（何自然 2005），出现了同型构例"丧偶式育儿"等（本身也是创造性使用），带来了例率（token frequency）的增加。对同型构例进一步抽象就是微观构式Ⅰ"X$_{反义比况}$式 Y",以此型为模因,出现了"造谣式辟谣、维修式拆除"等新型构例,增加例率的同时,还带来型率(type frequency)的扩大。对这些新型构例的进一步抽象就是"X$_{相反}$式 Y""X$_{标榜}$式 Y""X$_{不相干}$式 Y"等微观构式Ⅱ。由于不同现象(类型)用变过程的非同步性,微观构式Ⅰ和微观构式Ⅱ进一步演变为中观构式的过程或步骤可能不同,但二者终将汇聚在一起并抽象为中观构式"X$_{反义比况/相反/标榜/不相干}$式 Y"(虚线箭头所示),进而可图式化为更高层的新"X 式 Y"。到了图式阶段也不意味着变化就此终止,未来也许还会发生新的用变或新的演变。

2.3　图式性构式的用变和演变

图式性构式没有固定的词汇性实体成分,要么完全由空槽构成,如双宾句"S+V+Obj1+Obj2",要么由标记抽象语法意义的功能性成分和空槽组成,如"被"字句"A 被 B+V+R"。下面以汉语中动句的形成和发展为例(参引蔡淑美 2015)。

中动句(middle construction)是指处在主动和被动之间的句子,主语是动词的受事,但动词却采用主动形式,整体用以评述主语的性质,如英语"The car drives fast"。汉语的"起来"句子如"这辆车开起来很快"由于展现了类似性质也被看成中动句。实际上,"起来"句只是其中的一个微观构式而已,汉语存在由多种句式通过内在语义关联而构成的中动句式群。下面仅以动词后带体貌标记的"NP+V+x+AP"(x 指"起来/来/着/上去"等标记,AP 主要为形容词性成分)这类构式为例。根据蔡淑美(2015)对这类构式的发展历程的梳理,我们将其构式化过程整理为图 3。

拿微观构式"起来"句的演变来说,它以连动结构"A(agent)+V+起来+AP"为用变的起点,在使用时出现了动词的受事作为话题的新型构例,如"你不知道俺哥哥的名儿,若俺说起来,唬你八跌",进一步抽象即为话题句"NP+A+V+起来+AP",侧重从施事 A 实施 V 时所呈现出的AP 特征对 NP 的性质进行评述。由于上下文中施事常可隐含而不影响理解,而话题又进一步发展为句法上的主语,就产生了新型构例"这手功夫说起来容易,做起来很难",进一步抽象就是"NP+V+起来+AP"。随着带"来/着/上去"等体貌成分的各种微观构式的发展,具有构式集意义

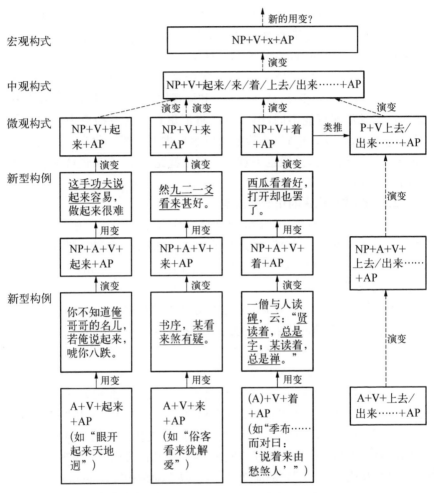

图3　汉语中动句"NP＋V＋x＋AP"的用变和演变过程

的中观构式"NP＋V＋起来/来/着/……＋AP"就浮现出来。其中有的可能是在中动句构型成熟之后由类推而产生的(形成较晚,且连动结构、话题句阶段的相关用例非常少),如"NP＋V＋上去＋AP"。当中观构式作为框架的作用越来越明显和巩固时,"NP＋V＋x＋AP"作为一种抽象的宏观图式也得以浮现。

从三种不同类型构式的用变和演变过程可以发现,演变的关键在于是否经历模因阶段,模因阶段是必经之路,也是必要条件。半图式性构式和图式性构式的模因过程十分明显,无需多言。实体性式的演变其实也有"模因"阶段,只不过它是以自身为模因,复制自身,构例与构式同形。假如没有任何形式的模因,那就只是一次性、临时性使用的语例(instance)而非构例,是不会发展为演变的。

以上都是用变反复进行最后实现为演变的情形。除此之外,构式用变还包括临时变用、构式衰退和构式消失等几种情况。临时变用就是临时的或一次性的变化,如"胡忠铭盯着手机屏幕上浅淡的三行小字,脸上露出徐一帆谓之便秘脸的思索表情"(刘梦琳《朋友圈》,《小说月报(原创版)》2021 年第 3 期),"便秘脸"是指人在便秘时脸部所呈现出来的表情,它既不是对"红脸、黑脸、花脸、鬼脸"等"X 脸"的仿拟,也不具备规约化特征,只是两个成分的临时组合,属于非构式的语例。构式衰退是指受到自身发展或其他构式的影响而出现的使用范围缩小或成员衰减,如唐代以前"将"的使用比"把"更为普遍,率先语法化为处置式标记。在最初的四五百年里,"将"字句占绝对优势,但"把"字句后来居上,元明时期赶上并超过"将"字句,在 19 世纪和 20 世纪之交把"将"字句挤到书面语中,使其范围大为缩小(石毓智 2006:113 - 134)。构式消失是指构式曾被使用过但后来消失了。如在汉语动结式的演变过程中,魏晋南北朝时曾出现了隔开式"VOC",如"女乃呼婢云:'唤江郎觉'"(《世说新语·假谲》)。后来动词和补语融合,受事放在补语之后形成"VCO",如"三翁唤觉知远"(《刘知远诸宫调》)。宋代以后隔开式逐渐衰退,在现代汉语普通话中基本消失(石毓智、李讷 2001)。语言有新生有消亡,有生长有衰退,有显有隐,这是任何现象发展和变化的常态。

3. 构式用变和演变的机制

学界对构式用变和演变的运作机制已有不少归纳,如隐喻、转喻、类推、泛化、构式压制、重新分析(reanalysis)、新分析(neo-analysis)等。不过,对于这些机制在构式用变和演变中扮演的角色、发挥作用的阶段和特点等问题,仍未见多少探讨。要重新定位构式用变和演变的机制,还得将构式放在语言交际中去看。下面从认知、调节和识解这三个角度来重新认识学界已提及的主要机制。

3.1 认知机制

隐喻(metaphor)和转喻(metonymy)作为人类对世界进行概念化和范畴化的基本认知方式,对构式变化起着重要作用。

以新"X 式 Y"为例,它的生成机制既有隐喻,也有转喻,有的还是隐喻和转喻互动。先来看隐喻。我们认为,"钓鱼式执法"这类"X$_{反义比况}$式Y"是在常规"X 式 Y"的基础上通过隐喻而产生的。参照施春宏(2003)关于比喻义的生成基础及理解策略,常项"式"确定了整个构式的描述性语义框架(Descriptive Frame,简作"D")为"描述或比况",如"朋友式合作"是说像朋友那样互相帮助、友好合作。新"X$_{反义比况}$式 Y"保持了这个框架但调变了其中的变项 X 与 Y,X 是 Y 认知上的反义情形,如"钓鱼"和"执法"等。常项的语义框架没变,但作为变项的 X 和 Y 在不同对象或场景中有所游移,隐喻的本质正是如此:

(3) D(朋友,合作) ➡ D′(钓鱼,执法)

➡ D′(丧偶,育儿)

‥‥‥‥

随着 X、Y 及其关系与场景的调变,语义框架也发生了调适性变化,从 D 的常规比况变为 D′的超常比况,即 D(X1,Y1)→ D′(Xn,Yn)。另外,这里的 X"钓鱼、丧偶"本身也是隐喻,隐喻套隐喻,在双重隐喻的超常关联中揭示出当今社会怪象。

新"X 式 Y"的其他类型则多是通过转喻生成的。转喻的实质就是在某个特定范围或事件框架下通过凸显某个方面来实现变化。如"临时工式大火"中的"临时工"转喻的是述谓性事件"(警方认定)临时工因操作不当引发大火"。围绕火灾事件有众多角色(如肇事者、受害者、相关责任部门)或方面(如起火原因、过程、结果等)可供选择,但网友却凸显了与火灾关联度很低的"临时工",这与人们对于火灾原因的一般认识(如企业、负责人、施工、监理、消防等应负主要责任)相距甚远,由此产生了特殊的反讽效果。

隐喻和转喻机制常常互相作用,如"休假式治疗"转喻的是 2012 年某副市长被免除公职并失去人身自由这一事件,但转喻里又含有隐喻,"休假"隐喻被免公职后的状态(就像休假一样),而"治疗"则隐喻犯错误需要接受管控(就像生病要接受治疗一样)。隐喻和转喻的交叠,正是构式用变与演变之间的互动。

3.2 调节机制

构式变化的调节方式和手段是多样化的。我们既可以从同一个构式本身内部成分及其关系的调整来考察用变和演变,也可以从不同构式的竞争来分析其时空变化。

构式用变在出现之初往往是异于常规的特殊表达,面对错配现象、异常现象,构式会采取什么样的调适机制来化解冲突并实现某种和谐,便可作为管窥构式用变和演变的便捷窗口。构式压制(construction coercion)便是构式变化的调节机制之一。压制并非只指构式自上而下对成分进行调适,而是使构式和词项两相契合,"招聘"和"求职"是两相契合的合力机制,"招聘"提出入职条件,起主导作用,而"求职"展示构件潜能,起主体作用(施春宏 2014)。以新"被"字式的产生为例(参引施春宏 2013)。常规"被"字式的关键语义特征为"受到……影响",相关成分要进入其中,需满足招聘条件"产生……影响"。一般及物动词(如"打、骂")或述补结构(如"打死")无需压制就能进入其中,但不及物动词(如"自杀")、形容词(如"幸福")、名词(如"爱心")甚或其他成分(如"67%")想要进入就非得经过压制不可。根据施春宏(2013)的研究,新"被"字式中的"～X～"是相关内容的浓缩表达,实际转喻了一个施为事件,而施为事件又代指了更为复杂的操控事件。如"被自杀","自杀"代指施为事件"(某人)突然死亡",而"(某人)突然死亡"又代指了操控事件"[有关部门说/认定](某人突然死亡)是自杀"。由于操控事件中的谓词(如"说、认定")隐而不显,而施为事件中的某个语义内容 X 通过逐层转喻后获得了代指操控事件的能力,由此符合了"产生……影响"的招聘条件。当偶然但成功出现了"被自杀",用变就开始了。随着构式压制的不断成功,不同性质的 X 进入后带来了例率和型率的变化,最终实现了演变。

构式调节还包括不同构式之间存在竞争性调适即构式竞争。以近义类词缀"界"和"坛"为例（参引施春宏 2002）。"界"和"坛"都能跟在表行业、领域或社会集群之类的成分之后，二者既有竞争又有磨合，空位与占位表现十分明显。如一般先出现"～界"，有合适简称就过渡到"～坛"（如"政界～政坛"），否则形成空位，像"新闻界"就没有相应的"新坛"或"闻坛"。如果某个词先占了位置，就可能会抑制其他词语的显现，如"体坛"指体育界，体育界的足球界、篮球界、田径界分别有"足坛、篮坛、田坛"这样的表达形式，然而体操界一直没有"体坛"的形式，这是因为作为上位概念的"体坛"（体育界）先占位，抑制了作为下位概念的体操界转化为"体坛"，从而形成空位。空位和占位是相互竞争、磨合与调适的，其本质是形式和意义相互调节的结果。

不管是压制，还是竞争与磨合，都使得构式的变化既调适了系统演变的方向性，又彰显了个体消长显隐的生命力。

3.3 识解机制

认知机制和调节机制均是从说话者输出语言、在线生成语言表达的角度来看构式变化的。而识解机制则是从听话人的角度来看构式变化的。像重新分析、新分析、语用推理等，都是人们在理解语言表达时对原有结构或关系进行重新切分、推理或构建的机制。这里重点阐释新分析这一机制。

新分析和重新分析都是指对原有结构做出不同的分析或理解，但重新分析侧重于对线性组合的边界与内在关系等做出重新组织以及对规则演变的说明，而新分析则不局限于此，哪怕是构式用变过程中发生的任何微小变化，都可以用新分析来概括（Traugott ＆ Trousdale 2013：35）。以"七月流火"的新分析为例。前面已经提到，"七月流火"本不是成语，而是有着特定意义的古语表达，它的初显语境是夏历七月，内部结构关系为"火（大火星）＋流（向西下行）"。然而现代人们熟知的是，公历七月是一年中最热的月份，"流火"也被新分析成"流（流动）＋火（熊熊烈火）"，这与公历七月的特征很契合，且生动形象。在这种离线（off-line）的新分析中，人们并不关心"七月流火"的原义，而是在现实基础上重构语境、重构成分与成分之间的关系，借用原来的旧瓶子（词形不变）装上了满足现实表达需要的新酒（赋予了新的含义和特征）。如果没有新分析，"七月流火"连用变的可能都没有,更不用说演变了。

新分析往往会促进语言要素尤其是关系的变化,从而引发构式新特征的出现;如果这种结构体还能凝固下来并规约化,就会带动新构式的出现。语言使用者也许并未意识到自己的表达有歧解的可能,但语言接受者的离线新分析却开辟了另一番天地。当然,新分析也是有条件的,它是在原有结构的基础上对表达中的某些方面进行调节或重构,比如语境,或成分,或成分之间的关系,在基于使用的规约化过程中实现演变,推动着语言滚滚向前。

3.4　构式变化机制发挥作用的阶段性

同一种语言现象可能涉及两种或两种以上的机制,不同的机制在构式用变和演变过程中所发挥的作用显然有差别。我们认为,隐喻、类推、泛化等机制更容易促进构式新特征的强化,转喻、新分析等则更容易促使新构式的浮现,而"招聘"和"求职"则贯穿于用变和演变的整个过程中。

隐喻、类推和泛化都是基于结构关系的场景重构,基本的结构关系不变,具体场景或场景中的元素发生了变化,因此它们跟用变的联系更为紧密些。如新"X 式 Y"中"钓鱼式执法、丧偶式育儿"等,都是在"比况"关系下对不同场景、不同对象的包装,只要基本关系保持不变,那些不同但相似的认知域之间就可以建立关联,新的成分在一定条件下就能进入构式之中形成新构例,从而带来形式或意义方面的用变。隐喻、类推、泛化的结果就是形成具有原型范畴特征的集合,当这些构例的相似性被提取和抽象出来,就容易在人们的大脑里形成范畴,连成知识网络。

不过,仅依靠适应性调节而逐渐积累的新异特征还不足以形成跳跃性演进,要实现构式的演变,本质上是由转喻或新分析等机制驱动的,它们在构式演变阶段所发挥的作用更为基本。如转喻的根本机制就是在特定关系架构中凸显概念结构/语义结构中的某个有代表性的成分。新"被"字式跟常规"被"字句在表达"蒙受"义上并没有根本差别,所不同的是它在"蒙受"框架中借助了双重转喻机制,通过凸显 X 并隐含其他成分而呈现出"不合常规"的一面。没有转喻,X 不可能进入其中,谈不上演变。当然,用变和演变并非简单的量变和质变关系。创用阶段的用变也是一种新创式质变,如"钓鱼式执法"作为创用构例刚出现时,其形义关系与常规"X式Y"有着质的区别,只是还没有固化而已。模因阶段的用变,其"创造性"(质变)与新创式用变有所差别。模因阶段的用变通过模"例"或模"型"产生,既有量变(如同型构例的增多),也有质变(如新型构例的出现)。量变与质变,相互交融,螺旋式向前演进。

用变和演变并不能截然分开,贯穿于整个构式变化始终的是调节机制"招聘"和"求职"。"招聘"和"求职"既是用变阶段隐喻、泛化的扩展基础,也是演变阶段转喻、新分析的实现途径。"被+X"对X提出了[产生……影响]这样的"招聘"条件。通过多重转喻,不同的X都具备了代指蒙受事件的特征,符合了基本的"入职"要求,从而实现了基于隐喻、泛化机制的用例扩展。另一方面,随着"招聘"和"求职"的不断进行,新"被+X"在人们头脑中规约化为新的知识节点。没有"招聘"和"求职"这样的调节行为,变化无从谈起。

不同的机制在构式变化的不同阶段既发挥着不同的作用,而有时又交叠在一起,多种机制互动互进,共同奏响了构式变化和运动的交响曲。

4. 余论

本文结合目前丰富的构式研究成果,从形式和意义及其关系方面入手研究构式及其系统的发展变化。文章首先阐释了构式用变和构式演变的基本内涵,然后梳理了不同类型的构式在用变和演变过程中的表现及特点,在此基础上重新整合了构式用变和演变的各种机制,分析了它们起作用的阶段与特点,以此强化构式变化分析中的可操作性。我们认为未来用变和演变研究可从以下几个方面来进行:

一是重视构式形义匹配和适配的互动过程。用变和演变是基于形义互动关系来研究构式及其系统的发展变化的,可从不同构件之间、构体和构件之间、构式与构式之间的互动来探索形式和意义如何匹配、适配的演进过程,以及在演变过程中构式及其形义特征的浮现情况。

二是将用变和演变放到构式网络中去考察其形义特征及其变化路径。除了研究单个构式从构例到构式的构式化路径,还应将不同构式放在构式群或构式家族中去考察它们的联结方式和网络格局,做出跨构式的概括。

　　三是将语法构式和修辞构式结合起来考察。不仅要重视因反复使用规约化而成的语法构式,也要关注由临时用法、修辞用法演变而来的修辞构式,注重探索它们的联系纽带和变化机制。

　　四是重视特殊现象、边缘现象的价值。用变和演变的结果往往产生典型与特殊、核心与边缘的区别,互动在特殊和边缘之处常常更活跃。只有将边缘现象、特殊范畴放在特定系统中做出有层次的精细分析,揭示出它们在多重界面特征互动作用下所形成的约束条件,才能将相关研究推向深入。

参考文献

蔡淑美 2015 汉语中动句的语法化历程和演变机制,《语言教学与研究》第 4 期。

何自然 2005 语言中的模因,《语言科学》第 6 期。

施春宏 1999 语言调节与语言变异(上)(下),《语文建设》第 4、5 期。

施春宏 2002 说"界"和"坛",《汉语学习》第 1 期。

施春宏 2003 比喻义的生成基础及理解策略,《语文研究》第 4 期。

施春宏 2006 关于成语用变和演变的思考——从几则成语的现实使用谈起,《汉语学习》第 6 期。

施春宏 2013 新"被"字式的生成机制、语义理解及其语用效应,《当代修辞学》第 1 期。

施春宏 2014 "招聘"和"求职":构式压制中双向互动的合力机制,《当代修辞学》第 2 期。

石毓智 2006《语法化的动因与机制》,北京大学出版社。

石毓智、李讷 2001《汉语语法化的历程——形态句法发展的动因和机制》,北京大学出版社。

张谊生 2002 说"X 式"——兼论汉语词汇的语法化过程,《上海师范大学学报(哲学社会科学版)》第 3 期。

郑娟曼 2012 从贬抑性习语构式看构式化的机制——以"真是(的)"与"整个一个 X"为例,《世界汉语教学》第 4 期。

Traugott, Elizabeth C. & Graeme Trousdale 2013 *Constructionalization and Constructional Changes*. Oxford University Press.

(本文发表于《当代修辞学》2022 年第 2 期)

词法构式"X手"的生成
过程与生成机制
——兼论词法构式网络中的空位和占位[*]

江苏师范大学文学院　颜　刚

1. 引言

　　类词缀处在词根和词缀的中间状态,其组合形式多样,语义内容复杂,尤其是在构词能力上有其独特的能产性,因而一直广受学界关注。根据构式语法理论,构式是规约化的形式与意义/功能的配对体,一切形义规约化配对的语言单位均可视为构式(Goldberg 1995、2006;施春宏2016b)。我们这里将由类词缀构成的结构体称为词法构式(morphological construction),这是一种半实体半图式的词法模式(下文简作半图式词法构式)。从构式语法角度来看词法,词法模式和句法模式一样,都属于构式,用词法图式代替了传统的词法规则(Booij 2010、2013)。词法结构是在一定数量的形式与意义/功能匹配体中逐渐概括和抽象而来的图式性或半图式性构式,并能通过在空槽(可填空部分)填充实体成分而生成新的词语。在词法构式中,底层是实体性词汇,在底层之上是具有一定抽象程度的图式性词汇构式(Traugott & Trousdale 2013:165),如"高手""旗手"等是实体性词汇构式,而"X手"是抽象的图式性词汇构式,即我们这里要讨论的词法构式。

　　对此类由类词缀构成的特殊词法现象,学界已进行了较为丰富的探讨(李宇明 1999;张谊生 2002;于秒 2009;宋作艳 2010、2015;曾立英

---

　　* 本项研究得到国家社科基金重大项目"基于汉语特征的多元语法理论探索(多卷本)"(20&ZD297)的支持,谨此致谢。

2010;张未然 2015;董秀芳 2016 等)。如果进一步从构式语法的研究路径出发,前人研究路径还有进一步发展的空间,尤其是"X手"类半图式词法构式形义匹配机制及词法构式实例化过程中所受到的限制。构式语法研究不仅将语言单位看成是形式意义匹配体,更应该强调构件成分之间和构件成分与构体之间的互动关系[①](施春宏 2016a)。从目前的研究来看,学界已经开始关注从构式语法视角来研究汉语相关词法问题(刘玉梅 2010;Arcodia 2011;孟凯 2016;杨黎黎 2017;宋作艳 2019、2022 等)。

基于此,本文从互动构式语法(interactive construction grammar)研究路径[②]出发来具体探讨"X手"[③]词法构式的生成过程与生成机制,并借此探讨构式实例化在构式网络系统中所受到的限制条件。

2. "X手"子构式类型及其图式层级系统

2.1 "X手"子构式类型

从整体语义上来看,构式"X手"既可指人,也可指物,据此可以将其区分为"X手指人"和"X手指物"两种子构式,每类子构式还有更具体的下位子构式,下位子构式与实体构词直接相连。

2.1.1 子构式"X手指人"

根据能够填入子构式"X手指人"中变项 X 的范畴类型差异,主要可以将其分为"N手""V手""VN手""NV手""A手"五种更为下位的子构式。

从变项"N"音节的数量上看,"N"可以是单音节、双音节和少量的多音节形式。例如:

(1)又过了片刻,一队**旗手**出现了。(刘斯奋《白门柳》)

(2)那二十名**弓箭手**可慌了,东张西望,发现不了人影儿,不能无的放矢呀!(李文澄《努尔哈赤》)

(3)柏慧上了父亲的地质学院,而那个童年伙伴却提前一年到了市歌舞剧院,成了"第一**小提琴手**"。(张炜《你在高原》)

上面三例中的"X手"分别由"旗""弓箭""小提琴"与"手"组合,表达"在行列前打旗子""射箭"和"拉小提琴"事件中的施事。基于构式的形义组配关系,可以将其形式化表征为:

[[F：N＋手]N←→[M：进行与 N 有关的行为活动中的人,且有的活动具有一定技艺性]]N④

从变项"V"的音节数量特征看,有单音节和双音节两种形式表现。例如:

(4) 旁边坐着一个三十来岁的妇人,叫杨四奶奶,乃是曹太太的<u>帮手</u>。(张恨水《春明外史》)

(5) 两个<u>射击手</u>,一个丧了命,一个给张华峰和马步生擒住,作了俘虏。(吴强《红日》)

"帮手""射击手"分别表示"帮助他人的人"和"射击的人"。基于构式的形义匹配关系,可以将其表示为:

[[F：V＋手]N←→[M：进行 V 活动的人,有的活动具有一定技艺性]]N

当变项由 VN、NV 结构填充时,"VN 手"和"NV 手"表示进行"VN"事件的施事。例如:

(6) 骆雨第一次参加升旗仪式,就自告奋勇地要当<u>升旗手</u>。(刘醒龙《天行者》)

(7) 这条狗的模样就像一张人脸让<u>拳击手</u>迎面搡了一拳,什么模样,你自己去想象吧!(莫言《会唱歌的墙》)

例(6)和例(7)分别由"升旗""拳击"与"手"组合形成表示"升旗"和"击拳"中"升旗的人"和"击拳的人"。基于构式的形义匹配关系,可以将其表示为:

[[F：VN/NV＋手]N←→[M：进行 VN 活动的人,有的活动具有一定技艺性]]N

子构式"A 手"中的"A"一般为单音节形容词,且生成的"A 手"有些是意义相对或相反的,如"老手"表示对某一种事件的操作过程很熟悉;"新手"表示对某一种事件的操作过程很陌生。除了"老手""新手"外,还有"高手""低手""好手""臭手""熊手"等具有相反或相对意义的词语。基于构式的形义匹配关系,可以将其表示为:

[[F：A＋手]N←→[M：在某种行为活动中表现出 A 状态特点的人]]N

在表人的词法构式"X手"中,有时还存在递归现象,如"红旗手""能手"等词语,可以在此基础上进一步生成"三八红旗手""金融红旗手""生产能手""抓鱼能手""推销能手"等多音节复合词。这是因为"红旗手""能手"等表示在某些领域具有先进带头作用特征或具有某项技能的人,因此在语言的使用中,可以在词语前加上具体的领域或技能性的修饰成分构成较为复杂的合成词。

2.1.2　子构式"X手指物"

根据能填入子构式"X手指物"中变项 X 的范畴类型差异,有"V 手"这样一种更为下位的子构式,其中动词"V"可以是单音节动词,动作行为需借助肢体"手"来完成。从生成词库理论来看,其中的"V"表达"手"的功用角色(telic role),如"扶手""靠手""抓手"表示用来"扶""靠""抓"的事物,释义都包含"用……""供……"义,"扳手""拉手"等还具有工具性特征。例如:

(8) 终于,他把椅子的<u>扶手</u>一拍,果断地说:"此议甚好! 事不宜迟,我这就让他们派出差役。"(刘斯奋《白门柳》)

(9) 他手放在<u>靠手</u>上,过会儿把它移到自己腿上,两秒钟之后又把两手在胸脯前叉着。(张天翼《包氏父子》)

基于构式的形义匹配关系,可以将其表示为:

[[F: V+手]N←→[M: 用来实现 V 功用的事物或部件]]N

随着自动化领域的发展,在"X手指物"子构式中还逐渐发展形成"N手指物",如"机械手""机器手",以及"V 双手指物",如"注塑手""冲压手"等。这类词语主要都和器械、自动化机器等领域有关,如"机械手"在《现代汉语词典》(第 7 版第 600 页)的释义为"能代替人手做某些动作的机械装置,种类很多"。而"注塑手""冲压手""吸盘手""压铸手"则是"机械手"下位的具体分类,其中的"注塑""冲压""吸盘""压铸"等都是表示机械手的具体功能。

2.2　"X手"构式的图式层级系统

由以上对词法构式"X手"的分析可知,"X手"构式的抽象化程度不同,存在多种不同层级的形式和意义匹配体。相对于上位更为宏观的"X手","X手指人"和"X手指物"这两个构式是从"X手"的整体语义分出来的子构式,而这个层级的子构式还可以根据"X"的句法功能进一步分出下位的子构式。为了说明的方便,我们将这两层自下而上的子构式分别称作中观构式Ⅰ和中观构式Ⅱ,⑤并将由"X手"形成的实体构式(即规约化的具体词项)称作微观构式。⑥从图式层级系统可知,节点位置越高,抽象程度越强,语义越广泛。宏观构式"X手"表示"X事件中的施事或用来X的器物、工具",下层分为"X手指人"和"X手指物"两种子构式,如图1所示:⑦

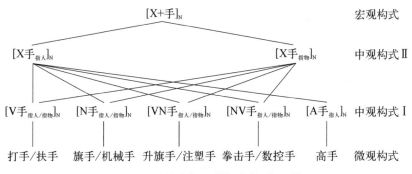

图1 词法构式"X手"的图式层级系统

对此,下一小节主要基于"X手"构式的图式层级网络系统,从构件和构体及其之间的互动关系来分析"X手"构式不同子构式类型的生成过程。

3. "X手"构式的生成过程

作为构式,既包括"构"(作为具有内部层级关系的结构体而存在的语言单位或成分),更包括"式"(作为形式和意义/功能配对而存在的语言单位或成分)(施春宏2011)。"X手"构式图式层级系统因事件结构中不同成分凸显度的调节而生成多种形义匹配体,在形义匹配的概括化过程中,"X手"构式的非组构性特征逐渐浮现出来。

一个词语的意义就是一个由若干组合因素构成的特定认知模式(施春宏2002b),一个结构体也是如此。我们可以根据构式义确定"X手"构式内部的事件结构,并通过分析事件要素和构式之间的形义匹配关系,尝试构建出"X手"构式的生成过程。我们先来看"X手"构式的释义情况，大部分释义内容来自《现代汉语词典》(第7版)。

A式　杀手：刺杀人的人。

　　　射击手：善于射击的人。

B式　吹鼓手：旧式婚礼或丧礼中吹奏乐器的人。

　　　拳击手：用双拳进击和防卫的人。

C式　舵手：掌舵的人。

　　　鼓手：乐队中打鼓的人。

D式　高手：技能特别高明的人。

　　　好手：精于某种技艺的人，能力特别强的人。

E式　扶手：能让手扶住的东西(如栏杆顶上的横木)。

　　　注塑手：能代替人手来做注塑工作的机械装置。

A式、B式、C式、D式和E式中都或隐或显地表达了一种具体的事件。基于此，我们可以将"X手"构式中存在着的事件笼统概括为"操作事件"，其中，常项"手"制约着事件的基本类型，构式形成之初的事件类型和"手"直接相关，如"持拿"类操作事件(如"枪手""升旗手")，这是原型范畴事件，随着微观构式的增多，逐渐抽象出图式结构"X手"。一旦形成了图式结构，大量的微观构例就可以根据图式直接生成。随着"X手"图式的发展，构词图式用作新内容性构式产生的一个促发集合，发生了扩展(Traugott & Trousdale 2013：165)，逐渐发展出"运动"类操作事件(如"车手""自行车手")、"话语"类操作事件(如"辩手""聊手")等，使"X手"构式的能产性逐渐提高。这些操作事件由共同的事件要素组成一个背景性结构体，我们可以用形式化的手段将其表示出来：

"X手"构式内部事件结构：[[NP1 ＋ V ＋ NP2][ANP1 ＋ V ＋ NP2]][8]

事件结构的内部是个异质(heterogeneous)体，一个事件我们可以从不同的角度去观察，既可以整体考察事件结构，也可以凸显事件结构中的某个语义成分，进而可以形成不同的词法构造。其中NP1表示事件结构中的施事性角色，V表示事件结构中的动作行为要素，NP2表示事件结构中的受事性角色，从这一层级上投射到词法结构中来的事件可以看作

"显性事件",如"球手""歌手"中的"球""歌"都可以激活动作行为"打""唱",与"手"构成一个形义匹配单位。"X手"构式事件结构还存在另外一层,在这一层结构中,A表示施事在操作事件中所处的一种动作状态,可以看成一种高阶谓词。从这一层级中投射到词法结构中来的事件可以看作"隐性事件",如"高手""好手""新手"等。

基于上文对"X手"构式的分析,可以将"X手"构式的生成过程描述如下:

存在着一种操作类事件,事件中主要包含事件的施事成分NP1,动作行为成分V,事件的受事成分NP2,以及事件状态成分A。在词法构式的生成过程中,从事件结构中提取某一事件要素(也可以是两个事件要素)进入"X手"表层,如图2所示。

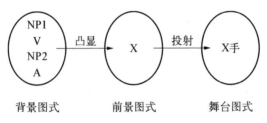

图2 "X手"构式生成过程

前一个图式表示事件结构中的所有可能存在的要素,中间图式是事件中凸显的事件要素,处于前景位置,凸显的要素成分能够转指或激活事件义,其他非凸显成分处于背景位置,最后一个舞台图式⑨表示最终构成的词法构式。

按照构式生成的逻辑来看,事件结构中的每一个成分都可以在转喻机制的作用下投射到词法结构表层,生成与之对应的词法构式。如果是一个事件要素的投射,存在四种可能性(如"NP1手""V手""NP2手""A手"),如果是两个事件要素组合的投射,存在六种可能性(如"NP1V手""VNP1手""NP1NP2手""NP2NP1手""VNP2手""NP2V手")。⑩但是在从底层到表层的投射过程,有些可能性往往会受到句法、语义、韵律等因素影响而无法转换成为现实。如构件"手"本身实现了部分转指整体

"NP1",因而无法生成带有 NP1 成分的构式(如"NP1 手""NP1V 手""VNP1 手""NP1NP2 手""NP2NP1 手")。

从构式生成的现实性来看,词法构式"X 手"存在以下四种生成的路径:

(ⅰ)当提取的成分是动作行为 V 时,与"手"组配,构成"V 手指人""V 手指物"构式(如"帮手""射击手""提手""冲压手")。

(ⅱ)当提取的成分是 NP2 时,与"手"组配,构成"NP2 手"构式(如"旗手""球手");

(ⅲ)当提取的成分是动作行为 V 和 NP2 时,与"手"组配,构成"VNP2 手""NP2V 手"构式(如"升旗手""拳击手""注塑手""数控手");

(ⅳ)当提取的成分是对事件活动状态 A 时,与"手"组配,构成"A 手"构式(如"高手""生手")。

"X 手"构式生成的过程中,我们还需要注意以下几点:

第一,当"V 手指物"中的"V"为单音节动词,如"扶手""抓手""拉手",这些单音节动词的口语性较强。"V 手指物"是通过"V 手"事件来转指工具性的事物,如"抓手"通过抓手事件转指用来抓的事物,其中的"V"需具有较强的动作性。如李临定(1990)指出,"单音节动词大多是表示具体动作的动词,双音节动词大多是表示抽象行为的动词。"具体动作的动词动作强,动作性强的单音节动词在事件结构更易于凸显"手"的功用义,如此才能生成合法的"X 手指物"构式。例如"扶手""抓手""拉手"中的动词"扶""抓""拉"等都表示"手"的功用性。随着自动机械化领域的发展,出现了"V 双手指物"(冲压手、注塑手)形式,这些动词大都表示机器的功用,代替人工的具体操作性的动作行为,从"V 单手指物"到"V 双手指物",其中的"V"都表示一种"功用义",是子构式"V 手指物"进一步发展的结果。

第二,在"N 手"构式也还有一些较为特殊的词语,如"水手""国手""黄油手"等。从上文的"X 手"构式内部的事件结构来看,"水手""国手""黄油手"中的"水""国""黄油"似乎都不是事件结构内部的成分,但是深入分析后,可以发现它们其实都和事件结构中的成分有关,可以看成是事件结构成分的一种关联性成分,如"水手"中的"水"和"驾船事件"密切相关,船只有在水上才可以航行。而"国手"中的"国"表达事件的范围。"黄油手"表示"对经常扑球失误的足球守门员的戏称",在构式中凸显的是"黄油"的"光滑"这一描述性语义特征,这种语义特征和守门员守不住球门这一场景相契合。从这些例子,可以看出"N手"构式具有极高的能产性,一些能够凸显某一种描述性语义特征的名词都可以进入到构式中。

总之,每个词法构式都具有结构性,对任何结构的生成都要还原到构成成分及其之间的关系上。特定的构成成分是如何进入到构式中,若干构成成分是如何形成规约化的形义匹配的词法构式,这些都需要从语言结构本身入手。

4. "X手"构式的生成机制

4.1 转喻机制

人类语言本质上是一种转喻性符号系统(袁毓林 2019),转喻是利用不同事物间的相关关系来认识不同事物的一种认知方式。"X手"构式生成的根本原因是转喻机制作用。在"X手"构式中存在两个转喻路径,一是"手"转指"人",二是动作行为、性质状态转指整个事件,它们都是部分转指整体。以"射手"为例,其中用"手"来转指"人"的转喻义已经在语言系统中固化,使得"手"成为一个类词缀。"X"是操作事件中的一个信息凸显的组成成分,"X手"能否生成与"X"在事件结构中具有的凸显度有很大关联。"X"能够激活整个事件时,"X手"合法并且能被有效识解。例如:

(10)　射箭手　　　射手　　箭手

　　　　升旗手　　*升手　　旗手

动作或动作对象激活整个事件结构的可能性越大,生成"X手"的可能性越大。动作行为"射"在认知上可以激活一个"射箭"事件,因此可以生成"射手"。当动作和动作对象的相互语义蕴含关系越高,生成"V手""VN手""NV手""N手"的可能性越大。在"射箭"这一事件中,动作行为"射"和"箭"具有较高的语义蕴含性,当与"手"结构化时,可以构成"射箭手""射手""箭手"等构例。相反,动作或动作对象激活整个事件结构的可能性越小,生成"X 手"的可能性也就越小。如动作行为"升",并不能激活出"升旗"这一事件,因此无法生成"升手"。可见,转喻能否成功,与事件结构中的成分凸显的可能性以及交际行为中的规约化程度有关。

4.2 构式压制

施春宏(2014)指出,句法层面和词法层面的构式压制往往跟概念结构/语义结构中结构成分的凸显与潜隐等有关。词法构式"N 手"能够成功识解,就是因为"N"是事件结构中的凸显成分,构式具有的事件义会对构件(构式的组成部分)有一定的压制作用,通过压制机制在语言层面上实现了编码。从构式的形义关系的结构化过程来看,构式压制得以成功的前提是,被压制的词项自身一定包含有跟构式相契合的某些特征,词项进入构式后,这方面特征便凸显了出来(施春宏 2012)。也就说并不是所有的"N"都可以与"手"组合形成一个形义匹配体"N 手"。"N 手"中的"N"在构式的压制下被解读为一个事件活动。

宋作艳(2015:242)认为:"类词缀激活一个含有谓词的语义模式,N通过自己的功用角色、施成角色或规约化属性提供的一个具体动词,使隐含的事件具体化。"词法构式"N 手"则主要是通过物性结构中的功用角色提供了一个事件义的解读。N 可以激活 N 具有的功用角色,因而能够生成合法的"N 手";当 N 不具有激活自身功用角色的能力时,则一般无法生成合法的"N 手"。例如:

(11) 箭手　　钢琴手　　篮球手
　　 *墙手　 *桌子手　 *电子手

从生成词库论视角来看,"箭""钢琴""篮球"等名词的功用角色分别是"射""弹""打",在构式生成的过程中,构件中的名词在构式压制下被识解为一个个具体的事件"射箭""弹钢琴""打网球",而"墙手"等不合法,是因为构件"墙"等不具有能够激活事件结构中规约化的功用角色的能力。如施春宏(2012)所指出,"构式压制实际上指的无非就是特定构式对基于该构式图式的异常表达在形式、意义、功能方面的一种规则化操作"。

转喻是压制现象存在的认知机制,压制是转喻的具体操作方式。词法构式"X 手",在认知转喻机制的作用下,使事件结构中的某个成分凸显化,从而生成一个合法的词法构式;当构式的形式和意义存在错配关系时，通过在构式压制的调解，只要构件成分符合构体的事件义解读的要求，词法构式"X 手"也可以得以实现有效的识解。

5. 词法构式网络中的空位和占位问题

在词法构式网络中，占位和空位是一种很常见的语言现象。占位指词语显现的"先入为主"，涉及共时和历时的交互作用（施春宏 2002a）。占位有两种不同的类型，一种是异义同形，指一种形式已经被一种意义占有，另一种意义就无法生成这种形式。另一种是同义异形，指一种意义已经被一种形式占据，另一种形式就无法表达这种意义。空位指的词语在现实中不大需要，可有可无，便会以空位的形式存在（施春宏 2002a）。

首先，以"N 手"构式为中心来看，子构式"N 手"具有极高的能产性。当名词"N"与动词"V"具有较高的语义蕴含性，一般存在对应的"VN 手"形式，如"枪手—打枪手""船手—领船手""号手—吹号手"；而极少存在相应的"V 手"形式，如"枪手— * 打手""歌手— * 唱手"。我们认为是受到了构式内部不同形义表达的优先占位的影响，但也少量存在对应现象，如"号手—吹手""箭手—射手"，是因为"V 手"的语义已经发生了泛化，如"吹手""射手"不仅仅指吹号的人和善于射箭的人。当"N"为双音节及双音节以上的名词时，理论上是可以形成"VN 手"，但是由于音节数量的限制，往往较难形成与之对应的"VN 手"形式，因此在构式网络系统中往往存在多音节形式的"VN 手"空位现象。

其次，以"V 手"构式为中心来看，子构式"VN 手"和"N 手"在词法构式网络系统中空位现象普遍存在。上下义场关系可能制约了"X 手"构式的生成，如"骑"与"骑马""骑车"可以看成是一种上下位义场，由于上位义场"骑"生成"骑手"，且可以有效识解为"擅长骑马的人"和"骑电动车送外卖的人"，因而"骑马手"和"骑车手"就出现空位，这也是语言经济性原则的一种体现。空位的存在也和"V 手"中的"V"动作义存在很大的关系。如果存在对应的"N 手"，其意义之间也会存在不对应性，这是由于"V"动作支配对象的可能性，"V 手"往往可能具有多个义项，例如"射手""吹手"并不仅仅指的是"弓箭手"和"唢呐手"。"射手"除了表示"善于射箭之人"

之外,还可以表示"足球运动员中射门技术高超之人"。"吹手"指的是"吹管乐器的人"。但是有时空位并不具有强制性,有时为了凸显出"V"具体的支配对象,会将对象在词法结构中显现出来,如"骑手—骑马手""猎手—猎虎手"等。

最后,以"VN手""NV手"构式为中心来看,"VN手""NV手"生成受到更多的限制,在这三种子构式中最不能产。第一,优先选择限制。如果事件中动作形式"V"最为凸显,词法构式会优先选择事件结构中的"V"要素,在构式网络系统中形成"V手";"N"事件要素能够激活相关事件义,那么词法构式会优先构成"N手"。第二,音节数量限制,"VN手""NV手"音节数量较多,一般较难成词。因此在构建词法构式网络系统过程中,一些形式虽存在生成的可能性,但受到构式系统以及构式自身因素限制而出现空位现象。

构式是一个具有组织性、理据性的网络系统,网络联结代表着知识之间的系联关系。构式通过层级关系与其他构式相互联结共同构建了一个有组织、有理据的词法构式网络,在构建网络系统过程中,词法构式会受到语言系统内部句法、语义、韵律和语言系统外部交际场景等因素的影响而使其在网络系统中出现不同程度的空位和占位,这在一定程度上,也限制了词法构式的能产性。

6. 结语

本文主要从构体与构件、不同构式之间的互动关系视角分析了词法构式"X手"的生成过程和生成机制,尝试构建出了"X手"构式生成过程。"X手"构式具有丰富的图式层级系统,不同的子构式由操作事件结构层中的不同的凸显性成分向词法结构层的投射而构成。在此过程中,通过对相关事件结构中各个成分之间关系的调整,实现了认知转喻机制和构式压制机制。构式的形成是形式和意义及其关系的相互作用的结果。词法构式"X手"作为半图式性词法构式的一个典型代表,在图式化的过程中构式层级之间以及和构式库中其他的构式之间都存在联结关系,当构式实例化时,一些下位的子构式之间也会因联结关系而受到彼此的影响。

每个构式都处于复杂动态的构式网络中,形式和意义因与其他构式形式和意义相互关联而实现自身的交际价值。语言系统中的构式形成一个构式库,这个构式库并不是一个单维平铺的清单,而是一个结构高度复杂有致,表现出层级特征的构式网络(Hilpert 2014:57)。在构式网络系统中,构式作为一个网络节点,与其他的网络节点之间都存在彼此联结的关系。构式节点生成的过程对构式网络的建构起到了促进作用,而构式网络系统的建构对理解构式库中各个构式不同的层级之间、不同构式之间相互联结的本质具有重要的作用。

附　注

① 构件和构体两个概念的提出是为了有效区别和说明构式的整体结构和组构成分(施春宏、李聪 2018),构体,即作为构式而存在的整体,如"X 手";构件,即作为构式的组成部分,如"X 手"的构成有"X"和"手"两个部分,可以根据体是图式成分还是实体成分而分别称作变项构件和常项构件。

② 互动构式语法是施春宏(2016a、2018)提出的构式语法分析新路径。该理论强调"立足整体,重视还原,强化多重界面互动的整合机制分析",倡导构式形义关系分析中的精致还原主义/精致整体主义的方法论原则以及自上而下和自下而上相结合的分析模式。

③ 本文的研究对象是名词性的词法构式"X 手",暂时不考虑副词性的"X 手"。为了语料的一致性,我们在考察"X 手"时,一般只考察普通话用法,而不考虑方言等的用法,如"抄手""红油抄手"等方言用法不在考察范围内。

④ 本文的词法构式形义描写框架沿用自 Traugott & Trousdale(2013:8)。其中,F 代表形式(form),M 代表意义(meaning)。最外层的"[ ]"表示构式形式和意义形成的规约化的配对体,处于内层的两个"[ ]"分别表示构式形式和意义的内容,"←→"表示构式的形式和意义的匹配关系。

⑤ Traugott(2008:236)指出中观层级并不限于一个,可根据概括化程度的需要分出多个层级的中观构式。

⑥ 构式是具体表达规约化后形成的单位,构例是具体的使用用例,二者的区别主要是是否规约化,即是否已经成为社会群体共享的知识。对实体性构式来说,构式和构例同形,如对于"旗手""球手"等规约化的构式来说,它既是实体性的微观构式,也是"N 手"词法构式的构例。但是对于"谈手"(善于谈判的人)还未规约化,它只能是构例而不是构式,这些尚未规约化的构例对半图式性和图式性的概括也起到促进作用。总

之,从构例到构式,存在一个规约化的过程。可参见施春宏(2021)。

⑦ 在这样的图式层级中,有两个观察角度。一是自下而上,这是构式形义特征的抽象概括过程,是构式层级形成的"自然"发生过程;一是自上而下,这是构式的逐步子构式化、实例化过程,是着眼于构式能产性而对前一过程进行理论建构的表征方式。

⑧ "X 手"构式内部存在[[NP1+V+NP2][ANP1+V+NP2]]结构,不同构式表现为对事件内部不同成分的凸显,如"A 手"凸显事件的状态[[NP1+V+NP2][ANP1+V+NP2]](加粗成分为凸显成分);"V 手""VN 手"凸显动作行为式[[NP1+V+NP2][ANP1+V+NP2]];"NP 手"凸显动作对象[[NP1+V+NP2][ANP1+V+NP2]]。

⑨ 一般来说,前景和舞台都具有凸显性,但是本文将二者用于凸显不同的对象,其中前景侧重凸显事件要素,舞台侧重构式生成的结构。

⑩ 因为"A"要素凸显的是事件的状态,处于隐性事件结构中,和显性事件结构中其他要素不在同一个层级,因而我们认为不存在与其他要素成分组合的可能性(如"AV 手""ANP2 手"等)。

参考文献

董秀芳 2016《汉语的词库和词法》(第 2 版),北京大学出版社。

李临定 1990 动词分类研究说略,《中国语文》第 4 期。

李宇明 1999 词语模,载邢福义主编《汉语法特点面面观》,北京语言文化大学出版社。

刘玉梅 2010 "吧"族词形成的认知机制研究,《解放军外国语学院学报》第 1 期。

孟　凯 2016《汉语致使性动宾复合词构式研究》,北京语言大学出版社。

施春宏 2002a 说"界"和"坛",《汉语学习》第 1 期。

施春宏 2002b 词义的认知模式与词义的性质及构成——兼谈成语的性质,《辞书研究》第 6 期。

施春宏 2011 面向第二语言教学汉语构式研究的基本状况和研究取向,《语言教学与研究》第 6 期。

施春宏 2012 从构式压制看语法和修辞的互动关系,《当代修辞学》第 1 期。

施春宏 2014 "招聘"和"求职":构式压制中双向互动的合力机制,《当代修辞学》第 2 期。

施春宏 2016a 互动构式语法的基本理念及其研究路径,《当代修辞学》第 2 期。

施春宏 2016b 构式的观念：逻辑结构和理论张力,《东北师大学报(哲学社会科学版)》第 4 期。

施春宏 2018《形式和意义互动的句式系统研究——互动构式语法探索》,商务印书馆。

施春宏 2021 构式三观：构式语法的基本理念,《东北师大学报(哲学社会科学版)》第 4 期。

施春宏、李聪 2018 "来＋NP"的构式特征及其能产性,《当代修辞学》第 6 期。

宋作艳 2010 类词缀与事件强迫,《世界汉语教学》第 4 期。

宋作艳 2015《生成词库论理论与汉语事件强迫现象研究》,北京大学出版社。

宋作艳 2019 从词汇构式化看 A1A2A3 的词汇化与词法化,《世界汉语教学》第 2 期。

宋作艳 2022 基于构式理论与物性结构的动名定中复合词研究——从动词视角到名词视角,《世界汉语教学》第 1 期。

杨黎黎 2017 两种不同的词汇构式化的结果——以"免 X"和"难 X"为例,《语言教学与研究》第 2 期。

于　秒 2009 类词缀的发展与现代汉语的形态化趋势,《中国海洋大学学报(社会科学版)》第 1 期。

袁毓林 2019 为什么要给语言建造一座宫殿?——从符号系统的转喻本质看语言学的过度附魅,《语言战略研究》第 4 期。

曾立英 2010 三字词的词法模式研究,《武汉大学学报(人文科学版)》第 4 期。

张未然 2015 基于语料库的汉语词法能产性量化研究——以"儿、子、性、化、家"的派生为例,《云南师范大学学报(对外汉语教学与研究版)》第 4 期。

张谊生 2002 说"X 式"——兼论汉语词汇的语法化过程,《上海师范大学学报(哲学社会科学版)》第 3 期。

Arcodia, Giorgio F 2011 A Construction Morphology Account of Derivation in Mandarin Chinese. *Morphology 21(1)*.

Booij, Geert 2010 *Construction Morphology*. Oxford University Press.

Booij, Geert 2013 Morphology in construction grammar. In Thomas Hoffmann & Graeme Trousdale (eds.) *The Oxford Handbook of Construction Grammar*. Oxford University Press.

Goldberg, Adele E 1995 *Constructions: A Construction Grammar Approach to Argument Structure*. The University of Chicago Press.

Goldberg, Adele E 2006 *Constructions at Work: The Nature of Generalization in Language*. Oxford University Press.

Hilpert, Martin 2014 *Construction Grammar and its Application to English*. Edinburgh University Press.

Traugott, Elizabeth C. & Graeme Trousdale 2013 *Constructionalization and Constructional Changes*. Oxford University Press.

Traugott, Elizabeth C. & Graeme Trousdale 2008 Grammaticalization, constructions and the incremental development of language: Suggestions from the development of degree modifiers in English. In Regine Eckardt, Gerhard Jager & Tonjes Veenstra (eds.) *Variation, Selection, development: Probing the Evolutionary Model of Language Change*. Mouton de Gruyter.

（本文发表于《语言教学与研究》2022 年第 3 期）

亲属称谓语"姐"的语义泛化趋向

黑龙江大学文学院　吴立红　和　敏

1. 引言

称谓语系统应当是伴随着语言的发展而产生的,它是一个相当宏大的体系。马宏基(1995)认为称谓语有狭义和广义之分,广义的称谓语包括所有人和事物的称呼,狭义的则专指人与人之间的称呼。亲属称谓语就是其中的一个大类,它是指建立在血缘或者姻亲关系基础上的人的互称,亲属称谓表明了有血缘或者姻亲关系的家族成员之间的身份和地位并且给予他们一定的归属感。[①]汉民族自诞生以来,就是个极其注重血缘的民族,在宗法制的影响之下,上下有别、长幼有序的观念深入人心,亲属称谓非常繁复。相较于英语等其他语言来说,汉语的亲属称谓语也更为繁杂。但随着历史的发展演变,亲属称谓开始进入社会称谓领域,用来称呼"陌生人",[②]我们称之为泛化现象。泛化之后的亲属称谓语称为拟亲属称谓语,如"姐""哥""弟""妹""叔叔""阿姨""大妈""大爷"等,其中平辈亲属称谓语泛化后应用更为广泛。

本文选取亲属称谓语"姐"作为研究对象,探讨"姐"的语义演变、语用功能和此类亲属称谓语的选择和使用倾向等问题,以反映亲属称谓语语义泛化的整体趋向。

2. 亲属称谓语"姐"的语义演变

2.1 亲属称谓语"姐"的语义发展轨迹

"姐"在产生之初,并不是现代汉语意义上表示"同辈、比自己年长、女性"的亲属称谓,而是表示母亲这一称谓。东汉许慎《说文·女部》中提到:"姐,蜀谓母曰姐,淮南谓之社。从女且声。"《广雅·释亲》也说:"姐,母也。"这一现象在现代一些方言中仍然可以看到,崔荣昌(1991)提到四川某些地方就存在"称呼母亲为姐姐"的现象;③李小平、曹瑞芳(2012)也认为"姐"表"母亲"义的用法带有浓重的方言色彩,并指出这一用法可能就来源于古西北汉语方言。④当时由"姊"来承担现代汉语"姐"的语用功能。许慎《说文·女部》:"姊,女兄也。"这一用法也是一直延续至今。例如:

(1) 丧礼君与父母妻后子死。三年丧服。伯父叔父兄弟期。族人五月。姑姊舅甥。皆有数月之丧。(春秋战国《墨子》)

(2) 阿姊闻妹来,当户理红妆;小弟闻姊来,磨刀霍霍向猪羊。(北朝《木兰辞》)

(3) 夫人外族彭氏,母亲在堂,无兄弟,有两姊两妹。(《唐代墓志汇编续集》)

(4) 不但像个同胞姊妹,并且像是双生姊妹。(清《儿女英雄传》)

到了现代汉语中"姊妹"虽说不如"姐妹"用得普遍,但在一些方言中仍然有很高的使用频率,比如说在山东方言中,称呼家中两个女儿,一般都是用"姊妹俩"而不用"姐妹俩"。

后来,"姐"也有了表示"女兄"的意义,《汉语大字典》中在"姐"表"女兄"义后举了李白的一个例子:"小儿名伯禽,与姐亦齐肩。"⑤在唐朝高僧所译《地藏本愿经》中也出现了"兄弟姐妹"这一说法,并且在同一段落还出现了"兄弟姊妹"的说法,更能印证"姐"与"姊"有了相同的表示"女兄"的意思,例如:

(5) 亡失父母,乃及亡失兄弟姐妹,是人年既长大,思忆父母及诸眷属……承斯男女,兄弟姊妹,塑画地藏形象,瞻礼功德,寻即解脱……

宋元时期,"姐"的语义内涵泛化开始变得多种多样,一方面继承了表示"母亲"这一含义,比如说宋高宗称呼韦后为"大姐姐"。另一方面,表示"女兄"这一含义的用例也有增加,例如:

(6) 小娘子又问:"大姐姐如何不来?"刘官人道:"他因不忍见你分离,待得你明日出了门才来。"(南宋《话本选集》)

除此之外,"姐"也用于称呼无血缘关系的其他人。有了泛化形式,相

应的,它的语义内涵也在发生变化。例如:

(7) 小人是本府村庄人氏,年近六旬,只生一女,先年嫁与本府城中刘
贵为妻。后因无子,娶了陈氏为妾,呼为二姐。(南宋《话本选集》)

这里的"二姐"是说妾室,古代嫁给同一个男子的妻妾以姐妹相称。虽然她们之间没有直接的血缘关系,但都与这个男子有姻亲关系,在"以夫为纲"的传统中,妻妾似乎也带有了某种亲属关系。

元代杂剧中多有"小姐""姓+小姐"之类的称呼,多用来称呼官宦人家或者大户人家的女儿。例如说,《西厢记》中侍女红娘称呼崔莺莺为"小姐",这其实体现的是一种尊称义,与血缘关系不大。到了民国时期,这种称呼仍然延续,多用来指有学识、年轻、家中有地位的女子。中华人民共和国成立之后,一些文学作品里还能看见这一称谓,不过后来"小姐"一词多与淫秽低俗文化联系在一起,比如说"陪酒小姐",给人以非常轻浮的感觉,渐渐就不再用来作称呼用语了。

明清时期,"姐"的用法更为丰富多样,作为亲属称谓的"女兄"义的"姐"用例大幅增加,并且会在前面加上表示排行的"大、二、三"或者词头"阿"来修饰,"姐儿""姓/名+姐儿"多用来称呼未出阁的年轻姑娘。《红楼梦》第八回中李妈称呼林黛玉为"林姐儿",王熙凤被称为"凤姐",王熙凤与贾琏之女称为"巧姐儿"。此外,还有用来指称妓女,带有轻蔑的意味,比如说"窑姐儿"。可见在明清时期,无论地位高低、年龄大小,都可以称为"姐"。

1949年后,"姐"的泛化形式也多种多样,相应的,它的语义内涵也在不断变化。"大姐"一词不再只用来称呼家中排行老大的"姐姐",它也开始称呼那些年龄比自己大的"陌生女性",表示一种尊称。

(8) 当然男同志也要勤俭持家,但宣传以妇联为主,你们向男同志宣
传,大姐向大哥宣传。(CCL 当代语料)

(9) 刘波好说歹说,老大姐硬是油盐不入,不同意在报上登招聘消
息,不同意在那里大张旗鼓地招兵买马,连内部发个通知都不
成。(CCL 当代语料)

(10) 邓大姐先登上了车,站在中间招呼着后面的同志,我们随之也
都爬上车,挤站在一起。(CCL 当代语料)

从上述几个例子中,我们可以看出例(8)里面的"大姐"是一个总称,泛指一切劳动妇女,与"大哥"是相对的。例(9)里面在"大姐"之前加了"老"是为了表示年龄偏大,仍然是表示尊称。例(10)里面在"大姐"之前加上姓氏,是在熟知对方姓名的前提之下,这样在尊敬的前提之下更多了些亲近。

此外,"姓氏+大姐"又逐渐演变成了"姓+姐"或者"名+姐",例如"王姐""李姐"。相比于"王大姐""李大姐"来说,"王姐""李姐"更容易让人接受,这都与现在人追求年轻的意愿相关,尤其是女性,更不愿意被称呼老了。"名+姐"则看起来更加顺耳和亲近。例如,湖南电视台主持人谢娜,大家都称为"娜姐"而不是"谢姐"。一般来说,名相对于姓来说要特殊一些,关系亲近之人才称名。"名+姐"一方面拉近彼此之间的关系,另一方面,也具有了相应的尊敬之意。

随着经济的不断发展,网络生活的不断丰富,一些本该应用于网络的热词逐渐"照进现实"。"小姐姐"就是这样逐步流传开来的。"姐姐"本身是对年龄稍微大些的女性的尊称,但又加了"小"这个表示细小、轻微、年纪轻意思的形容词,更加弱化了"姐姐"年龄上较长的色彩。这使之所指称的范围不断扩大,越来越接近一个社会称谓语。

(11)被网友们称为"癌症小姐姐"的患癌姑娘邀请"网红"钱小佳来到
  其病房里直播,有上百万网友在线为其鼓劲打气。(微博语料)

这里的"癌症小姐姐"只是一个称谓,大致我们只能得出女性、比较年轻、患了癌症三条信息,与亲属称谓语"姐姐"差别很大。

除此之外,"姐"还有其他泛化形式,比如"空姐"指的是一种职业,"暴躁姐"用来形容脾气暴躁的女性,这些称谓中的"姐"除了保留称呼对象是女性的特点之外,几乎与表示亲属关系的称谓语"姐"毫无关系。

2.2 亲属称谓语"姐"的语义演变特点

通过上文对亲属称谓语"姐"语义发展梳理的情况,并结合相关的变体形式,总结出其语义演变的特点如下。

2.2.1 血缘关系消失

亲属称谓语在进入社会称谓系统之后,已经不再用来标记血缘了。表示亲属称谓的"姐"用来称呼没有血缘关系的"陌生人",其血缘关系自然就消失了。

2.2.2　等级观念消失,年龄的界限逐渐模糊

在亲属称谓语体系中,称谓的不同往往能体现辈分、年龄、亲疏远近的不同。就拿"姐"来说,虽然没有辈分上的区别,但却有年龄上的区别,年龄大者为姐。但当它进入到社会称谓语系统中就模糊了年龄的界限。我们称"小姐姐"并不一定对方比我们年龄大。究其原因,是因为社会经济生活的发展,人们的精神生活更加丰富,精神面貌更加开放,传统的等级观念弱化,人们渴求获得更多的人际交流促使了称呼的改变。

2.2.3　指称范围不断扩大,尊敬义淡化,亲近义增加

由于亲属称谓语进入社会称谓系统后模糊了年龄和辈分,所以指称的范围在不断扩大,"姐"可以用于称呼熟悉的女性,也可以用于称呼陌生女性;可以是年长的女性,也可以是同龄的女性。在我们称呼陌生人为"姐"时,就在拉近彼此之间的关系,不经意间降低了对方的戒备,之后再询问事情或者寻求帮助就比较容易。

3. 拟亲属称谓语"姐"的语用分析

亲属称谓语"姐"泛化的形式非常多,泛化后的使用条件相比亲属称谓语来说相对宽泛,但不是没有限制。这一章主要对泛化后的拟亲属称谓语"姐"进行语用分析,主要从语用原则和语用功能两方面进行分析。

3.1　语用原则分析

3.1.1　亲近原则

潘攀(1998)在《论亲属称谓语的泛化》中就总结出了亲属称谓语泛化的两大原则:"尊敬原则"和"亲密原则"。亲属称谓语泛化运用于社会中最主要的目的就是为了让社会交际更顺利地进行。"姐"本身是个亲属称谓语,代表着血缘亲近,关系亲近。我们将它用在社会称谓中,就打着拉近彼此之间关系的目的。比如说,你称呼你的女性领导为"X姐",就在一定程度上模糊了上下级的界限,拉近彼此之间关系。同时你称呼比你资历深的女性同事为"X姐",虽然你们是同辈,但"姐"还是附带着"年长"这个意义,也是有尊重对方之意。

3.1.2　年龄原则

亲属称谓语"姐"的泛化使用模糊了年龄的界限,但并不是完全不受

年龄的限制。以一名在校本科大学生为例,他可以称呼同龄的同学为"小姐姐",可以称呼熟识的上级女领导"X姐",也可以称呼陌生的稍年长的陌生女性为"姐",但称呼"姐"的年龄段总是有一个大致范围的。以自身为准,不可能称呼比自己明显小很多的为"姐",也不能称呼比自己大很多的女性为"姐"。就像一个20岁的年轻人称呼一个看起来白发苍苍的60岁老人为"姐",就是不合适的。

3.1.3　亲属原则

人生活在社会中,就是处在各种各样的人际关系中,除了亲属关系之外,还有朋友关系、同学关系、同事关系等,它们会与亲属关系交叉形成复杂的人际网络,同时也会制约亲属称谓语在社会关系中的使用。

(12)——"儿子,快来,给你介绍一下,这是妈妈的朋友,你王阿姨,
　　　快叫阿姨。"
　　　——"这个阿姨好漂亮,妈妈,我不想叫阿姨,我可以叫姐姐
　　　吗?"(百度资讯)

(13)王静姐姐是我姐姐最好的朋友,每次来都给我带很多好吃的。
　　　(微博语料)

我们分析例(12)中可知"妈妈"的朋友应该是个看起来很年轻漂亮的女性,但是"妈妈"还是让"儿子"叫"阿姨"。这就是我们所说的亲属关系制约的影响,即便是"王阿姨"再年轻再漂亮,但那也是"妈妈"的朋友,在辈分上就大了一辈,理应叫作"阿姨"。例(13)也是同样的,王静姐姐和"我"姐姐是同学关系,与"我"也应是同辈关系,叫"姐姐"是合理的。

3.2　语用功能分析

亲属称谓语实际运用于社会中,在语用原则的指导下发挥其功能,完成更好的交际。我们从以下两个方面来进行分析。

3.2.1　指称功能

称谓语最基本的功能就是用来指称,表明人与人之间的关系的。处在社会中的人往往习惯以自己为中心,以自身的视角来感知周围的世界,考虑问题和解决问题。我们以说话人的角度来考察泛化后的亲属称谓语"姐"标示角色身份的功能。

第一种是说话者用"姐"进行自称。通常情况下是说话者站在平辈的

角度,使用平辈对自己的称呼自称,来显示亲切、体贴。

(14)"你把东西放桌上吧,一会儿姐来整理就行了。"(微博语料)

第二种是说话者用来称呼听话者。这种情况是听说双方都在现场,说话者可以直接观察到听话者的接收状态。

(15)"王姐,这事就麻烦您了,您上上心,一定得把这个事办好了。"(微博语料)

第三种就是不当面称呼,而是说话人向听话人转述第三方的称呼。

(16)"您就放心吧,这事交给我和李姐,一定给办得妥妥的。"(微博语料)

3.2.2　社交功能

亲属称谓语"姐"泛化进入社会称谓系统中有着能够拉近交际双方社交距离、减少交际障碍的功能。

(17)"哎呦,你这孩子,突然蹿出来,吓了姐一跳。"(微博语料)

本句当中说话者以"姐"自称,其实并没有多少责怪冲撞者的意思,反而有点像家里的姐姐埋怨弟弟一般,给人以一种比较亲近之意,也使得冲撞者心理压力减轻,很轻松就化解了这场小冲突。

除此之外,言语交际还会受到语境的制约,不同语境下使用同一称呼的不同的泛化形式会受到交际双方身份、地位、年龄等多方面的影响。我们在决定使用哪个"姐"的泛化形式之时,对所要称呼的对象已经有了一些预判,所要称呼对象本身的行为举止、体态样貌可能会直接影响我们对称谓语的选择。

(18)——"大姨,我来晚了,刚才在路边碰见了一个清洁工阿姨车子倒了,就去扶了一把。"

——"你说的是那位穿灰格子上衣的大姐吧,我来前儿也碰到她了,人没事吧?"

例(18)中在对这个清洁工进行称呼时,两人都在主观上对所要称呼的对象有了一个大致的印象,也已经对所要选择的称谓有了一个大致的判断。称呼的是"阿姨"或者"大姐",而不是"小姐姐"或者"姐"。而且对同一个人有不同的称谓,其实也是受称呼者的年龄限制的,本句中"我"称呼为"阿姨",而"我"的大姨则称呼为"大姐",也正是如此。

4. 拟亲属称谓语"姐"与"阿姨"使用的对比调查分析

4.1 调查对象及目的

本次调查对象主要为黑龙江大学本科在读学生,通过问卷星 app 进行线上问卷调查。主要内容是关于大学生在社会生活中对"姐"的泛化形式的了解使用情况,以及在同样情景下对"姐"和"阿姨"的选择使用倾向以及原因。这能帮助我们更好地选择合适的称谓,达到更好的交际效果。

4.2 调查结果分析

本次调查采取线上调查的形式,为了保证结果的有效性,我们限制只能采用微信进行登录,并且每个微信账号只能参与填写一次。截止到 2021 年 4 月 1 日,本次调查共获得问卷 205 份,有效问卷 200 份,有效率为 97.6%,其中有效问卷中男生有 82 人,占总人数的 41%,女生 118 人,占 59%。总体被调查者平均年龄在 22 岁左右。

根据问卷问题设计,拟将从以下三个方面对问卷结果进行分析。

4.2.1 大学生对拟亲属称谓语"姐"泛化形式的了解和使用情况

问卷第一大板块就是对拟亲属称谓语"姐"泛化形式的了解程度和使用情况,我们将"姐"几个常用的形式("姐/姐姐""姓+姐/名+姐""小姐姐")列举出,并给出三个选项:A. 非常了解并且经常使用;B. 一般了解,偶尔使用;C. 非常不了解,一般不用。统计结果如下:

表 1

了解及使用程度	人 数	所占百分比
A. 非常了解并经常使用	163	81.5%
B. 一般了解,偶尔使用	28	14%
C. 不了解,一般不用	9	4.5%
总 计	200	100%

由表 1 所统计数据我们可以得知,大学生对亲属称谓语"姐"泛化形式非常了解并经常使用的人数有 163 人,占比 81.5%;一般了解,偶尔使

用的有 28 人,占比 14%;不了解一般也不用的只有 9 人,占比 4.5%。可见在大学生中,对于此类称谓语的了解和使用都非常普遍了。之所以会在大学生群体里如此普遍,与这个群体特性也有一定关系:大学生作为受过高等教育的年轻人,对社会语言现象的感知更为敏锐,接受并且使用的概率也更大。像调查中提到的"小姐姐"本身来源于网络,火起来之后才被运用于社会生活中的。

除此之外,我们还调查了拟亲属称谓语"姐"的各种泛化形式使用的年龄、职业、与所调查者的熟识程度等条件。调查结果总结如下:

A. 姐/姐姐。一般用来称呼年龄比自己大的陌生女性,为了表示亲近,目的是用来进行询问或寻求帮助。这里我们发现称呼"姐"还是"姐姐"有性别方面的差异。已知我们调查样本总数为 200 人,其中男生总数82 人,女生总数 118 人。

表 2

性别及占比	姐	姐姐
男生	79	3
所占男生总数百分比	96.3%	3.7%
女生	21	97
所占女生总数百分比	17.8%	82.2%

由表 2 可以看出,在称呼比自己大的陌生女性时,男生更愿意称呼单字的"姐",女生则更愿意称呼叠字的"姐姐"。这可能与男女不同的特性有关,男生多与阳刚、高大威猛、豪爽大气等形容词相联系,称呼叠字就有些"娘气",大部分男生也不会这样选择。而女生就不一样了,女生称呼叠字不会突兀,反而更显得温柔,惹人怜爱。除此之外,还与称呼对象有关,被称呼对象都是女性,男生称呼时除了要拉近关系之外,也要保持一定的尊重。称呼单字的"姐"就比较合适了。女生则因为是称呼同性,没有那么多顾忌,称呼"姐姐"减少敬义,更多一些亲昵意味。

B. 姓＋姐/名＋姐。用在熟识的年长女性身上,例如用来称呼女性领导或者是资历比较深的女性同事。比起"姓＋姐",大家似乎更愿意称呼熟识的年长女性"名＋姐"。我们在问卷中对此现象原因进行调查,总结大家的答案,无非有两点:一是称呼"姓＋姐"太大众化了,显得土气老气,会让被称呼者感到自己被称呼老了;另一方面也是我们前面提到的,"名"相比于"姓"来说更为特别些。称呼"名＋姐"更容易让人接受。

C. 小姐姐。这一个词多用于称呼年轻可爱漂亮的女孩子,或者与一些职业联系在一起,比如"最美护士小姐姐"等。大多数时候她们身上都有一种积极、阳光、坚韧的美好品质值得我们赞扬和学习,这种"小姐姐"也带有了褒义的色彩。

4.2.2　大学生对拟亲属称谓语"姐"和"阿姨"的选择使用情况

我们在前面语义分析时提到,亲属称谓语"姐"泛化进入社会称谓领域后模糊了年龄界限,指称范围在扩大,这就使得与它邻近的称谓"阿姨"的使用条件也相应地发生了变化。本模块拟将从两大角度进行调查:一种是大学生作为称呼者,另一种是大学生作为被称呼者,来分析对两种称谓语选择使用的偏向及原因。

A. 大学生作为称呼者,被称呼者为陌生女性。前面提到的"妈妈的朋友称为阿姨"不在本模块调查范围之内。本次问卷中主要涉及了以下几个问题:

① 你在什么情况下选择称呼"阿姨"?

② 你认为多少岁可以叫作"阿姨"?

③ 你是根据什么来判断该称呼"姐"还是"阿姨"?

④ 你对无法判断对方年龄的情况下,更倾向于称呼"姐"还是"阿姨"?

在对结果进行统计整理后,可以得出"阿姨"一词的使用条件大致为:我们一般主观对所要称呼对象进行预判,主要是依据形体条件。一种为肉眼可见年龄比我们大得多的女性;另一种是身着朴素,不太装扮,从事一些特定行业的人,比如说"保洁阿姨""扫地阿姨"。

对多少岁称呼"阿姨"合适这个问题,统计结果如下:

表 3

年　　龄	人　　数	所占百分比
35 岁以上	12	6％
40 岁以上	79	39.5％
45 岁以上	109	54.5％

根据表 3,可以看出认为 45 岁以上的才可以被称为"阿姨"的人数最多,有 109 人,占比 54.5％;认为 35 岁以上的可以被称为"阿姨"的人数最少,有 12 人,占比 6％。由此可见,被称为"阿姨"的年龄最低线是比较高的。除此之外,我们还根据调查得出,在无法判断具体年龄的情况下,选择称呼"姐"的人远比选择"阿姨"的人多,结合我们上一章节所谈到拟亲属称谓语"姐"的使用范围不断扩大,它实际上也顶替了一部分属于"阿姨"的称呼空间。

B. 大学生作为被称呼者。主要调查对象为女大学生,男大学生不参与此部分的调查。

在本模块调查中,我们从"是否曾被叫作阿姨""被叫作阿姨会不会有讨厌情绪"以及"为什么会厌烦别人喊你阿姨"几个方面开展调查。

经统计,118 名被调查的女大学生中,有 87 名曾经被小朋友叫过"阿姨",占总人数的 73.7％。在这 87 人中,又有 61 人表达自己不喜欢这个称呼,26 人觉得无所谓,0 人喜欢这种称呼。在问及为什么会讨厌这种称呼时,61 人中有 53 人表示自己正是青春年少的时候,被叫"阿姨"太老了,即便是那个小朋友比自己小了将近 20 岁。我们由此推己及人,在称呼别人为"阿姨"时应慎重考虑,称呼别人为"姐"不失为一个保险的办法。

我们可以得出这样一个结论:拟亲属称谓语"姐"的各种泛化形式在生活中运用非常普遍,比起"阿姨"这一称谓,人们更愿意也更能接受"姐"这一称呼。

5. 结论

亲属称谓语"姐"进入社会开始指称社会成员,并具有了不同的泛化形式,这也就导致了原有强调的血缘关系的消失;不再局限于"比自己年长",年龄界限模糊,等级观念淡化;"不仅用于他称,也可用于自称",指称范围扩大,亲近感增加。以小见大,对"姐"的研究可以在一定程度上反映亲属称谓语泛化的整体特点。通过"姐"与"阿姨"使用数据的统计,从中可见大学生群体中对"姐"的接受度要高于"阿姨"。而且调查范围越广,包括的群体类别越多,数据越多,研究所得的结果也会越准确。对拟亲属称谓语的使用进行大范围定量定性调查可以作为今后进一步的研究方向。

附　注

① 观点来自曲彦斌《民俗语言学》(辽宁教育出版社,1989:295)。

② 这里的"陌生人"仅仅用于指不具备血缘关系,并不是实际意义上的不认识。

③ 崔文提及"呼母曰姐"的几个地区有:广元县竹园乡白沙村、广汉县西高乡、威远镇石坪乡、西凉山州西昌县等地。并推断四川地区"呼母曰姐"的现象是由明末清初从广东移居到四川的客家人传下来的。

④ 李文发现表"母亲"义的"姐"在晋语和客家话中分布比较集中,官话中出现得比较少。晋语的祖源"西北方言",受到羌人语言的影响呼母为"姐",并一直保留延续下来。客家人经历多次迁徙,同样存在"呼母为姐"的现象可能是从晋语中遗留下来的。

⑤ 例句来源于《汉语大字典》(四川辞书出版社,1992)。

参考文献

陈　原 1989《社会语言学》,上海文艺出版社。

陈宗振 2001 试释李唐皇室以"哥"称父的原因及"哥"、"姐"等词与阿尔泰诸语言的关系,《语言研究》第 2 期。

崔荣昌 1991 客家人"谓母曰姐",《文史杂志》第 5 期。

韩省之 1991《称谓大词典》,新世界出版社。

李小平、曹瑞芳 2012 汉语亲属称谓词"姐"的历史演变,《汉语学报》第 2 期。

龙紫薇、喻锦 2018 近十年来汉语亲属称谓研究综述,《吉首大学学报(社会科学版)》39 卷第 2 期。

马宏基 1995 亲属称谓社会化的类型和机制,《山东理工大学学报(社会科学版)》第 1 期。

马宏基、常庆丰 1998《称谓语》,新华出版社。

潘 攀 1998 论亲属称谓语的泛化,《语言文字应用》第 2 期。

潘文、刘丹青 1994 亲属称谓语泛化在非亲属交际中的使用,《南京师范大学学报(社科版)》2 卷第 2 期。

曲彦斌 1989《民俗语言学》,辽宁教育出版社。

宋丹丹 2005《汉语亲属称谓语的社会化应用———以"大妈"为例》,上海大学硕士学位论文。

王 力 1980《汉语史稿》,中华书局。

王 琪 2005《上古汉语亲属称谓研究》,浙江大学硕士学位论文。

王小莘 1998 从《颜氏家训》看魏晋南北朝的亲属称谓,《古汉语研究》第 2 期。

许 慎 1963《说文解字》,中华书局。

动词短语

动词后时量成分的句法多功能性探究[*]

浙江科技学院　税昌锡

1. 引言

马庆株(1981)从动词语义特征着手深入考察过其后时量成分复杂的语义所指现象,但具有不同语义所指的时量成分的句法功能学界至今意见分歧。赵元任(1996:286-289)认为是特殊类型宾语中的同指宾语,朱德熙(1982:116)认为是准宾语,马庆株(1981)直接称为宾语;也有人认为是时量补语(李宇明2000:56-57,刘月华等2001:618-623)或数量补语(李兴亚1980)。吴竞存等(1992:136-137)、石定栩(2006)和匡鹏飞(2016)认为做谓语,前面的成分构成主语小句。

根据马庆株(1981),动词后时量成分受动词语义特征影响存在三种语义所指,尤其复杂的是,当动词兼有动态和静态或起始和终结特征时,其后时量成分存在多重所指,如"看了三天了""挂了三天了"。句法结构是人们对事物之间的关系进行概念化的结果,动词的语义特征或类型决定其具体的语法表现。既然如马庆株先生所揭示的那样,该格式因动词语义特征差异存在时量成分语义多解的问题,因此将其统归为动宾或动补,抑或主谓结构关系显然值得商榷。

石定栩(2006)也注意到了这一问题,所以认为动词后时量成分做谓语的同时又指出:"动词后面的数量短语其实有很多不同的句法地位,试

---

　*　感谢《汉语学习》编辑部和匿审专家的修改意见。本文例句来自北京大学中国语言学研究中心现代汉语语料库(CCL语料库),不再注明;用于对比和非句子型语料皆为原句改写或自拟。

图将它们归入同一种模式,应该是不可取的。"本文受此启发,在前人研究的基础上,具体讨论动词后时量成分的句法多功能性及其语法表现,以及时量成分句法多功能性的制约因素。

2. 动词后时量成分的句法多功能性

时量成分的句法表现很活跃,一定条件下可做主语、谓语、宾语、定语、状语和补语,即句子所有可能的句法成分。[①]本文只讨论动词后跟时量成分组合时,时量成分句法地位的多种可能性。根据朱德熙(1982:43,55-61,101-103),表示"时量"的时间词是体词的一类,动词是谓词的一类;汉语的谓词和体词具有句法多功能性,谓词除了做谓语,还可以做主语;体词除了做主语、宾语,还可以做谓语。根据邢福义(1984),具有时序特征的体词性词语带上"了"就有了谓词的特征。鉴于时量成分后根据表达需要可以带"了",[②]因此,"动词+时量成分"有可能构成三种结构关系:动宾结构、主谓结构和动补结构。从意念上说,宾语的作用在于提出与动作相关的事物,以上三种结构关系中,时量成分较容易判断的是做宾语,下文先讨论时量成分做宾语的情形。

2.1　时量成分做宾语

宾语是受动作影响的对象。如果时量成分表示的时间在工作、生活、娱乐、休息等活动中受相关动作行为的影响而耗费,时量成分固然做宾语。例如:

(1) a. 我们为拍一个30秒广告共花了九个半小时。

　　 b. 来回绕了两趟,结果空空浪费了三个钟头。

　　 c. 在回程的火车上,他们仅靠两斤馒头度过了两天两夜。

例(1)的时量成分做宾语,还反映在如下一些语法表现上:不能受时体副词"已经""都"等修饰;因时量成分是具有指称性的体词性成分,且在一定条件下具有定指特征,可以变为把字句或被字句(被动句)。此外,由于动词和做宾语的时量成分在意义和结构上的联系都很紧密,因此它们之间通常不能有停顿(朱德熙1982:110)。时量成分的上述语法表现跟一般述宾结构的宾语并无差异。

2.2 时量成分做谓语或补语

时量成分除了表示动作对象而做宾语外,还可以表示动作导致的相关事态在时间计量上的变化,因其动态特征而具有谓词的功能,加上时量成分前动词的句法多功能性特征,这种情况下时量成分便有可能做谓语或补语。根据主谓结构和动补结构的语法表现,时量成分的句法功能可以从两个方面进行简单判别。

一是语音停顿。赵元任(1996:77-79)把由主语和谓语两个直接成分构成的句子称为完整句,并认为主谓之间隔着一个停顿,或一个可能的停顿,或"啊(呀)、呐、么、吧"等停顿语助词之一。朱德熙(1982:95,110)也认为,从结构上看,主语和谓语之间的联系,跟其他各种句法结构比较起来,要算是最松散的;二者之间往往可以有停顿,而且主语后头可以加上"啊、呢、吧、嚜"等语气词跟谓语隔开。而动补结构的动词和补语之间因其语义联系紧密通常不可以停顿。

二是副词性修饰语及其分布。匡鹏飞(2016)考察过能否出现在动词前和时量成分前的副词,发现有的副词只能出现在动词前,有的副词既可以出现在动词前,也可以出现在时量成分前,如下表所示:[③]

表1　能出现在动词前和时量成分前的副词

	动　词　前	时　量　成　分　前
程度副词	很、略微、稍微	好
范围副词	一共、都$_1$;最多、至少、仅、刚$_1$、才$_1$	与动词前相同(都$_1$除外)
时体副词	曾经、已经、都$_2$;一直、仍然;刚$_2$、才$_2$	已经、都$_2$、快
频率副词	连续、一连;偶尔	连续、一连
估量副词	大部分估量副词能	大约、大概、将近;恰好
关联副词	一般都可以	一般都不能

　　本文讨论时量成分的句法功能,主要关注能出现在时量成分前的副词是否也能出现在动词前。事实上,能出现在时量成分前的副词并不都能置于动词前,除了匡文指出的程度副词"好"只出现在不定量特征的时量成分前外,还有两种情况值得注意。其一,有些能出现在时量成分和动词前的副词要受到动词语义特征的制约,如可以说"王芳工作了连续四个小时",但不能说"*王芳离开了连续四个小时"。其二,副词只能置于时量成分前,不能置于动词前,例如"讨论结束了整整一个小时"不能说成"*讨论整整结束了一个小时"。下文从停顿和副词分布两方面对"动词+时量成分"中时量成分的句法功能做扼要讨论。

2.2.1　时量成分做谓语

　　赵元任(1996:287)注意到"他走了一个钟头了"有两个意思:1)他一直走了足足一个钟头,2)他走了之后已经有一个钟头。作后一种解释时,"他走了"是主谓式分句做主语,"一个钟头"是谓语,不是宾语。"一个钟头"的句法功能不同,是因为"走"的不同义项造成的,作后一种解释的"走"意为"离开"。"离开"不具有续段特征,"一个钟头"不是"离开"动作的持续时间,而是"离开"动作发生后所经历的时间。不具有续段特征的动词常为"起始""终结"或"消失"义动词,这类动词后所跟时量成分表示动作起始或终结后所经历的时间,并不补充说明动作行为本身的延展时间,时量成分做谓语。

　　根据前述赵元任和朱德熙先生的观点,如果动词和时量成分之间可以停顿,它们的句法关系实际是:动词及其主语构成的分句充当全句主语,时量成分做谓语,在更高层次上构成主谓结构。例如("Ⅰ"表示主谓之间可以停顿,下同):

　　(2) a. 他走(离开)了一个钟头了。

　　　　　=他走(离开)了Ⅰ一个钟头了。

　　　　b. 圣女贝尔纳黛特已经去世了126年了。

　　　　　=圣女贝尔纳黛特已经去世了Ⅰ126年了。

　　既然主谓关系"动词+时量成分"结构的动词和时量成分都具有谓词特征,而且都可跟表实现义的"了"共现,它们也就都可以受表已然义的时体副词"已经、都"等修饰。例如:

(3) a. 南极科学考察队出发了三天了。

　　b. 南极科学考察队<u>已经</u>出发了三天了。

　　c. 南极科学考察队出发了<u>已经</u>三天了。

(4) a. 笔者等 4 人于 1 月 7 日晚近 10 点钟到达北海市,结果预期会议已经结束了 5 个小时了。

　　b. 笔者等 4 人于 1 月 7 日晚近 10 点钟到达北海市,结果预期会议<u>都</u>已经结束了 5 个小时了。

　　c. 笔者等 4 人于 1 月 7 日晚近 10 点钟到达北海市,结果预期会议结束了<u>都已经</u> 5 个小时了。

(3a)和(4a)是原句,(3b)(4b)和(3c)(4c)说明"已经"和"都"既可置于主语小句的动词前,也可置于做谓语的时量成分前。事物都有量性特征,动词后时量成分实际是对动作或状态在时间上的度量。当动作或状态的量性特征不明确时也可以被估量,所以也可受估量副词修饰。按照量度等级,估量副词可以表示主观约量,如"大概、大约、大致"等;主观等量,如"刚刚、刚好、恰好"等;主观近量,如"就要、快要、将近、将要"等。据考察,表示主观约量的估量副词既可出现在动词前,也可出现在时量成分前。例如(3a)可以有(5a)和(5b)这样的约量表达式:

(5) a. 南极科学考察队<u>大概(大约、大致)</u>出发了三天了。

　　b. 南极科学考察队出发了<u>大概(大约、大致)</u>三天了。

仔细品味,由于动词构成的小句和时量成分之间是主谓关系,而主语和谓语在句法上是对等关系(沈家煊 2022),因此例(3b)(4b)和(5a)时体副词或估量副词出现在动词前,句法上实际只修饰动词。但是,表已然的时体副词和表主观约量的估量副词跟时量成分具有相容性,因此受语义"感染",动词前的时体副词或主观约量副词的语义也可以跨界指向时量成分。例(3b)(4b)和(5a)实际会被理解为:

(3) b′. 南极科学考察队<u>已经</u>出发了 I (已经)三天了。

(4) b′. 笔者等 4 人于 1 月 7 日晚近 10 点钟到达北海市,结果预期会议都已经结束了 I (都已经)5 个小时了。

(5) a′. 南极科学考察队<u>大概(大约、大致)</u>出发了 I (大概、大约、大致)三天了。

动词后跟时量成分构成主谓结构的上述语法表现,还可以从下述情况得到佐证:表主观等量和主观近量的估量副词只能置于时量成分前,不能置于动词前。例如:

(6) a. 笔者等4人于1月7日晚近10点钟到达北海市,结果预期会议结束了Ⅰ刚刚(刚好、恰好)5个小时。

*b. 笔者等4人于1月7日晚近10点钟到达北海市,结果预期会议刚刚(刚好、恰好)结束了Ⅰ5个小时。

(7) a. 从南京到深圳的飞机起飞了Ⅰ快要(就要、将要)一个小时了。

*b. 从南京到深圳的飞机快要(就要、将要)起飞了Ⅰ一个小时了。

表等量和近量的估量副词不能置于动词前,原因在于,动词和时量成分构成主谓关系,副词性修饰语在语义上只说明动词,跟时量成分表示的时段义相抵牾,不能跨界跟时量成分产生语义关联。但是,例(6b)和(7b)如果删除时量成分,原来做主语的小句仍然可以独立成句。比较(6b)和(6b′)以及(7b)和(7b′):

(6) b′. 笔者等4人于1月7日晚近10点钟到达北海市,结果预期会议刚刚(刚好、恰好)结束。

(7) b′. 从南京到深圳的飞机快要(就要、将要)起飞了。

有些估量副词只修饰时量成分,语义上跟动词没有关联,如"整整、一共、统共、总共、不止、至少"等,它们也不能置于动词前。比较:

(8) a. 南极科学考察队出发了Ⅰ整整三天了。

*b. 南极科学考察队整整出发了Ⅰ三天了。

*c. 南极科学考察队整整出发了。

(9) a. 笔者等4人于1月7日晚近10点钟到达北海市,结果预期会议结束了Ⅰ不止5个小时。

*b. 笔者等4人于1月7日晚近10点钟到达北海市,结果预期会议不止结束了Ⅰ5个小时。

*c. 笔者等4人于1月7日晚近10点钟到达北海市,结果预期会议不止结束了。

综上,不具持续特征的"起始""终结"或"消失"义动词构成的"动词＋时量成分"结构,其中时量成分做谓语,动词和时量成分受时体副词或估量副词修饰时受到语义和句法环境的双重制约。

2.2.2 时量成分做补语

具有谓词性特征的时量成分除了可以做谓语外还可以做补语,其作用在于说明动作行为的延展时间。人们一般把具有续段特征,且内在语义结构中无内在终结点的动词称作活动动词,如"走、跑、踢、推、翱翔、奔腾、劳动"等,受动词语义特征的影响,这类动词后跟时量成分表示动作行为本身持续的时间。跟前文不具续段特征的"起始""终结"或"消失"义动词相比,这类动词跟时量成分之间的语义联系紧密,因此通常不能有语音停顿(朱德熙1982:95),二者构成述补结构。例如:

(10) 飞机已经盘旋了两个多小时。

(11) 我们在这山腰上都走了两天了,怎么也没有看见什么九块巨石?

(12) 那将深邃的思想和激越的诗情熔为一炉的壮丽篇章,如一江澄碧春水,在教科书上奔腾了40年,浇灌了多少莘莘学子。

因为补语和整个述补结构都是谓词性的,而且语义上,补语在述补结构的辖域内,所以前文涉及的时体副词、估量副词等修饰语除了可以置于时量成分前,还可以置于动词前,后者语义上仍然指向时量成分。也因此,前文例(6)(7)(8)(9)不能置于起始或终结义动词前的估量副词在该类结构中较为灵活,可以置于时量成分前,也可以置于动词前。如例(10)可以有例(13)两种表达式:

(13) a. 飞机已经盘旋了<u>将近(刚好、整整)</u>两个小时。

b. 飞机已经<u>将近(刚好、整整)</u>盘旋了两个小时。

还因为动补关系"动词+时量成分"结构中,时量成分在动补结构语义辖域内,因此一般不出现在如前文例(8)和例(9)主谓关系"动词+时量成分"结构中动词前的数量副词,如"整整、一共、统共、总共、不止、至少"等,通常可以出现在述补关系"动词+时量成分"中的动词前。比较:

(14) 何立强先生在香港<u>一共</u>待了二十年。

*何立强先生<u>一共</u>离开了二十年。

(15) 工厂条例规定,每班工人每天<u>至少</u>工作十二个小时。

*工厂条例规定,每班工人每天<u>至少</u>收工十二个小时。

综上所述,持续义动词构成的"动词+时量成分"结构,其中时量成分做补语,补充说明动作行为的持续时间。这种情况下,时体和估量副词的位置较为灵活,不仅可以直接修饰时量成分,而且可以置于动词前,语义仍然指向时量成分。

3. 时量成分句法歧解

综合上文的讨论,时量成分做谓语或补语时,涉及三类动词:起始动词、终结动词和持续动词。它们的过程特征较为单一,受动词过程特征的制约,时量成分相应地做谓语或补语,句法上不会产生歧解,尽管二者在语法表现上存在差异。以此推理,如果动词兼有起始、终结和续段特征,所跟时量成分就不仅在语义所指上造成歧解,而且在句法功能上也会造成歧解。这类动词根据是否具有动态和静态特征又可分为两类:一类具有起始、终结和续段的完整动态过程但不具静态特征,可称为"动态过程动词";一类除了具有起始、终结和续段的完整动态过程外还兼有静态特征,可称为"动静兼类过程动词"。下文分别做简要讨论。

3.1 动态过程动词后时量成分的句法歧解

动态过程动词如"吃、读、看、建造、修理"等,当后跟时量成分,其所表示的时间既可是以动作起点开始计时,也可是以动作终点开始计时(马庆株1981)。这种歧解需要有足够的语境才能消除。比较:

(16) a. 我近年来天天看《黄帝内经》,看了三年了。

b. 《黄帝内经》我早看过了,看了三年了。

"看《黄帝内经》"是有起点、有续段、有终结的活动过程。例(16a)的"看《黄帝内经》"在持续的过程中,"三年"表示以动作行为开始点计时所持续的时间,依前文的讨论,句法上做补语,如例(17a)。例(16b)"看《黄帝内经》"是过去的行为,行为不再延续,"三年"表示以行为终结点开始计时所经历的时间,"三年"与"看"不是补充说明关系,句法上做谓语,如例(17b)。

(17) a. 我近年来天天看《黄帝内经》,看了<u>已经(大约、整整、快要)</u>三年了。

我近年来天天看《黄帝内经》，已经（大约、整整、快要）看了三年了。

b.《黄帝内经》我早看完了，看了已经（大约、整整、快要）三年了。

＊《黄帝内经》我早看完了，已经（大约、整整、快要）看了三年了。

刘勋宁（1988）和袁毓林（1995）认为"看了三天了"的结构层次是"[[看了][三天了]]"，而不是"[[看了三天]了]"，因为"三天"和动词前都可以出现副词，如"都整整看了三天了""看了都整整三天了"，这跟带状态补语的述补结构，如"已经走得很远了""走得已经很远了"类似，因此该类词组是述补结构。本文认为，由及物动词构成的该类格式，由于意念上存在空宾语（empty object，下文以 Oe 表示）的分布问题，不能一概而论。空宾语在该格式中的分布存在两种可能：④

A. 动词＋了＋Oe＋时量成分＋了　B. 动词＋了＋时量成分＋Oe＋了

A 式的空宾语在时量成分前，空宾语后可以有停顿，"动词＋了＋Oe"做主语，其后的时量成分做谓语；B 式的空宾语在时量成分后，动词后时量成分前不可以停顿，时量成分做补语。时量成分句法功能不同，句尾"了"的语义辖域也随之改变：时量成分做谓语时，句尾"了"的辖域仅限时量成分；时量成分做补语时，句尾"了"的辖域是整个动补结构。如下图所示：

A. 动词+了+Oe+<u>时量成分</u>+<u>了</u>　B. 动词+了+<u>时量成分+Oe+了</u>

即是说，"看了三天了"的结构层次既可能是"[[看了 Oe][三天了]]"，也可能是"[[[看了三天]Oe]了]"。前者是主谓结构，后者是述补结构。

因此，受语境影响，例（16）二例中"看"的空宾语（意念上为《黄帝内经》）的分布并不相同，而"三天"的句法功能也并不一致，如例（18）所示。

（18）a. 我近年来天天看《黄帝内经》，看了三年 Oe 了。

b.《黄帝内经》我早看过了，看了 Oe 三年了。

3.2 动静兼类过程动词后时量成分的句法歧解

如果动词不仅具有起始、终结和持续动态特征,而且还兼有动作终结后的状态(静态)特征,后跟时量成分其语义所指便存在三种解读(马庆株1981),其语法特征也随之存在三种不同的表现。这类动词常见的如"摆、绑、缠、垫、盖、挂"等(下文统称为"摆"类动词),例如:

(19) a. 广场上要摆 1 200 盆花,已经摆了三天了。

  b. 广场上摆了 1 200 盆花,已经摆了三天了。

  c. 广场上摆着 1 200 盆花,已经摆了三天了。

例(19a)和(19b)跟例(16)反映的情况类似,不再赘述。跟例(16)"看"不同的是,"摆"类动词还有类似例(19c)的表达式。例(19c)的"三天"是"摆花"动作完成后造成的状态的持续时间,其功能是补充说明状态的持续时间,因此句法上也跟例(19a)一样做补语。

比较例(19a)和例(19c),"三天"虽然都做补语,语义上还是存在细微差别,前者表示动态动作持续的时间,后者表示动作终结后造成的状态的持续时间。这一差别在语法表现上也有反映:表持续义的动态动词可以受进行体副词"正、正在、在"等修饰;而表持续义的状态动词,因不具动态特征,不可以受进行体副词"正、正在、在"等修饰。比较:

(19) a′. 广场上要摆 1 200 盆花,正(在)摆着呢,已经摆了三天了。

  * c′. 广场上摆着 1 200 盆花,正(在)摆着呢,已经摆了三天了。

4. 时量成分谓语和补语功能的过程解释

前文的讨论涉及动词起始、持续和终结特征,以及动态和静态的过递转化关系。这些特征和过递转化关系体现的是动作或事件随时间展开的过程阶段性,因此,动词后时量成分的句法多功能性可以从事件随时间展开的过程或过程结构获得解释。

根据前文的讨论,谓词性时量成分构成的"动词+时量成分"结构,时量成分的句法功能存在三种可能:其一,如果动词只有起点或终点特征,时量成分做谓语,如(20)"开始了快一半了"、(21)"消失了这么多年了";其二,如果动词兼有起点和续段特征,时量成分做补语,如(22)"工作了

21 年";其三,如果动词兼有起点、终点和续段特征,时量成分既可以是补语,如(23a)"喝了一天",也可能做谓语,如(23b)"喝了 25 分钟后",具体依语境而定。

(20) 32 岁的第一天已经开始了快一半了。

(21) 这时,我才忽然想到,庙,已经消失了这么多年了。

(22) 就任会长前,他在三星工作了 21 年。

(23) a. 这场酒,他们一直喝了一天,到傍晚才散。

b. 他拿出一个绿色的小药片,状如瓜子,我们的侦察员叫它柠檬,放水里去后迅速融化无色无味,人只要喝了 25 分钟后就会剧痛,狂吐狂泻。

上文的讨论主要涉及活动或动作动词,问题是如何看待前文 3.2 节讨论的动静兼类词。如例(19a)(19c)和(19a′)(19c′)所示,鉴于"摆"类动词兼具动态和静态义,且语法表现也不完全一致,刘宁生(1985)、李临定(1985)、郭锐(1993)等主张将这类动词列为两个义项分别对待。本文认为,"摆"类动词的动、静义及其语法表现差异可以从过程的视角得到统一解释。吕叔湘(1990:56)曾基于大量的语言事实分析指出,"动作和状态是两回事,但不是渺不相关的两回事,事实上是息息相通的"。"动作完成就变成状态"。综合吕叔湘先生的过程观和郭锐(1993)的研究,税昌锡(2012,2014)将动作或事件随时间展开的动态过程概括为如下模式:

……→活动前●活动起始→活动持续→活动终结●遗留状态起始→遗留状态持续→……

图 1　事件过程结构模式

以图 1 所示的事件过程结构模式为观察平台,前述各类现象可以从事件随时间展开的过程得到解释。时量成分虽具持续特征,但事实上它们并不跟图 1 所示的活动持续或状态持续特征相容,在语法表现上并不跟动词的持续体标记"着",以及表进行义的时体副词"正(在)、在、一直"等共现。例如前文例(10)不能说成例(24)和(25):

(24) *飞机盘旋着两个多小时。

(25) *飞机一直在盘旋两个多小时。

相反,不具持续特征的起始和终结动词却可以跟时量成分共现,这说明动词的持续特征不是其跟时量成分共现的必要条件。马庆株(1981)认为,"看了三天了"中"三天"的两种语义解读是由于"看"有"开始点"和"结束点"两个可能的计时起点造成的,可见动词是否具有"起始"或"终结"特征才是制约动词跟时量成分共现的主要因素。税昌锡(2012)认为,"了"的功能本质上是标示事件随时间展开过程中的起始事态或完结事态,其时体义具有完结、起始两面性。"了"的上述功能使其跟印欧语,如英语的完成体,在相应的时量表达上存在显著差别。比较:

(26) 会议已经开始了二十分钟了。

　　　* The meeting has begun for twenty minutes.

　　　The meeting has been on for twenty minutes.

(27) 那只老虎已经死了半年了。

　　　* The tiger has died for half a year.

　　　The tiger has been dead for half a year.

对比可见,汉语"开始"和"死"不具有持续特征,却可以跟时量成分共现;而英语的完成体要求动词本身具有持续特征,其时量成分表示的持续时间跟动作或状态的持续特征相对应。换言之,汉语和英语的动作或状态的时量表达机制并不对应。

如图1所示,一个典型事件的完整过程包括活动和活动终结后的遗留状态两个阶段,活动阶段有起点、续段和终点,活动终结随即转为遗留状态的起点,并随之进入持续状态。这就易于解释前文例(19)"摆了三天了"中"三天"的句法功能及其语法表现差异。大致而言,能构成"动词+时量成分"结构的动词可分为六类:1) 活动起始动词,如"开始、出发、起飞、着手";2) 活动终结动词,如"结束、失败、完成、消失";3) 活动起始过递活动持续动词,如"跑、跳、劳动、工作";4) 状态起始过递状态持续动词,如"懂、认识、相信、知道";5) 活动起始过递活动持续至活动终结动词,如"编、吃、喝、读";6) "摆"类动词兼具活动起始过递活动持续至活动终结转遗留状态起始特征。其中,1)和2)类动词后时量成分做谓语,3)和4)类动词后时量成分做补语,5)和6)类动词后时量成分既可能做谓语,也可能做补语。动词过程特征的复杂性必然造成动词后时量成分语义和句法功能的复杂局面。如果只考虑动词后时量成分可能的谓语或补语句法功能，可以从图1所示的过程结构中将动词的过程特征概括为两种类型：

类型一，端点特征：活动起始，活动终结，遗留状态起始

类型二，端点特征＋持续特征：活动起始＋活动持续，遗留状态起始＋遗留状态持续

类型一动词的"端点特征"制约着"动词＋时量成分"中时量成分的谓语的句法地位；类型二动词的"端点特征＋持续特征"制约着"动词＋时量成分"中时量成分的补语的句法地位。时量成分的句法歧解则是由类型一和类型二的特征融合造成的。

5. 结语

"动词＋（了）＋时量成分＋（了）"是汉语使用频率很高的时量表达式，本文在马庆株（1981）研究的基础上，并受前人启发，进一步探讨时量成分的句法多功能性。研究表明，动词语义类型和过程特征的不同，除了影响到时量成分语义所指不同外，还影响到时量成分的句法地位。受动词语义类型或过程特征的影响，时量成分可以是体词性的，句法上做宾语；也可以是谓词性的，句法上做谓语或补语，具体受到动词过程特征的制约。

时量成分的句法多功能性，跟动词本身的过程特征及句法功能存在互动关系，具体在受估量副词、时体副词修饰，动词与时量成分之间的语音停顿，以及及物动词后空宾语的分布等语法表现上都有反映。本文着重讨论了动词的语义类型和不同过程特征对时量成分的语义所指，尤其句法功能的约束限制。事实上，时量成分句法上的谓语或补语地位还受到其它环境因素的影响，更为复杂的语境或环境因素对时量成分句法功能的影响有待进一步讨论。

附　注

① 主语如"完成这项任务，三天足够了"的"三天"；定语如"工头一次就安排了四天的任务"的"四天"；状语如"李四劳动不积极，总是三天打鱼两天晒网"的"三天""两天"。做宾语、谓语和补语，尤其后二者的时量成分跟动词之间存在诸多纠缠，是本文讨论的重点。

② 动词后"了"和句尾"了"的语义功能,本质上都是标示动作或事件随时间展开过程中活动阶段或遗留状态阶段的起始或完结事态,因此在具体语境中根据事件"起始"或"完结"事态的凸显差异,"了"存在隐现问题,但这并不影响本文讨论的时量成分的句法功能差异。本文不具体讨论"了"的语法意义,参看税昌锡(2012)。

③ 本表在匡鹏飞(2016)的基础上略有调整,其中"时间副词"本文称为"时体副词","语气副词"本文称为"估量副词"。

④ 空宾语还可能构成"动词＋Oe＋了＋时量成分＋了"格式,但是该格式中前"了"不在动词和宾语之间,是所谓的句尾("动词＋Oe＋了"在该格式中是主语小句)"了",标示新情况的起始事态,这跟做谓语的时量成分所蕴含的时段义相悖。因此实际言语中并不存在这一表达式。另参考税昌锡(2006)。

参考文献

郭　锐 1993 汉语动词的过程结构,《中国语文》第 6 期。

匡鹏飞 2015 与"动词＋时量成分＋宾语"结构有关的几个问题,《语文研究》第 4 期。

匡鹏飞 2016 副词与"动词＋时量成分"组合的两种句式,《江西师范大学学报》第 3 期。

李临定 1985 动词的动态功能和静态功能,《汉语学习》第 1 期。

李兴亚 1980 宾语和数量补语的次序,《中国语文》第 3 期。

李宇明 2000《汉语量范畴研究》,华中师范大学出版社。

刘宁生 1985 论"着"及其相关的两个动态范畴,《语言研究》第 2 期。

刘勋宁 1988 现代汉语词尾"了"的语法意义,《中国语文》第 5 期。

刘月华等 2001《实用现代汉语语法》,商务印书馆。

吕叔湘 1990《中国文法要略》(吕叔湘文集第一卷),商务印书馆。

马庆株 1981 时量宾语和动词的类,《中国语文》第 2 期。

沈家煊 2022 哈里斯的话语分析方法和中式主谓句,《现代外语》第 1 期。

石定栩 2006 动词后数量短语的句法地位,《汉语学报》第 1 期。

税昌锡 2006 VP 界性特征对时量短语的语义约束限制,《语言科学》第 6 期。

税昌锡 2012 基于事件过程结构的"了"语法意义新探,《汉语学报》第 4 期。

税昌锡 2014 事件过程结构及其动态特征,《语言学论丛》(第四十九辑),商务印书馆。

吴竞存等 1992《现代汉语句法结构与分析》,语文出版社。

邢福义 1984 说"NP 了"句式,《语文研究》第 3 期。

袁毓林 1995 词类范畴的家族相似性,《中国社会科学》第 1 期。

赵元任 1996《中国话的文法》(中国现代学术经典赵元任卷),河北教育出版社。

朱德熙 1982《语法讲义》,商务印书馆。

（本文发表于《汉语学习》2022 年第 4 期,有删减）

数量宾语的去黏着功能及教学建议

延边大学朝汉文学院　朴珍玉
北京师范大学文学院　张钦钦

典型述宾结构的语义关系为支配关系,一般由及物动词加受事宾语构成,典型的受事往往是"数+量+名"形式。一般非典型述宾结构的宾语不受动词支配,比如"哭周瑜""飞武汉"等,因此也不能或无需添加数量成分,那为什么有的述宾结构必须是数量式宾语,有的述宾结构不能加数量词呢? 例如:

(1) ＊a. 小李吃了饭。

　　　b. 小李吃了三碗饭。

(2) ＊a. 小王唱了歌。

　　　b. 小王唱了三首歌。

如果"N"为普通光杆名词,该结构往往是黏着的不能单说的。如例(1a)和例(2a)中的"吃了饭""唱了歌"都不成立,但在名词前加数量成分,句子就成立了。贺阳(1994)从完句条件的角度提出,只有数量范畴和时体范畴同时使用才能使"名+二价动词+名宾"成立。

由于非母语学习者没有完句条件的语感,因此典型述宾结构的宾语需要采用"数+量+名"形式对非汉语母语学习者来说,有一定的习得困难。

本文主要探讨为什么有些述宾结构的宾语需要添加数量成分,有些不需要添加数量成分,以及在什么情况下,黏着的述宾结构只能通过添加数量成分才能自由使用,并由此提出与之相关的本体及对外汉语语法教学建议。下面我们从"V+了+N"构成成分的互动关系和数量宾语的去黏着性作用等方面进行论证。

1. 黏着结构的自由化

20 世纪八九十年代,汉语学界对黏着的述宾结构"V＋了＋N"(如"吃了饭""喝了酒"等)的成句条件进行了广泛而深入的讨论〔参见陆俭明(1988)、贺阳(1994)、孔令达(1994)、金廷恩(1999)、沈家煊(1995)、李泉(2006)等〕。陆俭明(1988)首次从数量短语对句法结构制约作用的角度,把"数量"作为解决黏着结构自由化问题的突破口。

1.1 结构式的"自由"和"黏着"

自由(free)和黏着(bound)是朱德熙(1982)提到的一对语素区分的概念。简单来说,能单独成句的谓之"自由",不能单独成句的谓之"黏着"。例如:

(3) ＊他买了票/喝了酒/吃了苹果。

(4) 他买票了/喝酒了/吃苹果了。

例(3)都是黏着的;例(4)都是自由的,加上一个语调就可以从词组变成一个合法的句子。那么一个结构式如何才能从黏着变为自由呢?陆俭明(1988)提出,所谓黏着不是不能成立,而是只能包含在更大的句法环境中,或者添加其他成分才能独立使用。例如:

(5) ＊a. 打破玻璃。

 b. [打破玻璃]的人找到了吗?

 c. 打破两块玻璃。

(6) ＊a. 飞进来苍蝇。

 b. [飞进来苍蝇]就打。

 c. 飞进来一只苍蝇。

例(5a)和例(6a)"打破玻璃""飞进来苍蝇"是黏着的,但是加上后续句或数量词就变成"自由"的结构式了。可见,"自由"和"黏着"可以相互转化。也有学者从认知角度和谓词时间参照角度进行分析。

1.2 有界—无界互动

沈家煊(2004)提出,结构式"自由"和"黏着"的对立其实也是"有界"和"无界"的对立。在常规述宾句中,宾语的语义角色是受事,"喝了水""唱了歌"满足语义要求,这类句子的不自足不是由语义造成的。名词必须加数量成分,变成"喝了两杯水""唱了两首歌"句子才能成立,这是宾语

名词有界化的手段。以"喝水"为例:

(7) 喝_{无界}水_{无界}——喝_{无界}两杯水_{有界}——喝了_{有界}两杯水_{有界}

    抽象短语——具象短语——有界短语

    无终止点——有自然终止点——有实际终止点

例(7)"喝"和"水"都是无界的,"喝水"是个自由短语,但是如果加上体标记"了"变成"喝了水"就是黏着短语了,需要其他成分才能构成合格的句子,"水"需加数量成分转化成有界事物才能和"喝了"搭配,整个结构的性质也由一个抽象短语先转化成有界短语再进一步转化为有界事件句。

典型的述宾结构大都用来陈述一个事件。自由的结构式代表有界的完整事件,黏着的结构式代表无界的不完整事件。沈家煊(2004)提到,结构式的"自由"和"黏着"也要区分不同的层面。述宾结构"V+了+O"在"动作"这个认知域内,相对于"VO"来说是有界的,但是在"事件"这个认知域内,相对于"V+了+O_{数量}"而言是代表无界的事件。这也是在两个不同认知域内对同一个"V+了+O"作出的不同判断,并不矛盾。数量词不仅表示数量义,而且在构成上也体现"个体化""有界化"的功能。这样该结构式才能表达一个完整的事件。可见,结构式的"黏着"与否,需要从不同层面上观察。从认知的角度去解释结构中的名词和动词的搭配问题确实让人耳目一新。^①但还是有些不好解释的问题。例如:

(8) 他点了美团外卖。

(9) 等车时他吃了鸡蛋。

例(8)(9)也是 V 加"了"再加宾语,但"美团外卖""鸡蛋"前并没有使名词"有界化"的数量成分,依然成立。

郭锐(2015)提出,"V+了+N"黏着的主要原因就在于"了"。一般来说,典型的述宾结构一般构成事件句,作为事件,就要有现实性,相应的,体现在谓词上就要有表时间的成分。体现在名词上,就要有明确的指称性等。可见,认知语法在此只考虑了结构式的外部形式,没有对"了"的语义功能进行分类分析。

1.3 内部时间—外部时间互动

从谓词的时间参照视角来看,这里的"了"是"了₁",是内部时间参照标记,要想使句子成立,必须要有外部时间参照("了₂")。即为"V＋了＋N"添加"了₂"句子方可成立(如"吃了₁饭了₂")。除此之外,还有一种解决方法,就是在"V＋了₁＋N"中添加谓词性成分或小句,使"N"为后续事件提供谓词性成分的内部时间参照。如"小李吃了三碗饭"(郭锐,2015)。

从时间性的角度对"V＋了₁＋N"的"完句"问题进行解释,比从认知的角度进行解释更加直接,但"了₁"除了是体标记,还可以是时标记。一般来说,能自由使用的"了₁"实际就是"过去时"的标记,用作外部时间参照(参照时间是说话时间)。[②]例如:

(10) 这里面有七八张是苇弟的单像,我又容许苇弟吻我的手,并握着我的手在他脸上摩擦,于是这屋子才不像真有个僵尸停着的一样,天这时也慢慢显出了鱼肚白。(丁玲《莎菲女士的日记》)

(11) "我必须请假去、去、去、去、去……场部礼堂。"五个"去"字为他<u>赢得了时间</u>。(严歌苓《陆犯焉识》)

这和一般完成时的参照时间不同,没有相对时间参照的"影响性",仅仅是对过去事件的客观叙述。[③]当"了₁"为现实体标记时,"N"不能以光杆形式结句,如果是光杆形式,则必须有句尾表示外部时间参照的"了₂"或后续小句等相当于外部时间参照的成分。当"了₁"表示过去时,"N"受限较少。

综上,语法系统的各个组成部分之间是相互关联、相互制约的,"了₁"的语义和功能(实现体标记、过去时标记)对宾语的外部形式有不同的制约作用(这一点我们在下文继续展开)。

1.4 "V＋了＋N"的去黏着性手段

自陆俭明(1988)提出"V＋了＋N"这种述宾结构是黏着的,单独站不住脚,需加数量词使之自由化,不同学者试图从不同角度对该现象进行解释。

贺阳(1994)从完句条件的角度提出,只有数量范畴和时体范畴同时使用才能使"名＋二价动词＋名宾"成立。沈家煊(1995)从认知的角度提出"V＋了＋N"中"N"必须是"有界"成分才能与"有界"动词搭配使用。郭锐(2015)从时间参照的角度提出,"V＋了＋N"成立的条件有三种:在句子后添加"了₂"、添加数量成分、添加后续小句。林若望(2017)认为除了添加数量短语、句末助词"了₂"、后续小句之外,还可以添加并列成分、修饰语。综合各家之言,使"V+了+N"成立的手段如表1所示:

表1　"V+了+N"的去黏着化手段

	加数量	加了₂	加组合式定语	加后续句	加并列成分	光杆名词
贺　阳	+					
孔令达	+	+	+			+
沈家煊	+					
李　泉	+			+		
郭　锐	+	+		+	+	
林若望	+	+	+	+	+	

从出现的频次看,"N"的形式特征依次为前加数量短语的最多,其次是名前添加修饰或并列成分,也可以是双音及以上的光杆名词。从形式上看"N"不能为单音节光杆名词,一般需要添加一些成分增加词长。从语义上说这些名词一般是表达具体的内容,比如"一碗(饭)"比"饭"的语义更为具体,"毒药""可口可乐"比"水"的语义更丰富。单看语法形式不能解释"V+了+N"的黏着问题。

2. 与句法结构互动的其他因素

语言现象,尤其是一度成为学界研究热点的语言现象本身都具有复杂性。我们对具体语言事实或句法现象可以根据研究目的的不同,采用不同的理论和角度进行解释。以往从单一视角寻求解释都会遇到解释不了的语料和现象。因此可以而且应该从多个角度和多个层面进行探索。关于光杆名词一般不能为黏着结构"V+了+N"的宾语这一现象,我们也可以从韵律、信息量等角度进行佐证。

2.1　事件句与动词配价"失效"

一般来说,我们可以根据动词的及物性来判断动词是否可以带宾语

论元,以及带什么类型的宾语论元。但在"V＋了＋O_{数量}"的框架下,动词的配价特征似乎失效了。例如:

(12) 梦想成了事实,缥缈的云雾变为一个　三十岁的青年。(巴尔扎克《贝姨》)

(13) 我从上海到香港,又从香港到大后方,走了一个　大三角形,见到了牛头马面,看到了黑暗内幕,已经厌倦! 厌倦人生,厌倦这世道。(王火《战争和人》)

(14) 到了寺里,殿上灯烛辉煌,满是佛婆念佛的声音,好像醒了一场梦。(朱自清《冬天》)

(15) 再也没什么好留恋了,碎了一　世的鸳梦,她还为谁而活? (楼雨晴《掬心》)

从上面的例子我们看到,动词无论是及物动词,还是不及物动词,或者无论是不及物动词中的非宾格动词,还是非作格动词,都可以带宾语。配价分析一般把该类现象称为论元增容(袁毓林 2004)。我们发现论元增容的现象比比皆是,尤其是宾语为数量宾语时,数量宾语不仅起到取消不及物动词非宾格、非作格对立的作用(刘探宙 2009),也会起到取消动词及物不及物对立性的作用(孙天琦、潘海华 2012)。数量宾语如何发挥这样的作用我们在下文 3.4 中详细论述。我们先来看一下该结构所处的语境。

"了"做体标记的语境都在事件句中。一个重要原因是描述一个事件需要在时空上定位。而汉语光杆动词都是无定的,无法给事件定位。因此动词后往往有个词尾"了"(体标记不限于"了"),在述宾中间的"了"主要是确定动作状态的发生或存在。上文我们提到,此时宾语很少用光杆形式,一般需要前加成分(以添加组合式定语为主,添加黏合式定语会受到一定的局限),④但"V＋了＋N"能结句的例子也不是没有。例如:

(16) 结束后,我和他加了微信。

(17) 陆焉识是从婉喻这里认识了共产主义。(严歌苓《陆犯焉识》)

例(16)(17)中的"微信""共产主义"是光杆名词。相比于"吃了饭""喝了酒",例(16)(17)这样的句子接受程度更高一些。这并不是说所有的光杆名词都可以进入该句式。相反,正是因为光杆名词一般不能进入该句式,才引起学者的兴趣和关注。我们认为,光杆名词进入"V+了+N"不仅受限于句法,还受限于所处语境、句子的信息结构、信息新旧、韵律等因素。

2.2 韵律核查与光杆无指名词

有黏合式定语修饰的宾语一般在节律上结合紧密,入句后常常被看作一个句法单位。应学凤(2020)认为,黏合结构和组合结构的语义、韵律、语体等存在差异,这可能会导致入句差异,因此加一般定语和加组合式定语(如数量定语)在句法上相当不同。例如:

(18) *a. 吃了饭/吃了米饭/吃了盖饭。

　　　　b. 吃了一碗饭/吃了饭和鱼肉/吃了好吃的竹筒饭。

在"V+了+N"结构中,普通重音指派者是"V",最终核心重音[5]承担者是"N"。以"吃了饭"为例,"吃"是核心动词,是核心重音的指派者;"饭"是宾语,是核心重音的承担者。"吃了饭"整体上应构成短长/轻重的音律节奏。而核心动词"吃"和宾语"饭"在长度上一样,所以无法满足韵律制约。若使"N"实现为核心重音,就需要使"N"的长度(时长)长于"V",具体来说就是要增加音节数。以"吃了饭"为例,"了"首先和动词结合,构成一个标准音步,其韵律节奏为"吃了|饭"。而这样的韵律节奏是不符合核心重音原则的,在"V+了+N"结构中"N"的长度应该长于韵律词"V了",所以需要在"饭"前添加成分,如"吃了一碗饭""吃了饭和鱼肉""吃了好吃的竹筒饭"等。那为什么"吃了|米饭"构成2+2韵律结构模式也不成立呢? 其实2+2韵律模式不是不成立,只是还需要另外的条件,比如获得对比重音等。限于篇幅,不具体论述,参见冯胜利(2000)。

可见,从韵律句法的角度可以为"V+了+N"不成句提供佐证,但是韵律句法还是一门相当年轻的学科,我们既不能夸大它的作用,也不能忽略其对汉语成句的制约作用。我们讨论韵律对句法的影响是在句子满足了句法和语义限制基础之上的。

2.3 信息量与光杆名词

孔令达(1994)提出,与经常性动作相比,非经常性动作往往信息量更大,完全可以构成一个句子的主要信息,受话人会感到句义完整,可以成立。例如:

（19）＊a. 他吃了<u>饭</u>。

　　　　b. 他吃了<u>毒药</u>。

孔令达（1994）认为"吃了饭"不成立是因为信息量小，但是我们不会觉得例（19b）有问题，因为"吃毒药"属于非经常性动作，信息量大。

我们认为，用"经常性"原则解释也存在例外，且带有一定的主观性和随意性。同时，也很难判断信息量大到什么程度才能满足句法上的"合法"要求。比如信息什么时候才算"足够"使句子自足，似乎并没有一个合理的依据。例如：

（20）＊a. 他是<u>令人钦佩的创造过无数辉煌的</u>人。

　　　　b. 他是<u>中国</u>人。

例（20a）信息量明显大于后者，但是可接受度比例（20b）更低。a句在"是"后面加上"一个"，句子的接受度就会变高。其实"一个"并不增加信息量。因为主语是"他"就对应"一个"，是个已知信息，反而是"令人钦佩的""创造过无数辉煌的"才是新信息，而这样的新信息，增加多少都无法使例（20a）的接受度变得更高。可见信息量只能是一个参考因素，不是决定因素。

综上，汉语的宾语和受事有一种天然的联系。动作行为的承受者一般会受到动作的影响而发生变化，新的变化一般是新信息，容易成为句子的焦点。在形式上，汉语常用无定形式来表达新信息，常用的手段就是数量名形式（陈平1987）。一般来说，"V＋了＋N"中"N"是新信息，是自然焦点，是一个句子突显的部分，所以要求"N"在形式和语义上要具有突显性。这一方面在韵律上要求不能是单音节词，另一方面在信息上也要求"N"尽量完备。

2.4　数量宾语

上文提到，通过添加数量短语、添加修饰语或者并列成分的方式都能提高N在信息上的显著度，其中数量成分在"V＋了＋N"成句方面有积极作用。下面我们从三个方面来讨论采用添加数量成分这一手段在述宾结构"V＋了＋N"去黏着性方面的优越性。

首先，对于及物动词带宾语，虽有其他手段可以让黏着结构"V＋了＋N"去黏着化，但在句末，最常用的方式还是数量成分。使用其他手段，往往还有其他限制条件。比如光杆名词需要用于对举格式（如"他吃了饭，也吃了面条"）或有后续句（如"我吃了饭就去办电话卡"）；名词前加黏合式定语需用过去时标记,一般都是表示过去发生的动作或事态(如"我喝了啤酒和雪碧"),这与名前加数量成分可以表示现在时实现体很不同;名词前加指量定语一般不能放在句尾(如＊"我喝了这杯酒"需改成"这杯酒我喝了")。

其次,对于不及物动词带宾语,不可以用上述其他手段,只能用数量宾语。例如:

(21) 来人了。/死人了。

(22) a. 前面来了三个人。/村子里死了三个人。

＊b. 前面来了人。/村子里死了人。

例(21)(22)都是非宾格动词用于存现句的情况,动后名词"人"([＋有生性])是非宾格动词在词汇意义上的独立论元,在句法上获得宾格,经历了一个去施事化过程,所带论旨角色类似于当事、历事或客体等。

这是因为数量宾语在存现句中与主题存在整体和部分的数量关系,二者并非修饰关系,而是陈述关系。这是数量成分强制性使用的句法—语义限制。

再次,从宾语的指称性角度来看,典型受事宾语具有[＋附庸性][＋静态性],因此如果动词的"体"特征固定下来以后,在"VP"范域内的数量宾语也就在语境中获得了有指性,因为宾语只有有指,才能受到来自动词的影响。"V＋了"在数量名短语的上层已经在时间上确定了起始点,宾语就要能表示一个确定的结束点,既然是"某个点"则必须以存在为前提,必须以受事的个体化为前提。如"吃了三碗饭""吃了那三碗饭"都是成立的,光杆名词宾语由于不能单独表示存在性,因此不合法。

总之,述宾结构"V＋了＋N"黏着或是不成立,可能是没有满足句法-语义要求,可能是没有满足韵律要求,还有可能是没有满足信息结构的要求。而数量宾语同时满足句法、语义、指称、韵律、焦点等多方面的要求,在"V＋了＋N"的去黏着化方面具有明显优势,因此受到的条件限制也少。

3. 数量范畴的句法功能及教学思考

3.1 存在的问题

自陆俭明(1988)列举数量词在 16 类句式中对句法的三方面制约作

用后,近三十年来,汉语学界对该问题做出了不同程度的解释,但是由于该问题涉及的内容庞杂而且有一定的研究难度,至今没有形成统一的观点,主要存在以下问题。

第一,以往研究大都把数词、量词、数量词不加区分地划入体词性成分中,但实际上无论是古代汉语,还是现代汉语,数量成分做谓语、补语都是很常见的(如"棺三寸,足以朽骨""月工资八千"等),而体词最主要的语法功能(如做主宾语、受数量词修饰等)数量成分却受到条件限制。

第二,以往认为数量成分最主要的功能是对中心语进行修饰和限制,甚至认为数量成分在句法上、语义上是一个可以随意删略的"次要成分"。实际上,在很多句法结构中数量成分是强制使用的〔如"盛碗里 * (两条)鱼""逛它 * (两天)北京城"等〕。

第三,汉语的量词相对其他语言来说,次类多、数量庞大。多采取专题性分类研究(如专门讨论名量词、动量词、时量词及各自的相关问题),对数量成分的同一性认识不足。

第四,以往对数量成分在句子层面、篇章层面的研究只见于指称性研究。数量成分在句法—语义上的述谓功能与其在语义—语用上的指称功能之间的内在联系还需要进一步说明。

由于篇幅限制,本文就数量范畴,尤其是数量宾语的教学提出几点教学建议。

3.2 对教学的初步思考

3.2.1 汉语语法教学

首先,要打破数量打包分析的习惯。以往大多数学者常把"数"和"量"合称为"数量",作为同一个语义范畴来讨论。比如邢福义(1993)曾提出,数词和量词的定型组合相互规约决定了"数不离量"和"量不离数"的基本面目及"数量结伴,共同外向"的基本功能。从语言类型学的角度看,世界上没有量词的语言非常多。因此,不必谈"数",必谈"量"。数量成分可以不和名词一起使用。量词也并不是因为数词无法直接修饰名词而起到连接数词和量词的作用这么简单。

其次,要在教材中对数量成分的非体词性功能进行必要的解释说明。数量成分明显具有区别于一般体词性成分的"特殊性"。我们认为,以往只关注数量成分与中心语的语义搭配问题及数量成分的修饰限制作用是"小看"了数量成分的句法—语义—语用价值。

陆俭明(2014)指出,凡是涉及数量范畴的语法投射问题都可以从数量范畴的角度去研究和解释,而未必见得都能从"有界和无界"的角度,都能从时间参照的角度去解释。而从应用的角度看,也是从数量范畴的角度去解释可能比从"有界和无界"的角度、从时间参照的角度更容易让学生接受。

通过上文的分析,我们认为,数量成分在句法结构中体现的特殊性证明数量成分不仅仅是名词的修饰语,对数量成分的研究不能仅局限在名词短语内部,不能停留在短语层面。对于数量成分的入句特征也应该适当体现。至少,要在教材中体现出数量成分可以指称,也可以述谓。有别于一般的体词性成分。

对外汉语教学则更是简化了数量成分在句法中的作用,而强调数词和量词的词汇搭配,尤其是名量词。大部分教材都明确指出汉语名词和数词不能直接组合,必须先构成"数+量+名"的形式,再进一步说明,名词和量词的搭配有一定的语义制约性,不能随意组合搭配。

3.2.2 对外汉语语法教学

"数量"作为一个句法语义范畴无论是在汉语本体研究上,还是在类型学上都具有十分重要的学术价值。对外汉语语法教材中我们会向留学生介绍量词丰富是现代汉语语法的特点之一。然而,世界上没有量词的语言也大量存在,可见,"数"和"量"并不一定"结伴而行"。以往主要在初级阶段考察学习者的名量搭配问题,在中级阶段考察学习者的名词短语做句法成分以及时量、动量的搭配问题。由于留学生在习得的过程中不理解汉语的量词到底有哪些功能,更不理解为什么宾语会形成光杆名词和数量名短语的对立。因此数量范畴在句子层面的应用一直是留学生的学习难点。

我们认为,对外汉语教学应该引入一些类型学研究的成果。在中高级阶段向学习者介绍世界的语言可以分为量词型语言和非量词型语言。看似简单的介绍实则可以促发留学生对以往知识系统化方面的思考。并进一步介绍汉语属于量词型语言,名词和数词结合表示个数概念时,需要先由量词对名词进行"个体化"操作。这样作为句子自然焦点的宾语才能表达有指无定的概念。而英语等屈折语往往没有个体量词，但名词有"数"范畴特征，名词首先要根据"数"特征区分可数名词和不可数名词，可数名词前面无论有没有数词只要所指对象不止一个就必须用名词复数形式，而不可数名词本身缺乏清晰的个体边界或个体边界在认知上不重要，这类名词一般难以计数或不必计数〔如"water"（水）、"rice"（稻米、米饭）等〕，所以没有单复数的区别。

然后再向学生介绍，到了近代，量词才慢慢出现很多表义丰富的个体量词来增强语言的修辞色彩，量词的发展体现了汉语表达的严密化和精细化。因此汉语的名词和量词需要满足双向语义搭配。

在学生理解汉语的量词的基础上，应进一步告诉学生数量词在语法上的作用。首先明确数量短语的指称性以及述谓性。同时，进一步明确汉语数量宾语去黏着性的作用，并从句式句法—语义的限制、信息结构限制、韵律限制的角度帮助学生理解数量宾语在完句方面的显著优势。

4. 结语

黏着结构的自由化受到多方面因素的影响。本文试图从述宾结构构成成分的互动关系及数量宾语的去黏着化作用角度来阐释"V＋了＋N"的结句问题及其教学建议。我们认为，"了"是事件句中的实现体标记，用来定位时空，确定该动作的发生或存在；"N"在与"V"和"了"互动的过程中受限较多：韵律上不能为单音节，信息结构上需具有无定特征，由于光杆名词形式单薄、表义受限、信息量不足，无法居末兼任自然焦点，因此需要添加信息增值成分来增强显著度、提高完备性，如前加数量短语、前加修饰或并列成分等手段，其中有些结构必须通过添加"数量成分"方式来达到去黏着化的目的，这是因为数量宾语同时满足句法、语义、语用等多方面的要求。

我们发现，以往的研究无论是对母语者的语法教学，还是对外汉语教学，都低估或者忽视了数量范畴的句法制约性，对有些述宾结构为什么会形成光杆名词和数量名形式的对立缺乏必要的介绍。

　　我们认为，在对外汉语教学中，不能仅仅强调汉语中有丰富的量词，名量搭配的语义制约，还应在不同教学阶段在学生理解量词的功能和演变的基础上，对汉语数量结构指称性与述谓性特征及其在数量宾语中去黏着性的作用进行句法上的介绍和操练。希望本文的研究对汉语教学及对外汉语教学都有一定的借鉴作用。

附　注

　　① 沈家煊(1995)用认知上的"有界"和"无界"的对立进行解释，认为"数量成分"是无界名词"有界化"的手段。

　　② 郭锐(2015)指出，大量的"了₁"结句的例子从老舍的《骆驼祥子》(1936)开始表现出来，这可能是受语言接触的影响的一种欧化现象。我们也发现该类现象在译作中使用频率比较高。这也是"了₁"表示过去时的一个佐证。

　　③ 林若望(2017)提出，"了₁"表示完整体是针对整个事态而言的，而不仅仅是动词的。其语法意义可以拆解为三部分：(1)表示事件过程的完整貌，(2)表示事件达成后结果状态的非完整貌，(3)相对过去时意义。可见，在述宾之间的"了"并不像很多学者认为的那样是"完成体"标记，而可以单单表示过去。这样就可以解释"写了一封信"既可以表示写完了，也可以表示没写完。

　　④ 朱德熙(1982)认为，偏正结构中的黏合式定语包括不带"的"字的名词、区别词、性质形容词，组合式包括"的"字结构、数量结构、领属结构。

　　⑤ 冯胜利(2000)提出，核心重音范域是句子基础结构中的最后一个动词短语。核心重音由最后一个动词短语的核心词(动词)指派给它所直接管辖的补述语。比如"我喜欢张三"核心重音的范域是"喜欢张三"，最终核心重音的承担者是"张三"。

参考文献

　　郭　锐 2015 汉语谓词性成分的时间参照及其句法后果，《世界汉语教学》第 4 期。

　　贺　阳 1994 汉语完句成分试探，《语言教学与研究》第 4 期。

　　金廷恩 1999 汉语完句成分说略，《汉语学习》第 6 期。

　　竟　成 1996 汉语成句过程和时间概念的表达，《语文研究》第 1 期。

　　孔令达 1994 影响汉语句子自足的语言形式，《中国语文》第 6 期。

　　陆俭明 1988 现代汉语中数量词的作用，《语法研究和探索(四)》，北京大学出版社。

陆俭明 2014 关于"有界/无界"理论及其应用,《语言学论丛》,商务印书馆。

李　泉 2006 试论现代汉语完句范畴,《语言文字应用》第 1 期。

刘探宙 2009 一元非作格动词带宾语现象,《中国语文》第 2 期。

林若望 2017 再论词尾"了"的时体意义,《中国语文》第 1 期。

朴珍玉 2018 "取类"双宾式宾语的数量特征,《汉语学报》第 2 期。

石毓智 2000《语法的认知语义基础》,江西教育出版社。

孙天琦、潘海华 2012 也谈汉语不及物动词带"宾语"现象——兼论信息结构对汉语语序的影响,《当代语言学》第 4 期。

沈家煊 1995 "有界"与"无界",《中国语文》第 5 期。

沈家煊 2004 再谈"有界"与"无界",《语言学论丛》第三十辑,商务印书馆。

应学凤 2020《现代汉语黏合结构研究》,中国社会科学出版社。

袁毓林 2004 论元结构和句式结构互动的动因、机制和条件——表达精细化对动词配价和句式构造的影响,《语言研究》第 4 期。

朱德熙 1983《语法讲义》,商务印书馆。

朱德熙 2010《语法分析讲稿》,商务印书馆。

（本文发表于《华文教学与研究》2021 年第 4 期）

头部动词的语义角色考察[*]

澳门大学人文学院中国语言文学系　王　珊

1. 前言

汉语具有丰富的语义句法、声调结构、复杂的书写系统和多样化的社会历史背景(Huang et al. 2022),这使得汉语成为进行语言学研究的重要资源,引发了广泛的兴趣和关注(Arcodia & Basciano 2022),其中语义研究在语言理解方面扮演着重要角色。

动词的语义角色是研究动词论元结构的窗口,通过分析动词支配的语义角色的数目和类型可以区分动词的不同论元结构,进行有意义的动词分类(陶红印 2000)。动词的语义角色知识在句子理解、语言本体研究和自然语言处理中都占据着核心位置(王诚文等 2020)。语义角色能丰富句式描写,有利于二语教学和跨语言比较(张宝 2021)。利用语言角色标注还可以进一步凸显句法语义知识(俞士汶、朱学锋 2013)。例如,陈龙、詹卫东(2019)根据语义角色标注库中施事的语义分布和人工筛选,发现某些动词在施事语义角色标注方面存在不一致,这是因为这类动词具有致使语义特征而缺乏自主语义特征。

本文以身体动词中的头部动词为例,抽取大规模语料库中含有该类动词的单句,以依存语法(冯志伟 1983;Tesnière 1934)为理论基础标注头部动词的语义角色,经人工校对后,考察头部动词所带语义角色的分布及配位方式。选取的头部动词包括"摇头""低头""点头""颔首",均含"头、首"。使用的语料库包括 CCL 语料库[①](詹卫东等 2019)、

———————————

　* 基金项目:澳门大学 MYRG2022‑00191‑FAH。致谢:澳门大学硕士生陈姝池同学参与了前期的标注工作,本文在此之后全部重新进行了标注与统计。

BCC 语料库[②]（荀恩东等 2016）、搜狗实验室[③]（Liu et al. 2012）、Chinese Gigaword[④]（通过"中文词汇特性速描系统"使用）、《人民日报》[⑤]、腾讯新闻[⑥]和《参考消息》[⑦]。

2. 研究概况

　　"近取诸身，远取诸物"，人们往往通过身体来感知、体认世界。与身体部位关联密切、由身体器官发出动作的动词被称为"身体动词"（王珏 2004；赵元任 1979）。举例来说，"摇头""低头""点头""颔首"都是由"头"这一身体重要部位发出的动作，本文称之为头部动词。

　　"头"是人体最重要的部分，也是一个跨语言的基本词汇，如汉语的"头"、英语的"head"、法语的"tête"、俄语的"голова"。因此"头"及其相关词汇在语言学中具有显而易见的重要性。仅从语义来看，"头"跨语言存在的事实使得学者可以从类型学的角度对比不同语言中与"头"相关的词汇的语义引申，名词"头"在语义上具有"和头有共现性"（转喻）、"和头有空间相似性"（隐喻）两个引申角度（赵果 2017）；"发"和"头"有共现性，因此实际上洗的是"发"却可以转喻为"洗头"；"头"位于身体的上端，因此山的上端可以通过隐喻称为"山头"。在"头"的语法化过程中，隐喻和转喻都发挥着关键作用（高航、严辰松 2007）。"头"在语义演变的过程中，经历了"身体——空间——时间"的认知域引申，发展出作方位词后缀（林晓恒 2010）、量词（王彤伟 2005）等用法。对"头"的研究范围扩展到方言，比如曾达之、罗昕如（2013）发现湘语"头"类人体词汇发生了"人＜物＜事＜空间＜时间"的语义演变，而其多义性的动因主要是隐喻。

　　尽管针对"头"的语义研究很多，但是和"头"相关的动词研究主要集中在视觉动词如"看、见、忘、相"（武文杰、徐艳 2012）、听觉动词如"听"（高再兰 2012）等头部感官动词，对含"头/首"动词的研究很少，这和"头"的重要性不相匹配。因此，本文将以"摇头""低头""点头"和"颔首"四个头部动词为例，对包含这些动词的单句进行基于依存语法的语义角色标注（Wang et al. 2022），着重解决以下问题：1）头部动词携带的语义角色有哪些；2）头部动词的语义角色配位具有何种特点。

　　选择依存语法(冯志伟 1983；Tesnière 1934)作为标注体系的原因在于该理论以动词为中心,旨在研究词与词之间构成的支配和从属关系,十分契合本文的研究重点。经过分词和词性标注等预处理后,我们对获得的单句进行抽样,共得到 832 条含有头部动词的单句,见表 1。

表 1　头部动词的单句数量分布

头部动词	本研究选取的单句数量	占　比
摇头	269	32.33％
低头	263	31.61％
点头	262	31.49％
颔首	38	4.57％
总计	832	100.00％

3. 头部动词的语义角色

　　例(1)和图 1 中的头部动词"摇头"携带两个语义角色,分别是施事"她"和方式"默默",该句的语义角色配位为"施事＋方式＋摇头",表示施事以某种方式发出了"摇头"这一动作。

图 1　"摇头"的语义标注示例

　　(1)她默默摇头。

　　主体角色和客体角色是动词的最重要的语义角色,本文对头部动词的主体角色和客体角色进行了详细分析,统计结果见表 2。

表 2　头部动词的主体角色和客体角色分布

动词	主客体角色	数量	例　句
摇头	主体角色：施事（AGT）	242	您干吗摇头呀？ 刘云立刻就摇头了。
	客体角色：涉事（DATV）	6	警官对总监的武断只是摇头。 他向老师摇头。
	总　计	248	/
低头	主体角色：施事（AGT）	205	他低头看袋鼠。 兰子低头走进去。
	总　计	205	/
点头	主体角色：施事（AGT）	210	主人连连点头。 我再次点头。
	客体角色：涉事（DATV）	15	他们正用力朝我点头。 那位顾客连连向售货员点头致意。
	总　计	225	/
颔首	主体角色：施事（AGT）	35	母亲轻轻颔首。 张宝果连连颔首。
	客体角色：涉事（DATV）	1	陈丰对卢秋白的明理微微颔首以示认可。
	总　计	36	/
头部动词	主体角色：施事（AGT）	692	我沉默颔首。 他连连急急地点头。
	客体角色：涉事（DATV）	22	他含笑向她点头。 坐在我们旁边的一名印度记者对此也连连摇头。
	总　计	714	/

　　一价动词通常都具有［动作］［自主］［不及物］的语义特征（陈昌来2002），本研究选取的四个头部动词也不例外。头部动词的［动作］语义特征显而易见，其主体角色都是施事（AGT），体现了［自主］的语义特征。头部动词的客体角色仅有涉事（DATV），而且需要借助介词如"对""向"等引出，说明了其［不及物］和［互动］的语义特征。同时，头部动词的互动性在"摇头""点头""颔首"中更为明显，而且相较于"低头"，这些动词的方向性更加丰富。比较"点头"和"颔首"，文言色彩更浓的"颔首"的互动性更弱，因此互动性反映了更口语化和通俗化的语言特点。

　　情境角色描述的是动词发生时的情境因素，如时间、地点等。头部动词的最常用情境角色是方式角色（见例2—5），其次是时间角色（见例6—9）和度量角色（见例10—13），所标注的语料没有材料角色（MATL）、状态角色（STAT）和工具角色（TOOL）。

　　（2）他再三〈方式〉摇头。

　　（3）林雨翔开心地〈方式〉低头赧笑。

　　（4）我暗暗〈方式〉点头。

　　（5）克丽珊娜微微〈方式〉颔首。

　　（6）最后〈时间〉胖太太还是摇头。

　　（7）进出〈时间〉均须低头猫腰。

　　（8）关门时〈时间〉瑞琦礼貌地向他们一点头。

　　（9）当日〈时间〉一位俄罗斯空降兵在圣彼得堡长明火前颔首沉思。

　　（10）雨翔二度〈度量〉在这个问题上摇头。

　　（11）他再次〈度量〉低头望着地板。

　　（12）我作了一个〈度量〉九十度弯身的点头。

　　（13）回答只是个〈度量〉黯然的颔首。

　　事件关系是根据事件发生的时间顺序进行分类的。头部动词常见的事件关系是并列事件，也就是说，从事件发生的时间先后来看，头部行为和其他行为同时发生，如例14—17。

　　（14）他们都**低头**看着自己的脚〈并列事件〉。

　　（15）帕恩激烈地**摇头**并**大叫**着〈并列事件〉。

　　（16）我**点头同意**〈并列事件〉。

（17）颂莲也颔首**微笑**〈并列事件〉。

沈家煊（2000）提出了"句式配价"的概念，即配价是句式的属性，取决于谓语动词携带的语义角色的数目和类型。动词的语义配位模式有助于了解动词配价和句式之间的相互关系（丁加勇、张慧 2016）。基于头部动词常出现的"施事＋头部动词"结构，本文列出了头部动词的语义配合模式如下：

1）施事（＋依附标记）（＋方式）＋头部动词

（18）**学生们**〈施事〉**摇头**。

（19）**很多人**〈施事〉**都**〈依附标记〉**摇头**。

（20）**老曹**〈施事〉**不禁**〈方式〉**摇头**。

2）施事（＋依附标记）（＋方式）＋头部动词＋并列事件

（21）**翠芬**〈施事〉**摇头** **拒绝**〈并列事件〉。

（22）**杨思齐**〈施事〉**又是**〈依附标记〉**摇头** **不允**〈并列事件〉。

（23）**温特小姐**〈施事〉**笑吟吟地**〈方式〉**摇头** **否认**〈并列事件〉。

3）施事（＋依附标记）（＋方式）＋对/向/朝＋涉事＋头部动词（＋并列事件）

（24）**他**〈施事〉**向老师**〈涉事〉**摇头**。

（25）**他们**〈施事〉**平静地**〈方式〉**向对方**〈涉事〉**点头**。

（26）**朋友们**〈施事〉**都**〈依附标记〉**向他**〈涉事〉**点头** **微笑**〈并列事件〉。

本文考察了头部动词携带的语义角色并归纳了头部动词的语义配位模式。以"摇头"为例，总结为以下语义信息词条，如表 3 所示。《现代汉语实词句法语义功能信息词典》（袁毓林、曹宏 2020）提供了"摇头"最常见的施事角色，本文在此基础上，进一步补充了其他语义角色，丰富了该词的语义面貌。

表 3　"摇头"的语义信息词条

词目	摇头
汉语拼音	yáo tóu

词性	动词	
词义解释	左右摇动头,表示否定、不以为然或阻止。跟"点头"相对。	
语义	语义 角色	主体角色:施事〈100.00%〉:刘云立刻就~了。 客体角色:涉事〈100.00%〉:少校连忙对着神父~。 情境角色: 　方式角色〈82.89%〉:阿仙使劲~。 　时间角色〈6.58%〉:这时乔仍然~。 　地点角色〈5.26%〉:但是花儿只是在枝上~。
	语义 配位 模式	施事(+依附标记)(+方式)+摇头:学生们〈施事〉摇头。 施事(+依附标记)(+方式)+头部动词+并列事件:杨思齐 〈施事〉又是〈依附标记〉摇头不允〈并列事件〉。 施事(+依附标记)(+方式)+对/向/朝+涉事+头部动词(+ 并列事件):朋友们〈施事〉都〈依附标记〉向他〈涉事〉点头微笑 〈并列事件〉。

4. 结语

语义在语言理解中扮演着基础性的角色,而动词语义角色的研究有助于更好地理解动词的论元结构。人体中,头部被认为是最为重要的部位,因此"头"及其相关词汇在语言学中的重要性毋庸置疑。然而,尽管关于"头"的语义研究颇多,但与包含"头、首"的动词的研究相对较少。本文考察了含有"头、首"的四个双音节头部动词,分别是"摇头""低头""点头"和"领首",并从多个语料库中筛选含有它们的单句,标注了这些动词的语义角色,分析了语义角色配位模式。研究结果表明,这些头部动词的主体角色通常为施事,强调的是头部发出的动作态;客体角色多为涉事,并常通过介词如"对/向/朝"等来引出动作的对象;最常见的情境角色是方式角色。此外,本文还总结了三种常见的语义配位模式,其中包括"施事(+依附标记)(+方式)+摇头""施事(+依附标记)(+方式)+头部动词+并列事件"和"施事(+依附标记)(+方式)+对/向/朝+涉事+头部动词(+并列事件)"。总体而言,本研究为头部动词提供了更加丰富的语义角色信息，凸显了对动词语义分析的重要性以及对词典编撰的价值。

附 注

① CCL 语料库：http://ccl.pku.edu.cn：8080/ccl_corpus/。

② BCC 语料库：http://bcc.blcu.edu.cn。

③ 搜狗实验室：http://www.sogou.com/labs/resource/t.php。

④ Tagged Chinese Gigaword（version 2.0）：https://catalog.ldc.upenn.edu/LDC2009T14。

⑤人民日报、参考消息、腾讯新闻：https://github.com/liuhuanyong/ChineseDiachronicCorpus。

⑥ 腾讯新闻的语料涵盖 2009 年至 2016 年。

⑦ 参考消息的语料涵盖 1957 年至 2002 年。

参考文献

陈昌来 2002《现代汉语动词的句法语义属性研究》，学林出版社。

陈龙、詹卫东 2019 施事的语义分布考察与动词的语义特征，《中文信息学报》第 33 卷第 1 期。

丁加勇、张慧 2016 基于语料库统计的放置义动词语义角色的配位方式——以动词"放"为例，《海外华文教育》第 3 期。

冯志伟 1983 特思尼耶尔的从属关系语法，《国外语言学》第 1 期。

高航、严辰松 2007 "头"的语法化考察，《外语研究》第 2 期。

高再兰 2012 "看/听"从感官动词到小句标记语法化的类型学研究，《语言科学》第 11 卷第 5 期。

林晓恒 2010 "～边，～面，～头"类方位词产生原因探析，《语言研究》第 4 期。

沈家煊 2000 句式和配价，《中国语文》第 4 期。

陶红印 2000 从"吃"看动词论元结构的动态特征，《语言研究》第 3 期。

王诚文、钱青青、荀恩东、邢丹、李梦、饶高琦 2020 三元搭配视角下的汉语动词语义角色知识库构建，《中文信息学报》第 34 卷第 9 期。

王珏 2004 汉语生命范畴及其词汇、词法、句法表现，《华东师范大学学报（哲学社会科学版）》第 1 期。

王彤伟 2005 量词"头"源流浅探，《语言科学》第 4 卷第 3 期。

武文杰、徐艳 2012 汉语视觉行为动词语法化分析，《河北大学学报（哲学社会科学版）》第 37 卷第 5 期。

荀恩东、饶高琦、肖晓悦、臧娇娇 2016 大数据背景下 BCC 语料库的研制，《语料库语言学》第 3 卷第 1 期。

俞士汶、朱学锋 2013 综合型语言知识库及其在国际汉语教育中的应用初探，《国际汉语教育》第 1 期。

袁毓林、曹宏 2020《动词句法语义信息词典》知识内容说明书，第 19 届中国计算语言学大会。

曾达之、罗昕如 2013 湘语"头""背"类人体词语的语义演变与修辞动因，《当代修辞学》第 3 期。

詹卫东、郭锐、常宝宝、谌贻荣、陈龙 2019 北京大学 CCL 语料库的研制，《语料库语言学》第 6 卷第 1 期。

张　宝 2021 微观语义角色在句式描写中的应用——以徒手制作义动词为例，《汉语学习》第 6 期。

赵　果 2017 类型学视野下"头"的共词化分析，《当代修辞学》第 3 期。

赵元任 1979《汉语口语语法》，商务印书馆。

Arcodia, G. F., Basciano, B. 2022 *Chinese linguistics: An introduction.* Oxford University Press.

Che, W., Li, Z., Liu, T. 2010 *LTP: A Chinese language technology platform.* Proceedings of the 23rd International Conference on Computational Linguistics: Demonstrations, Beijing, China.

Huang, C. -R., Lin, Y. -H., Chen, I. -H., Hsu, Y. -Y. 2022 *The Cambridge Handbook of Chinese Linguistics.* Cambridge University Press.

Liu, Y., Chen, F., Kong, W., Yu, H., Zhang, M., Ma, S., Ru, L. 2012 *Identifying web spam with the wisdom of the crowds.* ACM Transactions on the Web (TWEB), 6(1).

Tesnière, L. 1934 *Comment construire une syntaxe.* Bullet de la Facultédes Lettres de Strasbourg.

Wang, S., Liu, X., Zhou, J. 2022 *Developing a Syntax and Semantics Annotation Tool for Research on Chinese Vocabulary.* In M. Dong, Y. Gu, J. -F. Hong (Eds.), Chinese Lexical Semantics. Springer.

会 议 信 息

第十一届现代汉语语法国际研讨会会务报告

暨南大学　赵春利

尊敬的各位语法专家和青年朋友们：

大家下午好！

国外疫情正肆虐，国内政通且人和，何来岁月静中好，赖有英雄负重行！在中国共产党百年华诞之际，在中国从第一个百年目标向第二个百年目标奋进之时，作为汉语语法学界的盛会，第十一届现代汉语语法国际研讨会在追逐中华民族的复兴梦的进程中平添了一抹亮色。

伴随着中国国际地位从"西出阳关无故人"到"天下谁人不识君"，不仅汉语应用的国际化水平越来越高，而且汉语研究特别是汉语语法研究的国际化水平也越来越高，汉语语法研究的理论流派与研究方法呈现出历时与共时、词类与句法、形式与语义、主观与客观、描写与解释、比较与验证、定量与定性等各派理论结合、方法多元发展、互相借鉴的良好势头。

在此，我代表大会秘书组和会务组对各位专家学者的鼎力支持表示衷心的感谢！受大会委托，我在此就会务情况向大家做一个简单汇报。

首先，介绍一下本届会议的四个特点。

第一，本届会议具有标志性历史意义。

如果说由于新冠疫情影响，本届会议的举办地从原计划的"西方巴黎"转移到了美丽的"东方巴黎——哈尔滨"，那么，在冥冥之中，本届会议与40年前，即1981年7月2日至12日的"全国语法和语法教学讨论会"历时性地、巧合地在同一月份——7月，在同一城市——哈尔滨，在同一宾馆——友谊宫举办，两届语法会议规模相当——170多人，规格相近，更具历史意义的是,两届会议的大合影不约而同地选择了同一拍摄地点。大家可以看照片,可以说,哈尔滨成为汉语语法研究史的标志性历史名城,具有里程碑意义。

昨天邹韶华先生把自己珍藏了 40 年的 1981 年语法会议照片找出来,才使我们有幸看到两届会议的历史性巧合。让我们看一下 1981 年的语法会议合影,并做简单介绍:

1981 年的会议规模大概 160 多人,不仅规模大,而且规格高,当时的教育部副部长和黑龙江省副省长都参加了会议,吕叔湘和朱德熙两位先生尽管因有公务未能参加开幕式大合影,但都分别于 7 月 6 日和 8 日来哈尔滨参加会议,照片上的文字由周祖谟先生亲笔题写。

第二,本届会议代表人数最多。

本届会议有 360 多人提出申请,经过审核,共有 168 名代表参加,是历史上最多的一次。其中,特邀代表 6 人,正式代表 142,资助代表 20 人,由于受疫情影响和技术限制，我们这次没有接受境外学者参加会议。

本届会议的审稿仍然坚持两个原则：其一是国际惯例的匿名审稿原则。这一工作主要由暨南大学负责，在广州进行，我们在 2021 年 4 月邀请了 8 位语法学教授，每份投稿都有两位教授审阅，打出 ABC 三个等级。凡是两个 A，或者 1A1B，都录用；两个 C，或者 1C1B，原则上不能录用。两个 B 或者 1A1C 就请第三位教授再审。其二是原则性与灵活性相结合的原则。考虑到各个地区和高校之间的平衡，对部分知名学者或者协办单位的学者，如果没有通过初审，我们会再给一次机会，或者请他修改，或者请他另外换一篇。

申请资助的青年学者必须是副教授（不包括副教授）职称以下，我们坚持宁缺毋滥的原则，要求全文提交，从严把关，应该说质量普遍不错。其中从两 A 中再评出三个一等奖，对所有获得资助的青年代表免除会务费并颁发奖状，一等奖每人 1 000 元的奖金。今年选出了 20 位语法新秀，其中上海 5 位、北京 3 位、湖北 3 位、广东 3 位、浙江 1 位、四川 1 位、江苏 1 位、山东 1 位、河北 1 位、澳门 1 位。

第三，本届会议保持了老中青传帮带的传统。

尽管这次会议因新冠疫情，境外学者无法参加会议，有些遗憾，但我们非常荣幸地请到了五位"70 后"著名语言学家，有号称中国语法学界三驾马车的沈家煊教授、马庆株教授和邵敬敏教授，有云山领军学者石定栩教授和黑龙江大学邹韶华教授。有俄语学界国家级教学名师张家骅教授，还有张谊生、李宗江、郭锐、潘海华、徐杰、陈一、施春宏、吕明臣、史金生、曹秀玲、税昌锡、周静、陈振宇、刘街生、周韧、宋文辉、匡鹏飞、殷树林、王世凯等诸多语言学家和杰出学者，还有一批雄姿英发的青年学者，大家云集，共襄盛会，极大地提升了本届会议的学术讨论层次和成果水平，"独学而无友，则孤陋而寡闻，勤学而交流，则博学而睿智"，青年有朝气，是语法研究的希望与未来，通过大会报告与小组讨论，老中青三代学者不仅交流了最新的理论、方法和观点，而且碰撞出了智慧的火花，发扬传帮带的传统。这一传统教育培养了一批青年学子，使我们汉语语法学薪火相传，发扬光大。

第四，本届会议合办单位给予了极大的支持。

众人拾柴火焰高，现代汉语语法国际研讨会已经举办 35 年，参会人员和学术成果越来越多,已经成为一个学术品牌,这与合办单位和主办单位的支持是分不开的。本届会议得到了北京大学、复旦大学、暨南大学、华中师范大学、上海师范大学、北京语言大学、广东外语外贸大学、香港中文大学、澳门大学和重庆师范大学等十家单位的资金支持。澳门大学申请主办下一届会议,让我们以热烈的掌声感谢合办单位为会议的筹备、召开,为语法学研究队伍的发展、壮大,所给予的资金支持和所付出的辛勤汗水!

各个大学的资助款,有的直接资助会议论文集《汉语语法研究的新拓展(十)》的出版,有的直接资助特邀嘉宾和语法新秀等费用,有的转入暨南大学财务处的"现代汉语语法国际研讨会"专用账户,然后由暨南大学直接转入主办单位的账户。如果有一点结余,今后也一定全部用在这一个研讨会上。请大家放心,我们将严格遵守财务制度。目的只有一个:为了促进汉语语法学的发展壮大,保证现代汉语语法国际研讨会能够长久地开下去。

因此,我说完四个特点,再说三谢!

第一,感谢黑龙江大学及其文学院的鼎力支持,尤其感谢殷树林、吴立红、史维国、黄彩玉、刘宇、李萌、董爱丽、周朋升、毕昕、佟悦、吕禾。本届会议能在哈尔滨顺利召开,与殷树林、吴立红、史维国等老师及其率领的会务组成员的鼎力支持与辛勤付出分不开的,发布征稿函,组织审稿,预备通知,收取统计回执,邀请函制作,论文宣读证明函的设计制作,会议材料准备,会议日程编排,制作论文摘要集,编辑校对打印获奖证书,考察酒店并签订协议,交通指引,会场布置,会议资料袋、海报、名牌、桌签的设计制作,人员报到登记接待,预订餐饮,茶叙的筹备,布置会场,检查设备,合影照相,考察安排等等,事无巨细,亲力亲为,付出了大量的时间精力和辛勤的汗水。让我们以热烈的掌声感谢东道主黑龙江大学,感谢主办本届会议的黑龙江大学文学院副院长殷树林教授! 感谢吴立红、史维国教授! 感谢为会议付出大量辛勤汗水的黑龙江大学会务组和暨南大学丁新峰、杨娟等组成的秘书组。感谢会议的总召集人、总设计师邵敬敏教授!

第二,感谢语法界前辈和青年才俊对会议的理解和支持,大家提交的论文全文、论文摘要、回执大多数都用自己的姓名、单位和论文题目为自己的文件命名,还提交 word 文件和 pdf 文件两种格式,为我们组织审稿,编辑会议材料、通讯录、论文集,检索论文等省却了大量时间。另外,申请参加本届会议的学者众多,我们非常希望为大家提供交流学术思想的平台,但受限于时间和空间以及接待能力,只能有所选择,感谢大家的理解和支持。此外,参加本届会议的代表都是高校或研究所的杰出学者和语法才俊,会议日程几经易稿,只能左右权衡,大会报告、大会主持、小组主持、开幕式闭幕式的编排等,肯定有很多照顾不周或考虑不全面的地方,恳请大家多多谅解。

第三,感谢所有主办和资助本次会议的各个单位。感谢开创会议的华中师范大学,感谢主办过本会议的华东师范大学、南京师范大学、安徽师范大学、北京大学、香港城市大学、暨南大学、浙江师范大学、青海民族学院、香港理工大学、台湾义守大学、新加坡南洋理工大学、浙江大学、韩国延世大学、日本关西外国语大学/大阪产业大学,感谢资助或曾经资助过本会议的北京大学、复旦大学、暨南大学、华中师范大学、上海师范大学、浙江师范大学、香港理工大学、武汉大学、中山大学、北京语言大学、香港中文大学、澳门大学、广东外语外贸大学,感谢申请主办 2023 年第十二届现代汉语语法国际研讨会的澳门大学人文学院院长徐杰教授。这个语法研讨会从 2009 年的香港理工大学、2011 年的台湾义守大学再到 2013 年的新加坡南洋理工大学、2017 年的韩国延世大学、2019 年的日本关西外国语大学/大阪产业大学,无论是举办地还是参会人员,会议已经走出国门,走向世界,越来越国际化,越办越有影响力。

大家都知道,现在论文集在大学评价体系里基本上是没有地位的,因为不算核心期刊或者权威期刊。这种状况当然不合理,但是我们不能因为评价体系不完善而自我放弃。然而我们也还是要考虑实际情况,这叫原则性跟灵活性相结合。为此,我们特地推迟论文集出版的时间,给大家比较充裕的时间在核心期刊上发表。所以希望会议以后大家有可能的话,尽快发表,发表时请注明我们的会议名称,我们给大家 1 年 3 个月的时间。会议以后我们将邀请语法专家再次审稿,挑选出 30 篇左右的优秀论文汇编成册。如果您收到我们的录用通知,原则上请不要拒绝。因为会议为您提供了经费和服务,而且我们也给了您充分的发表时间。通常我们会在下一届会议上赠送论文集,能够被收录,是一种光荣,也是一种纪念。估计下一届会议将在 2023 年秋天举办,因而《汉语语法研究的新拓展(十一)》将在 2022 年 12 月截稿。《汉语语法研究的新拓展(十)》因各种原因,再加上疫情影响和本届会议在 7 月举行,未能按时出版,实在抱歉,出版社将在论文集出版后,按照名单寄给作者每人 2 本,寄给与会代表每人 1 本,敬请放心,希望得到大家的理解和支持。谢谢大家!

恭祝大家在黑龙江期间一切顺利! 祝大家暑假愉快! 谢谢!

于哈尔滨友谊宫

第十一届现代汉语语法国际
研讨会在哈尔滨召开

黑龙江大学文学院　　殷树林　吴立红

第十一届现代汉语语法国际研讨会于 2021 年 7 月 23 日至 27 日以线下线上结合的方式在中国哈尔滨成功举行。本次会议由黑龙江大学文学院、黑龙江大学汉语研究中心主办,北京大学、复旦大学、暨南大学、华中师范大学、上海师范大学、北京语言大学、广东外语外贸大学、香港中文大学、澳门大学协办。来自中国各地的 168 名学者参加,提交论文 165 篇,论文内容涉及副词情态、动词语义、名词指称、句式系统、句法结构、话语标记、方言语法等诸多方面,充分展现了语法学界的最新研究动向。

大会开幕式由黑龙江大学文学院院长陈才训教授主持,黑龙江大学副校长于文秀教授致欢迎辞,暨南大学邵敬敏教授致开幕辞,中国社会科学院语言所沈家煊教授、南开大学马庆株教授、黑龙江大学邹韶华教授先后致辞。殷树林与刘街生、周静与宋文辉、樊中元与史维国、周明强与罗耀华等八位教授主持了四段大会报告,沈家煊、张家骅、张谊生、郭锐、陈一、施春宏、史金生、陈振宇、周韧、曹秀玲、税昌锡、匡鹏飞、吕明臣、邵敬敏、石定栩等 15 位教授做了大会报告。

大会闭幕式由重庆师范大学雷冬平教授和上海外国语大学邵洪亮教授主持,赵春利教授作会务报告,他指出,40 年前在同一时间、同一地点召开过影响深远的"全国语法和语法教学讨论会",本次会议作为语法学界的传承,具有非常重要的意义。下届会议的申办单位代表澳门大学王珊博士作了申办发言并播放了澳门大学的宣传片。天津师范大学王世凯教授致闭幕词。大会依据惯例向青年学者颁发"语法新秀"奖状,共资助一等奖 3 名,二等奖 17 名。

本届会议的论文集《汉语语法研究的新拓展(十一)》将于 2023 年由上海教育出版社出版。下届会议将于 2023 年在中国澳门举行。

第十一届现代汉语语法国际研讨会论文目录

序号	姓名	单 位	论 文 题 目
001	安丰存	延边大学	汉语名词性短语结构分裂移置研究
002	蔡淑美 施春宏	厦门大学 北京语言大学	构式的用变和演变
003	曹秀玲 魏 雪	上海师范大学	从感官动词到推断元话语标记
004	曹玉瑶	吉林大学	表达式"宁可 A 也 B"的语义属性
005	晁 瑞	淮阴师范学院	元代"兀的""阿的"关系与汉语指示代词类型
006	陈柳蓓	上海师范大学	话语标记"实话说"的语义特征、语用功能及演变
007	陈 一 左乃文	哈尔滨师范大学	全面认识套语的二重性与套语化、去套语化
008	陈 莹	暨南大学	动词后置成分"过"的语义研究
009	陈 颖	哈尔滨师范大学	"比较"相对程度的显隐与元语减量
010	陈 禹	华中科技大学	反预期·反事实·反意外——"X 早就 Y"构式的事实性分化及其语用转移
011	陈振宇 吴术燕	复旦大学	论"语用价值"

(续表)

序号	姓名	单　位	论　文　题　目
012	崔山佳	浙江财经大学	关于"V(双音)在了 N"的规范性问题
013	丁新峰	暨南大学	从逆向构式看话语前提的决定性作用——以"想不 X 都难"为例
014	杜可风	上海政法学院	"给以""予以"的词汇化过程及其动因与机制
015	杜雨桥 潘俊楠	香港中文大学	汉语名词性成分的"搅拌"式位移：基于最简方案加标算法的推导
016	樊　洁	西华大学	再论动词情状分类的原则与参数
017	樊中元	广西师范大学	唯定构式"NP 不 XP 谁 XP"句法语义探析
018	范立珂	上海外国语大学	现代汉语"起"的句法语义制约探析
019	冯　莉 金　宇 郭康平	黑龙江大学	现代汉语书面报告语体历时与共时特征考察
020	高　华 陶红印	深圳大学 美国加州大学洛杉矶分校	从"反正"的会话结构位置看话轮设计与复句关系的浮现
021	郭利霞	南开大学	山西山阴话"住"的多功能性——兼与普通话"住"比较
022	郭　锐	北京大学	汉语句子的锚定和动词限定性问题
023	郭婷婷	武汉大学	"注意力传播"视域下的网络文章标题新特征研究
024	韩江华 陈　容	四川大学	评价性话语标记"X 了"研究
025	韩晓明	北京大学	话语标记"那倒是"的语用功能及具体表现

（续表）

序号	姓名	单　位	论　文　题　目
026	胡承佼	安徽师范大学	基于意外交际策略的四类意外表达形式——兼论意外交际策略与意外策略的差异
027	黄彩玉 刘苗苗	黑龙江大学	副词"还"反预期功能的语音实现
028	黄劲伟 罗　莉	四川外国语大学	现代汉语双主语句的句式变换问题
029	黄新骏蓉	中山大学	动词重叠结构的句法分析
030	黄燕旋	中山大学	揭阳方言的多功能词"哩"
031	黄瓒辉	中山大学	"合-""共-""同-"类谓词的异同
032	吉益民	宿迁学院	"Vi＋C＋O"结构的概念化问题论析
033	贾泽林	陕西师范大学	量级义"总"字句的立场协商功能
034	姜其文	浙江师范大学	非自足构式"大 NP 的"与"人称代词＋一个 NP"比较研究
035	姜毅宁	复旦大学	认识类动词的反叙实用法历史演变
036	蒋静忠	河北大学	再论"都"的语义及分合
037	金茗竹	延边大学	从生成词库理论角度看"一波新"的压制现象
038	景高娃	浙江外国语学院	新乡方言的完结体标记"罢"及其功能扩展
039	寇　鑫	山东大学	汉语学术语篇中外壳名词的衔接功能研究
040	匡鹏飞 曹亚敏	华中师范大学	从生理反应到话语组织：原生叹词"哎哟"的功能演变
041	雷冬平	重庆师范大学	论"嫌"的主观化和去主观化

(续表)

序号	姓名	单　位	论　文　题　目
042	李广瑜 段　琼	哈尔滨师范大学	引述性反问构式"什么叫 X"话语否定机制研究
043	李　慧	辽宁大学	表情状的"这 NP VP 得 C"结构研究
044	李慧敏	安徽大学	汉语儿童应答语与引发语的匹配模式个案研究
045	李　萌	黑龙江大学	基于 Citespace 的现代汉语省略研究热点与趋势分析
046	李双剑 孔之星	上海外国语大学	论感叹句的感叹常数
047	李先银	北京语言大学	自然会话中的话语潜藏与情景补偿
048	李　湘	厦门大学	汉语情态词的"现实蕴含"用法及原因疑问句的时体限制
049	李　洋 陈　一	哈尔滨师范大学	去熟语化与句法提升、语义增容——以"扩充类去熟语化形式"为例
050	李宇凤	四川大学	引述评价的语法化：从"难道"到"难道说"
051	李忠亮	华中师范大学	"不要说"的连接功能及历时演变——兼谈和"不必说"对比研究
052	李宗江	解放军信息工程大学	出现位置与"算了"的语义和功能变化
053	刘　彬	澳门大学/华中师范大学	"往"字介词结构及相关语法问题
054	刘楚群	江西师范大学	老年人口语形容词产出丰富性的衰老关联度研究
055	刘春卉	四川大学	抗议制止义"我不要 VP"的主观性与交互主观性——兼论不同制止方式的主观性与交互主观性强弱

（续表）

序号	姓名	单　位	论　文　题　目
056	刘海洋	华东师范大学	"又＋否定结构"的再认识
057	刘街生 曾钰璟	中山大学	主动词的力动态关系和带"得"动补式的使动表达
058	刘　杰	阜阳师范大学	"偏离"及其句法语义语用后果——也说"简直"
059	刘殊墨	昆明理工大学	"蠢哭了"其实并未哭
060	刘亚男 邵敬敏	暨南大学	论现代汉语语气词"哪"的双源说及其语义的复合与同化
061	刘艳茹	吉林大学	汉语制作语义范畴的语言表征问题研究
062	刘　阳 刘探宙	中国社会科学院大学	新冠疫情报道中表病例称谓的长复合词
063	鲁承发	上海师范大学	书面语中话语角色的解构与互动——以"所谓X"句式为例
064	鲁　莹	北京联合大学	"千万"与"万万"的平行与对立——基于意外三角的语用迁移研究
065	罗彬彬	江苏师范大学	"才X"类语气助词的特点与演化
066	罗耀华	华中师范大学	句末语气词"就是"的来源及其功能
067	吕明臣	吉林大学	汉语"递进关系"的语义属性
068	吕　娜	中山大学	"一量名"周遍义和类指义的歧义及其分化手段
069	马永草	山东师范大学	汉语欧化的历时考察——以《天路历程》跨越一个多世纪的两个译本为例
070	聂志平	浙江师范大学	现代汉语中的"A吧B吧"和"A的B的"两种四字格

(续表)

序号	姓名	单　位	论　文　题　目
071	潘婷婷	南昌大学/上饶幼儿师范高等专科学校	多项感知性质形容词定语的语序规律
072	彭彤彤	南京师范大学	副词"就"与"才"的主观量——兼谈主观量的界定与类型
073	彭亚云	复旦大学	"一V一个Y"多义构式研究
074	朴珍玉 张钦钦	延边大学	数量宾语在述宾结构中的去黏着化作用
075	祁　峰	华东师范大学	从跨语言的视角看疑问和焦点之间的关系
076	钱　坤	江苏大学	介词"论"的语义-句法分布及"论"字句的语篇功能和情态验证
077	邱庆山 吕婵娟	湖北大学	论"吃在广州"的对言格式特点及其构式义成因
078	饶宏泉	安徽师范大学	模糊表达"好像"的表象与本质
079	阮秀娟	暨南大学	自主蓄利达界义"V足"的语义组配及其话语影响
080	邵洪亮 拜　琳	上海外国语大学	具备性状义的"有NP"研究
081	邵敬敏	暨南大学	汉语疑问范畴研究的再思考
082	沈家煊	中国社会科学院语言所	从哈里斯的分析法看汉语语篇和句子结构
083	施春宏 李　聪	北京语言大学	基于特定语域的语体特征考察——以法律文本中的特殊语法现象为例
084	石定栩	广东外语外贸大学	"确实、真的、实在"的多维度辨析——语义、句法、语篇和汉语语法分析

（续表）

序号	姓名	单　　位	论　文　题　目
085	石　飞	江苏第二师范学院	电视新闻报道中"这不"的言据性表达
086	石　锋 夏全胜	南开大学	试论汉语普通话焦点原理
087	史红改	北京开放大学	语法变异与词的体谓共栖性
088	史金生 孔　明	首都师范大学	清末民初北京话语气词的语流音变、合音和连用现象
089	史维国	黑龙江大学	现代汉语附加问句"VP有没有"研究
090	税昌锡	浙江科技学院	动词后时量成分的句法多功能性探究
091	宋文辉	中国人民大学	从印欧语非典型被动句看现代汉语所谓被动句的实质及相关理论问题
092	孙利萍	华侨大学	新加坡华语评价性成分"X上"及其词汇化倾向
093	孙天琦	中国人民大学	偏离义"VA了"结构的句法属性及生成机制分析——兼议汉语的"隐性述状式"
094	佟　悦	黑龙江大学	"大概率"情态化的动因与机制
095	屠爱萍	沈阳师范大学	自然口语中提顿词的话轮位置及其话语功能
096	王恩旭	济南大学	隐性否定的语义构造与识解——以复合名词为例
097	王凤兰	广东外语外贸大学	跨层结构"也就"的用法研究
098	王鸿滨	北京语言大学	汉语动/介关系多功能语法形式的语义地图研究
099	王　健	常熟理工学院	现代汉语"这/那一＋NP"结构的指称和构成特点

序号	姓名	单 位	论 文 题 目
100	王立永	陕西师范大学	概念整合视角下的现代汉语"NP 中的 NP"构式
101	王丽彩	深圳大学	汉语动词"瞪"的句法搭配分析——基于语料库和 Antconc3.5.8w 技术
102	王 敏	河套学院	功用义关系小句的句法表现及其实现动因
103	王 宁	北京师范大学	论词汇意义与语法功能的一致性
104	王 倩	吉林大学	动态认知框架与"小 XP"量度语义的建构整合
105	王 珊	澳门大学	头部动词的语义角色考察
106	王世凯	天津师范大学	"俩"的非数用法及其语法化
107	王 涛	四川大学	中华菜肴名称的词法语义模型
108	王天佑	山东师范大学	篇章层次元话语"其 N"的标记化
109	王伟民	天津中医药大学	道义情态动词的句法功能与典型性序列——兼谈主观性对句法功能的影响
110	王晓娜	沈阳师范大学	汉语连动结构的句法分析
111	王小溪	北京大学	句末语气词"么"的情态意义及其与"吗"在对话使用中的对比分析
112	王艺文	暨南大学	增信副词"反正"的话语关联与语义情态
113	王振来	辽宁师范大学	"连……都/也"构式的信息表达与习得策略研究
114	魏 玮	北京大学	桌面话语模型下的疑问陈述句和"吧"字句

（续表）

序号	姓名	单　位	论　文　题　目
115	吴立红 和　敏	黑龙江大学	基于情态表达的拟亲属称谓语泛化趋向——以"姐"类为例
116	吴芸莉	中山大学	从认识情态内部的三种连用现象看语义的再分类
117	夏焕乐	上海师范大学	"Z，X不说，（W）还Y"的构式解析、话语功能及其形成动因
118	夏　军 胡骁真	沈阳师范大学	现代汉语涉省略人名变称的韵律、语体与社会文化制约
119	夏全胜 高　凯 冉启斌	南开大学	汉语名词与动词的语音差异——对普通话双音节动名兼类词的声学实验考察
120	肖慧珍	华中师范大学	基于汉语语料库的数量短语及其重叠的语义韵研究——以"一伙""一群"及其重叠形式为例
121	肖治野	杭州师范大学	副词"当然"的来源考察
122	徐慧军	河北大学	"VP+一顿+XP"结构层次及语义类型
123	徐晶凝	北京大学	后置式话题结构在语篇中的分布
124	徐天云	肇庆学院	时间顺序表达式的功能类型及其语法形态
125	徐泽韬 潘俊楠	香港中文大学	"怎么"与句末助词共现层级的句法推导
126	阎锦婷	沧州师范学院	作为附加问句的正反问句焦点的韵律表现
127	颜　刚	北京语言大学	词法构式"X手"的生成过程与生成机制
128	颜力涛	辽宁大学	汉语主谓句与"非"主谓句探微——浅谈汉语的"事件基式""语义关系"及其解释优势

序号	姓名	单　位	论 文 题 目
129	杨　刚	华中师范大学	基于方向的递进类别及其图式差异和演变顺序
130	杨　娟 赵春利	暨南大学	介词"鉴于"的话语关联与语义验证
131	杨　茜	西北大学	近代汉语到现代汉语中"把 NP 一 V"式的变迁——兼谈"把 NP 一 V"的交互主观性
132	叶　狂	杭州师范大学	词汇完整性新论及其对汉语离合词研究的启示
133	尹常乐	北京大学	"有"字句对名词的选择限制及其焦点调节功能
134	尹若男	黑龙江大学	汉语书面规定语体省略情况考察——以《中华人民共和国民法典》为例
135	殷树林 杨　帅	黑龙江大学	禁止副词"别"的来源新论
136	殷思源	北京大学	推理、预期和立场：意料之外？情理之中！——"不免""未免""难免"之辨
137	于　芹	阜阳师范大学	中原官话的谓词性"性质形容词＋的"
138	于泳波	战略支援部队信息工程大学	"不算"的新用法
139	张德岁	宿州学院	皖北方言非助动词"能"的多功能用法及其成因探究
140	张　帆	澳门大学	"不是"是什么？——谈汉语中的一组元语言范畴
141	张　耕	复旦大学	定语从句焦点问题的语用解释——以程度副词主观大量内嵌小句为例

（续表）

序号	姓名	单　位	论 文 题 目
142	张寒冰	广西民族大学	情态与光杆名词主语的同现限制
143	张家骅	黑龙江大学	关于"奇怪₁"的词类归属问题
144	张佳玲	北京大学	人称代词"你"的移指分析
145	张健军	东北财经大学	"话说回来"的礼貌互动功能及其多模态、风格化实现
146	张　磊 白林情 沈　威	华中师范大学	从标题中的分句单用现象看语体动因对句法的塑造
147	张邱林	华中师范大学	现代汉语特异性强调格式"个NP"
148	张婷婷	上海第二工业大学	互动交际视域下"主观轻量"表达及其语用功效研究
149	张汶静 邢莉莉	上海师范大学	从"X＋副词＋来不及"结构看"也/都/还"的负极性强弱
150	张新华	复旦大学	量化副词研究
151	张谊生	上海师范大学	"甚至于""乃至于"的关联功用与演化成因研究——兼论"甚至于、乃至于"与"甚至、乃至"及"甚而至于"的区别
152	张媛媛	武汉工程大学	现代汉语诗歌中结构助词"的"的隐现研究
153	张云秋 李建涛	首都师范大学	普通话情态动补构式的儿童语言习得
154	张则顺	武汉大学	维度形容词"大/小"语义扩散研究及汉韩比较
155	赵慧萍	中南大学	韵律句法理论关照下的推测类评注性副词

序号	姓名	单　位	论 文 题 目
156	赵　敏	上海外国语大学	引述回应"何止 X"感叹功能的浮现
157	赵鹏程	北京语言大学	坦言性话语标记"不瞒你说"的话语功能及浮现机制
158	周　静 贺欣欣	暨南大学	动词后结果义补位"看见""看到"的语义倾向及其制约条件
159	周　莉 董涵容	吉林大学	语用标记"别说""不是""可不"的用法比较
160	周明强	浙江外国语学院	认同类话语标记的特征和功能考察
161	周　韧	北京大学	"只见"与"但见"的功能辨异
162	周　芍	华南师范大学	名词量词互动选择中"互动模式"研究
163	朱庆洪	深圳大学	渐变义频率副词的语体分化
164	朱扬飞 潘俊楠	香港中文大学	江苏兴化方言句末助词 ge 的句法层级及在最简方案框架下的推导
165	左乃文	暨南大学	"不像 X,倒像 Y"构式的违常判断与错位关联

图书在版编目（CIP）数据

　　汉语语法研究的新拓展. 十一 / 邵敬敏，殷树林主编. — 上海：上海教育出版社, 2023.9
　　ISBN 978-7-5720-2183-1

　　Ⅰ.①汉… Ⅱ.①邵… ②殷… Ⅲ.①现代汉语 – 语法 – 国际学术会议 – 文集 Ⅳ.①H146-53

　　中国国家版本馆CIP数据核字(2023)第168180号

责任编辑　毛　浩
封面设计　郑　艺

汉语语法研究的新拓展　十一
邵敬敏　殷树林　主编

出版发行　上海教育出版社有限公司
官　　网　www.seph.com.cn
地　　址　上海市闵行区号景路159弄C座
邮　　编　201101
印　　刷　上海叶大印务发展有限公司
开　　本　890×1240　1/32　印张 13.5
字　　数　400 千字
版　　次　2023年10月第1版
印　　次　2023年10月第1次印刷
书　　号　ISBN 978-7-5720-2183-1/H·0073
定　　价　110.00 元

如发现质量问题，读者可向本社调换　电话：021-64373213